中华人民共和国
最高人民法院案例选

第三辑

中国应用法学研究所 主编

法律出版社
LAW PRESS·CHINA
北京

图书在版编目(CIP)数据

中华人民共和国最高人民法院案例选. 第三辑 / 中国应用法学研究所主编. -- 北京 : 法律出版社, 2020(2023.5 重印)
ISBN 978-7-5197-4701-5

Ⅰ. ①中… Ⅱ. ①中… Ⅲ. ①案例-汇编-中国 Ⅳ. ①D920.5

中国版本图书馆 CIP 数据核字(2022)第 117898 号

中华人民共和国最高人民法院案例选
(第三辑)
ZHONGHUA RENMIN GONGHEGUO ZUIGAO
RENMIN FAYUAN ANLI XUAN(DI-SAN JI)

中国应用法学研究所 主编

策划编辑 朱 峰
责任编辑 朱 峰 马秋婧
装帧设计 臧晓飞

出版发行 法律出版社
编辑统筹 辞书·融出版编辑部
责任校对 杨锦华
责任印制 吕亚莉
经 销 新华书店

开本 710 毫米×1000 毫米 1/16
印张 24.5 字数 367 千
版本 2020 年 7 月第 1 版
印次 2023 年 5 月第 3 次印刷
印刷 北京虎彩文化传播有限公司

地址:北京市丰台区莲花池西里 7 号(100073)
网址:www.lawpress.com.cn
投稿邮箱:info@lawpress.com.cn
举报盗版邮箱:jbwq@lawpress.com.cn

销售电话:010-83938349
客服电话:010-83938350
咨询电话:010-63939796

书号:ISBN 978-7-5197-4701-5
定价:98.00 元

凡购买本社图书,如有印装错误,我社负责退换。电话:010-83938349

中华人民共和国
最高人民法院案例选
（第三辑）

裁判摘要”“案件基本信息”“简要案情”“案件焦点”“裁判结果”“裁判
”等八大要素,格式规范,要素齐全,便于阅读与检索。
《最高人民法院案例选》中英文版的出版,我们希望借此实现以下目
完善案例指导制度,促进法律适用标准统一。丛书系统编辑出版最高
每年审结的经典案例,希望能够指导各级人民法院审判工作,统一司
规范法官自由裁量权,实现类案类判,促进司法公正、维护法制统一,树
院的司法权威和司法公信,有效预防法律风险。二是传导司法理性,
社会建设。丛书通过以案说法的方式,向人民群众传达最高人民法院
济、文化、科技和社会生活发展中出现的新型、疑难、复杂问题的裁判
判方法,希望通过典型案例弘扬法治、彰显正义、惩恶扬善,向社会传
性,提供正确指引。三是贡献中国司法智慧,促进国际司法文化交流。
全世界发行中英文版,用中国声音讲述中国司法故事,生动直观地展
色社会主义法治的成就和经验,推进中外司法案例的比较研究,促进
文化交流,传播中国特色社会主义法治理念。特别是在全面深化改革
设人类命运共同体的关键时期,丛书对于中国法治文化“走出去”、推
一路”法治合作和建设,向国际社会展示中国特色社会主义司法制度
,为全球治理贡献中国司法智慧和司法经验,传播中华司法文明,具有
。

编辑委员会

2020 年 4 月

中华人民共和国
最高人民法院案例选
(第三辑)

编辑委员会

序　言

中华人民共和国最高人民法院作为国家最
大、疑难案件，对中国法治进程产生重大影响，为
充分发挥最高人民法院案例的法律价值和社会功
判实践、服务经济社会发展、服务法学教育研究、
中国建设”的目标，经最高人民法院批准，自 2018
所编译出版《中华人民共和国最高人民法院案例
案例选》）中英文版，面向海内外发行。

《最高人民法院案例选》所收录案例，均由最
严格筛选。这些案例在揭示或阐明法律适用规
律漏洞或空白等某一方面或某些方面具有典型
主审法官，是最高人民法院各审判业务领域的专
富的裁判经验，熟悉案件事实、审理思路、裁判方
清晰、最准确地向读者传达案件裁判的司法过程

《最高人民法院案例选》分为三大板块：（1）
高人民法院院领导（大法官）担任审判长审理的
响的案件。（2）“审委会案例”栏目，选取经最高
影响中国司法进程的热点、前沿、疑难案件，以
对相关法律问题的预判和预警作用。（3）“典
民商事 & 执行、知识产权、海事海商、行政等典
当年在各个审判领域的最新探索和裁判成果。

编辑者通过考察国内外司法案例的体例设
惯，用副标题准确点明案例的核心法律问题和
用表达方式，准确阐明案例贡献的裁判规则。

标题”
摘要订

通
的：一
人民法
法标准
立人民
促进和
对当下
理念和
导司法
丛书面
示中国
国际司
开放和
进“一
的优越
深远影

目　录

大法官案例

审委会案例

典型案例

民商事＆执行

大法官案例

上海欧宝生物科技有限公司
与
辽宁特莱维置业发展有限公司
企业借贷纠纷案

——民事审判中虚假诉讼的认定

【裁判摘要】

人民法院保护合法的民间借贷关系，同时，对于恶意串通进行虚假诉讼意图损害他人合法权益的行为，应当依法进行制裁。在人民法院审查发现借贷双方存在虚假诉讼的可能时，应当依职权调取相关证据，严格审查借贷双方合意形成、借贷数额、借款用途、资金往来、借款及诉讼前后的具体行为等细节问题。经过对当事人详细的询问，综合判断是否属于虚假民事诉讼。

【案件基本信息】

1. 诉讼当事人

上诉人（一审原告）：上海欧宝生物科技有限公司（以下简称欧宝生物科技公司）

被上诉人（一审被告）：辽宁特莱维置业发展有限公司（以下简称辽宁特莱维置业公司）

一审申诉人：谢某

2. 案件索引与裁判日期

一审：辽宁省高级人民法院（2010）辽民二初字第15号民事判决（2011年3月21日）

---

* 编者注：本书的“有章”二维码为裁判文书原文。

一审再审：辽宁省高级人民法院（2012）辽审二民再字第13号民事判决（2015年5月20日）

二审：最高人民法院（2015）民二终字第324号民事判决（2015年10月27日）

3. 案由

企业借贷纠纷

【简要案情】

2007年7月至2009年3月，欧宝生物科技公司与辽宁特莱维置业公司先后签订九份借款合同，辽宁特莱维置业公司向欧宝生物科技公司共借款人民币8650万元，约定利息为同年贷款利率的4倍。约定借款用途为：本借款只限用于特莱维国际花园房地产项目。同时还约定："借款人以特莱维国际花园面积33,158.26平方米（以土地证为准）的土地（辽宁特莱维置业公司承诺该土地及房产现未作抵押）以及地上物等公司全部财产作为抵押；借款人如不能按时偿还借款本金，除按约定归还本金及利息外，从借款日起按日千分之五加收违约金；上述所列资产不足以清偿本金时，出借方保留追究借款方其他资产的权利。"借款合同签订后，欧宝生物科技公司先后共汇款10笔，计8650万元，而辽宁特莱维置业公司却在收到汇款的当日或几日后立即将其中的6笔转出，共计转出7050万元。其中5笔转往翰皇公司，共计6400万元。且在上述合同签订和履行中，双方并未办理抵押登记。此外，欧宝生物科技公司在一审诉讼要求辽宁特莱维置业公司还款期间，仍向辽宁特莱维置业公司转款3笔，计360万元。

欧宝生物科技公司于2005年9月13日成立，当时股东有2人，为李某某、曲某甲，法定代表人是李某某。2008年5月28日公司经股权转让和增加注册资本，股东变更为8人，其中曲某乙出资885万元，持股比例73.75%；姜某某出资24万元，持股比例2%；宗某某出资24万元，持股比例2%。同时，法定代表人变更为宗某某。辽宁特莱维置业公司于2006年1月12日成立，法定代表人王某甲，翰皇公司出资1800万元，出资比例90%；王甲出资200万元，出资比例10%。2010年8月16日法定代表人变更为姜某某。工商档案记载，该公司在变更登记时，领取执照人签字处由刘某某签字，而刘某某又是本案原一审诉讼期间欧宝生物科技公司的委托代理人，身份系欧宝生物科技公司的员工。翰皇公司前身为上海特莱维化妆品有限公司，于2002年3月26日成立。王某甲出资200万元，出资比例67%；曲某乙出资100万元，出资比例33%；法定代表人为王某甲。同年10月28日，变更为王某甲出资200万元，出资比例67%，王甲出资100万元，出资比例33%。2004年10月10日公司更名为翰皇公司，公司登记等手续委托宗某某办理，2011年7月5日该公司注销。

本案原一审诉讼期间，欧宝生物科技公司于2010年6月22日向辽宁省高级人民法院提出财产保全申请，要求查封、扣押、冻结辽宁特莱维置业公司5850万元的财产，王甲以其所有的位于辽宁省沈阳市和平区××路××号F32-1、F32-2，建筑面积均为236.4平方米的两处房产为欧宝生物科技公司担保，王某乙以其所有的位于沈阳市××路××号的建筑面积为671.76平方米的房产为欧宝生物科技公司担保，沈阳沙琪化妆品有限公司（以下简称沙琪化妆品公司，股东为王某丙和修某某）以其所有的，位于沈阳市××××村建筑面积分别为212平方米、946平方米的两处厂房及使用面积为4000平方米的一块土地为欧宝生物科技公司担保。2010年9月3日，欧宝生物科技公司向辽宁省高级人民法院出具回复函称，同意向辽宁省高级人民法院提供位于上海市青浦区××公路××号的面积12,026.91平方米、价值2亿元人民币的房产作为保全担保。辽宁省高级人民法院随时可查封上述房产作为保全担保。欧宝生物科技公司在庭审中承认，前述房产属于上海特莱维护肤品股份有限公司（以下简称上海特莱维护肤品公司）所有。上海特莱维护肤品公司成立于2002年12月9日，法定代表人为王某甲。股东有王某甲，翰皇公司的股东王甲、邹某，欧宝生物科技公司的股东宗某某、姜某某、王乙、韩某某等人。王甲同时任上海特莱维护肤品公司董事，宗某某任副董事长兼副总经理，王乙任副总经理，霍某任董事。

2011年4月20日，欧宝生物科技公司向辽宁省高级人民法院申请执行（2010）辽民二初字第15号民事判决，该院当日立案执行。同年7月12日，欧宝生物科技公司向辽宁省高级人民法院提交书面申请称："为尽快回笼资金，减少我公司损失，经与被执行人商定，我公司允许被执行人销售该项目的剩余房产，但必须由我公司指派财务人员收款，所销售的房款须存入我公司指定账户。”2011年9月6日，辽宁省高级人民法院向东港市房地产管理处发出协助执行通知书，以相关查封房产已经给付申请执行人抵债为由，要求该处将前述房产直接过户登记到案外买受人名下。

欧宝生物科技公司申请执行后，除谢某外，辽宁特莱维置业公司的其他债权人世安公司、江西临川建筑安装工程总公司、东港市前阳建筑安装工程总公司也先后以提交执行异议或者通过人大代表申诉等形式，向辽宁省高级人民法院反映欧宝生物科技公司与辽宁特莱维置业公司虚构债权进行虚假诉讼，损害建设工程承包人债权。

一审再审期间，谢某向辽宁省高级人民法院提供上海市第一中级人民法院（2008）沪一中民三（商）终字第426号民事判决书一份，该案系张某某、贾某某诉翰皇公司、欧宝生物科技公司特许经营合同纠纷案，判决所列翰皇公司的法定代表人为王某甲，欧宝生物科技公司和翰皇公司的委托代理人均系翰皇公司员工宗某某。

二审另查明，欧宝生物科技公司与辽宁特莱维置业公司的开立单位银行结算账户申请书记载地址均为东港市××路××号，委托经办人均为崔某某。2010年5月，魏某某经辽宁特莱维置业公司授权办理银行账户的开户，2011年9月又代表欧宝生物科技公司办理银行账户开户事宜。两账户所留联系人均为魏某某，所留联系电话均为150××××××××，与欧宝生物科技公司2010年6月10日提交辽宁省高级人民法院的民事起诉状中所留辽宁特莱维置业公司联系电话相同。

王某甲与曲某乙系夫妻关系。沙琪化妆品公司的股东王某丙和修某某分别是王某甲的父亲和母亲。欧宝生物科技公司的股东王丙系王某甲的哥哥王某乙之女；王某甲与王甲系兄妹关系。

辽宁省高级人民法院原一审认为：欧宝生物科技公司与辽宁特莱维置业公司签订的借款合同，是双方当事人的真实意思表示，应予确认。欧宝生物科技公司按照合同约定将款项付给了辽宁特莱维置业公司后，辽宁特莱维置业公司在合同约定的还款期限内，均未予以偿还。故欧宝生物科技公司要求辽宁特莱维置业公司立即偿还欠款的请求有理，应当得到支持。但因本案为企业借贷，故欧宝生物科技公司要求辽宁特莱维置业公司承担合同约定的同期贷款利率4倍利息和违约金的请求，不予支持。该院将辽宁特莱维置业公司应给付欧宝生物科技公司的利息调整至中国人民银行规定的同期贷款利息。据此，该院于2011年3月21日作出（2010）辽民二初字第15号民事判决，判令：辽宁特莱维置业公司于判决生效后10日内，偿还欧宝生物科技公司借款本金8650万元及借款实际发生之日起至判决确定给付之日止的中国人民银行同期贷款利息。

辽宁省高级人民法院（2010）辽民二初字第15号民事判决发生法律效力后，案外人谢某向一审法院提出申诉称，辽宁特莱维置业公司与欧宝生物科技公司恶意串通，通过虚构债务的方式，恶意侵害特莱维国际花园房地产项目投资人谢某的合法权益，请求一审法院对本案进行再审。一审法院经审查于2012年1月4日作出（2012）辽立二民监字第8号民事裁定，再审本案。

辽宁省高级人民法院再审认为：依据谢某的主张，本案的争议焦点为欧宝生物科技公司与辽宁特莱维置业公司之间是否存在真实的借款关系。经查，2007年7月至2009年3月，辽宁特莱维置业公司与欧宝生物科技公司先后签订九份借款合同，辽宁特莱维置业公司向欧宝生物科技公司共借款人民币8650万元，双方约定借款只限用于特莱维国际花园房地产项目。借款合同签订后，欧宝生物科技公司先后共汇款10笔，将合同约定的8650万元汇给辽宁特莱维置业公司，而辽宁特莱维置业公司却在收到汇款的当日或几日后立即将其中的6笔转出，共计转出7050万元。其中5笔转往翰皇公司，共计6400万元。上述事实足以证明辽宁特莱维置业公司并未将所借款项用于特莱维国际花园房地产项目，借款立即转走，有悖借款目的，不符合常理。欧宝生物科技公司在一审诉讼要求辽宁特莱维置业公司还款期间，仍向辽宁特莱维置业公司转款360万元，欧宝生物科技公司作为原告起诉辽宁特莱维置业公司偿还欠款，却在此期间仍然给辽宁特莱维置业公司转款，不符合常理。欧宝生物科技公司提出财产保全申请，要求查封、扣押、冻结辽宁特莱维置业公司5850万元的财产，而辽宁特莱维置业公司的股东王甲却以自己的房产为欧宝生物科技公司提供担保，不符合常理。

此外，欧宝生物科技公司的股东姜某某是辽宁特莱维置业公司的法定代表人，欧宝生物科技公司的法定代表人宗某某是辽宁特莱维置业公司大股东翰皇公司的工作人员。欧宝生物科技公司与辽宁特莱维置业公司的开立单位银行结算账户申请书中记载的地址及经办人均相同。辽宁特莱维置业公司的员工刘某某在本案原一审期间作为欧宝生物科技公司的委托代理人，其身份系欧宝生物科技公司的员工，上述事实可以认定欧宝生物科技公司与辽宁特莱维置业公司之间存在人员混同、办公地点同一的情形。通过工商档案可以看出辽宁特莱维置业公司的股东是翰皇公司和王甲，翰皇公司占90%的股份，而翰皇公司的股东是王某甲、王甲，王某甲占67%的股份，据此可以判定王某甲对辽宁特莱维置业公司具有绝对的控股权。而王某甲的妻子曲某乙持有欧宝生物科技公司73.75%的股份，对欧宝生物科技公司具有绝对的控股权。上述事实能够认定，王某甲夫妻对辽宁特莱维置业公司、欧宝生物科技公司、翰皇公司具有完全的控制权。

综上，结合欧宝生物科技公司与辽宁特莱维置业公司之间的借款过程及诉讼中发生的情形和王某甲夫妻完全控制辽宁特莱维置业公司、欧宝生物科技公司、翰皇公司，以及辽宁特莱维置业公司借款进账后将大部分款项转出的情形，不足以认定双方之间存在真实的借款法律关系。欧宝生物科技公司要求辽宁特莱维置业公司偿还欠款及利息的诉讼请求证据不足，不予支持。经辽宁省高级人民法院审判委员会讨论决定，依照《最高人民法院关于民事诉讼证据的若干规定》第2条、《中华人民共和国民事诉讼法》第207条的规定，判决：（一）撤销辽宁省高级人民法院（2010）辽民二初字第15号民事判决；（二）驳回欧宝生物科技公司的诉讼请求。

宣判后，欧宝生物科技公司不服，向最高人民法院提起上诉。

【案件焦点】

1. 欧宝生物科技公司与辽宁特莱维置业公司之间是否存在关联关系；

2. 欧宝生物科技公司和辽宁特莱维置业公司就争议的8650万元是否存在真实的借款关系。

【裁判结果】

最高人民法院二审认为：

一、关于欧宝生物科技公司与辽宁特莱维置业公司之间是否存在关联关系的问题

《中华人民共和国公司法》规定，关联关系是指公司控股股东、实际控制人、董事、监事、高级管理人员与其直接或间接控制的企业之间的关系，以及可能导致公司利益转移的其他关系。可见，公司法所称的关联公司，既包括公司股东的相互交叉，也包括公司共同由第三人直接或者间接控制，或者股东之间、公司的实际控制人之间存在直系血亲、姻亲、共同投资等可能导致利益转移的其他关系。

本案中，曲某乙为欧宝生物科技公司的控股股东，王某甲是辽宁特莱维置业公司的原法定代表人，也是案涉合同签订时辽宁特莱维置业公司的控股股东翰皇公司的控股股东和法定代表人，王某甲与曲某乙系夫妻关系，说明欧宝生物科技公司与辽宁特莱维置业公司由夫妻二人控制。欧宝生物科技公司称两人已经离婚，却未提供民政部门的离婚登记或者人民法院的生效法律文书。虽然辽宁省高级人民法院受理本案诉讼后，辽宁特莱维置业公司的法定代表人由王某甲变更为姜某某，但姜某某向二审法院出具并经当庭质证的书面申请表明，王某甲依然是辽宁特莱维置业公司的实际控制人。同时，欧宝生物科技公司股东兼法定代表人宗某某、王乙等人，与辽宁特莱维置业公司的实际控制人王某甲、法定代表人姜某某、目前的控股股东王甲共同投资设立了上海特莱维护肤品公司，说明欧宝生物科技公司的股东与辽宁特莱维置业公司的控股股东、实际控制人存在其他的共同利益关系。另外，沈阳特莱维公司是欧宝生物科技公司控股的公司，沙琪化妆品公司的股东是王某甲的父亲和母亲。可见，欧宝生物科技公司与辽宁特莱维置业公司之间、前述两公司与沙琪化妆品公司、上海特莱维护肤品公司、沈阳特莱维公司之间均存在关联关系。

欧宝生物科技公司与辽宁特莱维置业公司及其他关联公司之间还存在人员混同的问题。首先，高管人员之间存在混同。姜某某既是欧宝生物科技公司的股东和董事，又是辽宁特莱维置业公司的法定代表人，同时，还参与翰皇公司的清算。宗某某既是欧宝生物科技公司的法定代表人，又是翰皇公司的工作人员，虽然欧宝生物科技公司称宗某某自2008年5月即从翰皇公司辞职，但从上海市第一中级人民法院（2008）沪一中民三（商）终字第426号民事判决载明的事实看，该案2008年8月至12月审理期间，宗某某仍以翰皇公司工作人员的身份参与诉讼。王乙既是欧宝生物科技公司的监事，又是上海特莱维护肤品公司的董事，还以该公司工作人员的身份代理相关行政诉讼。王甲既是辽宁特莱维置业公司的监事，又是上海特莱维护肤品公司的董事。王某甲是辽宁特莱维置业公司原法定代表人、实际控制人，还曾先后代表欧宝生物科技公司、翰皇公司与案外第三人签订连锁加盟（特许）合同。其次，普通员工也存在混同。霍某是欧宝生物科技公司的工作人员，在本案中作为欧宝生物科技公司原一审诉讼的代理人，2007年2月23日代表辽宁特莱维置业公司与世安公司签订建设工程施工合同，又同时兼任上海特莱维护肤品公司的董事。崔某某是辽宁特莱维置业公司的会计，2010年1月7日代辽宁特莱维置业公司开立银行账户，2010年8月20日本案诉讼之后又代欧宝生物科技公司开立银行账户。欧宝生物科技公司当庭自述魏某某系辽宁特莱维置业公司的工作人员，2010年5月魏某某经辽宁特莱维置业公司授权办理银行账户开户事宜，2011年9月诉讼之后又经欧宝生物科技公司授权办理该公司在中国建设银行沈阳马路湾支行的开户事宜，且该银行账户的联系人为魏某某。刘某某是欧宝生物科技公司的工作人员，在本案原一审和执行程序中作为欧宝生物科技公司的代理人，2009年3月17日又代辽宁特莱维置业公司办理企业登记等相关事项。刘某以辽宁特莱维置业公司员工名义代理本案诉讼，又受王某甲的指派代理上海特莱维护肤品公司的相关诉讼。

上述事实充分说明，欧宝生物科技公司、辽宁特莱维置业公司以及其他关联公司的人员之间并未严格区分，均听从共同控制人王某甲夫妻的调配，根据欧宝生物科技公司自称曲某乙长期生活在香港的情况及在案证据，上述人员实际上服从王某甲一人的指挥，根据不同的工作任务，随时转换为不同关联公司的工作人员。欧宝生物科技公司在上诉状中称，在2007年借款之初就派相关人员进驻辽宁特莱维置业公司，监督该公司对投资款的使用并协助工作，但早在欧宝生物科技公司所称的向辽宁特莱维置业公司转入首笔借款之前五个月，霍某即参与该公司的合同签订业务。而且，从这些所谓的派驻人员在辽宁特莱维置业公司所起的作用看，上述人员参与了该公司的合同签订、财务管理到诉讼代理的全面工作，而不仅是监督工作，欧宝生物科技公司的辩解不足为信。辽宁省高级人民法院关于欧宝生物科技公司和辽宁特莱维置业公司系由王某甲、曲某乙夫妇控制之关联公司的认定，依据充分。

二、欧宝生物科技公司和辽宁特莱维置业公司就争议的8650万元是否存在真实借款关系的问题

《最高人民法院关于适用〈中华人民共和国民事诉讼法〉的解释》第90条规定："当事人对自己提出的诉讼请求所依据的事实或者反驳对方诉讼请求所依据的事实，应当提供证据加以证明；当事人未能提供证据或者证据不足以证明其事实主张的，由负有举证证明责任的当事人承担不利的后果。"第108条规定："对负有举证证明责任的当事人提供的证据，人民法院经审查并结合相关事实，确信待证事实的存在具有高度可能性的，应当认定该事实存在。对一方当事人为反驳负有举证责任的当事人所主张的事实而提供的证据，人民法院经审查并结合相关事实，认为待证事实真伪不明的，应当认定该事实不存在。"在当事人之间存在关联关系的情况下，为防止恶意串通提起虚假诉讼，损害他人合法权益，人民法院对其之间是否存在真实的借款法律关系，必须严格审查。

欧宝生物科技公司提起诉讼，要求辽宁特莱维置业公司偿还借款8650万元及利息，虽然提供了借款合同及转款凭证，但其自述及提交的证据和其他在案证据之间存在无法消除的矛盾，且当事人双方在诉讼前后的诸多行为违背常理，主要表现为以下七个方面：

第一，从借款合意形成过程来看，借款合同存在虚假的可能。欧宝生物科技公司和辽宁特莱维置业公司对借款法律关系的要约与承诺的细节事实叙述不清，尤其是作为债权人欧宝生物科技公司的法定代表人、自称是合同经办人的宗某某对所有借款合同的签订时间、地点、每一合同的己方及对方经办人等细节，语焉不详。案涉借款每一笔均为大额借款，当事人对所有合同的签订细节，甚至大致情形均陈述不清，于理不合。

第二，从借款的时间上看，当事人提交的证据前后矛盾。欧宝生物科技公司的自述及其提交的借款合同表明，欧宝生物科技公司自 2007 年 7 月开始与辽宁特莱维置业公司发生借款关系，向二审法院提起上诉后，其提交的自行委托形成的审计报告又载明，自 2006 年 12 月开始向辽宁特莱维置业公司借款，但从辽宁特莱维置业公司和欧宝生物科技公司的银行账户交易明细看，在 2006 年 12 月之前，仅欧宝生物科技公司 8115 账户就发生过两笔高达 1100 万元的转款，其中，2006 年 3 月 8 日以“借款”名义转入辽宁特莱维置业公司账户 300 万元，2006 年 6 月 12 日转入 801 万元。

第三，从借款的数额上看，当事人的主张前后矛盾。欧宝生物科技公司提起诉讼后，先主张自 2007 年 7 月起累计借款金额为 5850 万元，后在诉讼中又变更为 8650 万元，向二审法院上诉时又称借款总额 1.085 亿元，主张的借款数额多次变化，但只能提供 8650 万元的借款合同。而谢某当庭提交的银行转账凭证证明，在欧宝生物科技公司所称的 1.085 亿元借款之外，另有 4400 多万元的款项以“借款”名义打入辽宁特莱维置业公司账户。对此，欧宝生物科技公司自认，这些多出的款项是受王某甲的请求帮忙转款，并非真实借款。该自认说明，欧宝生物科技公司在相关银行凭证上填写的款项用途极其随意。从二审法院调取的银行账户交易明细所载金额看，欧宝生物科技公司以借款名义转入辽宁特莱维置业公司账户的金额远远超出欧宝生物科技公司先后所称的 5850 万元、8650 万元和 1.085 亿元。除了谢某提供的交易数额外，还有其他多笔以“借款”名义转入辽宁特莱维置业公司账户的巨额资金没有列入欧宝生物科技公司所主张的借款数额范围。

第四，从资金往来情况看，欧宝生物科技公司存在单向统计账户流出资金而不统计流入资金的问题。无论是案涉借款合同载明的借款期间还是在此之前，甚至诉讼开始以后，欧宝生物科技公司和辽宁特莱维置业公司账户之间的资金往来，既有欧宝生物科技公司转入辽宁特莱维置业公司账户款项的情况，也有辽宁特莱维置业公司转入欧宝生物科技公司账户款项的情况，但欧宝生物科技公司只计算己方账户转出的借方金额，而对辽宁特莱维置业公司转入的贷方金额只字不提。

第五，从所有关联公司之间的转款情况看，存在双方或者多方账户循环转款问题。将欧宝生物科技公司、辽宁特莱维置业公司、翰皇公司、沙琪化妆品公司等公司之间的账户对照检查，存在辽宁特莱维置业公司将己方款项转入翰皇公司账户过桥欧宝生物科技公司账户后，又转回辽宁特莱维置业公司账户，造成虚增借款的现象。例如，2008 年 9 月 5 日辽宁特莱维置业公司 5555 账户转入翰皇公司 4917 账户 1735 万元，10 月 30 日翰皇公司 4917 账户转入欧宝生物科技公司 8115 账户 1900 万元，当日，欧宝生物科技公司 8115 账户又转入辽宁特莱维置业公司 5555 账户 1900 万元。11 月 6 日辽宁特莱维置业公司 5555 账户转入翰皇公司 4917 账户 1800 万元，12 月 9 日翰皇公司 4917 账户转入欧宝生物科技公司 8115 账户 1800 万元，当日欧宝生物科技公司该账户转入辽宁特莱维置业公司 5555 账户 1900 万元。又如，辽宁特莱维置业公司 5555 账户 2008 年 12 月 24 日转入翰皇公司 4917 账户 716.73 万元，当日翰皇公司转入欧宝生物科技公司 8115 账户 600 万元，然后在同一天又从欧宝生物科技公司转回辽宁特莱维置业公司 600 万元。这些款项每从欧宝生物科技公司账户进入辽宁特莱维置业公司账户一次，都被计入辽宁特莱维置业公司向欧宝生物科技公司的借款数额。辽宁特莱维置业公司与其他关联公司之间的资金往来也存在此种情况。

第六，从借款的用途看，与合同约定相悖。借款合同第 2 条约定，借款限用于特莱维国际花园房地产项目，但是案涉款项转入辽宁特莱维置业公司账户后，该公司随即将大部分款项以“借款”“还款”等名义分别转给翰皇公司和沙琪化妆品公司，最终又流向欧宝生物科技公司和欧宝生物科技公司控股的沈阳特莱维公司。至于欧宝生物科技公司辩称，辽宁特莱维置业公司将款项打入翰皇公司是偿还对翰皇公司借款的辩解，由于其提供的翰皇公司和辽宁特莱维置业公司之间的借款数额与两公司银行账户交易的实际数额互相矛盾，且从流向上看大部分又流回了欧宝生物科技公司或者其控股的公司，其辩解不足为凭。

第七，从欧宝生物科技公司和辽宁特莱维置业公司及其关联公司在诉讼和执行中的行为来看，与日常经验相悖。欧宝生物科技公司提起诉讼后，仍然与辽宁特莱维置业公司互相转款；辽宁特莱维置业公司不断向欧宝生物科技公司账户转入巨额款项，但在诉讼和执行程序中却未就还款金额对欧宝生物科技公司的请求提出任何抗辩；欧宝生物科技公司向辽宁省高级人民法院申请财产保全，辽宁特莱维置业公司的股东王甲却以其所有的房产为本应是利益对立方的欧宝生物科技公司提供担保；欧宝生物科技公司在原一审诉讼中另外提供担保的上海市青浦区房产的所有权，竟然属于王某甲任法定代表人的上海特莱维护肤品公司；欧宝生物科技公司和辽宁特莱维置业公司当庭自认，欧宝生物科技公司开立在中国建设银行东港支行、中国建设银行沈阳马路湾支行的银行账户都由王某甲控制。

对上述矛盾和违反常理之处，欧宝生物科技公司与辽宁特莱维置业公司均未作出合理解释。由此可见，欧宝生物科技公司没有提供足够的证据证明其就案涉争议款项与辽宁特莱维置业公司之间存在真实的借贷关系。而且，从调取的欧宝生物科技公司、辽宁特莱维置业公司及其关联公司账户的交易明细发现，欧宝生物科技公司、辽宁特莱维置业公司以及其他关联公司之间、同一公司的不同账户之间随意转款，款项用途随意填写，结合在案其他证据，二审法院确信，欧宝生物科技公司诉请之债权系截取其与辽宁特莱维置业公司之间的往来款项虚构而成，其以虚构债权为基础请求辽宁特莱维置业公司返还 8650 万元借款及利息的请求不应支持。据此，辽宁省高级人民法院再审判决驳回其诉讼请求并无不当。

三、关于欧宝生物科技公司与辽宁特莱维置业公司提起本案诉讼是否存在恶意串通损害他人合法权益的问题

首先，无论欧宝生物科技公司还是辽宁特莱维置业公司，对辽宁特莱维置业公司与一审申诉人谢某及其他债权人的债权债务关系是明知的。从案涉判决执行的过程看，欧宝生物科技公司申请执行之后，对查封的房产不同意法院拍卖，而是继续允许该公司销售，辽宁特莱维置业公司每销售一套，欧宝生物科技公司即申请法院解封一套。在接受二审法院当庭询问时，欧宝生物科技公司对辽宁特莱维置业公司销售了多少查封房产，偿还了多少债务叙述不清，表明其提起本案诉讼并非为实现债权，而是通过司法程序进行保护性查封以阻止其他债权人对辽宁特莱维置业公司财产的受偿。以虚构债权而兴讼不止，恶意昭然若揭。

其次，从欧宝生物科技公司与辽宁特莱维置业公司人员混同、银行账户同为王某甲控制的事实可知，欧宝生物科技公司与辽宁特莱维置业公司已经失去了公司法人所具有的独立人格，两公司同属一人，以一人而充任两造，恶意之勾连不证自明。《中华人民共和国民事诉讼法》第 112 条规定："当事人之间恶意串通，企图通过诉讼、调解等方式侵害他人合法权益的，人民法院应当驳回其请求，并根据情节轻重予以罚款、拘留；构成犯罪的，依法追究刑事责任。"一审申诉人谢某认为欧宝生物科技公司与辽宁特莱维置业公司之间恶意串通提起虚假诉讼损害其合法权益的意见，以及对有关当事人和相关责任人进行制裁的请求，于法有据，应予支持。二审法院将同时对欧宝生物科技公司和辽宁特莱维置业公司的虚假诉讼行为进行处罚。

综上，二审法院认为，辽宁省高级人民法院（2012）辽审二民再字第 13 号民事判决认定事实清楚，适用法律正确，应予维持。欧宝生物科技公司的上诉理由不能成立，对其上诉请求不予支持。判决：驳回上诉，维持原判。同时，二审法院认定，欧宝生物科技公司和辽宁特莱维置业公司之间的企业借贷纠纷构成虚假诉讼，依法决定对当事人双方各罚款 50 万元。

【裁判摘要评析】

当前，民商事审判领域虚假诉讼现象频发，不仅严重侵害当事人及案外人的合法权益，扰乱了正常的民事诉讼秩序，造成司法资源的极大浪费，而且严重损害司法权威和司法公信力，破坏社会诚信，影响社会稳定，人民群众反映强烈。由于虚假诉讼涉及民商事审判各个领域，案件类型多样，行为人手段隐蔽，人民法院在甄别虚假诉讼过程中存在一定的困难。人民法院在司法实践中对遇到的大量可能存在的虚假民事诉讼，通常仅仅以未达到相应证明标准为由驳回原告的诉讼请求，而直接认定属于虚假诉讼的情况极为少见，从而使当事人的违法行为没有得到应有的处罚，某种程度上放纵了虚假诉讼违法行为的发生。本案是最高人民法院在民商事案件审理程序中认定的首例虚假民事诉讼案，通过对当事人双方虚假诉讼行为的严厉制裁，彰显了最高人民法院打击虚假诉讼的决心和信心，也将进一步推动地方各级法院增强对虚假诉讼的防范意识和甄别能力，同时，在引导社会大众提高对虚假诉讼的违法性认识、自觉抵制虚假诉讼等方面，打造出了一个参考范本。

一、民事虚假诉讼的构成要件

民事虚假诉讼是指民事诉讼当事人以谋取非法利益为目的，单独或者与他人串通，以伪造证据、虚构事实或者隐瞒真相提起民事诉讼为手段，骗取人民法院生效民事裁判，损害国家、集体或他人合法权益的行为。一般来说，民事虚假诉讼应当同时具备以下要件：（1）较为复杂的行为主体。虚假诉讼的行为人可能是一方或者双方当事人，也可能同时有诉讼代理人、证人、鉴定人等；可能是自然人，也可能是单位。诉讼是一个复杂的过程，虚假诉讼的完成往往更需要借助他人的力量。实践中，常见的虚假诉讼往往是原被告双方串通实施，共同完成，也不乏一方当事人与诉讼代理人、鉴定人、证人等合谋实施，甚至是与审判人员合谋实施。

（2）行为人主观上的故意性。首先，虚假诉讼以故意为主观要件，过失不构成虚假诉讼。所谓故意，是指行为人明知自己的行为会发生侵犯他人合法权益、妨害民事诉讼、破坏司法公信力的后果，仍然实施伪造证据、提起诉讼或者参与民事诉讼，骗取人民法院民事裁判文书的行为。其次，一方故意或者双方共同故意均可构成虚假民事诉讼。实践中，双方共同故意是虚假诉讼的多发情形，但单方故意同样可以构成虚假民事诉讼。最后，必须以谋取非法利益为目的。实践中，行为人企图获取的非法利益主要有：逃避合法债务、逃避法律文书确定的义务，独占或者多分遗产、离婚时多分或者独占夫妻共同财产、骗取保险理赔款、规避法律法规政策监管、为刑事案件提供伪证，等等。

（3）客观上以提起虚假民事诉讼为手段，达到非法获取人民法院裁判文书的目的。案件当事人伪造证据、隐瞒真相、虚构案件事实，提起虚假民事诉讼，非法获取裁判文书，是虚假诉讼的“三部曲”。但当事人最终是否实际取得生效的裁判文书，不影响民事虚假诉讼的成立。

二、民事虚假诉讼的主要特征

审判实践中，民事虚假诉讼一般呈现如下特征：（1）虚假诉讼主体间多为关联企业，或具有近亲属关系或者是朋友、同学关系。（2）原告诉讼请求标的额可能与其自身经济状况不相符合，数额较大或不合常理；被告的经济状态不佳或者尚存在其他经济纠纷。（3）被告对原告的诉讼请求往往不作抗辩或不进行实质抗辩，且自认的情况较多。（4）原告提供的证据往往只能证明案件的主要事实，对于相关辅助事实的证明则缺乏证据且言辞模糊，在庭审审问过程中对案件主要事实陈述不清或前后矛盾。（5）虚假诉讼以调解方式结案较多，且调解协议的达成异常顺利。

三、民事虚假诉讼的审理重点

本案属于典型的民间借贷虚假诉讼案件。最高人民法院受理欧宝生物科技公司的上诉后，经审查，发现本案上诉人与被上诉人之间缺乏常见的诉讼对立，很不正常，而申诉人谢某及辽宁特莱维置业公司的其他债权人则一直反映该案系关联公司虚构债权制造的虚假诉讼。因此，本案是否属于虚假诉讼，成为二审审查的重点。

二审合议庭首先查阅了欧宝生物科技公司与辽宁特莱维置业公司的工商档案，查明原告欧宝生物科技公司与被告辽宁特莱维置业公司确属由王某甲、曲某乙夫妻二人实际控制的公司，两公司之间存在关联关系。但是仅有关联关系，并不意味着双方就是恶意串通损害他人合法权益，还需要进一步查明当事人双方借贷关系的真实性。为此，二审合议庭决定从以下几个方面入手，对双方借贷关系的真实性予以判定：第一，就借款合同的签订时间、地点、经办人员、款项支付等细节问题，分别对双方当事人进行询问，以审查当事人陈述是否一致。第二，主动依职权调取证据，以审查借贷双方对借款事实的诉辩意见与人民法院查明的事实是否相符。第三，根据调取的证据，如银行账户交易明细等，审查案涉款项的流向与合同约定或当事人主张的借款用途是否相符。第四，审查借贷双方在诉讼和执行中的行为是否存在前后矛盾和违反常理之处。在办案过程中，二审法院依职权调取了上诉人欧宝生物科技公司、被上诉人辽宁特莱维置业公司以及其他关联公司之间的银行账户交易明细，并对银行账户的资金往来进行核对分析，发现欧宝生物科技公司与辽宁特莱维置业公司诉讼前后的诸多行为存在矛盾、违反常理。比如，上诉人欧宝生物科技公司在诉讼过程中多次变更其主张的借款数额；被上诉人辽宁特莱维置业公司的股东以其个人房产为上诉人欧宝生物科技公司的财产保全申请提供担保；上诉人在提起诉讼后仍然向被上诉人账户转款；在存在其他债权人的情况下，上诉人申请执行后对查封的辽宁特莱维置业公司的财产不主张拍卖，而是继续允许被上诉人销售，且配合其进行解封等。对这些矛盾和违反常理之处，当事人双方均未作出合理解释，亦未提供相关证据予以说明，而是在诉讼过程中极力否认他们之间的关联关系，多有欲盖弥彰之嫌。经过大量的庭外调查和细致的庭审审理，二审法院查明了本案原审原告欧宝生物科技公司诉请的债权并非真实存在，而系双方虚构而成，其提起本案诉讼并非为实现债权，而是通过司法程序进行保护性查封，以阻止其他债权人对被上诉人辽宁特莱维置业公司财产的受偿，这严重侵害了其他债权人的合法权益。因此，最高人民法院二审认为，本案是典型的民事虚假诉讼。

最高人民法院二审合议庭成员：胡云腾　范向阳　汪国献

（编写人：胡云腾*　汪国献**　编辑：丁文严）

* 胡云腾，男，法学博士，中华人民共和国最高人民法院审判委员会原副部级专职委员。

** 汪国献，男，法学硕士，中华人民共和国最高人民法院第五巡回法庭，二级高级法官。

审委会案例

刘某某、王某某
故意杀人、抢劫、合同诈骗死刑复核案

——共同犯罪致一人死亡案件中死刑适用的把握

【裁判摘要】

在司法实践中，共同犯罪致一人死亡的，一般不判处两人以上死刑立即执行，但对于罪行极其严重，社会影响极其恶劣的案件，依法从严惩处，更能够体现宽严相济的刑事政策。在抢劫、故意杀人犯罪中，被告人刘某某主导策划犯罪行为，被告人王某某积极实施具体犯罪行为，二被告人在犯罪过程中相互协助，互为补充，都起主要作用且作用相当，均系主犯。二被告人共同参与抢劫后为杀人灭口，两次加害被害人，情节极其恶劣，且二人作案前分别犯有抢劫罪和故意杀人罪，本次犯罪又属于犯同种重罪，表明其主观恶性极深，人身危险性和社会危害性极大，依法应予严惩，核准二被告人死刑立即执行。

【案件基本信息】

1. 公诉机关与当事人

公诉机关：河南省信阳市人民检察院

被告人：刘某某

被告人：王某某

2. 案件索引与裁判日期

一审：河南省信阳市中级人民法院（2013）信刑初字第44号刑事附带民事判决（2014年4月18日）

二审：河南省高级人民法院（2014）豫法刑三终字第150号刑事裁定（2014年11月17日）

死刑复核：最高人民法院（2015）刑监复32409354号刑事裁定（2018年1月19日）

3. 案由

抢劫罪、故意杀人罪、合同诈骗罪

【简要案情】

被告人刘某某与被告人王某某因曾同在山东某监狱服刑而结识。2012年9月，已被暂予监外执行的刘某某邀请刑满释放的王某某来到河南省信阳市。二人多次预谋抢劫他人钱财并杀人灭口，他们事先购买了铁锹、白色手套、透明宽胶带、编织袋等作案工具，并寻找作案和处理被害人尸体地点，选择作案目标，伺机作案。2012年10月3日，刘某某与王某某再次合谋抢劫刘某某认识的牌友左某。当日19时许，刘某某以邀被害人左某打牌为由将左某骗出。王某某驾驶刘某某骗租来的比亚迪轿车，与刘某某一起接上左某前往事先踩点的信阳市××新区××管理区一偏僻路段，二人用事先准备好的胶带将左某手脚捆住实施抢劫，当场劫取现金5000元、银行卡4张、黄金项链1条和苹果4S手机1部。在逼问左某银行卡密码并用左某手机查询卡内余额后，二人恐罪行暴露，采取掐脖、按腿等手段致左某昏迷，二人以为左某已死，遂将其装入事先准备好的编织袋内放到车后备箱，前往顾岗水库沉“尸”。途中，王某某购买水泥一袋，刘某某剪取路边村民搭在树上的晾衣电线绳一段。当二人驾车来到水库边打开后备箱时，左某已苏醒并从编织袋内挣脱后乘机逃出后备箱，二人见状追撵上左某，扼掐左某颈部致其昏迷。其后，二人将左某重新装入编织袋内，并放入半袋水泥，用电线绳扎住袋口，在刘某某的帮助下，王某某扛着编织袋扔进水库致左某溺水死亡。后二人将左某所穿鞋子、捆绑左某的胶带、白色手套等物装入左某挎包并放入石块后扔进水库，驾车逃离现场。

2012年1月13日，被告人刘某某伙同孟某某（已判刑）共同预谋租车，后将车抵押给他人借款用于挥霍。2012年5月至8月，刘某某、孟某某谎称租车用于做生意，先后用本人或者借用他人身份证、驾驶证分别与信阳时代轿车租赁公司经理宋某某、信阳君安轿车租赁公司经理乔某某签订了租车合同，共计骗租轿车 7 辆，经鉴定价值 399,218 元。其中被告人王某某参与骗租轿车 2 辆，经鉴定价值 139,425 元。得手后，刘某某谎称车是自己或者亲戚的，借口手头资金紧张，将该车质押给骆某某、于某某等人借款 136,000 元用于挥霍。

河南省信阳市中级人民法院于 2014 年 4 月 18 日作出（2013）信刑初字第 44 号刑事附带民事判决，认定被告人刘某某犯故意杀人罪，判处死刑，剥夺政治权利终身，犯抢劫罪，判处有期徒刑五年，并处罚金人民币 10,000 元，犯合同诈骗罪，判处有期徒刑六年，并处罚金人民币 60,000 元，与山东省胶州市人民法院（2006）胶刑初字第 297 号刑事判决对被告人刘某某所判刑罚（被告人刘某某犯抢劫罪，判处有期徒刑九年，并处罚金人民币 5000 元）中尚未执行的刑罚（刑期 2 年零 2 个月又 21 天，罚金人民币 5000 元）并罚，决定执行死刑，剥夺政治权利终身，并处罚金人民币 75,000 元。被告人王某某犯故意杀人罪，判处死刑，剥夺政治权利终身，犯抢劫罪，判处有期徒刑四年六个月，并处罚金人民币 8000 元，犯合同诈骗罪，判处有期徒刑二年，并处罚金人民币 5000 元，数罪并罚，决定执行死刑，剥夺政治权利终身，并处罚金人民币 13,000 元。被告人刘某某、王某某赔偿附带民事诉讼原告人左某某、严某某人民币 17,101.5 元。宣判后，刘某某提出上诉。河南省高级人民法院经依法开庭审理，于 2014 年 11 月 17 日以（2014）豫法刑三终字第 150 号刑事裁定驳回上诉，维持原判，并依法报请本院核准。

【案件焦点】

共同犯罪致一人死亡的，能否核准两名被告人死刑立即执行。

【裁判结果】

最高人民法院经复核认为，被告人刘某某、王某某以非法占有为目的，结伙采用暴力手段劫取他人财物，其行为已构成抢劫罪；被告人刘某某、王某某实施抢劫后唯恐罪行败露，为灭口而故意非法剥夺他人生命，其行为已构成故意杀人罪；被告人刘某某、王某某以非法占有为目的，采取虚构事实、隐瞒真相的方法骗取他人财物，其行为已构成合同诈骗罪。在抢劫、故意杀人犯罪中，刘某某主导策划犯罪行为实施，王某某积极实施具体犯罪行为，二被告人在犯罪过程中相互协助，互为补充，均起主要作用，均系主犯。在合同诈骗犯罪中，刘某某系主犯，诈骗数额巨大，王某某系从犯，诈骗数额较大。刘某某在暂予监外执行期间、王某某在刑满释放后，共同抢劫作案并杀人灭口，致一名被害人死亡，犯罪情节恶劣，主观恶性极大，后果和罪行极其严重，社会危害性极大，均应依法惩处。第一审判决、第二审裁定认定的事实清楚，证据确实、充分，定罪准确，量刑适当。审判程序合法。依照《中华人民共和国刑事诉讼法》第235条①、第239条②和《最高人民法院关于适用〈中华人民共和国刑事诉讼法〉的解释》第350第1项的规定，裁定核准河南省高级人民法院（2014）豫法刑三终字第150号维持第一审对被告人刘某某、王某某决定执行死刑，剥夺政治权利终身的刑事裁定。

【裁判摘要评析】

准确理解和严格执行"控制和慎重适用死刑"，坚持"少杀慎杀"，是遵循宽严相济刑事政策的集中体现，也是把握死刑案件量刑标准的关键。对特定故意杀人案件是否适用死刑，需要严格依照法律规定并综合考虑案件性质，犯罪的起因、动机、目的、手段等情节，犯罪的后果，被告人的主观恶性和人身危险性等因素，全面分析影响量刑的各种情节、因素后审慎作出裁判。

本案是一起共同犯罪致被害人死亡的抢劫、故意杀人案件，准确认定各被告人的地位、作用，区分主从犯，对最终确定各被告人的罪责承担和量刑处罚至关重要。《关于贯彻宽严相济刑事政策的若干意见》针对共同犯罪案件的审理特别指出，对于一般共同犯罪案件，应当充分考虑各被告人在共同犯罪中的地位和作用，以及在主观恶性和人身危险性方面的不同，根据事实和证据能分清主从犯的，都应当认定主从犯。被告人刘某某、王某某在抢劫、杀人共同犯罪中，共同预谋并事先准备作案工具、选择作案及抛尸地点，抢劫后杀人灭口的意愿一致，共同实施犯罪的行为积

---

① 本法2018年修正后，本条改为第246条，条文内容未变。

② 本法2018年修正后，本条改为第250条，条文内容未变。

极，均认定为本案主犯准确。

《关于贯彻宽严相济刑事政策的若干意见》还指出，有多名主犯的，应在主犯中进一步区分出罪行最为严重者。对于多名被告人共同致死一名被害人的案件，要进一步分清各被告人作用，准确确定各被告人的罪责，以做到区别对待，不能以分不清主次为由，简单地一律判处重刑。但是在司法实践中，确实存在多名被告人在共同犯罪中的地位相当、作用不分大小的案件，在综合全案事实和证据客观进行分析评判后，如果认为均应当判处重刑的，也要做到判罚有据，处刑平衡。本案中两名被告人的情况比较特殊，被告人刘某某左腿残疾行动力受限，而被告人王某某对案发当地情况不熟，故而在整个案件中，被告人刘某某主要是犯罪行为的策划者，更多的是出“智”，被告人王某某则主要是犯罪行为的实施者，更多的是出“力”，体现在具体的犯罪过程中，就是被告人刘某某提供资金及作案车辆，确定作案对象并打电话将被害人骗出，逼问银行卡密码，查询银行卡钱款信息，协助王某某实施捆绑和掐颈的行为，共同将被害人装进编织袋，抛“尸”水库，抢得赃款也由其保管支配；被告人王某某则积极主动实施抢劫杀人行为，在刘某某行动不便时充当犯罪行为的具体实施者，且犯意坚决，在被害人逃脱后追赶并再次加害被害人，在刘某某的协助下扛起装有被害人的编织袋抛“尸”水库。二被告人在共同犯罪中虽然分工不同，实施的具体行为不同，但是在共同抢劫并致死被害人的犯罪过程中相互帮助，互为补充，均起主要作用，且作用相当不分大小。

本案是一起抢劫后杀人灭口的严重危害社会治安、严重影响人民群众安全感的恶性犯罪案件，不同于因婚姻家庭、邻里纠纷等民间矛盾激化引发的案件，对于此类案件，要坚持依法从严惩处，该判处死刑的要坚决依法判处死刑，以达到维护社会秩序、惩治犯罪、伸张正义的刑罚目的。同时，在共同犯罪致一人死亡的案件中，原则上一般不判处两人以上死刑立即执行，这也是司法实践和刑法理论界普遍认同的原则。但是在故意杀人、抢劫、强奸、绑架、放火、爆炸等共同致一人死亡的严重暴力犯罪案件中，对于犯罪手段特别残忍、情节特别恶劣、罪行极其严重、社会影响极其恶劣的案件，依法从严惩处，判处两人死刑立即执行，更能够充分体现宽严相济的刑事政策。本案二被告人共同参与抢劫后，为达到灭口的目的而故意杀害被害人，犯罪动机卑劣；在被害人逃脱后依然没有放弃犯罪念头，杀人犯意坚决；两次加害被害人，并在被害人被扼颈致昏后将被害人和半袋水泥共同装入编织袋抛“尸”水库，致被害人溺水死亡，犯罪手段残忍，犯罪情节极其恶劣；且二被告人作案前分别犯有抢劫罪和故意杀人罪，被告人刘某某被判处有期徒刑九年，作案时尚在暂予监外执行期间，被告人王某某被判处无期徒刑，作案时刚刑满释放，本次犯罪又犯有同种重罪，表明其二人主观恶性极深，人身危险性和社会危害性极大。综合本案性质、情节、后果以及二被告人的地位和作用分析评判，对被告人刘某某和王某某依法从严惩处，核准二人死刑立即执行是适当的。

一审法院合议庭成员：刘　辉　王明强　叶　鹏

二审法院合议庭成员：李　晔　田晓峰　蒋跃峰

最高人民法院死刑复核合议庭成员：齐　素　周　庆　邢海莹

（编写人：邢海莹* 　编辑：包献荣）

---

* 邢海莹，女，法律硕士，中华人民共和国最高人民法院审判监督庭，三级高级法官。

秦某强奸、猥亵儿童抗诉再审案

——性侵未成年人犯罪案件中证据的采信与认定以及“奸淫幼女情节恶劣”“在公共场所当众猥亵”等情节的判断与认定

【裁判摘要】

1. 重证据，重调查研究，不轻信口供是人民法院的办案原则，没有原审被告人供述，证据确实、充分的，可以认定原审被告人有罪并处以刑罚。

2. 对于利用教师身份对不满12周岁的女童多次实施强奸犯罪的，应当认定为“奸淫幼女情节恶劣”。

3. 公共场所具有“涉众性”的特点，供十余人共同使用的集体宿舍，也具有一定的“涉众性”，在这个特殊的场所内只要实施猥亵犯罪行为时有其他人在场或者有被他人感知的可能，就应当认定为“在公共场所当众”猥亵。

【案件基本信息】

1. 抗诉机关与当事人

抗诉机关：中华人民共和国最高人民检察院

被告人：秦某

2. 案件索引与裁判日期

一审：河北省石家庄市中级人民法院（2013）石少刑初字第00011号刑事附带民事判决（2013年9月23日）

二审：河北省高级人民法院（2013）冀刑四复字第61号刑事裁定（2013年12月24日）

重审一审：石家庄市中级人民法院（2014）石少刑初字第00008号刑事判决（2014年11月13日）

二审：河北省高级人民法院（2015）冀刑四终字第2号刑事判决（2016年1月20日）

再审：最高人民法院（2017）最高法刑抗1号刑事判决（2018年7月27日）

3. 案由

强奸罪、猥亵儿童罪

【简要案情】

最高人民法院经再审查明，2011年夏天至2012年10月，原审被告人秦某在河北省××县××小学担任被害人柴某甲、李某某、严某某、靳某某、袁某某、刘某甲、刘某乙的年级班主任期间，利用午休、晚自习及宿舍查寝、带学生看病等机会，分别在学校办公室、教室、洗澡堂、集体宿舍等地多次将柴某甲、李某某强奸、猥亵，并将柴某甲带回其家中强奸；多次猥亵靳某某、严某某、刘某甲，猥亵袁某某、刘某乙各一次。

河北省石家庄市中级人民法院于2013年9月23日作出（2013）石少刑初字第00011号刑事附带民事判决，认定秦某犯强奸罪，判处死刑，缓期二年执行，剥夺政治权利终身；犯猥亵儿童罪，判处有期徒刑四年六个月，决定执行死刑，缓期二年执行，剥夺政治权利终身。赔偿附带民事诉讼原告人刘某甲经济损失2763.7元。驳回其他附带民事诉讼原告人的诉讼请求。石家庄市中级人民法院依法报请河北省高级人民法院复核。河北省高级人民法院于2013年12月24日作出（2013）冀刑四复字第61号刑事裁定，撤销原判，发回重审。石家庄市中级人民法院重新审理后，于2014年11月13日作出（2014）石少刑初字第00008号刑事判决，认定秦某犯强奸罪，判处无期徒刑，剥夺政治权利终身；犯猥亵儿童罪，判处有期徒刑四年六个月，决定执行无期徒刑，剥夺政治权利终身。宣判后，秦某提出上诉。河北省高级人民法院于2016年1月20日作出（2015）冀刑四终字第2号刑事判决，以秦某犯强奸罪，改判有期徒刑六年，剥夺政治权利一年，与其犯猥亵儿童罪部分数罪并罚，决定执行有期徒刑十年，剥夺政治权利一年。裁判发生法律效力后，河北省人民检察院认为生效裁判确有错误，提请最高人民检察院按照审判监督程序提出抗诉。最高人民检察院于 2017 年 3 月 3 日向本院提出抗诉。

最高人民检察院的抗诉理由：（1）秦某利用其教师身份，对 2 名不满 12 周岁的幼女学生多次实施强奸，属于奸淫幼女情节恶劣，应当判处十年以上有期徒刑、无期徒刑或者死刑；（2）秦某在集体宿舍内利用夜间查寝之机猥亵儿童，属于在公共场所当众猥亵，应当判处五年以上有期徒刑。二审法院改判强奸罪有期徒刑六年、维持猥亵儿童罪，在定罪量刑部分均适用法律错误，量刑不当，应予纠正。

【案件焦点】

1. 没有原审被告人秦某的供述，亦没有痕迹、物证等客观性证据锁定秦某作案，根据多名未成年被害人陈述及其他间接证据定案，证据是否达到确实、充分的证明标准；

2. 原审被告人秦某利用其教师身份多次奸淫不满 12 周岁的幼女，是否属于《刑法》第 236 条第 3 款第 1 项“奸淫幼女情节恶劣”；

3. 原审被告人秦某利用夜间查寝的机会在有十余名女生居住的集体宿舍实施猥亵儿童的行为是否应当认定为“在公共场所当众”猥亵。

【裁判结果】

最高人民法院经审查认为，原审被告人秦某对不满 14 周岁的幼女实施奸淫、猥亵，其行为已构成强奸罪、猥亵儿童罪，应依法数罪并罚；其利用教师身份和便利，多次奸淫两名不满 12 周岁的幼女学生，属于奸淫幼女情节恶劣，应依法从重处罚；其利用教师身份和便利，猥亵多名不满 12 周岁的幼女学生，并多次在公共场所当众猥亵儿童，应依法从重处罚。秦某的犯罪行为不仅给各被害人的身心健康造成了极大的伤害，而且引发多名女生产生心理恐慌，继而出现逃学辍学情形，危害后果严重；其身为人民教师却违背师德，对多名幼女学生实施强奸、猥亵行为，严重挑战社会伦理道德底线，影响极其恶劣；其利用被害人年幼无知以及对其教师身份的忌惮心理，在长达一年多时间里持续实施强奸、猥亵行为，社会危害性极大，应依法从严惩处。原判认定秦某犯强奸罪、猥亵儿童罪的事实清楚，证据确实、充分，定罪准确。审判程序合法。但原判未认定秦某奸淫幼女系多次且属于情节恶劣，猥亵儿童具有在公共场所当众猥亵的加重处罚情节，导致适用法律错误，量刑不当，应依法予以纠正。依照《中华人民共和国刑法》第236条第2款、第3款第1项、第237条第2款、第3款、第57条第1款、第69条第1款及《最高人民法院关于适用〈中华人民共和国刑事诉讼法〉的解释》第389条第3项、第384条第2款之规定，判决维持河北省高级人民法院（2015）冀刑四终字第2号刑事判决中对原审被告人秦某犯强奸罪、猥亵儿童罪的定罪部分；撤销河北省高级人民法院（2015）冀刑四终字第2号刑事判决中对原审被告人秦某犯强奸罪、猥亵儿童罪的量刑和数罪并罚决定执行的刑罚部分；原审被告人秦某犯强奸罪，判处无期徒刑，剥夺政治权利终身；犯猥亵儿童罪，判处有期徒刑十年。数罪并罚，决定执行无期徒刑，剥夺政治权利终身。

【裁判摘要评析】

一、关于定案证据是否达到确实、充分证明标准的问题

刑事诉讼法规定了“重证据，重调查研究，不轻信口供”的办案原则。“重证据”是指要重视一切证据的收集、认定，特别是口供以外的客观证据。“不轻信口供”是指不能不经核实，不经与其他证据相互印证，就轻易相信口供。口供，即犯罪嫌疑人、被告人的供述，是刑事诉讼中的主要证据，对于认定案件事实有着重要的意义。但一方面，犯罪嫌疑人、被告人作为可能被追究刑事责任的人，在供述时往往会考虑对自己是否有利，口供中就有可能掺杂虚假成分，甚至完全是虚假的。另一方面，口供具有不确定性，随时可能发生变化。如果办案机关轻信甚至依赖口供，不重视其他证据的收集，很可能造成犯罪嫌疑人、被告人一旦翻供，就无证定案的局面，不利于打击犯罪和提高办案质量。此外，依赖口供也容易造成为获取口供不择手段，采取刑讯逼供等非法方法侵犯犯罪嫌疑人、被告人合法权益的情况发生。因此，作为这一原则的具体化，刑事诉讼法还规定“只有被告人供述，没有其他证据的，不能认定被告人有罪和处以刑罚；没有被告人供述，证据确实、充分的，可以认定被告人有罪和处以刑罚”，也就是说一方面不能仅凭口供定罪，另一方面即使被告人不供述，但经法庭审理查证属实的其他证据确实、充分，可以证明被告人有罪的，也可以对被告人定罪、判刑。

就本案而言，这是一起较为典型的发生在校园里的性侵害未成年人犯罪案件，由于此类案件犯罪行为具有相对隐蔽的特殊性，致使证据采集必然受到一定的局限。本案7名被害人均是原审被告人秦某的学生，出于对老师身份的敬畏和忌惮，导致对犯罪行为不敢反抗和主动揭发而长期忍辱和迁就，况且被害人均为10来岁的女童，缺乏自身保护意识，对性侵害行为不具有必然的认知和辨识能力，更不具备保存和收集证据的意识和能力。因此，本案既无目击证人，也无能够锁定系原审被告人秦某作案的痕迹、物证等客观性证据，且秦某始终否认强奸、猥亵儿童的犯罪事实，在这种情况下，采信多名被害人的陈述及其他相关证据认定犯罪事实是否能达到“确实、充分”的证明标准，就是本案需要重点审查的内容。具体来讲，就是要分析判断各被害人的陈述及证人证言是否客观真实，是否存在无法排除的矛盾和合理怀疑，在此基础上结合其他证据审查认定犯罪事实。

第一，本案案发及侦破过程自然。本案案发的起因是学生李某因听被害人柴某甲向其诉说被班主任老师秦某性侵害的事后感到害怕，先告诉自己母亲柴某乙并在其陪同下向校方负责人宇某某反映，后叫来被害人柴某甲进行了核实。被害人柴某甲母亲王某某在询问女儿后，便于第二天带柴某某到公安局报案。侦查人员在侦查中陆续发现另外6名被害人并逐个进行了核实。案件因此告破。

第二，7名被害人均指证原审被告人秦某。从柴某甲、李某某两名被害人所做被秦某用性器官接触进行奸淫、7名被害人所做被秦某亲嘴搂抱、抠摸阴部进行猥亵的陈述来看，内容完整连贯、语言表达自然、意思描述清晰，对被侵害的具体时间、地点、行为和当时心理反应、事后处置态度的描述均符合其年龄阶段的认知特征和表述方式，亦不存在无法排除的矛盾和不合常理的解释，具有客观性和合理性。

第三，证实秦某性侵害各被害人的证人证言虽来源于各被害人，均属于传来证据，但各被害人均系秦某的学生，经调查未发现被害人及其家长与班主任秦某之间存在矛盾和纠纷，且被害人捏造性侵害事实而自毁清白和名誉的做法亦有悖于常理，排除本案存在多名被害人诬告陷害秦某的动机和可能性，可以认定被害人陈述及证人证言客观真实。而且本案被害人均为10来岁的四年级女学生，应已具备保护身体私密部位不轻易暴露、不被他人非正常接触的辨识能力。几名被害人曾在私底下相互询问和议论秦某接触她们身体的行为，出于对班主任老师的敬畏以及对男女之间身体接触行为的好奇、恐惧和羞耻心，被害人对性侵害行为的描述无中生有和夸大其词也不符合10来岁女童的心理年龄特征。

第四，××县人民医院门诊诊断证明柴某甲和李某某的处女膜破裂，间接印证被害人关于被性侵害事实的陈述属实。该诊断证明虽不能直接指证系秦某作案，但是二被害人均系小学四年级学生，案发时只有10岁，没有性行为的经历，也无证据证明曾遭他人性侵，二被害人明确指证系秦某作案，可以排除他人作案的可能。

第五，指认笔录对现场环境的记载能够印证柴某甲关于秦某采用站姿奸淫自己的细节描述。经现场查看，柴某甲指认的被秦某奸淫的教室中确有高十几厘米的讲台，洗澡堂洗浴间确有高度二十多厘米的门槛台阶，讲台、门槛台阶的位置和高度（接近秦某与柴某甲之间的身高差）与柴某甲的陈述吻合，能够间接印证柴某某关于秦某让其站在讲台上、门槛高台上进行性器官接触这一具体细节的描述。对于一个生长于农村，就读于县城寄宿学校，没有性行为经历，也几乎接触不到性行为信息的10岁小学生而言，此细节描述只可能来源于亲身经历而非杜撰和臆造。

第六，反观被告人秦某的供述及辩解与其他相关证据之间存在诸多矛盾和不合常理之处。比如：秦某称在其家卧室床单上提取的血迹系柴某甲流的鼻血，而柴某甲陈述当晚没有受伤也没有流过鼻血，经鉴定可疑血迹亦不是柴某甲所留；除去师生这层关系以外，秦某称其中几名被害人主动认其为干爹，而几名被害人及其家长均证明秦某要认孩子做干女儿，她们均不同意；秦某始终否认将被害人单独叫出教室，而多名被害人及同班学生均证明秦某经常在晚自习时将几名被害人从教室单独叫出。经比较被告人秦某与各被害人的陈述认为，本案被害人的陈述更具客观性和真实性，秦某的供述与被害人陈述、证人证言及鉴定意见存在的诸多矛盾，不排除存在为逃避惩罚有意隐瞒犯罪事实的侥幸心理。因此，其供述及辩解不足采信。综上分析认为，本案采信被害人陈述和证人证言及其他相关证据认定原审被告人秦某犯强奸罪、猥亵儿童罪的犯罪事实，证据确实、充分。

二、关于原审被告人秦某犯奸淫幼女罪，是否属于“情节恶劣”的问题

我国《刑法》规定了“奸淫幼女情节恶劣的”属于加重处罚情节，但是并未具体规定“情节恶劣”的情形。为了突出刑事司法领域贯彻对未成年被害人进行特殊、优先保护的原则，体现“最高限度保护”“最低限度容忍”的指导思想，最高人民法院、最高人民检察院、公安部、司法部联合发布了《关于依法惩治性侵害未成年人犯罪的意见》，强调依法严惩性侵害犯罪、加大对未成年被害人的保护力度。该意见第25条从犯罪主体、犯罪地点、犯罪手段、犯罪对象、犯罪后果、行为人的一贯表现等七个方面，对奸淫幼女、猥亵儿童从重处罚，更要依法从严惩处的情节做了具体规定：（1）对未成年人负有特殊职责的人员、与未成年人有共同家庭生活关系的人员、国家工作人员或者冒充国家工作人员，实施强奸、猥亵犯罪的；（2）进入未成年人住所、学生集体宿舍实施强奸、猥亵犯罪的；（3）采取暴力、胁迫、麻醉等强制手段实施奸淫幼女、猥亵儿童犯罪的；（4）对不满12周岁的儿童、农村留守儿童、严重残疾或者精神智力发育迟滞的未成年人，实施强奸、猥亵犯罪的；（5）猥亵多名未成年人，或者多次实施强奸、猥亵犯罪的；（6）造成未成年被害人轻伤、怀孕、感染性病等后果的；（7）有强奸、猥亵犯罪前科劣迹的。司法实践中，如果同时具有上述所列某几项情形的，可以认定为“奸淫幼女情节恶劣”的情形，依法予以加重处罚。

本案中，原审被告人秦某身为人民教师，属于对未成年人负有特殊职责的人员，却违背师德，利用其担任被害人班主任的身份和便利，对被害人实施强奸，严重挑战社会伦理道德底线，严重玷污了人民教师教书育人职业道德的纯洁性，影响极其恶劣。本案两名被害人均是不满12周岁的幼女学生，秦某利用被害人心智发育尚不成熟、对性侵害行为的辨识能力和自我保护意识较弱的特点，以及对其教师身份的忌惮心理，在长达一年多时间里多次实施奸淫，不仅给被害人的身心健康造成了极大地伤害，而且引发多名女生产生心理恐慌，继而出现逃学辍学情形，社会危害性极大。综上，原审被告人秦某的行为同时具备《关于依法惩治性侵害未成年人犯罪的意见》第25条第1项、第4项、第5项规定的情形，综合判断可以认定为“奸淫幼女情节恶劣”。

三、关于原审被告人秦某猥亵儿童是否属于“在公共场所当众”猥亵的问题

我国《刑法》规定“在公共场所当众”猥亵的，属于加重处罚情节。准确认定是否属于在公共场所当众猥亵，首先要准确理解“公共场所”和“当众”猥亵的含义。

仅从文义理解，“公共场所”一般是指供社会上多数人从事工作、购物、学习、娱乐、体育、社交、参观、旅游和部分生活需求的一切公用建筑物、场所及其设施的总称。这一解释突出了公共场所系相对于私人场所而言及可由多数人进出、使用的功能特征。从对“公共场所”的最狭义理解来看，一般应强调该场所“供非固定人员进出、使用”的功能特征，以体现公共场所的涉众性。[①] 在实践中，能否将学校教室和集体宿舍认定为公共场所争议较大。《关于依法惩治性侵害未成年人犯罪的意见》明确指出，教室是供学生学习的专门场所，一定时期内使用教室的学生范围相对固定，仅从狭义解释的角度考察，似与一般意义上的公共场所有所不同，但学校教室并非私人场所，而且是供多数学生使用，具有相对的“涉众性”。考虑到这一点，将“教室”解释为“公共场所”并未超出“公共场所”概念所能包含的最广含义，也符合公众的理解和认知，属于合理的扩大解释。因此，我们认为，本案所涉学校女生集体宿舍能同时容纳二十人就寝，是供多名学生共同使用的场所，并非私人场所，具有相对

---

① 参见黄尔梅主编：《最高人民法院、最高人民检察院、公安部、司法部性侵害未成年人犯罪司法政策案例指导与理解适用》，人民法院出版社2014年版，第219页。

的“涉众性”，属于特定公共场所。[1]

关于“当众”猥亵的理解。一种观点认为，“当众”猥亵应当包含行为人公然实施猥亵，不惧怕其犯罪行为被公众发现的意思；另一种观点认为，“当众”猥亵就是当着众人的面实施猥亵。这两种观点或侧重于行为人的主观方面，或侧重于行为人的客观行为，都属于对“当众”的狭隘文义解释，脱离了对法条适用合目的性的考量，未必妥当。[2] 就性侵害行为而言，刑法将在公共场所当众实施强奸、猥亵规定为法定加重处罚情节，主要是因为，性活动具有高度的私密性，而当众对被害人实施强奸、猥亵，既侵犯了普通公民最基本的性羞耻心和道德情感，更重要的是，此种情形对被害人身心造成的伤害更严重，社会影响更恶劣，需要配置与其严重性相适应的更重的法定刑。《关于依法惩治性侵害未成年人犯罪的意见》第23条规定，在校园、游泳馆、儿童游乐场等公共场所对未成年人实施强奸、猥亵犯罪，只要有其他多人在场，不论在场人员是否实际看到，均可以依照《刑法》第236条第3款、第237条的规定，认定为在公共场所“当众”强奸妇女，强制猥亵、侮辱妇女，猥亵儿童。也就是说，该意见基于从严惩治发生在校园等儿童集中的特殊场所的性侵害犯罪的政策考量，对“当众”概念并没有局限于最狭义的文义解释，即“当众”并不要求在场人员实际看到。同时，该意见也强调，认定为“当众”实施性侵害犯罪虽不要求其他在场的多人实际看到，但基于“当众”概念的一般语义及具有“当众”情节即升格法定刑幅度的严厉性，从空间上来讲，其他在场的多人一般要在行为人实施犯罪地点视力所及的范围之内，也就是说，性侵害行为处于其他在场人员随时可能发现、可以发现的状况。本案所涉女生集体宿舍内床铺相互连接，多名学生毗邻而卧，原审被告人秦某在宿舍熄灯学生就寝后以查寝为名进入宿舍，不顾多名学生在场的情况下对被害人实施猥亵行为，虽然因被害人存在畏惧心理不敢反抗

---

① 参见黄尔梅主编：《最高人民法院、最高人民检察院、公安部、司法部性侵害未成年人犯罪司法政策案例指导与理解适用》，人民法院出版社2014年版，第220页。

② 参见黄尔梅主编：《最高人民法院、最高人民检察院、公安部、司法部性侵害未成年人犯罪司法政策案例指导与理解适用》，人民法院出版社2014年版，第220页。

而未被其他同寝学生发现，但其行为仍处于随时可能被发现和被感知的状态。因此，原审被告人秦某在集体宿舍实施猥亵的行为符合该条规定的情形，应当认定为“在公共场所当众”猥亵儿童。

最高人民法院再审合议庭成员：齐　素　周　庆　邢海莹

（编写人：邢海莹* 　编辑：包献荣）

* 邢海莹，女，法律硕士，中华人民共和国最高人民法院审判监督庭，三级高级法官。

柔某故意杀人死刑复核案

——犯罪后果特别严重情形下适用宽严相济刑事政策

【裁判摘要】

宽严相济刑事政策中的“从宽”，既适用于情节较轻、社会危害性较小的犯罪，又适用于罪行虽然严重，但具有法定、酌定从宽处罚情节，以及主观恶性相对较小、人身危险性不大的被告人。故意杀人罪系严重犯罪，在被告人故意杀人致4名无辜的未成年人死亡，犯罪后果特别严重的情形下，考虑到本案系婚姻家庭矛盾引发，且被告人主观恶性相对较小、人身危险性不大，认罪态度好，有悔罪表现，对其判处死刑，可不立即执行。

修改后的《中华人民共和国刑事诉讼法》第250条规定，最高人民法院复核死刑案件应当作出核准或者不核准死刑的裁定。对于不核准死刑的，最高人民法院可以发回重审或者予以改判。考虑到本案不核准被告人死刑的典型意义，由最高人民法院直接改判。

【案件基本信息】

1. 公诉机关与当事人

公诉机关：新疆维吾尔自治区人民检察院阿克苏分院

被告人：柔某

2. 案件索引与裁判日期

一审：新疆维吾尔自治区阿克苏地区中级人民法院（2015）阿中刑初字第286号刑事判决（2015年12月3日）

二审：新疆维吾尔自治区高级人民法院（2017）新刑核67719162号刑事裁定（2018年1月16日）

死刑复核：最高人民法院（2018）最高法刑核 36871335 号刑事判决（2018 年 12 月 19 日）

3. 案由

故意杀人罪

【简要案情】

被告人柔某和买某（另案处理，已判刑）于 2000 年 10 月结婚，生育 4 名女儿。2014 年 10 月，买某以念“塔拉克”（维吾尔语译音，意为口头休妻）的方式强迫柔某离婚，并将其驱赶回娘家居住。两个月后，买某叫柔某回家居住，随后又逼其离婚并要其独自抚养 2 名女儿。2015 年 3 月 5 日，买某因涉嫌犯重婚罪被刑事拘留，柔某方才得知丈夫已与他人非法结婚，深感绝望，遂生自杀之念，因担心自己死后无人照顾 4 名女儿，决意带女儿们一并离开人世。同年 3 月 6 日 0 时许，柔某在其位于新疆维吾尔自治区××县的家中，待其女儿被害人穆某甲（殁年 12 岁）、穆某乙（殁年 8 岁）、穆某丙（殁年 7 岁）、穆某丁（殁年 1 岁）入睡后，从室内扣住房门，给火炉添加煤粉等燃料助燃，将一条背带裤塞进烟囱堵住烟道，然后在女儿们身旁躺下。次日 14 时许，柔某的亲属发现异常，破门而入，发现 4 名女孩已死亡，柔某被送医院获救。经鉴定，4 名女孩均因一氧化碳中毒缺氧窒息死亡。

新疆维吾尔自治区阿克苏地区中级人民法院于 2015 年 12 月 3 日以（2015）阿中刑初字第 286 号刑事判决，认定被告人柔某犯故意杀人罪，判处死刑，剥夺政治权利终身。宣判后，在法定期限内没有上诉、抗诉。新疆维吾尔自治区高级人民法院经依法复核，于 2018 年 1 月 16 日以（2017）新刑核 67719162 号刑事裁定，同意原判，并依法报请最高人民法院核准。

【案件焦点】

1. 在柔某故意杀人犯罪后果特别严重的情况下，能否基于宽严相济刑事政策对其判处死刑，可不立即执行；

2. 最高人民法院对于不核准死刑案件依法是否可以作出改判。

【裁判结果】

最高人民法院经审理认为，被告人柔某在实施自杀行为时故意非法剥夺他人生命的行为已构成故意杀人罪。柔某致4名无辜未成年人死亡，犯罪后果特别严重，论罪应当判处死刑。但鉴于本案系被告人柔某的丈夫重婚犯罪并利用宗教方式迫使被告人离婚引发，柔某系其丈夫重婚犯罪行为和宗教极端行为的受害者。其因心生绝望，意图自杀，怜悯自己的未成年女儿无人照顾，遂在实施自杀行为时同时杀害4名女儿。其犯罪动机并非特别恶劣，且认罪态度好，有悔罪表现，尚不属罪行极其严重必须适用死刑立即执行的犯罪分子。原审判决及新疆维吾尔自治区高级人民法院复核审裁定认定的犯罪事实清楚，证据确实、充分，审判程序合法，但量刑不当，依法应予纠正。因此，判决不核准复核审刑事裁定，撤销复核审刑事裁定和原审刑事判决中的量刑部分，以被告人柔某犯故意杀人罪判处死刑，缓期二年执行，剥夺政治权利终身。

【裁判摘要评析】

一、正确理解和把握宽严相济刑事政策

宽严相济刑事政策，是党中央在构建社会主义和谐社会新形势下提出的一项重要政策，是我国现阶段的基本刑事政策。它对于最大限度地预防和减少犯罪、化解社会矛盾、维护社会和谐稳定，具有特别重要的意义。

正确理解宽严相济刑事政策，需要对宽严相济刑事政策中的三个关键字“宽”“严”“济”进行准确的界定。按照《关于贯彻宽严相济刑事政策的若干意见》的要求：宽严相济政策，要根据犯罪的具体情况，实行区别对待，做到该宽则宽，当严则严，罚当其罪，打击和孤立极少数，教育、感化和挽救大多数，最大限度地减少社会对立面，促进社会和谐稳定，维护国家长治久安。

本案的处理，主要涉及宽严相济刑事政策中准确把握和正确适用依法从“宽”的政策要求。宽严相济的刑事政策中的从“宽”，可以分为两种情形：一是罪轻而宽，二是罪重而宽。即从“宽”针对的不仅是情节较轻、社会危害性较小的犯罪，也包括罪行虽然严重，但具有法定、酌定从宽处罚情节，以及主观恶性相对较小，人身危险性不大的被告人。罪轻而宽，是罪刑均衡的必然要求，对于较轻的犯罪就应处以较轻的刑罚。罪重而宽，指的是行为人虽所犯罪行较重，但具有坦白、自首或者立功等法定或者酌定情节的，在量刑上予以考量后判处较轻的刑罚。这也是刑法谦抑性原则的题中之义，刑法实施的谦抑性，要求在刑事司法的过程中，应根据罪刑相适应的原则，防止过度适用惩治手段。[①] 宽严相济刑事政策中的“宽”，也是这一要求的体现。

本案被告人柔某符合罪行虽然严重，但主观恶性相对较小，人身危害性不大的情形。主观恶性和人身危险性，作为酌定量刑情节，在死刑案件中有着重要的考量价值。这意味着某些死刑案件，如果出现了表征犯罪人社会危害性小、人身危险性轻的酌定量刑情节，就不应当适用死刑立即执行。[②] 本案被告人柔某所具有的酌定量刑情节如下：一是本案系婚姻家庭矛盾引发，被告人柔某案发前处于精神极度压抑的状态，对于因恋爱、婚姻、家庭、邻里纠纷等民间矛盾激化引发的犯罪，应酌情从宽处罚。二是被告人柔某杀人动机并非特别恶劣，是为避免无人照顾未成年的女儿。三是被告人柔某之前无违法前科，犯罪后认罪态度好，人身危险性不大，有悔罪表现。四是被害人的其他亲属既未要求严惩被告人，也未提起附带民事赔偿，对于因婚姻家庭等民间纠纷激化引发的犯罪，被害人及其家属对被告人表示谅解的，应当作为酌定量刑情节予以考虑。

具体到死刑复核程序中宽严相济刑事政策的适用，应准确理解和严格执行“保留死刑，严格控制和慎重适用死刑”的政策。从《刑法修正案（八）》开始，到后来的《刑法修正案（九）》，限制和废除死刑是我国死刑改革的总趋势。《刑法修正案（八）》中废除了 13 个经济性非暴力犯罪的死刑，《刑法修正案（九）》进一步废除了 9 个死刑罪名，在这种趋势下，需要从三个方面准确理解和严格执行“保留死刑，严格控制和慎重适用死刑”的政策：一是“保留死刑”指的是对于罪行极其严重的犯罪分子，论罪应当判处死刑的，要坚决依法判处死刑。二是“严格控制”

---

① 参见龙宗智：《宽严相济政策相关问题新探》，载《中国刑事法杂志》2011 年第 8 期。

② 参见高铭暄：《宽严相济刑事政策与酌定量刑情节的适用》，载《法学杂志》2007 年第 1 期。

指的是严格控制死刑的适用，统一死刑案件的裁判标准，确保死刑只适用于极少数罪行极其严重的犯罪分子。三是“慎重适用”指的是对于罪行极其严重，但只要是依法可不立即执行的，就不应当判处死刑立即执行。按照这一要求，从宽严相济的刑事政策角度出发，被告人柔某的行为属于虽然罪行极其严重，但依法是可以对其不立即执行死刑的情形。这种情况下，最高人民法院决定不核准被告人柔某死刑立即执行，改判死刑，缓期二年执行。

这一结果也体现出在贯彻执行宽严相济的刑事政策的过程中，要实现案件裁判法律效果和社会效果的有机统一。案件的处理一方面必须严格依法进行，维护法律的统一和权威，确保良好的法律效果。另一方面，必须充分考虑案件的处理是否有利于赢得广大人民群众的支持和社会稳定，是否有利于瓦解犯罪，化解矛盾，是否有利于罪犯的教育改造和回归社会，是否有利于减少社会对抗，促进社会和谐，争取更好的社会效果。本案对被告人柔某改判死刑，缓期二年执行，不仅有良好的法律效果，在社会效果上也比核准死刑立即执行更有利于化解矛盾，有利于对罪犯的教育改造和回归社会。宽严相济形势政策实行十余年来，我们不仅在死刑控制上取得了巨大进步，死刑使用数量显著下降，而且对犯罪治理的全局产生了积极影响。①

二、最高人民法院对不核准死刑案件是否可以依法作出改判

修改后的《刑事诉讼法》第 250 条规定，最高人民法院复核死刑案件，应当作出核准或者不核准死刑的裁定。对于不核准死刑的，最高人民法院可以发回重审或者予以改判。这是最高人民法院对不核准死刑的案件依法作出改判的法律依据。但在《刑事诉讼法司法解释》中，对不同情况作出了进一步细分。其中第 350 条第 5 项规定，原判认定事实正确，但依法不应当判处死刑的，应当裁定不予核准，并撤销原判，发回重新审判。第 351 条、第 352 条规定，对一人有两罪以上被判处死刑的数罪并罚案件或有两名以上被告人被判处死刑的案件，最高人民法院复核后认为部

---

① 参见卢建平：《宽严相济与刑法修正》，载《清华法学》2017 年第 1 期。

分犯罪或部分被告人的死刑判决、裁定认定事实正确，但依法不应当判处死刑的，可以改判。对比《刑事诉讼法司法解释》的上述规定，并没有提及对于原判认定事实正确，但依法不应当判处死刑的案件，最高人民法院是否可以直接予以改判。

具体到本案中，基于以下主要理由考虑，最高人民法院可以依法作出改判：一是被告人柔某故意杀人一案，经过了最高人民法院审判委员会刑事审判专业委员会讨论决定，《刑事诉讼法司法解释》也是由最高人民法院审判委员会讨论通过的。从效力层面上看，《刑事诉讼法司法解释》同最高人民法院审判委员会刑事审判专业委员会对被告人柔某故意杀人一案的决议系同等效力。二是《刑事诉讼法》已于2018年进行了修改，《刑事诉讼法司法解释》则是2012年制定的。对于根据旧的《刑事诉讼法》规定作出司法解释后，立法机关修改了《刑事诉讼法》的情况，判决可以直接引用修改后的《刑事诉讼法》的规定，而不引用《刑事诉讼法司法解释》，不存在法律适用障碍。考虑到被告人柔某故意杀人案不核准死刑的典型意义，根据《刑事诉讼法》第250条的规定，本案由最高人民法院直接改判。

一审法院合议庭成员：

库尔班·肉孜　比力克孜·阿布拉　哈斯木·斯依提

二审法院合议庭成员：

阿迪力·阿布力米提　木合塔尔·阿不都热依木

帕提古丽·库尔班

最高人民法院死刑复核合议庭成员：

冉容　艾尼瓦尔·司马义　郝立珠

（编写人：艾尼瓦尔·司马义[*]　刘　旭[**]　编辑：包献荣）

---

* 艾尼瓦尔·司马义，男，法学学士，中华人民共和国最高人民法院刑事审判第二庭，二级高级法官。

** 刘旭，男，法学学士，中华人民共和国最高人民法院刑事审判第二庭，法官助理。

杨某某
与
贵州新贵兴汽车销售服务有限责任公司、大众汽车（中国）销售有限公司买卖合同纠纷案

——轻微瑕疵未告知情形下欺诈的认定及责任承担

【裁判摘要】

汽车经销商未将相关信息告知消费者是否构成《中华人民共和国消费者权益保护法》第55条第1款下的“欺诈”，相应责任如何承担，应根据信息未予告知是否违背消费者签约的根本目的以及经销商是否存在隐瞒的故意等事实，参考民事第17号指导案例，综合予以判断。关于消费者签约的根本目的，可考查当事人之间是否存在专门约定，所涉问题及处理措施对整车而言是否显著轻微，是否危及车辆安全性能、主要功能、基本用途，是否给消费者造成较大不利影响等因素综合认定。

【案件基本信息】

1. 诉讼当事人

上诉人：贵州新贵兴汽车销售服务有限责任公司（以下简称新贵兴汽车销售服务公司）

被上诉人：杨某某

原审被告：大众汽车（中国）销售有限公司（以下简称大众汽车销售公司）

2. 案件索引与裁判日期

一审：贵州省高级人民法院（2016）黔民初166号民事判决（2017年10月16日）

二审：最高人民法院（2018）最高法民终 12 号民事判决（2018 年 11 月 22 日）

3. 案由

买卖合同纠纷

【简要案情】

杨某某诉称，杨某某与贵州新贵兴汽车销售服务有限责任公司于 2014 年 6 月 24 日签订销售合同，约定新贵兴汽车销售服务公司向杨某某销售一台全新英国进口宾利慕尚汽车，售价 5,500,000 元，车辆购置税 470,085.47 元。购车后，杨某某在使用过程中车辆毛病不断，屡次向新贵兴汽车销售服务公司询问均未获满意答复。2016 年杨某某对车辆进行日常保养，无意中发现该车在交车之前有过大修记录，新贵兴汽车销售服务公司出售的系问题车但未告知杨某某。新贵兴汽车销售服务公司、大众汽车销售公司的欺诈性销售行为给杨某某带来了巨大的损失。杨某某请求依照《消费者权益保护法》等相关法律的规定，判令：（1）撤销新贵兴汽车销售服务公司与杨某某签订的案涉销售合同；（2）新贵兴汽车销售服务公司退还杨某某购车款 5,500,000 元、车辆购置税 470,085.47 元，共计 5,970,085.47 元；（3）新贵兴汽车销售服务公司向杨某某支付车辆价款 3 倍的惩罚性赔偿金 16,500,000 元；（4）大众汽车销售公司对第 2 项和第 3 项诉讼请求承担连带责任；（5）本案涉诉费用由新贵兴汽车销售服务公司、大众汽车销售公司承担。

新贵兴汽车销售服务公司辩称，本案车辆在销售过程中并无欺诈隐瞒行为。案涉车辆并非经大修的车辆，而是产自英国的全新进口车辆。杨某某要求退车的请求已经超过 7 天，依据《消费者权益保护法》相关规定，其不享有撤销权利，其关于退车及 3 倍赔偿的请求亦无事实和法律依据。

大众汽车销售公司辩称：（1）案涉车辆系全新进口车辆，销售期间无任何维修记录。杨某某主张的所谓大修，实系经销商进行例行检测时，发现车辆左前门漆面轻微瑕疵和右后窗帘问题，遂对漆面的显著轻微瑕疵做了抛光打蜡处理，对于窗帘向厂家申报后更换了原部件。上述问题均不属于对车辆的大修，处理方式符合流程。问题妥善解决后，并不影响杨某某对车辆的正常使用。杨某某以车辆使用 3 年后公开查询到的信息为依据提起诉讼，夸大了车辆的问题。（2）案涉销售合同签订于 2014 年 6 月，合同签订时车辆并未到店，经销商并不知道相关的情况，经销商的行为不属于隐瞒和故意告知虚假情况，不构成欺诈。（3）大众汽车销售公司只负责分销，并非案涉合同的销售方，也不具有欺诈的行为，不应承担连带责任。

法院经审理查明：2014 年 3 月 20 日，大众汽车销售公司从英国进口一辆宾利慕尚汽车，进口手续齐全。2014 年 6 月 24 日，杨某某与新贵兴汽车销售服务公司签订销售合同，约定新贵兴汽车销售服务公司向杨某某销售尊贵版宾利慕尚汽车一台，单价 5,500,000 元。新贵兴汽车销售服务公司保证所售车辆具有合法手续，符合国家商检部门检验标准，车辆的质量标准和保修期限按厂家规定。预计交车日期为 2014 年 7 月 30 日，以杨某某全部车款到达新贵兴汽车销售服务公司账户为前提，最终交车日期以新贵兴汽车销售服务公司的通知为准。杨某某在交车地点现场验收车辆，新贵兴汽车销售服务公司将车辆交由杨某某实际支配并向杨某某交付车辆相关文件。车辆交接书的签订视为车辆的正式交付。销售合同对所售车辆的发动机号、车架号等未作约定。随后新贵兴汽车销售服务公司从大众汽车销售公司购入前述进口宾利慕尚汽车。

2014 年 7 月 30 日，该车辆运抵新贵兴汽车销售服务公司。同日，新贵兴汽车销售服务公司进行车辆移交检查时发现车辆左前门下有漆面损伤，通过抛光打蜡清除了漆面损伤，这一处理操作记载于该车辆的维修记录中。2014 年 10 月 8 日，因汽车右后窗帘存在异响，新贵兴汽车销售服务公司更换了窗帘总成，该操作亦记载于车辆的维修记录中。2014 年 10 月 30 日，杨某某为所购车辆办理了机动车登记手续。2016 年 5 月 31 日，杨某某通过 www. chejianding. com 即车鉴定网查询所购车辆的维修保养记录时，查询到案涉车辆的前述处理、维修记录，遂以新贵兴汽车销售服务公司和大众汽车销售公司在车辆交付之时未向其告知前述情形构成欺诈、给其造成巨大损失为由提起本案诉讼。

【案件焦点】

汽车经销商未将相关信息告知消费者是否一律构成《消费者权益保护法》第55条第1款下的“欺诈”，相应责任应如何承担。

【裁判结果】

最高人民法院经审理认为，本案中，杨某某诉称的“大修记录”“问题车”“巨大损失”等事实均无证据证明。案涉车辆的受损漆面仅有车辆左前门下方一处而非车身多处，无证据证明漆面损伤面积较大，其处理不涉及相应部位的钣金操作，甚至不涉及油漆用料。就处理效果而言肉眼已完全无法觉察。因此，对于新车在流通或存储环节产生的此类轻微瑕疵，经营者通过轻微的手段进行消除的行为，属于新车交付前合理的整理行为。该类问题及相应的整理行为显著轻微，不涉及消费者人身健康和安全，几乎不涉及其实质性财产利益，经营者如未将这类信息告知消费者，不构成对法定告知义务的违反，不构成对消费者知情权的侵犯。对于类似信息，经营者可以基于商业判断对消费者予以告知，以更规范、更高程度的信息披露提升其长远商业竞争力。

关于窗帘问题及其处理。对于新车到店后经营者经检查发现的此类轻微问题，如果一律退运回生产厂家处理，或者由生产厂家、经营者投入更多成本以进一步降低轻微问题出现的概率，必将导致经营成本的增加，进而导致消费者交易成本的增加。对新车的此类轻微问题，由获授权的经营者以符合行业操作规范标准的措施进行修复，在轻微问题可以得到消除的前提下，一名理性的消费者应将经营者对新车的修复行为视为生产厂家的修复行为。但与此同时，新贵兴汽车销售服务公司不能证明该类问题的产生与新车的运输或存储有关，且处理措施涉及配件的更换，所需的材料费及工时费均可独立计价，配件和所耗工时的市场价数额并非显著偏低。新贵兴汽车销售服务公司针对右后窗帘总成所采取的并非对新车瑕疵的整理措施，而是对新车局部轻微问题的修复措施。该类信息对消费者的消费心理和财产利益具有一定的影响，经营者应向消费者如实告知，新贵兴汽车销售服务公司未予告知侵犯了消费者的知情权。

关于新贵兴汽车销售服务公司未将与窗帘有关的问题告知杨某某是否

构成《消费者权益保护法》中的欺诈。应综合考虑如下因素：

一、是否影响到消费者缔约的根本目的

从合同内容来看，销售合同并未对与窗帘相关的问题或者类似的问题进行专门约定。杨某某诉称案涉车辆系经过大修的问题车而非新车，该主张与一般公众对于大修的合理认知明显不符，在并无证据证明该车交付前即已被他人办理过车辆注册登记，或虽未办理过车辆注册登记但被他人实质使用过的情况下，新贵兴汽车销售服务公司交付的车辆属于合同所约定的新车。车辆的窗帘问题及相应修复措施也不涉及车辆的动力系统如发动机和变速器等，不涉及车辆的转向系统、制动系统、悬架系统、安全系统，不涉及前后桥的主要零件及全车的主线束，不危及车辆安全性能、主要功能和基本用途。相应修复措施轻微，花费时间较短，与此相关的信息并不属于影响杨某某缔约根本目的的重要信息。此外，并未给消费者造成较大不利影响。首先，并无证据证明窗帘问题及其修复给杨某某的人身健康和安全构成潜在威胁，甚至造成实质损害；其次，案涉车辆实际使用时间已经超过 3 年，行驶里程超过 29,000 公里，且无证据证明窗帘问题对其日常使用造成了不利影响；再次，杨某某诉称该“大修”的车辆给其造成了巨大损失，但一审、二审审理过程中杨某某并未就损失问题提供任何证据；最后，更换案涉窗帘总成的费用相对于车辆购置价而言，该数额亦非明显偏高，且与车辆购置价相比占比显著轻微，对于该车的消费者而言，窗帘修复费用并不构成一项较大的财产利益。

二、新贵兴汽车销售服务公司是否存在隐瞒相关信息的主观故意

首先，在车辆交付之前，新贵兴汽车销售服务公司将上述两处操作均如实予以记录，并即时上传至消费者可通过一定途径公开查询的网络。信息的录入和上传系经营者自行主动完成。无论经营者主观目的如何，既然信息的记录和上传系经营者主动为之，且客观上有助于消费者查询到该类信息，可认定经营者并无刻意隐瞒相关信息的意图。其次，从案涉车辆的销售流程可见，杨某某向新贵兴汽车销售服务公司签约订购车辆在先，新贵兴汽车销售服务公司向大众汽车销售公司订购车辆在后，杨某某与新贵兴汽车销售服务公司签约时待购车辆尚未特定，无证据证明新贵兴汽车销售服务公司与杨某某缔约时即已知悉前述问题的存在。

综上，新贵兴汽车销售服务公司虽未将窗帘问题及其修复情况告知杨某某，但未予告知的信息并不属于影响杨某某缔约根本目的的重要信息，无证据证明新贵兴汽车销售服务公司存在隐瞒相关信息的主观故意，该类轻微问题也并不属于明显超出一般消费者心理所能承受范围之特殊事件，且案涉纠纷的标的物不涉及食品和药品。综合考量上述因素，新贵兴汽车销售服务公司未履行告知义务虽一定程度上侵犯了杨某某的知情权，但尚不构成《消费者权益保护法》第55条第1款所规定的欺诈情形。

新贵兴汽车销售服务公司对漆面瑕疵所采取的轻微处理措施属于经营者新车交付前的整理行为，新贵兴汽车销售服务公司未予告知不承担赔偿责任。而新贵兴汽车销售服务公司对车窗帘问题的处理属于对局部轻微问题的修复行为，对与此相关的信息新贵兴汽车销售服务公司在车辆交付前或交付时应予告知但未予告知。虽然新贵兴汽车销售服务公司一定程度上对相关信息已予以披露，但其毕竟未在车辆交付前或交付时以更直接、更明确、更便捷的方式告知消费者，对消费者的知情权产生了一定程度的影响，对此新贵兴汽车销售服务公司应承担相应的赔偿责任。因涉及的问题及处理措施显著轻微，且明显不危及车辆安全性能、主要功能、基本用途，无证据证明该问题给杨某某造成了较大不利影响，经营者在车辆交付前亦已免费原装更换了窗帘总成，兼顾对消费者认知能力和消费心理的保护，以及对经营者即时记载并上传相关信息这一行为的鼓励和引导，最高人民法院酌定新贵兴汽车销售服务公司向杨某某赔偿110,000元。一审、二审案件受理费308,300.8元，由杨某某负担306,790.8元，新贵兴汽车销售服务公司负担1510元。诉讼保全费5000元，由杨某某负担4975元，新贵兴汽车销售服务公司负担25元。

【裁判摘要评析】

一、汽车消费领域纠纷现状

随着我国汽车产销量的增长，汽车流通领域的消费纠纷一直呈逐年上升的态势。中国消费者协会公布的数据显示，2017年全国消费者协会投诉与咨询信息系统共录入汽车产品（含零部件）投诉20,474件，比2016

年增加5227件，增长率为34.3%。其中，汽车销售企业和服务企业是被投诉的主要对象，从经营者的侵权数据来看，消费者在汽车消费中的安全权、公平交易权、求偿权是经营者侵权的高发区，综合占比超五成。全年投诉案件共受理19,348件，受理率为94.50%，其余为不受理、待受理或移转案件。受理的案件中，达成调解协议13,931件，未达成调解协议2445件，消费者撤回投诉503件，投诉解决率68.88%，为消费者挽回经济损失1.92亿元。①

汽车消费纠纷案中，经营者是否存在欺诈是司法实践中常见的争议类型。欺诈行为是指旨在引起、强化或维持对方不正确看法之行为。该行为可表现为积极作为，例如告知对方虚假情况，亦可表现为消极的不作为，例如隐瞒真实情况②。《最高人民法院关于贯彻执行〈中华人民共和国民法通则〉若干问题的意见（试行）》（以下简称《民通意见》）③ 第68条规定："一方当事人故意告知对方虚假情况，或者故意隐瞒真实情况，诱使对方当事人作出错误意思表示的，可以认定为欺诈行为"。2015年国家工商行政管理总局④根据《消费者权益保护法》制定的《侵害消费者权益行为处罚办法》第6条，强调经营者向消费者提供有关商品或者服务的信息应当真实、全面、准确，对于不得有的虚假或者引人误解的宣传行为进行了详细列举。

汽车是比较特殊的产品，涉及多个环节、诸多零配件和很多的技术因素。在司法实践中，当事人一旦出现纠纷并提交法院诉讼，前述规则仍显得过于原则。其中比较突出的问题是车辆的轻微瑕疵或细微问题，如果经销商未告知消费者，是否构成消费者权益保护法下的欺诈，是否应适用"退一赔三"的惩罚性规则。对此，各地法院裁判尺度不一致。有的法院

---

① 参见方彬楠、濮振宇：《"最贵退一赔三案"尘埃落定，最高院首次明确汽车流通"欺诈"认定》，载《北京商报》2018年12月2日。

② 朱庆育：《民法总论》（第2版），北京大学出版社2016年版，第279页。

③ 《民通意见》于1988年1月26日由最高人民法院审判委员会讨论通过，1988年4月2日发布，自发布之日起施行，目前部分废止。

④ 根据中央机构改革部署，原国家工商行政管理总局的相关职责已由国家市场监督管理总局行使。

完全支持了购车者“退一赔三”的请求，有的法院完全驳回了购车者的诉讼请求。这种不予赔偿或者极小瑕疵给予极大赔偿的“非黑即白”的裁判路径引发了较大的争议。特别是经销商未告知的信息对购车者实质影响不大，而且经销商并无明显隐瞒意图的情况下，是否仍应一律认定为《消费者权益保护法》规定的“欺诈”，或者说《消费者权益保护法》第55条规定的欺诈是否过于刚性，应根据个案事实在认定上予以一定程度缓和，这些问题也引发了较多的讨论和关注。近年来，也出现了法院以涉及争议的零部件的价格为基础而判决三倍赔偿的做法。

二、审理此类案件的相关思路

（一）注重每一个具体个案的差异化事实

早在2008年，北京市第二中级人民法院曾认定经销商因未将有关信息告知购车者构成欺诈。最高人民法院在2013年将该案作为指导性案例发布。该案例涉及的是一辆价值13万元的轿车，经销商交车前对右前叶子板喷漆、右前门喷漆、右后叶子板喷漆、右前门钣金、右后叶子板钣金、右前叶子板钣金，更换过底大边卡扣、油箱门及前叶子板灯总成，经销商未向购车者告知修理项目。而本案中，最高人民法院查明，车漆瑕疵仅有车辆左前门下方一处，面积不大，其处理不涉及钣金，不涉及喷漆，仅经抛光打蜡即得到妥善处理。本案与上述指导案例在事实方面存在较大不同。汽车销售欺诈类案件，个案事实细节不一，细节事实对于欺诈的认定具有重要影响。对于一些重要的事实，特别是一些专业技术问题，不排除越来越多专家证人进入法庭的可能，这将有助于帮助法庭进一步准确查明事实，准确适用法律。

（二）强调对于消费者知情权的实质性保护

《消费者权益保护法》第8条、第20条分别就消费者购买使用商品或者接受服务的知情权，经营者提供商品和服务真实、全面信息的义务做出了规定。对于消费者知情权的保护，应强调实质性保护。

首先，经营者向消费者提供的信息应当真实，亦即经营者向消费者提供有关商品或者服务的信息，包括价格、产地、生产者、用途、性能、规格、等级、主要成分、生产日期、有效期限、检验合格证明、使用方法说明书、售后服务，或者服务的内容、规格、费用等信息时，应当客观、真实、准确，不得含有虚假内容，不得作虚假或者引人误解的宣传。

其次，经营者提供的信息应当全面。所谓全面，审判实践中应注意两个方面的问题。一方面，实践中有的经营者虽然向消费者提供了真实信息，但提供信息时存在选择性提供，甚至故意隐瞒一些可能影响消费者选择权的重要信息，所以，《消费者权益保护法》强调了经营者向消费者提供的信息应当是可能影响消费者选择权的所有重要信息。另一方面，经营者向消费者提供信息应当全面并不是要求经营者应当提供商品或者服务的全部信息，而是可能影响消费者安全权、选择权等的重要信息。如果经营者向消费者提供商品的所有信息可能导致影响消费者选择权的重要信息将湮没在大量的信息中，致使消费者无法从众多信息中注意到这些重要信息，这种做法是不对的。[①] 而且，正如该案判决所指出的，现代汽车商品零部件众多，构造复杂，车辆从生产至最终交付消费者需经历运输、存储等诸多环节，产品自身及物流环节涉及的信息量巨大，要求经营者将前述所有信息不加区分地全部告知消费者，并不利于消费者知情权的实质性保护。同时，将所有环节、所有零部件信息一律告知消费者，也会导致交易成本的不必要增加，产业链中非必要增加的成本，最终实际上会转嫁到消费者头上，对消费者整体利益保护而言，并非有利。

（三）注意消费者权益保护与行业合理有序发展、交易成本等因素之间的平衡

在涉及消费者权益类案件的审理中，在事实查明、法律适用方面适当向有利于消费者的方面倾斜，加强对相对处于弱势地位的消费者的权益进行保护，是处理该类案件的一项基本原则，对此应当毫不动摇地坚持。在坚持这一原则的前提下，也应适当兼顾交易成本和行业的合理有序发展等

① 参见贾东明主编：《中华人民共和国消费者权益保护法解读》，中国法制出版社 2013 年版，第 85 页；（原）国务院法制办公室编：《中华人民共和国消费者权益保护法（含产品质量法）注解与配套》（第 4 版），中国法制出版社 2017 年版，第 20 页。

问题，这样并非削弱对消费者的保护，相反，这反而有利于整体上保障广大消费者的利益。以本案涉及的情况为例，如果对于存在较小瑕疵的到店新车一律要求返回厂家处理，会额外产生较大的物流成本，而且物流过程中也会存在再次擦碰的风险，物流成本的增加最终仍会分摊给消费者。即使厂家、经销商或物流企业通过购买保险将风险转嫁给保险人，但看似由保险人分担的成本，仍会在上下游相关的产业链中传导，成本最终仍可能由消费者承受。就技术角度而言，对于微小瑕疵返回厂家处理和交由经授权的经销商处理，质量一般并无实质区别。如果一律要求返厂维修且强行禁止将相关成本分摊给消费者，一则难以实施，二则还可能损害行业的合理有序发展，而行业的无序对消费者权益保护有害无利。

另外，部分消费者可能会认为，既然购买的是新车，经销商所交付的车辆即应无任何瑕疵。从最大限度满足消费心理的角度来看，此种观点也有一定道理。但是，基于主观感受的消费心理因人而异，在兼顾交易成本和行业合理有序发展的情形下，法律对消费者心理的照顾很难惠及每一个个体，只能照顾到一般意义上的理性消费者。

（四）关于诉讼费的分担问题

虽然就该案个案处理而言，可以考虑由经销商承担全部诉讼费用，尽可能降低杨某某的诉讼成本，但杨某某是以该车系大修记录的问题车、给其造成了巨大损失为由提起诉讼，并提出了“退一赔三”近2000万元的诉讼请求，而杨某某根据自己掌握并提交的证据，对案涉汽车是否为经过大修的问题车以及其是否存在巨大损失，其作为一名普通的消费者是可以对损失的大小做出合理的判断。如果不分情况一律将诉讼费用判由经销商承担，可能导致消费者在起诉时不区分具体情况一律提出“退一赔三”诉讼请求。从维护诚信诉讼和合理保护守法经销商合法权益的角度出发，诉讼费的负担，原则上可以依据国务院制定的《诉讼费用交纳办法》的相关规定，依据当事人的请求获法院支持的比例来分担。但是，考虑到车辆问题涉及较多的技术问题，如果案件审理过程中认为虽然消费者所提的“退一赔三”请求不能获得支持，但消费者系因对所涉及问题的复杂程度难以做出准确判断而提出了“退一赔三”请求，仍可以依据个案具体事实，对诉讼费的分担酌情予以裁量。就本案而言，最终赔偿数额是在考虑了相关鼓励和引导的因素后，确定为大致接近相关部件价格的3倍，而在诉讼费问题上则是严格依据诉讼费分担原则确定，似乎看到了在可以区分局部和部分的前提下，尝试建立“局部欺诈”规则的痕迹。

最高人民法院二审合议庭成员：郭载宇　杨兴业　王　丹

（编写人：尚　妍* 　编辑：郭载宇）

* 尚妍，女，法学博士，中华人民共和国最高人民法院民事审判第四庭，法官助理（挂职）。

重庆中集物流有限公司
与
重庆三峡担保集团股份有限公司、
重庆进出口信用担保有限公司等
执行分配方案异议之诉纠纷案

——被执行人为企业法人时债权人提起执行分配方案异议之诉主体资格的认定

【裁判摘要】

《最高人民法院关于适用〈中华人民共和国民事诉讼法〉的解释》第513条未限制被执行人为企业法人时，申请执行人提起执行分配方案异议之诉的诉权。当被执行人为企业法人时，对于执行法院作出的执行分配方案，债权人有异议的，可以提起执行分配方案异议之诉。

【案件基本信息】

1. 诉讼当事人

再审申请人（一审原告、二审上诉人）：重庆中集物流有限公司（以下简称中集物流公司）

被申请人（一审被告、二审被上诉人）：重庆三峡担保集团股份有限公司（以下简称三峡担保公司）

被申请人（一审被告、二审被上诉人）：重庆进出口融资担保有限公司（以下简称重庆进出口担保公司）

一审被告：重庆仁寿有色金属有限公司（以下简称仁寿有色金属公司）

一审被告：孙某某

一审被告：欧某某

2. 案件索引与裁判日期

一审：重庆市第一中级人民法院（2016）渝01民初747号民事判决（2017年2月13日）

二审：重庆市高级人民法院（2017）渝民终208号民事裁定（2017年12月4日）

再审：最高人民法院（2018）最高法民申1180号民事裁定（2018年11月21日）

3. 案由

执行分配方案异议之诉

【简要案情】

重庆市第五中级人民法院作出（2013）渝五中法民初字第00230号民事判决，判决华夏银行股份有限公司重庆大渡口支行（以下简称华夏银行大渡口支行）对仁寿有色金属公司所有的264.54吨废铝折价或者拍卖、变卖该财产的价款，以及仁寿有色金属公司所有的位于重庆市××区××镇××村××组，建筑面积4524.38平方米的房产折价或者以拍卖、变卖该财产的价款优先受偿。该判决生效后，执行过程中，华夏银行大渡口支行将上述民事判决书所确认其享有的债权转让给中集物流公司，重庆市第五中级人民法院于2015年6月12日作出（2015）渝五中法执更字第00541号执行裁定，变更中集物流公司为该案的申请执行人。

重庆市第一中级人民法院作出（2012）渝一中法民初字第00868号民事判决，确认重庆进出口担保公司有权在仁寿有色金属公司未履行该判决确认的支付义务范围内对仁寿有色金属公司已结晶的浮动抵押财产（重庆市第一中级人民法院已采取保全措施，以变现价值1000万元为限）、房地产抵押清单优先受偿等内容，该判决已发生法律效力。

重庆市第一中级人民法院作出（2013）渝一中法民初字第00309号民事调解书，载明：三峡担保公司有权立即申请强制执行，并可就仁寿有色金属公司所有的位于重庆市××区×××××村×幢1-1（吕质部）的房屋（房地证号为×××房地证2009字第×××××号）、位于重庆市××区××镇××

村×幢 1-1（厂房）的房屋（房地证号为×××房地证 2009 字第×××××号）、位于重庆市××区××镇××村×幢 1-1（厂房）的房屋（房地证号为×××房地证 2009 字第×××××号）、位于重庆市渝北区××镇××村×幢 1-1（厂房）的房屋（房地证号为×××房地证 2009 字第×××××号）优先受偿等内容，该调解书已发生法律效力。

因仁寿有色金属公司等未履行上述生效法律文书确定的义务，权利人三峡担保公司、重庆进出口担保公司遂向重庆市第一中级人民法院申请强制执行，重庆市第五中级人民法院将中集物流公司申请执行（2013）渝五中法民初字第 00230 民事判决一案移送至重庆市第一中级人民法院参与分配执行。2016 年 7 月 4 日，重庆市第一中级人民法院执行局作出《关于被执行人重庆仁寿有色金属有限公司××区××镇××村工业用房及动产拍卖成交的执行清偿方案》，中集物流公司对该方案提出异议而提起本案之诉讼。

一审法院认为，中集物流公司的诉讼理由没有事实和法律依据，其诉讼请求不能成立，判决驳回其诉讼请求。

二审法院认为，《最高人民法院关于适用〈中华人民共和国民事诉讼法〉的解释》于 2015 年 2 月 4 日起施行，本案中重庆市第一中级人民法院作出执行清偿方案的时间为 2016 年 7 月 4 日，故本案应当适用该解释。该解释明确规定了被执行人为企业法人的，不适用执行分配方案异议之诉。其第 508 条规定："被执行人为公民或者其他组织，在执行程序开始后，被执行人的其他已经取得执行依据的债权人发现被执行人的财产不能清偿所有债权的，可以向人民法院申请参与分配。"该司法解释第 509 条至第 512 条对参与分配的程序性内容、清偿顺序、分配方案的制作、对分配方案提出异议及提起执行分配方案异议之诉的程序作出了规定。该解释第 513 条专门对被执行人为企业法人的情形如何清偿债务作出了规定。因此，从该解释的逻辑和文意来看，被执行人为企业法人时不适用执行分配方案异议之诉。《最高人民法院关于适用〈中华人民共和国民事诉讼法〉执行程序若干问题的解释》第 25 条、第 26 条规定，只要债权人提出申请，无论被执行人主体身份是自然人、其他组织还是法人，均可申请参与分配，执行法院据此作出财产分配方案，债权人、被执行人有异议的，其他债权人或被执行人对该异议提出反对意见后，异议人在法定期间内即可提起执行分配异议之诉。《最高人民法院关于适用〈中华人民共和国民事诉讼法〉的解释》施行后，根据其中第 552 条“最高人民法院以前发布的司法解释与本解释不一致的，不再适用”之规定，前述司法解释因与之不一致，故不再适用。债务企业符合破产条件的，依据《最高人民法院关于适用〈中华人民共和国民事诉讼法〉的解释》第 513 条规定，应向申请执行人或被执行人释明依据《企业破产法》之规定清理债务。而且，根据《最高人民法院关于适用〈中华人民共和国民事诉讼法〉的解释》第 516 条规定：“当事人不同意移送破产或者被执行人住所地人民法院不受理破产案件的，执行法院就执行变价所得财产，在扣除执行费用及清偿优先受偿的债权后，对于普通债权，按照财产保全和执行中查封、扣押、冻结财产的先后顺序清偿。”该规定为当事人提供了不同于执行分配方案异议之诉的救济渠道，执行法院应据此办理当事人在执行程序中的争议。综上，二审法院裁定撤销重庆市第一中级人民法院（2016）渝 01 民初 747 号民事判决，驳回中集物流公司的起诉。

中集物流公司向最高人民法院申请再审称，二审裁定认为被执行人为企业法人时，不适用执行分配方案异议之诉错误。中集物流公司应分取相关拍卖价款。

【案件焦点】

当被执行人为企业法人时，执行法院做出财产清偿方案后，债权人有无权利提起执行分配方案异议之诉。

【裁判结果】

最高人民法院经审判委员会讨论，一致意见认为，《最高人民法院关于适用〈中华人民共和国民事诉讼法〉的解释》第 513 条并未限制被执行人为企业法人时，申请执行人提起执行分配方案异议之诉的诉权。对于执行法院作出的执行分配方案，债权人有异议时，应当赋予其提起异议之诉的权利，以维护其合法权益。二审法院应当就中集物流公司的上诉请求依法进行审理。

本案提审后，最高人民法院已于2019年5月21日作出（2019）最高法民再146号民事裁定，裁定撤销二审裁定，由重庆市高级人民法院按照二审程序对本案实体问题进行审理。

【裁判摘要评析】

《民事诉讼法执行程序若干问题的解释》中关于执行分配方案异议之诉的规定，并未区分被执行人主体身份系自然人、其他组织或者法人。但《民事诉讼法司法解释》出台后，对被执行人的主体身份进行了区分。也正因为这种区分，当被执行人为企业法人时，执行法院做出财产清偿方案后，债权人是否有权提起执行分配方案异议之诉，各地人民法院在理解上存在不一致的情况。

一、关于企业法人作为被执行人能否提起执行分配方案异议之诉的不同观点

一种意见认为，《民事诉讼法执行程序若干问题的解释》中关于执行分配方案异议之诉的规定，并未区分被执行人主体身份系自然人、其他组织或者法人。但《民事诉讼法司法解释》出台后，其第508条至第512条将有关债权人申请参与分配、对财产分配方案提出异议并提起执行分配方案异议之诉的适用前提专门规定为被执行人为公民或者其他组织。在第513条至第515条则另行规定被执行人为企业法人且符合《企业破产法》规定的情形时，应当先中止对被执行人的执行，将案件移送破产程序。第516条则规定，当未能进行破产程序时，执行法院应当直接将执行变价所得财产按照一定顺序清偿相关债权。《民事诉讼法司法解释》并未明确规定执行法院需要对多个债权进行分配时，应当制作财产分配方案，也并未允许申请人提出执行分配方案异议及执行分配方案异议之诉。据此认为，若被执行人为企业法人，则应排除参与分配制度的适用，债权人也因此对法院作出的执行分配方案不享有诉权。如重庆市高级人民高院《关于执行分配方案异议之诉若干问题的解答》（渝高法〔2017〕300号）第1条即明确规定："被执行人为企业法人，当事人提起执行分配方案异议之诉的，人民法院不予受理；已经受理的，裁定驳回起诉。并由执行法院按照《民事诉讼法司法解释》第513条、第514条之规定处理。"

另一种意见认为，《民事诉讼法司法解释》第513条的适用具有一定条件，即符合《企业破产法》第2条第1款规定的情形，不宜认为只要被申请人为企业法人就不能提起执行分配方案异议之诉。执行法院对被执行人的财产做出清偿方案后，如果债权人对于其中涉及自身利益的处理具有异议，仍应当赋予其请求救济的权利，不宜阻断其救济途径。如广东省高级人民法院执行局《关于执行程序法律适用若干问题的参考意见》（2017年5月）的规定。

各地高级人民法院针对同一问题作出的"再解释"，导致地区间制度化的类案异判，影响了司法权威。为此，最高人民法院以本案为契机，通过审判委员会讨论研究明确了司法实践中对该类案件的裁判规则。

二、区分被执行人主体身份意在引导"执转破"

执行积案现象是执行工作中长期存在的一个问题，该问题严重影响了司法权威。将执行不能案件转入破产程序，一方面有利于清理执行积案，另一方面有利于"僵尸企业"及时出清，从而实现供给侧结构性改革与清理执行积案的双赢。但《企业破产法》实施以来，全国法院受理破产案件的数量持续低迷，《企业破产法》的功能未得到充分发挥。如在2016年，全国受理破产案件5665件，同比上升53.8%，然而当年全国注销、吊销企业138.6万户，适用破产程序的企业占所有退出市场企业的比例仅为4‰。① 相对于执行程序，破产程序费用高、周期长，债权偿付率低，债权人因此缺乏申请破产的动力，是导致"破产法困境"的重要原因之一。又因《民事诉讼法执行程序若干问题的解释》未按被执行人的主体身份进行区别处理，使得企业法人参与分配制度的范围不断扩大，进而加剧了问题的存在。

为解决"执转破"的难题，最高人民法院早在2012年修改《民事诉讼法》时就曾提出过建立"移送破产"制度的建议。在《民事诉讼法司法解释》的起草过程中，最高人民法院最初也设计了两种方案，一种是建

① 参见唐岫：《供给侧改革和清理执行积案背景下的执行不能转破产》，载《人民司法（应用）》2018年第19期。

立直接移送破产制度，另一种是通过限制参与分配程序对于企业法人的适用，“倒逼”申请查封在后的债权人去申请破产。由于建立直接移送破产制度与《企业破产法》的规定不一致，是否妥当仍需进一步研究，因此，司法解释最终选择了在《企业破产法》的框架内进行制度设计的方案。① 概言之，《民事诉讼法司法解释》按被执行人主体身份进行区别处理的目的在于，当被执行人是资不抵债的企业法人时，引导债权人启动破产申请程序，最大限度地实现“执转破”。

三、债权人对企业法人财产分配方案享有司法救济权

《民事诉讼法司法解释》规定了执行法院在征得当事人同意基础上的移送破产制度，以符合《企业破产法》关于破产程序启动方式的规定。但在实践中，当事人不同意移送破产的情况客观存在。为此，《民事诉讼法司法解释》第516条规定了企业法人无法进入破产程序时的债权受偿顺序，从而排除了参与分配制度对企业法人的适用，以实现“倒逼”债权人申请破产的目的。②

需要指出的是，《民事诉讼法司法解释》第516条虽未赋予债权人申请参与分配的权利，但并不代表执行法院无须制作财产分配方案。恰恰相反，当企业法人出现多个债权人时，由于企业法人债权受偿顺序的确定相较于自然人或其他组织更为复杂，故执行法院常需制作更为精细的财产分配方案。执行法院在制作财产分配方案时，不能排除犯错的可能性。而错误的财产分配方案会侵犯相关债权人的合法权利，因此，允许债权人以诉讼方式救济其权利，符合“有权利即有救济”的一般法理。

重庆市高级人民法院《关于执行分配方案异议之诉若干问题的解答》第1条规定，被执行人为企业法人时，债权人不能就法院制作的财产分配方案提出执行分配方案异议之诉，应按《民事诉讼法司法解释》第513条、第514条的规定处理，该规定显然意在通过破产程序解决相关纠纷。

① 参见沈德咏主编：《最高人民法院民事诉讼法司法解释理解与适用》，人民法院出版社2015年版，第1363~1364页。

② 参见沈德咏主编：《最高人民法院民事诉讼法司法解释理解与适用》，人民法院出版社2015年版，第1364页。

但根据该规定，破产程序的启动是以征得申请执行人或被执行人同意为前提。若破产程序无法启动，又对债权人提出执行分配方案异议之诉的权利予以限制，显然不利于保护当事人的合法权利。

最高人民法院审判委员会针对审判实践中的分歧意见进行了讨论，统一了认识，修正了裁判尺度。

最高人民法院再审合议庭成员：杨兴业　李延忱　郭载宇

（编写人：杨兴业* 编辑：杨　奕）

* 杨兴业，男，法学硕士，中华人民共和国最高人民法院民事审判第四庭，二级高级法官。

临洮县五爱建材厂
与
国家电网甘肃省电力公司临洮县供电公司
供用电合同纠纷案

——因执行行政机关行政命令引发的赔偿争议不属于人民法院民事诉讼受理范围，当事人可提起行政诉讼

【裁判摘要】

公民、法人及其他组织有执行行政命令、决定的义务。该公民法人或其他组织因执行命令、决定导致行政相对人权益受到损害的，行政相对人提起损害赔偿诉讼所针对的应当是该行政行为，应当通过行政诉讼和行政赔偿解决更为合理。

【案件基本信息】

1. 诉讼当事人

再审申请人（一审原告、二审上诉人）：临洮县五爱建材厂（以下简称五爱建材厂）

被申请人（一审被告、二审被上诉人）：国家电网甘肃省电力公司临洮县供电公司（以下简称临洮县供电公司）

2. 案件索引与裁判日期

一审：甘肃省定西市中级人民法院（2017）甘 11 民初 47 号民事裁定（2017 年 11 月 16 日）

二审：甘肃省高级人民法院（2018）甘民终 53 号民事裁定（2018 年 1 月 31 日）

再审：最高人民法院（2018）最高法民申2093号民事裁定（2018年12月28日）

3. 案由

供用电合同纠纷

【简要案情】

五爱建材厂与临洮县供电公司有供电合同关系。因五爱建材厂经营过程中进行破坏性生产，造成大量农田损毁，2013年10月14日，临洮县国土资源局对五爱建材厂作出责令停止违法行为通知书，对其予以停工处罚。同日，临洮县委、县政府电话通知临洮县供电公司，称五爱建材厂生产中存在违法行为，要求临洮县供电公司立即对其采取断电措施。当日下午，临洮县供电公司即执行该指令，赴五爱建材厂拆除了供电设备。之后，五爱建材厂一直处于停产状态。

2015年5月至7月，五爱建材厂向国家电网95598反映供电公司停电行为，国家电网答复，供电公司是执行政府的命令。2015年8月31日，五爱建材厂向国家电监会12398反映该问题，同年10月27日答复，供电公司停电是执行政府命令。

2016年6月7日，五爱建材厂以临洮县供电公司的停电行为违反供电合同约定，给其造成损失为由，向临洮县人民法院提起本案民事诉讼，要求临洮县供电公司赔偿损失700余万元。因诉讼标的问题，本案由甘肃省定西市中级人民法院管辖。

2017年2月20日，临洮县人民政府办公室出具“关于对临洮县五爱建材厂停止供电有关情况的说明”，载明：“临洮县五爱建材厂在生产经营过程中，采取破坏性的开采方法取土，严重违反《中华人民共和国矿产资源法》第32条第2款‘开采矿产资源，应当节约用地。耕地、草原、林地因采矿受到破坏的，矿山企业应当因地制宜采取复垦利用、植树种草或者其他利用措施’之规定。根据县委、县政府的安排和要求，2013年10月14日，由县国土资源局牵头，公安、执法和洮阳镇人民政府等单位配合，对该违法行为依法进行查处和整治，并通知临洮县供电公司对位于洮阳镇五爱村的临洮县五爱建材厂采取断电措施。”

本案一审法院认为临洮县供电公司系执行临洮县委、县政府的指令，其行为不是基于双方供电合同关系发生的，双方不产生民事赔偿关系，因此不属于民事受案范围，遂裁定驳回五爱建材厂的起诉。

本案二审法院认为临洮县供电公司的停电行为系执行行政命令，不具有民事上产生、变更、消灭民事法律关系的目的，也非其自由意思表示，不应以双方之间的供电合同进行评价，故该行为并非民事行为，遂裁定驳回上诉，维持原裁定。

本案二审裁定生效后，五爱建材厂向最高人民法院申请再审，请求撤销一审、二审裁定，判决支持其诉讼请求。

另外，本案二审裁定生效后，五爱建材厂还对临洮县政府提起了行政诉讼，要求确认临洮县政府指令断电行为违法及要求行政赔偿。在该两案中，人民法院已判决临洮县政府指令断电的行政行为违法，行政赔偿案件尚在审理中。

在本案诉讼之前，五爱建材厂已对临洮县国土资源局提起了行政诉讼，人民法院判决临洮县国土资源局行政行为违法并赔偿五爱建材厂89万余元。

【案件焦点】

供电公司执行行政机关的行政命令，对用电单位采取断电措施，用电单位依据供电合同起诉供电公司，要求其赔偿因断电造成的损失，该争议是否属于人民法院民事诉讼受理范围。

【裁判结果】

最高人民法院经审查认为，民法调整的是平等主体之间的财产关系和人身关系，民事诉讼的受理范围是平等主体之间发生的财产关系纠纷和人身关系纠纷。县供电公司系国有企业，其在临洮县委、县政府对用电单位采用破坏性方法取土生产的行为进行查处的过程中，依据县政府的通知对该违法用电单位采取断电措施，属于执行行政机关命令的行为，并不存在设立、变更、终止民事权利和民事义务的目的。由此可见，该断电行为并非基于该用电单位与临洮县供电公司之间的供用电合同关系发生，不应产生民事损害赔偿的法律后果，故一审、二审裁定认定本案不属于人民法院民事诉讼的受理范围并无不当。县供电公司对该违法用电单位采取断电行为系受行政机关指令，并非基于供用电合同关系而作出的民事行为，即使该违法用电单位因县供电公司的断电措施造成损害，其也应依据行政法律关系提起行政诉讼和主张行政赔偿，而非直接向县供电公司主张民事赔偿。并且，该违法用电单位事实上也已经提起了行政诉讼且案件正在审理过程中，从诉讼经济和有利于纠纷彻底解决的角度，一审、二审法院认定本案不属于民事诉讼受理范围亦无不当。因此，裁定驳回再审申请。

【裁判摘要评析】

本案裁判实质上是对执行行政机关行政命令引发的赔偿争议的受理范围作出界定，解决当事人权益受到损害后的救济途径问题。本案争议焦点是用电单位要求供电公司赔偿因执行县政府停电命令给其造成的损失是否属于民事诉讼受理范围。本案涉及的民事法律关系和行政法律关系的交叉问题是司法实践中的热点问题和争议问题，还涉及个案处理与法律效果、社会效果的关系问题，在一定程度上关乎司法理念和价值取向。最高人民法院在再审审查过程中，结合本案具体情况，从不同角度、不同方面进行综合考量和分析，最终作出裁判。以下对审查过程中形成的意见观点予以归纳介绍，进一步阐释审理思路和裁判理由。

一、当事人之间的法律关系和主体问题

民法调整的是平等主体之间的财产关系和人身关系，民事诉讼的受理范围是平等主体之间发生的财产关系纠纷和人身关系纠纷。民事案件受案范围属于主管问题，实质上是当事人主体适格问题，供电公司如为民事法律关系的责任承担主体，即为适格被告，本案应以民事案件受理；如否，则其非适格被告，本案应驳回起诉。

第一种意见认为，用电单位与供电公司之间存在供用电合同，供用电合同是《合同法》第 10 章[①]规定的一类有名合同，其主要规范供电人与用电人之间供电及支付电费的法律关系，故双方之间为民事法律关系。用

---

① 供电合同现规定在《中华人民共和国民法典》（以下简称《民法典》）“第三编合同”的第 10 章中。

电单位与供电公司之间是平等的民事主体，也是供用电合同法律关系的当事人，供电公司对用电单位的停电行为，违反供用电合同的约定，应受合同关系约束。供电公司并非行政机关，不是当然的行政主体，其既无查处整治企业的法定职责，也没有法定授权，其行为不属于具体行政行为，双方之间不具有行政关系。用电单位不是认为行政机关的行政行为侵犯其合法权益而提起行政诉讼，而是以供用电合同纠纷起诉，基于平等合同关系向供电公司提出赔偿，无论是违约之诉还是侵权之诉，均属于民事诉讼案件审理范围。

第二种意见认为，本案体现民事诉讼与行政诉讼的“交叉性”，原因之一在于供电公司性质的复合性。从《电力法》[①] 相关规定可以看出，供电企业与一般民事主体不同，除作为供用电合同一方当事人应按合同约定合理调度和安全供电之外，其供电行为还应受到政府部门监管。因此，在区分本案受理范围时，除审查本案是否属于平等主体之间发生的财产、人身纠纷之外，还应审查供电公司停电行为的义务来源。如根据法律法规规定，供电公司在特定情况下有配合政府指令对特定企业停止供电的义务，则不宜将其完全作为供用电合同一方当事人进行考量。国家电力监管委员会《供电监管办法》第 24 条第 3 款规定：“供电企业应当严格执行政府有关部门依法作出的对淘汰企业、关停企业或者环境违法企业采取停限电措施的决定。未收到政府有关部门决定恢复送电的通知，供电企业不得擅自对政府有关部门责令限期整改的用户恢复送电。”依据上述规定，供电企业虽不具有行政管理职权，但具有停电配合行政执法的义务，供用电法律关系一定程度受政策、监管等因素的制约。供电公司停电

---

① 《电力法》第 6 条规定：“国务院电力管理部门负责全国电力事业的监督管理。国务院有关部门在各自的职责范围内负责电力事业的监督管理。县级以上地方人民政府经济综合主管部门是本行政区域内的电力管理部门，负责电力事业的监督管理。县级以上地方人民政府有关部门在各自的职责范围内负责电力事业的监督管理。”第 27 条规定：“电力供应与使用双方应当根据平等自愿、协商一致的原则，按照国务院制定的电力供应与使用办法签订供用电合同，确定双方的权利和义务。”第 29 条规定：“供电企业在发电、供电系统正常的情况下，应当连续向用户供电，不得中断。因供电设施检修、依法限电或者用户违法用电等原因，需要中断供电时，供电企业应当按照国家有关规定事先通知用户。用户对供电企业中断供电有异议的，可以向电力管理部门投诉；受理投诉的电力管理部门应当依法处理。”

行为系受政府指令对环保违法企业采取停电措施，属于履行部门规章规定的义务，是执行行政机关指令的行为，而非基于供用电合同产生的违约行为。由此产生损害赔偿针对的应是行政机关的指令，应通过行政诉讼解决。

笔者认为，表面上看，双方当事人存在供电合同关系，结合原告诉讼请求，认定本案属于民事争议似无不妥。面对民事诉讼和行政诉讼交叉情形，需考虑到当事人之间的法律关系、主体地位有时是多样的和变化的，此时对案涉争议性质的认定，不应只看原告诉讼请求及其依据的当事人之间的静态关系，还应进一步探寻发生纠纷的实质原因、损失赔偿所指向的根本行为和最终责任主体。第一种意见是否成立，取决于供电公司是否完全失去自主意思表示、政府指令停电是否属于行政行为以及当事人提起行政诉讼的可能性。第二种意见注意到了供电公司停电行为的根本原因和背后主体，指出了本案民事合同纠纷下的“行政内核”，有利于问题实质解决。

二、供电公司停电行为的性质

供电公司系执行县政府的命令对用电单位进行停电，认定其停电行为的性质，取决于县政府停电命令的性质以及停电行为与停电命令的关系。

关于县政府停电命令的性质。县政府作为一级地方人民政府，其在对用电单位的违法行为进行查处整治过程中，电话通知供电公司对违法用电单位采取停电措施，系行使其管理职权。本案形式上是由县供电公司直接实施停电行为给用电单位造成影响，但实际上前者仅是执行停电命令，故实质上是该停电命令给用电单位造成影响。县政府停电命令内容事项明确，对象特定，实际影响了相对人的用电权益，属于可诉的行政事实行为。

关于停电行为与停电命令的关系。虽然县政府没有直接对用电单位下达停电行政命令，但其是以通知供电公司对用电单位采取停电措施的方式对用电单位进行行政处理的（事实上，政府采取停电措施只能通过供电公司来落实，这也是后者不可拒绝的法定义务），该停电命令明确具体，供电公司对是否停电、何时停电、何时恢复不具有判断力和决定权。停电行为并非供电公司本身意志的体现，而是执行停电行政命令的必然结果，也就是说，停电行为是县政府行政处罚工作的一部分，是体现行政机关意志的行政行为。由上，用电单位受到损害后提起诉讼所针对的实质是该行政行为，通过行政诉讼解决更为合理。

本案审查过程中，有观点认为对县政府的停电命令和县供电公司的停电行为应分别评判，前者属于行政行为，而后者则是县供电公司中止履行供电合同的民事行为。这一观点割裂了两者的内在联系，本案中县供电公司的停电行为应认定为对行政命令的执行行为，在本质上是行政行为的延伸，在这个过程中，县供电公司对行政命令没有审查和拒绝的权力，某种意义上只是行政机关实施行政行为的“工具”，没有独立作出民事行为的客观基础和主观意思，不应认定为简单的履行供电合同行为。

还有观点认为，县供电公司停电行为是否系执行行政命令、政府指令停电是否属于行政行为属于实体审理才能解决的问题，因此本案应进行实体审理，而非直接驳回起诉。根据诉讼要件学说，民事诉讼过程一般分为起诉阶段、诉讼审理阶段和审理阶段，每个阶段的进行都必须满足相应条件，由此形成了起诉要件、诉讼要件和本案要件之分。[①] 起诉要件是指发生起诉效果的必要前提，“欠缺该要件时，即使存在起诉行为，其起诉在诉讼法上也视为不成立”。[②] 诉讼要件是指作出该案判决所必需的前提条件，欠缺该要件将导致人民法院不能对当事人的实体请求或者实体权利义务关系作出判决。民事案件受案范围属于诉讼要件，对诉讼要件的审理虽为解决诉讼程序能否继续进行的问题，但必经对实体法律关系的审理才能作出判断。立案登记制之前，诉讼要件作为起诉要件一并在立案阶段审查，对于民事案件受案范围这一诉讼要件，存在未经实体审理即判断实体法律关系或迟迟不立案受理的问题。立案登记制改革之后，诉讼要件已被

① 参见［日］中村英郎：《新民事诉讼法讲义》，陈刚等译，法律出版社2001年版，第151～152页。转引自陈亮：《诉讼要件抑或本案要件？——美国关于原告资格定性之争及其对我国的启示》，载《清华法学》2015年第3期。

② 参见［日］中村英郎：《新民事诉讼法讲义》，陈刚等译，法律出版社2001年版，第151～152页。转引自毕玉谦：《民事起诉要件与诉讼系属之间关系的定位》，载《华东政法学院学报》2006年第4期。

置于立案受理后的诉讼阶段进行实体审理，但因我国民事诉讼法原则上没有区分起诉要件和诉讼要件，[①] 对诉讼要件不成立的，只能以裁定方式驳回起诉[②]。因此，在我国民事诉讼制度下，裁定驳回起诉并不意味着案件未经实体审理。本案已经过二审合议庭合议作出二审裁定，从已查明的事实看，双方已就上述问题进行了充分的辩论和举证，对上述问题未经实体审理的担心应已解决。

三、当事人权利救济和实质解决纠纷

从尊重和保障当事人行使诉权的角度来看，本案涉及行政和民事两种法律关系，当事人可以选择民事诉讼救济途径，也可以选择行政诉讼救济途径，两者并不冲突，本案民事诉讼进入实体审理并不影响当事人后续选择行政诉讼途径寻求权利救济。相对人最终目的是获得相应赔偿，而供电公司系执行县政府行政命令，因此无论相对人提起民事诉讼还是行政诉讼，都无法绕开审查行政行为合法性的问题，并且，上述问题必须通过行政诉讼才能彻底解决，仅通过民事诉讼无法解决，难以达到救济目的，而且还会引发新的纠纷。而在行政诉讼中，因县政府行政命令对供电公司的权利义务已经产生实际影响，故供电公司属于“对诉讼争议的行政行为有利害关系或者同案件处理结果有利害关系”[③] 的当事人，其可以以第三人身份参加诉讼，便于一次性查明案件事实、厘清权利义务和认定责任。考虑到诉讼经济和实质解决纠纷，本案裁定驳回起诉，促使当事人采取行政诉讼救济途径，更为合理妥当。

值得注意的是，相对人已提起行政诉讼起诉县国土资源局及县政府，已经胜诉并得到了赔偿。有观点指出，本案应坚持“一事不再理”和“一次赔偿”的原则，避免权利滥用和重复受偿，即当事人选择了一

---

① 参见万挺、张闻：《管辖权异议之诉附带审查诉讼要件问题研究——以遏制滥诉为目标》，载《法律适用》2018 年第 1 期。

② 日本在诉讼要件性质上的通说采本案判决要件说，在日本民事诉讼中对诉讼要件不成立的，将判决驳回原告的诉。参见万挺、张闻：《管辖权异议之诉附带审查诉讼要件问题研究——以遏制滥诉为目标》，载《法律适用》2018 年第 1 期。

③ 参见江必新主编：《行政诉讼法及司法解释关联理解与适用》（上册），中国法制出版社 2018 年版，第 259~260 页。

种救济方式后不得就同一事实提起另一种救济方式、获得一次赔偿后不能再就同一损害再次获得赔偿。

四、应考量的其他因素

公民（包括法人、其他组织）有执行行政命令、决定的义务，司法裁判应保护和鼓励这种服从和配合行为，为其创造良好环境。在公民执行行政机关的行政命令、决定的情况下，行政相对人受到损害后应针对作出行政命令、决定的机关提起诉讼，该行政行为造成的损失应该通过行政机关进行赔偿，而不应当让执行命令、决定的公民承担民事责任。如果司法裁判不能打消公民对潜在被追索风险的顾虑，公民配合行政机关的行为动辄承担损害赔偿责任，会导致社会对行政命令疑虑重重，采取消极躲避甚至抵触对抗的态度，增加社会治理成本。但需要说明的是，公民在执行行政命令时应当遵循合理合法、审慎适度的原则，不能任意缩小或扩大行政命令的范围或采取违法手段，否则应当对由此造成的损失承担相应责任，此种情况较复杂，如何处理值得进一步探讨。

另外，将承担赔偿责任归属于作出行政命令的行政机关，由行政机关承担其要求公民执行命令可能产生的潜在风险，有利于促进行政机关依法行政、依法授权、依法委托，促使其规范实施行政行为，在对行政相对人采取查处整治等强制措施时，采取更严格的程序和更合理的方式，在追求执法力度和效果时，充分考虑到当事人的权益，减少不必要的损害。同时，参考《国家赔偿法》第 7 条关于赔偿义务机关的规定，这一归责取向也不难选择。①

本案再审审查过程中，通过类案检索发现本院已有判例认定该情形不属于民事案件受理范围，② 该案案情与本案高度类似，如无特殊情况，原则上应保持裁判的一致性。

应注意主管单位和行业监管部门从行业角度提出的意见。五爱建材厂曾分别向国家电网和国家电监会反映该问题，国家电网和国家电监会均明

---

① 参见吴高盛主编：《中华人民共和国国家赔偿法释义及实用指南》，中国民主法制出版社 2015 年版，42~47 页。

② 参见最高人民法院（2017）最高法民申 897 号民事裁定："停电行为不是基于双方供电合同关系发生的，双方不产生民事损害赔偿关系。因此，本案不属于人民法院受理民事诉讼案件的范围。"

确答复临洮县供电公司的行为系执行政府命令。

关于供电企业执行行政机关停电指令产生的赔偿争议受案范围问题，在理论和实务上均存在不同认识，在实践中行政机关对当事人采取停电措施的具体原因和情况复杂多样，不能一概而论。本案再审审查过程中形成了诸多不同观点，这些观点均有一定道理，本案价值不在于最终采纳了哪种观点和处理方式，而在于其中的思想过程、审查角度和理念方法。概括而言有以下几点：(1) 从当事人行为原因、意思表示、纠纷根源、主体地位等多个方面查明案件实质争议，准确把握案件性质；(2) 对行为逻辑和事实脉络有全面清晰的认识，正确认定法律行为和法律关系的性质；(3) 受案范围问题不仅是解决入门问题，在处理时要考虑入门后的出路问题，要考虑不同的诉讼途径对当事人权利保障、救济实现等方面的影响；(4) 要有利于诉讼经济和实质解决纠纷，尽量一次性解决矛盾纠纷，避免因为一个裁判再引申出另外的裁判，避免解决一个矛盾又引发一个新的矛盾；① (5) 坚持案件的法律效果和社会效果相统一，不能就案论案，而要考虑到裁判所带来的社会效果，以保证所作出的判决能够实现社会效益的最大化，降低“社会交易成本”；② (6) 要重视类案检索，注意裁判尺度的统一问题。

本案裁判有利于引导当事人在类似案件中合理选择诉讼程序，鼓励行政诉讼一并解决民事争议，为审理行政诉讼和民事诉讼交叉问题提供了思路和方案，有一定指导意义。

最高人民法院再审合议庭成员：王　涛　汪国献　丁广宇

（编写人：陈　明*　编辑：李　明）

---

① 参见骆电：《民商事审判逻辑的研究与实践》，载《人民司法》2019 年第 10 期。

② ［美］理查德·A. 波斯纳：《法律的经济分析》，蒋兆康译，中国大百科全书出版社 1997 年版，第 13 页。

* 陈明，男，法学硕士，中华人民共和国最高人民法院第六巡回法庭，二级法官助理。

重庆奥斯丽都娱乐有限公司申请重庆市第五中级人民法院错误执行国家赔偿案

——非善意添附不能通过国家赔偿的方式获得补偿

【裁判摘要】

1. 承租人在执行过程中的添附行为是否为善意，决定着承租人的国家赔偿请求是否成立。承租人在租赁房屋上所作的较大价值添附发生在法院查封之后，其应对自行决定投入装修的行为，承担足够的风险责任。

2. 承租人的优先购买权不能通过后期恶意添附来取得。优先购买权应建立在合法、善意的承租关系基础之上，被执行人就已经查封、扣押、冻结的财产所作的移转、设定权利负担或者其他有碍执行的行为，构成对法院执行行为的阻碍，承租人与被执行人之间的租赁关系，不自然延续到通过拍卖程序取得房屋产权的买受人。故执行法院“按现状拍卖”不存在故意损害案外承租人合法权益的情形。

【案件基本信息】

1. 诉讼当事人

申诉人（赔偿请求人）：重庆奥斯丽都娱乐有限公司（以下简称奥斯丽都娱乐公司）

被申诉人（赔偿义务机关）：重庆市第五中级人民法院

2. 案件索引与裁判日期

自赔程序：重庆市第五中级人民法院（2013）渝中法委赔字第00010号国家赔偿决定（2013年7月17日）

委赔程序：重庆市高级人民法院赔偿委员会（2013）渝高法委赔字第00006号国家赔偿决定（2015年1月9日）

再审：最高人民法院国家赔偿委员会（2015）赔监字第299号国家赔偿决定（2018年6月29日）

3. 案由

错误执行赔偿

【简要案情】

2004年12月9日，重庆友通实业有限公司（以下简称友通实业公司）将其位于重庆市××区×××6号的面积为6376.48平方米的商用房（二层）借款抵押给綦江县农村信用合作联社（后因该联社更名为重庆农村商业银行股份有限公司綦江县支行，故后称綦江支行）。次年8月5日，友通实业公司将该房屋租赁给綦江县万家福超市有限责任公司（以下简称万家福超市）使用，租期自2005年10月1日至2010年9月30日。2007年，农村信用合作联社向重庆市第五中级人民法院提起借贷诉讼，同时申请对友通实业公司的财产采取保全措施。2007年10月15日，重庆市第五中级人民法院审理中作出查封借款抵押房屋的裁定（但未限制该房屋的使用）。2008年4月16日，重庆市第五中级人民法院作出（2007）渝五中民初字第324号民事判决，在支持农村信用合作联社还款要求的同时，判决：如友通实业公司未履行，合作联社有权对友通实业公司抵押房产予以拍卖、变卖或折价，并对其所得价款优先受偿。双方均未提出上诉，该判决生效。嗣后，农村信用合作联社执行申请。

2009年9月29日，重庆市第五中级人民法院执行中作出续查封裁定。2010年3月8日，万家福超市退租，友通实业公司与奥斯丽都娱乐公司的股东签订了租期15年的房屋租赁合同。

2009年8月至同年11月，重庆市第五中级人民法院委托重庆海特资产土地房地产评估有限责任公司（以下简称海特评估公司）对查封房产进行评估。海特评估公司作出渝海特（2009）评鉴字第48号评估报告，报告送达友通实业公司。2010年6月10日，重庆市第五中级人民法院委托重庆市沪渝拍卖有限公司（以下简称沪渝拍卖公司）以评估价1793.03万元为保留价进行拍卖。因第一次拍卖流拍，重庆市第五中级人民法院再次委托沪渝拍卖公司拍卖，起拍价降低20%。沪渝拍卖公司经实地勘查，发现拍卖标的物已出租，且承租人正在装修，即向重庆市第五中级人民法院书面提出要求确认承租人是否享有优先购买权并暂停拍卖的申请。2010年7月15日，重庆市第五中级人民法院到房屋现场张贴公告，公告承租人奥斯丽都娱乐公司停止工地装修，否则后果自负。2010年8月3日，重庆市第五中级人民法院以奥斯丽都娱乐公司与友通实业公司签订的租赁合同系在法院查封之后为由，通知沪渝拍卖公司恢复拍卖。2010年11月5日，沪渝拍卖公司在《重庆商报》上刊登拍卖公告，2010年12月9日在重庆联合产权交易所以电子竞价方式公开拍卖，拍卖公告载明“按现状拍卖”“拍卖标的被被执行人非法出租，由法院负责交付”。2010年12月，王某某竞得拍卖房产。2011年1月25日，重庆市第五中级人民法院裁定解除对案涉房屋的查封，并裁定该房产归买受人王某某所有。2012年6月20日，王某某取得房屋所有权证。

2011年10月26日，重庆市第五中级人民法院指令綦江区人民法院执行该案。2011年12月30日，綦江区人民法院发布公告，要求承租人搬出。同年7月，綦江区人民法院向奥斯丽都娱乐公司发出停业通知，同时分别委托两家有资质的评估公司对奥斯丽都娱乐公司室内装饰、装修工程造价及执行日时点的价值进行评估。2013年年底，买受人向綦江区人民法院缴纳奥斯丽都娱乐公司财产评估价值的同等使用保证金，奥斯丽都娱乐公司交付了房屋。

执行中，奥斯丽都娱乐公司曾向重庆市第五中级人民法院提出执行异议，请求撤销拍卖，对租赁后的装修价值评估后重新拍卖，确认其具有优先购买权，暂停要求其停业、搬迁并移交租赁物的执行行为。2012年8月13日，重庆市第五中级人民法院驳回奥斯丽都娱乐公司的执行异议。奥斯丽都娱乐公司提出执异之诉，上诉后，又以其已经向重庆市第五中级人民法院提出国家赔偿申请为由提出撤回上诉及起诉，重庆市高级人民法院作出准予其撤回起诉的民事判决。

2013年5月30日，奥斯丽都娱乐公司以重庆市第五中级人民法院错误执行为由，向重庆市第五中级人民法院提出国家赔偿申请。重庆市第五中级人民法院于2013年7月17日作出（2013）渝中法委赔字第00010号国家赔偿决定，决定驳回奥斯丽都娱乐公司要求该院赔偿其全部装修和前期经营投入损失 1067.6 万元的国家赔偿申请。奥斯丽都娱乐公司不服，向重庆市高级人民法院赔偿委员会申请作出赔偿决定。重庆市高级人民法院赔偿委员会于 2015 年 1 月 9 日作出（2013）渝高法委赔字第 00006 号赔偿决定，认为奥斯丽都娱乐公司提出国家赔偿申请的理由不能成立，对其国家赔偿请求不予支持。奥斯丽都娱乐公司不服，向最高人民法院赔偿委员会提出赔偿申诉。

【案件焦点】

1. 重庆市第五中级人民法院执行行为是否存在瑕疵并足以构成违法执行；

2. 友通实业公司未经抵押权人綦江支行同意，与奥斯丽都娱乐公司签订房屋租赁合同，是否可以对抗法院的强制执行；

3. 奥斯丽都娱乐公司基于租赁权所作的添附价值因法院的强制行为而终止，其现实损失及利润损失是否归因于重庆市第五中级人民法院“未依法除去”的执行行为。

【裁判结果】

最高人民法院赔偿委员会经审查认为：（一）奥斯丽都娱乐公司与友通实业公司签订房屋租赁合同，未经抵押权人綦江支行同意，奥斯丽都娱乐公司并非合法的优先购买权人。（二）奥斯丽都娱乐公司的租赁和装修行为阻碍重庆市第五中级人民法院的拍卖、执行交付，是对生效法律文书确定的债权人利益实现的妨碍，因此其主张的“依法去除”首先应当是主动去除。（三）奥斯丽都娱乐公司与友通实业公司签订租赁合同时，对于拟长期承租的他人房产是否处于抵押状况，未作深入了解；对于人民法院已经查封并进入执行拍卖程序的执行标的，自愿投入大量资金进行装修添附，置个人财产于风险状态之中，在重庆市第五中级人民法院 2010 年 7 月 15 日在装修现场发布停止装修公告后，仍然继续装修，其行为不具正当性。因此，奥斯丽都娱乐公司应对其自行决定投入装修的行为承担足够的风险责任。综上，重庆市高级人民法院赔偿委员会作出的（2013）渝高法委赔字第 00006 号赔偿决定正确。奥斯丽都娱乐公司的赔偿申诉不能成立，决定：驳回奥斯丽都娱乐有限公司的申诉。

【裁判摘要评析】

一、关于奥斯丽都娱乐公司是否属于优先购买权人的问题

《关于执行设定抵押的房屋的规定》第1条规定："对于被执行人所有的已经依法设定抵押的房屋，人民法院可以查封，并可以根据抵押权人的申请，依法拍卖、变卖或者抵债。"人民法院对被执行人已设抵押的查封中房产，依民事判决权利人的申请强制执行，具有法律依据。《担保法》和《担保法司法解释》第66条第2款规定："抵押人将已抵押的财产出租时，如果抵押人未书面告知承租人该财产已经抵押的，抵押人对出租抵押物造成承租人的损失承担赔偿责任；如果抵押人已书面告知承租人该财产已抵押的，抵押权实现造成承租人的损失，由承租人自己承担。"奥斯丽都娱乐公司与友通实业公司签订租赁合同的时间在房产已抵押和被查封之后，重庆市第五中级人民法院、沪渝拍卖公司在拍卖该房产时，依据上述民事法律及司法解释的规定认定奥斯丽都娱乐公司不享有优先购买权正确，且沪渝拍卖公司在《重庆商报》上刊登拍卖公告，拍卖公告对拍卖现状作出说明，最终的公开拍卖是以电子竞价方式在重庆联合产权交易所进行，故赔偿申诉人奥斯丽都娱乐公司以重庆市第五中级人民法院未在拍卖日前用书面或者其他能够确认收悉的方式通知承租人，损害承租人的优先购买权为由提出申诉，理据不足。

二、关于奥斯丽都娱乐公司的租赁和装修行为是否构成阻碍重庆市第五中级人民法院的拍卖、执行交付以及是否妨碍生效法律文书确定的债权人利益实现的问题

由于奥斯丽都娱乐公司拟长期租赁的房屋系在该租赁法律关系发生前已查封的待执行财产，根据《关于审理城镇房屋租赁合同纠纷案件应用法律问题的解释》第20条规定，房屋在出租前已设立抵押权，因抵押权人实现抵押权发生所有权变动的，对于新的买受人来说不具有拘束力。本案奥斯丽都娱乐公司作为案外人无法对抗綦江支行的优先受偿权，其基于对租赁合同的信赖而投入的装修损失，可以向出租人主张，也可向受益人主张。2010年7月15日，重庆市第五中级人民法院在装修现场张贴公告，表明人民法院正式向奥斯丽都娱乐公司告知，继续在执行标的物上进行强行装修及添附，不受法律的保护。奥斯丽都娱乐公司以重庆市第五中级人民法院违反《民事执行拍卖变卖财产规定》第 31 条规定，未对拍卖财产上的租赁权“依法去除”，要求确认拍卖程序违法，因其并非合格的优先购买权人而理据不足，其负有依法“在先去除”的义务，而非在先享有对人民法院“未依法去除”的赔偿请求权。

三、关于奥斯丽都娱乐公司是否应对其自行决定投入装修的行为承担足够的风险责任的问题

奥斯丽都娱乐公司与友通实业公司签订租赁合同时，对于拟长期承租的他人房产是否处于抵押状况，本应作深入了解。对于人民法院已经查封并进入执行拍卖程序的执行标的，自愿投入大量资金进行装修添附，置个人财产于风险状态之中，应对其自身行为的后果承担足够的责任。根据《关于执行设定抵押的房屋的规定》第 1 条、《物权法》第 190 条①以及《关于民事执行中查封、扣押、冻结财产的规定》第 26 条的规定，奥斯丽都娱乐公司与友通实业公司之间的租赁合同关系无法对抗抵押权人实现抵押权和人民法院处置变现抵押物的强制执行行为。而奥斯丽都娱乐公司提出租赁合同经綦江区人民法院作出提取租金裁定，就可以视为已经人民法院认可有效的理由，同样不能成立。因为一方面，綦江区人民法院的执行行为与重庆市第五中级人民法院的执行行为并非同一执行案件，且在綦江支行提出执行异议后綦江区人民法院撤销了提存租金裁定；另一方面，綦江区人民法院作出的提存租金裁定亦不是对奥斯丽都娱乐公司继续装修和大规模添附行为作出的许可性命令，奥斯丽都娱乐公司不能以此作为自身装修行为合法性的依据，其对装修规模、装修风格、装修方式与装修结果的选择，与綦江区人民法院提存租金的行为和重庆市第五中级人民法院的执行行为之间没有法律上的因果关系。综上，案外人奥斯丽都娱乐公司应对其在执行标的物上添附价值会因执行拍卖而造成的转移的后

---

① 本条现为《民法典》第 405 条：“抵押权设立前，抵押财产已经出租并转移占有的，原租赁关系不受该抵押权的影响。”

果，承担起足够的责任。执行法院“按现状拍卖”不存在故意损害案外承租人合法权益的情形。奥斯丽都娱乐公司在租赁房屋上的添附损失，不属于《国家赔偿法》第2条规定的“因国家机关和国家机关工作人员行使职权而侵犯公民、法人、其他组织合法权益”的情形。

本案是对承租人接手承租房后，对房屋大规模装修所产生的添附价值随着法院“按现状拍卖”转移后，其财产损失应否属于国家赔偿责任的分析研判，通过对承租人在执行过程中的添附行为主观状态是否善意的层层辨析，揭示了国家赔偿案件审理中损害赔偿因果关系的复杂性。该决定既维护了人民法院正当的执行行为，又给予赔偿请求人充足的法律说理。

最高人民法院再审合议庭成员：宋楚潇　贾　力　梁　清

（编写人：贾　力* 编辑：韩德强）

---

* 贾力，女，法学硕士，中华人民共和国最高人民法院国家赔偿办公室，二级高级法官。

典型案例

民商事 & 执行

林某某
与
天津市九鼎实业发展有限公司、
嘉励景盛（泰安）置业有限公司等
债权转让合同纠纷案

——担保人担保责任是否免责以及担保范围的认定

【裁判摘要】

案涉主债权虽被债权人作为信托财产委托信托公司管理，但信托公司只为名义上的债权人，委托人和受益人实质债权人的身份并未变更。案涉债权由信托公司管理，并非《中华人民共和国合同法》第 79 条①规定的债权转让，债权人也无因此免除担保人担保责任的意思表示，故担保人不能据此免责。

担保人向债权人出具承诺书，承诺债务人不能按期偿付债务则以其持有的相当于该笔债务到期未付本息的股票，代债务人偿付债务且当事人并未进行股权质押登记的，在担保人和债权人均确认《承诺函》中表述的担保方式是保证的情形下，应认定担保人系以其特定财产股权为限提供连带保证担保，而非提供股权质押担保。

① 本条现为《民法典》第 545 条："债权人可以将债权的全部或者部分转让给第三人，但是有下列情形之一的除外：（一）根据债权性质不得转让；（二）按照当事人约定不得转让；（三）依照法律规定不得转让。当事人约定非金钱债权不得转让的，不得对抗善意第三人。当事人约定金钱债权不得转让的，不得对抗第三人。"本条以下同。

【案件基本信息】

1. 诉讼当事人

上诉人（一审被告）：林某某

被上诉人（一审原告）：天津市九鼎实业发展有限公司（以下简称九鼎实业发展公司）

一审被告：嘉励景盛（泰安）置业有限公司［以下简称嘉励景盛（泰安）置业公司］

一审被告：天津美林控股有限公司（以下简称美林控股公司）

一审被告：广东林高投资管理有限公司（以下简称林高投资公司）

2. 案件索引与裁判日期

一审：天津市高级人民法院（2017）津民初38号民事判决（2018年6月14日）

二审：最高人民法院（2018）最高法民终1189号民事判决（2018年12月28日）

3. 案由

债权转让合同纠纷

【简要案情】

2015年9月24日，九鼎实业发展公司与嘉励景盛（泰安）置业公司、美林控股公司及案外人欧亚建材公司签订了编号CZ201509001的债权债务重组协议，约定案外人欧亚建材公司将原对嘉励景盛（泰安）置业公司享有的应收账款债权转让给九鼎实业发展公司，九鼎实业发展公司对嘉励景盛（泰安）置业公司享有应收账款债权，原属于美林控股公司的委托贷款债务重组转移到嘉励景盛（泰安）置业公司的名下，重组后的债务本金为4.4亿元，其中7600万元的利率为月0.75%，3.64亿元的利率为月1.01667%。还款时间为2015年12月31日前偿还本金1000万元、2016年3月31日偿还本金1.1亿元、2016年6月30日偿还本金人民币1.2亿元、2016年9月30日偿还本金1.24亿元及全部到期利息。美林控股公司对嘉励景盛（泰安）置业公司的还款义务承担连带责任保证担保。同日，美林控股公司、林高投资公司与九鼎实业发展公司签订保证担保合同，约定美林控股公司与林高投资公司对嘉励景盛（泰安）置业公司在编号 CZ201509001 的债权债务重组协议所负债务，主债务本金为 4.4 亿元，履行期限为 2015 年 9 月 24 日至 2016 年 9 月 30 日，向债权人承担连带保证责任。保证期间为自主债务到期起 2 年。

2015 年 10 月 21 日，九鼎实业发展公司与天津信托有限责任公司（以下简称天津信托公司）签订了财产权信托合同，九鼎实业发展公司将其拥有的对嘉励景盛（泰安）置业公司的债权委托天津信托公司管理，委托人与受益人均为九鼎实业发展公司。同日，天津信托公司与嘉励景盛（泰安）置业公司签订编号 1515608004 的债权债务合同约定：主债务本金为 4.4 亿元，履行期限 2015 年 9 月 24 日至 2016 年 9 月 30 日。同日，美林控股公司、林高投资公司与天津信托公司签订保证担保合同，约定美林控股公司与林高投资公司对嘉励景盛（泰安）置业公司的债务承担连带保证责任。同日，林高投资公司与天津信托公司签订股权质押合同，以其持有的广东奥盛投资发展有限公司的 100%股权，为天津信托公司与嘉励景盛（泰安）置业公司签订编号 1515608004 债权债务合同，提供质押担保。其中第 15 条约定，债权人将债权向第三方转让的，质押人仍承担质押担保责任。双方于 2015 年 10 月 23 日在广东省佛山市工商行政管理局办理了股权出质设立登记。

林某某就嘉励景盛（泰安）置业公司的债务及履行向九鼎实业发展公司出具承诺书，承诺嘉励景盛（泰安）置业公司不能按期偿付债务则林某某以其持有的香港主板上市公司新昌营造集团有限公司或其他香港上市公司相当于该笔债务到期未付本息的股票，代嘉励景盛（泰安）置业公司偿付债务。

2015 年 10 月 23 日，九鼎实业发展公司与嘉励景盛（泰安）置业公司、美林控股公司及案外人欧亚建材公司签订了债权信托备忘协议，约定天津信托公司与嘉励景盛（泰安）置业公司签订的债权债务合同不影响债权债务重组协议的效力，如有冲突，以债权债务重组协议为准；与债权债务重组协议相关的担保继续有效。

嘉励景盛（泰安）置业公司分别于 2015 年 12 月 30 日，向九鼎实业发展公司还款100万元；2016年2月2日，向天津信托公司还款900万元；2016年4月22日，向九鼎实业发展公司还款3000万元。

2016年9月30日，天津信托公司向美林控股公司、林高投资公司发出提请履行担保责任的通知。

2016年9月30日，九鼎实业发展公司与天津信托公司的信托合同终止。同年10月13日，天津信托公司向九鼎实业发展公司出具了信托事务清算报告。

2017年1月25日，嘉励景盛（泰安）置业公司向九鼎实业发展公司还款1000万元。

九鼎实业发展公司向嘉励景盛（泰安）置业公司发出询证函两份和债务利息计算表，证明截至2017年3月31日欠付本金为3.9亿元，欠款利息：本金7600万元按月利率0.75%计算；本金3.64亿元，按月利率1%计算；已还款5000万元，自本金3.64亿元中，按还款日期分别减除。

2018年3月30日，天津信托公司委托九鼎实业发展公司，向嘉励景盛（泰安）置业公司、美林控股公司、林高投资公司寄送了债权转让通知书。

根据一审被告请求，天津信托公司于2018年5月25日向一审法院提交了《关于天津市九鼎实业发展有限公司财产信托的说明》，证明天津信托公司与九鼎实业发展公司之间的信托合同已经终止，并进行清算，相关债权以及担保已经转让九鼎实业发展公司自行处理，也已经委托九鼎实业发展公司向嘉励景盛（泰安）置业公司、美林控股公司、林高投资公司寄送了债权转让通知书。

截至九鼎实业发展公司起诉，嘉励景盛（泰安）置业公司尚欠九鼎实业发展公司款项本金3.9亿元及相应利息，美林控股公司、林高投资公司、林某某未履行担保责任。

一审法院认为，本案为债权转让合同纠纷，九鼎实业发展公司与嘉励景盛（泰安）置业公司、美林控股公司及案外人欧亚建材公司签订的债权债务重组协议，九鼎实业发展公司与天津信托公司签订的财产权信托合同，天津信托公司与嘉励景盛（泰安）置业公司签订的编号1515608004

债权债务合同，九鼎实业发展公司与嘉励景盛（泰安）置业公司、美林控股公司及案外人欧亚建材公司签订的债权信托备忘协议，天津信托公司的债权转让通知书，均系当事人真实意思表示，内容不违反法律、行政法规的强制性规定，确认合法有效。美林控股公司、林高投资公司、林某某在本案中为嘉励景盛（泰安）置业公司履行债务作出的担保保证，亦确认合法有效。本案九鼎实业发展公司依据债权债务重组协议取得涉案债权，经过财产信托、终止信托及接受债权转让后，为本案适格债权人。嘉励景盛（泰安）置业公司未依约履行还款责任，致使本案纠纷形成，应当承担违约责任。美林控股公司、林高投资公司、林某某未履行担保义务，应当承担保证责任。

关于欠款本金的利息计算，双方对本金7600万元按月利率0.75%计算无异议；关于本金3.64亿元的利率，双方虽然约定为月1.01667%，但实际履行中，九鼎实业发展公司按照月利率1%发送询证函和债务利息计算表，嘉励景盛（泰安）置业公司予以接受，并作为证据提交，应视为双方变更原协议的合意，嘉励景盛（泰安）置业公司对此的抗辩成立，一审法院予以采信。

关于嘉励景盛（泰安）置业公司的还款冲抵本金事宜，因九鼎实业发展公司发送询证函和债务利息计算表是在嘉励景盛（泰安）置业公司还款后制作，冲抵的本金是在3.64亿元内减除，故嘉励景盛（泰安）置业公司的还款系偿还本金3.64亿元内的款项。

关于美林控股公司、林高投资公司承担保证责任一节，美林控股公司在编号CZ201509001的债权债务重组协议中约定，对嘉励景盛（泰安）置业公司的还款义务承担连带责任保证担保。同日，美林控股公司、林高投资公司与九鼎实业发展公司签订保证担保合同，约定美林控股公司与林高投资公司对嘉励景盛（泰安）置业公司在编号CZ201509001的债权债务重组协议所负债务主本金为4.4亿元，向债权人承担连带保证责任，保证期间为自主债务到期起2年。现嘉励景盛（泰安）置业公司逾期还款，故美林控股公司、林高投资公司应依约承担连带保证责任。林高投资公司与天津信托公司签订股权质押合同，约定以其持有的广东奥盛投资发展有限公司的100%股权为天津信托公司提供质押担保，同时约定债权人将债权向第三方转让的，质押人仍承担质押担保责任。因此，在天津信托公司将债权转让给九鼎实业发展公司后，九鼎实业发展公司对林高投资公司持有并设定质押担保的广东奥盛投资发展有限公司100%股权享有质权。

关于林某某的担保责任。《担保法司法解释》第28条规定："保证期间，债权人依法将主债权转让给第三人的，保证债权同时转让，保证人在原保证担保的范围内对受让人承担保证责任。"林某某向九鼎实业发展公司承诺如嘉励景盛（泰安）置业公司不能按期偿付债务，以其持有的香港主板上市公司新昌营造集团有限公司或其他香港上市公司相当于该笔债务到期未付本息的股票代嘉励景盛（泰安）置业公司偿付债务。本案九鼎实业发展公司将其拥有的对嘉励景盛（泰安）置业公司的债权委托天津信托公司管理，后又受让回九鼎实业发展公司，故林某某在嘉励景盛（泰安）置业公司未能按期偿付债务的情况下，应按其承诺承担担保责任。因其未约定保证方式，故依法应承担连带责任。

一审法院判决：（一）嘉励景盛（泰安）置业公司在该判决生效后10日内，给付九鼎实业发展公司欠款本金3.9亿元及相应利息。（利息计算：本金7600万元，自2015年9月24日起，按月利率0.75%，至本判决确认的给付日期计付利息；本金3.64亿元，自2015年9月24日起，至2015年12月30日，按月利率1%，计付利息；本金3.63亿元，自2015年12月31日起至2016年2月1日，按月利率1%，计付利息；本金3.54亿元，自2016年2月2日起至2016年4月21日，按月利率1%，计付利息；本金3.24亿元，自2016年4月22日起至2017年1月24日，按月利率1%，计付利息；本金3.14亿元，自2017年1月25日起，按月利率1%，至该判决确认的给付日期，计付利息。）（二）美林控股公司、林高投资公司在嘉励景盛（泰安）置业公司应付的本金和利息范围内，向九鼎实业发展公司承担连带保证责任。（三）九鼎实业发展公司对林高投资公司持有的广东奥盛投资发展有限公司100%股权享有质权。（四）林某某以其持有的香港主板上市公司新昌营造或其他香港上市公司相当于该笔债务到期未付本息的股票，在嘉励景盛（泰安）置业公司应付的本金和利息范围内，向九鼎实业发展公司承担连带保证责任。（五）美林控股公司、林高投资公司、林某某在承担担保责任后，有权向嘉励景盛（泰安）置业公司追偿。（六）驳回九鼎实业发展公司的其他诉讼请求。案件受理费 2,291,800 元，保全费 5000 元，合计人民币 2,296,800 元，由嘉励景盛（泰安）置业公司、美林控股公司、林高投资公司、林某某共同负担。

林某某不服一审判决，上诉请求：（1）依法撤销一审判决的第四项，改判林某某在本案中不承担任何责任；（2）改判林某某无须承担一审案件受理费和保全费的任何部分；（3）二审的全部诉讼费用由九鼎实业发展公司承担。

最高人民法院对一审法院认定的事实予以确认。

最高人民法院二审期间，九鼎实业发展公司围绕上诉请求依法提交了一份新证据——还款计划，其载明：依据 2015 年 9 月 24 日签订的债务重组协议，嘉励景盛（泰安）置业公司承诺在 2017 年 7 月 30 日前还清全部欠款，各担保人均同意本还款计划所有内容。还款计划落款时间为 2017 年 1 月 13 日。嘉励景盛（泰安）置业公司在其上加盖公司印章，林某某在担保人处签字。林某某及嘉励景盛（泰安）置业公司对还款计划中的签名和公司印章提出异议，但并未申请司法鉴定，亦未提交其他相反证据予以推翻，故最高人民法院对该证据的真实性予以认定。

【案件焦点】

林某某是否应承担案涉保证责任。

【裁判结果】

最高人民法院经审理认为，林某某的上诉请求不能成立，应予驳回；一审判决认定事实清楚，适用法律正确，应予维持，依照《中华人民共和国民事诉讼法》第 170 条第 1 款第 1 项之规定，判决驳回上诉，维持原判。二审案件受理费 2,291,800 元，由林某某负担。

【裁判摘要评析】

一、林某某是否应承担案涉保证责任

本案中，林某某在其提交的书面上诉状中明确表示，一审法院关于林某某以其持有的香港上市公司股票承担连带清偿责任的判决是对承诺函保证性质的认定错误。其所承担的是一般保证责任，保证财产和履责方式唯一。因保证期间经过，其无须承担案涉保证责任。由上述表述可见，林某某确认其在承诺函中表述的其提供的担保方式是保证。该保证不是以其全部财产提供担保，而系以其特定财产为限承担保证责任。根据林某某的上诉理由，最高人民法院主要从以下三个方面对林某某应否承担案涉保证责任进行分析：

（一）关于林某某承担的保证责任方式为一般保证还是连带责任保证的问题

《担保法》第 17 条规定："当事人在保证合同中约定，债务人不能履行债务时，由保证人承担保证责任的，为一般保证。"① 由上述规定可见，一般保证，是指在债务人不能履行债务时保证人才承担保证责任。一般保证人享有先诉抗辩权，即一般保证人在债务人以其财产清偿债权之前，享有免于承担担保的权利。本案中，承诺函载明，林某某承诺嘉励景盛（泰安）置业公司不能按期偿付债务，则林某某以其持有的香港主板上市公司新昌营造集团有限公司或其他香港上市公司相当于该笔债务到期未付本息的股票代嘉励景盛（泰安）置业公司偿付债务。由承诺函的文义可见，林某某承担保证责任是以债务人未能按期偿付债务为前提，债务人未能按期偿付债务并不表明债务人不能以其财产清偿债务，因此，林某某并非承诺承担一般保证责任。承诺函未明确表明林某某承担何种保证方式，属于对保证方式约定不明。《担保法》第 19 条规定："当事人对保证方式没有约定或者约定不明确的，按照连带责任保证承担保证责任。"② 根据上述规定，一审法院认定林某某对案涉债务承担连带保证责任，并无

① 本条现为《民法典》第 687 条："当事人在保证合同中约定，债务人不能履行债务时，由保证人承担保证责任的，为一般保证。一般保证的保证人在主合同纠纷未经审判或者仲裁，并就债务人财产依法强制执行仍不能履行债务前，有权拒绝向债权人承担保证责任，但是有下列情形之一的除外：（一）债务人下落不明，且无财产可供执行；（二）人民法院已经受理债务人破产案件；（三）债权人有证据证明债务人的财产不足以履行全部债务或者丧失履行债务能力；（四）保证人书面表示放弃本款规定的权利。"本条以下同。

② 本条现为《民法典》第 686 条第 2 款："当事人在保证合同中对保证方式没有约定或者约定不明确的，按照一般保证承担保证责任。"

不当。林某某关于其应当承担一般保证责任的上诉理由不能成立，最高人民法院不予支持。

（二）关于九鼎实业发展公司在保证期间内向林某某主张保证权利，林某某是否可据此免责的问题

根据债务重组协议约定内容，本案主债务履行期为2015年9月24日至2016年9月30日。在承诺函中，林某某仅承诺以“价值相当于该笔债务到期未还本息”的股票代嘉励景盛（泰安）置业公司偿付债务，未对保证期间作出明确表述。《担保法》第26条规定：“连带责任保证的保证人与债权人未约定保证期间的，债权人有权自主债务履行期届满之日起六个月内要求保证人承担保证责任。”① 由该条规定可见，林某某承担的保证期间为主债务履行期限届满之日起6个月。最高人民法院二审期间，九鼎实业发展公司提交了落款时间为2017年1月13日的还款计划，林某某在担保人处签字，应认定债权人在保证期间内向林某某主张了权利，保证权利并未消灭。因此，林某某关于债权人未在保证期间内向其主张保证权利，其可据此免予承担保证责任的上诉理由不能成立，最高人民法院不予支持。

（三）关于债务重组协议所涉主债务和担保债务已被债权债务合同所涉债务取代，林某某是否据此不承担案涉保证责任的问题

2015年9月，林某某出具承诺函，愿意以其持有的股票为确保债务重组协议项下的嘉励景盛（泰安）置业公司对九鼎实业发展公司的4.4亿元债务获得清偿提供保证，承诺函中并未有禁止债权转让或仅对九鼎实业发展公司为债权人的债务承担保证责任的内容。2015年10月21日，九鼎实业发展公司与天津信托公司签订了财产权信托合同，九鼎实业发展公司将其拥有的对嘉励景盛（泰安）置业公司的债权委托天津信托公司管理，委托人与受益人均为九鼎实业发展公司。2015年10月23

---

① 本条现为《民法典》第692条：“保证期间是确定保证人承担保证责任的期间，不发生中止、中断和延长。债权人与保证人可以约定保证期间，但是约定的保证期间早于主债务履行期限或者与主债务履行期限同时届满的，视为没有约定；没有约定或者约定不明确的，保证期间为主债务履行期限届满之日起六个月。债权人与债务人对主债务履行期限没有约定或者约定不明确的，保证期间自债权人请求债务人履行债务的宽限期届满之日起计算。”本条以下同。

日，九鼎实业发展公司与嘉励景盛（泰安）置业公司、美林控股公司等签订了债权信托备忘协议，约定天津信托公司与嘉励景盛（泰安）置业公司签订的债权债务合同不影响债权债务重组协议的效力，如有冲突，以债权债务重组协议为准；与债权债务重组协议相关的担保继续有效。由上述约定和事实可见，在债务重组协议项下的债权由天津信托公司管理期间，债权债务重组协议的效力并不受影响，与其相关的担保仍然有效，九鼎实业发展公司并无放弃林某某提供的担保的意思表示。债权债务重组协议项下债权由天津信托公司管理期间，九鼎实业发展公司为委托人和受益人，其实质债权人的身份并未变更。案涉债权由九鼎实业发展公司委托天津信托公司进行管理，并非我国《合同法》第 79 条规定的债权转让。但由于基于信托管理法律关系，名义上的债权人发生变更，如从这一角度进行分析，一审法院从债权转让角度分析担保人是否应承担担保责任也具有合理性。《担保法司法解释》第 28 条规定："保证期间，债权人依法将主债权转让给第三人的，保证债权同时转让，保证人在原保证担保的范围内对受让人承担保证责任。"本案中，承诺函中并未标明案涉债权转让，保证人不承担保证责任。因此，即使认为案涉债权由于委托信托公司管理发生"债权转让"，保证人仍需在原保证担保范围内承担保证责任。事实上，在本案一审期间，天津信托公司与九鼎实业发展公司之间的财产权信托合同已经终止并进行了清算，相关债权及担保权利已重新转至九鼎实业发展公司名下，九鼎实业发展公司为本案适格债权人和担保权人，其基于债务重组协议和承诺函向林某某主张保证权利，具有事实和法律依据。林某某关于债权债务合同所涉债权债务关系已取代债务重组协议所涉债权债务关系，其据此不应承担担保责任的上诉理由不能成立，最高人民法院不予支持。

二、一审法院是否存在相关证据未质证、违反法定程序的问题

经查阅一审庭审笔录，一审时，九鼎实业发展公司已将债权信托备忘协议作为证据向法庭提交，林某某对该证据发表了质证意见。九鼎实业发展公司虽未将财产权信托合同作为证据向一审法院提交，但该合同中约定的九鼎实业发展公司将案涉债权委托天津信托公司管理的相关事实，林某某予以认可。在一审法院审理过程中，财产权信托合同未经质证，一审程序存在瑕疵，但该瑕疵不足以影响对案涉主合同和担保合同的效力以及各方当事人的责任认定。

此外，《诉讼费用交纳办法》第 29 条规定："诉讼费用由败诉方负担，胜诉方自愿承担的除外。"《民事诉讼法司法解释》第 203 条规定："承担连带责任的当事人败诉的，应当共同负担诉讼费用。"根据该条规定和承诺函的表述，林某某作为承担连带责任保证责任的当事人，承担连带保证责任的范围包括案涉诉讼费。因此，一审法院判决嘉励景盛（泰安）置业公司、美林控股公司、林高投资公司、林某某共同负担诉讼费用并无不当。

最高人民法院二审合议庭成员：王富博　李　伟　张雪楳

（编写人：张雪楳* 编辑：杨　奕）

---

* 张雪楳，女，法学博士，中华人民共和国最高人民法院民事审判第二庭，二级高级法官。

北京大唐燃料有限公司
与
山东百富物流有限公司
买卖合同纠纷案

——代位权诉讼中债权人与债务人之间债权债务关系消灭的认定

【裁判摘要】

《最高人民法院关于适用〈中华人民共和国合同法〉若干问题的解释（一）》第20条规定，债权人向次债务人提起的代位权诉讼经人民法院审理后认定代位权成立的，由次债务人向债权人履行清偿义务，债权人与债务人、债务人与次债务人之间相应的债权债务关系即予消灭。根据该规定，认定债权人与债务人之间相应债权债务关系消灭的前提是次债务人已经向债权人实际履行相应清偿义务。

【案件基本信息】

1. 诉讼当事人

上诉人（一审原告）：北京大唐燃料有限公司（以下简称大唐燃料公司）

被上诉人（一审被告）：山东百富物流有限公司（以下简称百富物流公司）

2. 案件索引与裁判日期

一审：山东省高级人民法院（2018）鲁民初10号民事判决（2018年8月13日）

二审：最高人民法院（2019）最高法民终6号民事判决（2019年6月20日）

3. 案由

买卖合同纠纷

【简要案情】

2012年1月20日至2013年5月29日，大唐燃料公司与百富物流公司之间共签订采购合同41份，约定百富物流公司向大唐燃料公司销售镍铁、镍矿、精煤、冶金焦等货物，双方对合同金额、付款及结算方式、交货日期、违约责任、争议解决方式等作了约定。双方在履行合同过程中采用滚动结算的方式支付货款。自2012年3月15日至2014年1月8日，大唐燃料公司共支付百富物流公司货款1,827,867,179.08元，百富物流公司累计向大唐燃料公司开具增值税发票总额为1,869,151,565.63元。大唐燃料公司主张百富物流公司累计供货货值为1,715,683,565.63元，百富物流公司主张其已按照开具增值税发票数额足额供货。

2014年4月20日，大唐燃料公司与百富物流公司签订债务抵销协议书，载明：截至本协议签订之日大唐燃料公司对百富物流公司的应收账款远高于应付账款，双方同意大唐燃料公司对百富物流公司的应付账款41,284,386.55元于本协议生效之日相应等值抵销应收账款，该等抵销不影响大唐燃料公司对百富物流公司行使其余应收账款项下的任何权利。

2014年11月25日，大唐燃料公司作为原告，以宁波万象进出口有限公司（以下简称万象进出口公司）为被告，百富物流公司为第三人，向浙江省宁波市中级人民法院提起债权人代位权诉讼。该院作出（2014）浙甬商初字第74号判决，认为大唐燃料公司提供的证据表明，百富物流公司尚欠大唐燃料公司147,500,000元，而万象进出口公司自认尚欠百富物流公司到期债务36,369,405.32元，对此大唐燃料公司也予认可。百富物流公司至今对该债务未以诉讼或仲裁方式向万象进出口公司主张，致使大唐燃料公司债权未能实现。故大唐燃料公司要求万象进出口公司直接清偿债务用于抵偿万象进出口公司所欠百富物流公司的债务，于法有据，予以支持。而债务金额应根据现可确认的万象进出口公司自认的金额为准，遂判决万象进出口公司向大唐燃料公司支付款项36,369,405.32元。该判决已经生效。本案庭审中，大唐燃料公司自认其在本案主张的153,468,000元包含了前述民事案件中主张的147,500,000元。

2014年12月25日，大唐燃料公司作为原告，以百富物流公司等为被告，向山东省高级人民法院提起买卖合同纠纷之诉，请求判令百富物流公司支付货款55,983,558.4元①以及利息。山东省高级人民法院作出（2014）鲁商初字第96号判决，支持了大唐燃料公司上述诉讼请求。该判决已经生效。

大唐燃料公司于2016年9月28日就（2014）浙甬商初字第74号民事案件向浙江省象山县人民法院申请强制执行。该院于2016年10月8日依法向万象进出口公司发出执行通知书，但万象进出口公司逾期仍未履行义务，万象进出口公司尚应支付执行款36,369,405.32元及利息，承担诉讼费209,684元、执行费103,769.41元。大唐燃料公司在限期内未能提供万象进出口公司可供执行的财产，也未向该院提出异议。该院于2017年3月25日作出（2016）浙0225执3676号执行裁定，终结本次执行程序。

大唐燃料公司向一审法院起诉，请求判令百富物流公司返还本金153,468,000元，②并赔偿利息损失。

一审法院审理认为，债务抵销协议书中载明的41,284,386.55元已于山东省高级人民法院（2014）鲁商初字第96号案中抵销完毕，本案不应二次抵顶为大唐燃料公司付款；浙江省宁波市中级人民法院（2014）浙甬商初字第74号案判决万象进出口公司应代百富物流公司返还大唐燃料公司货款36,369,405.32元，该案判决已经生效，故本案中该36,369,405.32元应从大唐燃料公司主张的数额中扣减，大唐燃料公司虽然主张其在该案中并未执行到上述债权，但因该案已经对上述债权作出了

---

①　大唐燃料公司该案诉讼请求55,983,558.4元的计算方法为：132,594,558.4元（该案中百富物流公司欠付货款）-41,284,386.55元（2014年4月20日《债务抵销协议书》中确认的大唐燃料公司应抵销百富物流公司债务数额）-35,327,591.66元（大唐燃料公司该案中自认实际收回的债权数额）。

②　该款项计算方式为：1,869,151,565.63元（大唐燃料公司已支付货款1,827,867,179.08元+对账协议确认大唐燃料公司对百富物流公司的欠款41,284,386.55元）-1,715,683,565.63元（百富物流公司已经交付货物价值）。

判决，根据“一事不再理”原则，本案不应重复判决。一审法院于2018年8月13日作出（2018）鲁民初10号判决，判令百富物流公司向大唐燃料公司返还货款75,814,208.13元，并向大唐燃料公司赔偿占用货款期间的利息损失。

判决生效后，大唐燃料公司向最高人民法院上诉，请求撤销一审判决，改判百富物流公司向大唐燃料公司返还本金153,468,000元，并支付利息损失。

【案件焦点】

大唐燃料公司是否有权就（2014）浙甬商初字第74号判决涉及的36,369,405.32元债权向百富物流公司另行起诉。

【裁判结果】

最高人民法院经审理认为，二审中百富物流公司对（2014）鲁商初字第96号判决涉及的41,284,386.55元款项数额不持异议，并对不应扣减该笔款项予以认可，故该笔款项不应扣除；（2014）浙甬商初字第74号判决涉及的36,369,405.32元债权在执行万象进出口公司的财产时并未执行到，由此执行法院作出终结本次执行的裁定。由此可见，万象进出口公司并未实际履行清偿义务，大唐燃料公司与百富物流公司之间的债权债务关系并未消灭，大唐燃料公司有权向百富物流公司另行主张。大唐燃料公司的上诉请求成立，应予支持。因此，判决撤销一审判决，判令百富物流公司向大唐燃料公司返还货款153,468,000元并赔偿占用货款期间的利息损失。

【裁判摘要评析】

本案的核心争议是，通过代位权诉讼所发生的债权人与债务人、债务人与次债务人之间相应的债权债务关系消灭的法律效果，是否要求以次债务人向债权人实际履行相应清偿义务为前提，进而，在次债务人未向债权人实际履行的情况下，债权人是否可以对债务人另行起诉主张。对此，实践中有观点认为只要代位权诉讼的判决一经作出，即可发生债权人与债务人、债务人与次债务人之间相应的债权债务关系消灭的后果，而不问实际执行情况，如果允许债权人对债务人再次主张，则易导致债权人双重受偿。就此，本案从对司法解释规定的文义解释、代位权诉讼制度的价值导向以及代位权诉讼与债权人对债务人诉讼的要素比较等方面进行了分析说理，充分阐述了裁判理由。

一、对司法解释规定的文义解释

《合同法司法解释（一）》第20条规定，债权人向次债务人提起的代位权诉讼经人民法院审理后认定代位权成立的，由次债务人向债权人履行清偿义务，债权人与债务人、债务人与次债务人之间相应的债权债务关系即予消灭。根据该规定，认定债权人与债务人之间相应债权债务关系消灭的前提是次债务人已经向债权人实际履行相应清偿义务。本案所涉执行案件中，因并未执行到万象进出口公司的财产，浙江省象山县人民法院已经作出终结本次执行的裁定，故在万象进出口公司并未实际履行清偿义务的情况下，大唐燃料公司与百富物流公司之间的债权债务关系并未消灭，大唐燃料公司有权向百富物流公司另行主张。

二、代位权诉讼制度的价值导向

代位权诉讼属于债的保全制度，该制度是为防止债务人财产不当减少或者应当增加而未增加，给债权人实现债权造成障碍，而非要求债权人在债务人与次债务人之间择一选择作为履行义务的主体。如果要求债权人择一选择，无异于要求债权人在提起代位权诉讼前，需要对次债务人的偿债能力作充分调查，否则应当由其自行承担债务不得清偿的风险，这不仅加大了债权人提起代位权诉讼的经济成本，还会严重挫伤债权人提起代位权诉讼的积极性，与代位权诉讼制度的目的相悖。

三、代位权诉讼与债权人对债务人诉讼的要素比较

本案不违反“一事不再理”原则。根据《民事诉讼法司法解释》第247条规定，判断是否构成重复起诉的主要条件是当事人、诉讼标的、诉讼请求是否相同，或者后诉的诉讼请求是否实质上否定前诉裁判结果等。代位权诉讼与对债务人的诉讼并不相同：（1）从当事人角度看，代位权诉讼以债权人为原告、次债务人为被告，而对债务人的诉讼则以债权人为原告、债务人为被告，两者被告身份不具有同一性。（2）从诉讼标的及诉讼请求上看，代位权诉讼虽然要求次债务人直接向债权人履行清偿义务，但针对的是债务人与次债务人之间的债权债务，而对债务人的诉讼则是要求债务人向债权人履行清偿义务，针对的是债权人与债务人之间的债权债务，两者在标的范围、法律关系等方面亦不相同。（3）从起诉要件上看，与对债务人诉讼不同的是，代位权诉讼不仅要求具备《民事诉讼法》第 119 条规定的起诉条件，同时还应当具备《合同法司法解释（一）》第 11 条规定的诉讼条件。基于上述不同，代位权诉讼与对债务人的诉讼并非同一事情，两者仅具有法律上的关联性，故大唐燃料公司提起本案诉讼并不构成重复起诉。

最高人民法院二审合议庭成员：李　伟　王毓莹　苏　蓓

（编写人：王毓莹* 编辑：杨　奕）

---

* 王毓莹，女，法学博士，中华人民共和国最高人民法院民事审判第二庭，三级高级法官。

柞水县耀东矿业有限公司、杨某某
与
北京大唐燃料有限公司、
天津市凯泽国际贸易有限公司
买卖合同纠纷案

——保证人是否承担保证责任的判断

【裁判摘要】

当事人针对两份买卖合同签署了一份担保协议，担保人对两笔买卖合同对应的总价款提供担保。在担保协议所担保价款并未区分系两份买卖合同所涉及价款的前提下，债权人对其中一份买卖合同主张保证人承担保证责任，该主张产生的效力及于另一份买卖合同项下保证责任。

【案件基本信息】

1. 诉讼当事人

再审申请人（一审被告）：柞水县耀东矿业有限公司（以下简称耀东矿业公司）

再审申请人（一审被告）：杨某某

被申请人（一审原告、二审被上诉人）：北京大唐燃料有限公司（以下简称大唐燃料公司）

一审被告：天津市凯泽国际贸易有限公司（以下简称凯泽贸易公司）

2. 案件索引与裁判日期

一审：天津市第一中级人民法院（2015）一中民三初字第0182号民事判决（2016年8月11日）

二审：天津市高级人民法院（2017）津民终 314 号民事判决（2017 年 12 月 14 日）

申请再审：最高人民法院（2018）最高法民申 4556 号民事裁定（2018 年 11 月 20 日）

3. 案由

买卖合同纠纷

【简要案情】

2012 年 12 月 14 日，大唐燃料公司与凯泽贸易公司签订镍铁销售合同，编号为 12TRDY947-XFNT021-029602，约定由大唐燃料公司向凯泽贸易公司销售镍铁 10,000 吨±10%，单价：1140 元/1%镍。2012 年 12 月 19 日，大唐燃料公司为凯泽贸易公司开具 8 张增值税专用发票，总计金额为 7980 万元。2014 年 6 月 12 日，大唐燃料公司与凯泽贸易公司签订还款协议，约定凯泽贸易公司确认镍铁销售合同项下逾期尚欠大唐燃料公司货款 7980 万元人民币。其中 2014 年 5 月和 6 月，凯泽贸易公司应合计偿还大唐燃料公司货款 2000 万元；2014 年 7 月至 2015 年 3 月期间，凯泽贸易公司每月偿还大唐燃料公司货款 600 万元；2015 年 4 月，凯泽贸易公司偿还大唐燃料公司 580 万元。2014 年 6 月 15 日，大唐燃料公司与凯泽贸易公司、耀东矿业公司、杨某某签订担保协议，约定：耀东矿业公司、杨某某为凯泽贸易公司尚未清偿大唐燃料公司的货款 12,257 万元人民币提供连带保证担保。担保期间为本合同签订之日起一年。

此外，在（2014）一中民三初字第 0171 号民事案件中，大唐燃料公司就合同编号为 13RFXNT001-029601 号镍铁买卖合同项下的 4277 万元货款起诉凯泽贸易公司偿还货款，同时要求耀东矿业公司、杨某某等人对 4277 万元货款及相应利息承担连带保证责任，该案经一审、二审、申请再审，法院最终判决凯泽贸易公司偿还货款 4277 万元，耀东矿业公司、杨某某等人为货款及相应利息承担连带保证责任。

2015 年 10 月 22 日，大唐燃料公司起诉请求凯泽贸易公司偿还大唐燃料公司货款 7980 万元及利息，耀东矿业公司、杨某某等保证人对欠款及利息承担连带付款责任。

一审、二审法院均支持了大唐燃料公司要求耀东矿业公司、杨某某等保证人对欠款及利息承担连带付款责任的诉讼请求。耀东矿业公司、杨某某不服二审判决向最高人民法院申请再审。

【案件焦点】

大唐燃料公司持对两份主合同承担担保责任的担保协议，在另案主张其中一份主合同项下担保责任，是否可以及于另一份主合同项下担保责任。

【裁判结果】

最高人民法院再审审查认为，大唐燃料公司通过（2014）一中民三初字第0171号案件就杨某某、耀东矿业公司对凯泽贸易公司欠付大唐燃料公司13RFXNT001-029601号镍铁销售合同项下4277万元货款主张了权利，要求耀东矿业公司、杨某某根据担保协议的约定承担保证责任。而担保协议约定的保证金额为12,257万元，包含（2014）一中民三初字第0171号案件项下的4227万元和本案讼争的7980万元。案涉担保协议是不可分的。大唐燃料公司在（2014）一中民三初字第0171号案件中依据担保协议提出了主张，要求保证人耀东矿业公司、杨某某承担保证责任，无论主张数额是多少，均可视为大唐燃料公司在担保期间内就担保协议项下所有担保债权向耀东矿业公司与杨某某主张过保证责任。耀东矿业公司、杨某某签署担保协议，担保的主债务是大唐燃料公司与凯泽贸易公司签署的还款协议，主债务履行期限为2015年4月偿还最后一笔580万元。还款协议第3条约定"如果乙方当月还款不足且次月5日前仍没有完成上月还款计划的，应支付所欠货款双倍的利息，同时甲方视为乙方债务清偿期限提前届满，有权立即要求乙方一次性全额偿还"。虽然大唐燃料公司表示按照还款协议第3条的约定，主债务履行期限届满为2015年5月5日。但还款协议第3条为违约责任条款，给予凯泽贸易公司一定的宽限期，并非合同约定的还款日。主合同约定的最后一笔款项偿还时间为2015年4月底。担保协议签署时间为2014年6月15日，保证期限为该合同签订之日起1年，即2015年6月14日。保证期间在主合同履行期限届满之后。因大唐燃料公司在（2014）一中民三初字第0171号案件中就担保协议向耀东矿业公司、杨某某主张过权利，因此，大唐燃料公司在2015年10月22日向一审法院提起诉讼，未超过耀东矿业公司、杨某某的保证期间。二审法院认定耀东矿业公司、杨某某承担连带保证责任并无不当，耀东矿业公司、杨某某的该项再审申请没有事实和法律依据，最高人民法院不予支持，最终裁定驳回耀东矿业公司、杨某某的再审申请。

【裁判摘要评析】

债权人在保证期间内，有权要求连带保证的保证人承担保证责任。债权人向保证人行使请求权必须符合两个要件，一是债务人没有履行债务，即连带责任保证的债务人在主合同规定的债务履行期届满没有履行债务。这是债权人行使对保证人请求权的决定性要件。二是债权在保证期间内行使，即连带责任保证中的债权人必须在保证合同约定的保证期间内或者未约定保证期间的在债务履行期届满之日起6个月内要求保证人承担保证责任。法律对于一份保证合同对多份主合同进行担保，对其中一份主合同要求承担保证责任是否及于其他合同的保证责任问题，并未有明确规定，实践中有不同认识。

有的观点认为，两个主合同是独立的、担保也应该独立主张。本案中，大唐燃料公司对13RFXNT001-029601号镍铁销售合同主张权利，要求凯泽贸易公司还款，并同时主张杨某某、耀东矿业公司承担保责任，该保证责任范围虽未言明，但必然以其所依据的借款合同为据，保证责任范围系借款合同项下主债权费用，不能及于本案12TRDY947-XFNT021-029602号镍铁销售合同，也就不能因就4277万元债务主张担保责任而及于7980万元主债务。耀东矿业公司为凯泽贸易公司的债务提供担保的期间截至2015年6月14日。大唐燃料公司向一审法院提起诉讼的时间为2015年10月25日，其提起诉讼时，耀东矿业公司与杨某某的担保期限已经届满。根据《担保法》第26条的规定，在合同约定的保证期间，被申请人未要求保证人承担保证责任的，保证人应免除保证责任。

有的观点认为虽然两个主合同是分别签订的，但担保合同是整体的。《担保法》第5条规定："担保合同是主合同的从合同，主合同无效，担保合同无效。担保合同另有约定的，按照约定。”[①] 保证合同是从合同，附属于主合同，即本案借款合同。保证人为他人负责这一特点决定了保证合同依法成立不意味着在债权人和保证人之间建立了真实的保证债权债务关系，仅是为债权人设立了一种期待权。保证责任真正产生，一方面取决于主债务人是否依约清偿债务，另一方面还取决于债权人是否在保证期间依法向保证人主张了权利。

债权人对担保合同约定的同一债权中的部分债权主张担保责任是否及于剩余债权，实质是对是否承担担保责任的价值判断。担保作为促进资金融通和商品融通，保障债权实现和发展社会主义市场经济的重要手段，在实践中发挥了巨大作用。债权人、债务人、保证人之间在平等基础上签订合同，明确保证人自愿为了主合同的履行承担保证责任。那么，在主合同债务人不履行债务时，也应当遵循诚实守信原则承担保证责任，以此恪守合同义务，维护交易安全和交易秩序。人民法院在审理担保纠纷案件时，要从尊重当事人真实意思、维护交易安全、保护债权人和遵循担保行为的基本属性等方面进行判断。首先，担保人自愿提供担保是有承担保证责任风险的心理预期，担保人一般与债务人关系更为密切或者有利益关系。应当充分尊重当当事人真实意思，依法保障债权人合法权益。其次，从保护债权人的角度出发，债权人与债务人之间是真实的借款或者买卖合同关系，在担保责任成立与否存在争议和模糊之处的情况下，人民法院应当倾向于保护债权人。最后，担保的从属性决定了其不能独立于主合同存在。主合同虽然分两次签署，但担保合同是针对两份合同一起签署，实为对两笔款项一并担保的真实意思。因此，主债务履行期限届满后，如果主债务人不履行债务，保证期间是债权人能够向保证人主张权利的最大期限，债权人未在该期限依法主张权利，保证期间的经过将产生消灭保证责任的法律后果。就本案来说，虽然本案主合同买卖合同是两份，但是保证人就两份买卖合同所涉货款签署了一份担保合同。当事人在

---

① 本条现为《民法典》第388条：“担保合同是主债权债务合同的从合同。主债权债务合同无效的，担保合同无效，但是法律另有规定的除外。”本条以下同。

保证合同中并未言明担保数额包含的具体内容，亦未言明所担保主债权是否针对多份合同。因此，从当事人的真实意思出发，担保的是12,257万元这一买卖合同总货款，担保数额是不可分的。债权人针对其中一份买卖合同所涉价款主张保证人承担担保责任，该主张产生的效力及于另一份买卖合同所涉价款。大唐燃料公司在（2014）一中民三初字第0171号案件中就担保协议向耀东矿业公司、杨某某主张过权利，在2015年10月22日另行向耀东矿业公司、杨某某主张承担担保协议所涉其他款项的担保责任，未超过耀东矿业公司、杨某某的保证期间。

最高人民法院再审合议庭成员：魏文超　张　华　刘小飞

（编写人：刘慧慧* 编辑：韩德强）

* 刘慧慧，女，法学硕士，中华人民共和国最高人民法院环境资源审判庭，法官助理。

江西蓝海国际贸易有限公司
与
中国工艺品进出口有限公司、
上海康灿物资有限公司等
民间借贷纠纷案

——复杂交易形式下当事人真实法律关系的认定

【裁判摘要】

当事人通过闭环贸易等复杂交易形式的虚假表示隐藏真实意思时，人民法院通过综合考察全部交易环节的合同内容以及合同实际履行情况等因素，透过交易表象所直接体现的虚假意思表示，揭示合同条款所反映的当事人的真实意思及真实交易目的，进而确定当事人之间的真实法律关系，依法认定当事人之间合同关系的效力。当事人通过通谋的虚假意思表示规避法律并导致合同无效时，各方当事人均有过错的，应依法承担相应法律责任。

【案件基本信息】

1. 诉讼当事人

上诉人（一审原告、反诉被告）：江西蓝海国际贸易有限公司（以下简称蓝海国际贸易公司）

上诉人（一审被告、反诉原告）：中国工艺品进出口有限公司（以下简称中国工艺品进出口公司）

被上诉人（一审被告、反诉第三人）：上海康灿物资有限公司（以下简称康灿物资公司）

被上诉人（一审被告）：宁某

被上诉人（一审被告）：陈某某

一审第三人：福建省家具进出口公司（以下简称福建家具公司）

2. 案件索引与裁判日期

一审：江西省高级人民法院（2015）赣民二初字第18号民事判决（2017年9月11日）

二审：最高人民法院（2018）最高法民终103号民事判决（2018年12月27日）

3. 案由

民间借贷纠纷

【简要案情】

2013年10月29日，蓝海国际贸易公司与康灿物资公司签订采购协议，约定康灿物资公司向蓝海国际贸易公司常年采购进口复合橡胶，并确定供货商为中国工艺品进出口公司；每笔业务均先由蓝海国际贸易公司与中国工艺品进出口公司签订采购合同向中国工艺品进出口公司进行采购，再由蓝海国际贸易公司与康灿物资公司签订购销合同销售给康灿物资公司；在购销合同签订后3个工作日内，康灿物资公司以现金方式向蓝海国际贸易公司预付合同总金额20%的货款作为履约保证金，蓝海国际贸易公司在收到保证金后向中国工艺品进出口公司开具3个月的银行承兑汇票，中国工艺品进出口公司在收票之日起87日内交齐货物给蓝海国际贸易公司；蓝海国际贸易公司在收齐货款后向康灿物资公司开具提货通知，由其自行提货；康灿物资公司对供货商资信负责，为供货商按时保质保量交货提供连带保证责任担保；康灿物资公司须向蓝海国际贸易公司赔偿因此所造成的一切损失。康灿物资公司法定代表人宁某及陈某某与蓝海国际贸易公司签订担保合同，为采购协议提供担保。

从2013年10月至2014年7月，康灿物资公司、蓝海国际贸易公司、中国工艺品进出口公司、家具公司之间共进行了10笔交易。在每笔交易中，均由蓝海国际贸易公司与中国工艺品进出口公司签订采购合同向中国工艺品进出口公司购货，蓝海国际贸易公司与康灿物资公司签订购销合同向康灿物资公司供货；中国工艺品进出口公司所供货物由其与家具公司签订采购合同向家具公司购货，家具公司所供货物由其与康灿物资公司签订采购合同向康灿物资公司购货。每笔交易中所涉的四份合同的标的物在规格型号、数量上均相同，标的物从康灿物资公司到家具公司、中国工艺品进出口公司、蓝海国际贸易公司，再到康灿物资公司，价格逐次递增。货物流转方式为，中国工艺品进出口公司向约定交货地点青岛信致达国际货运经纪有限公司（以下简称信致达国际货运公司）仓库出具货权转让单据，将其存放的橡胶货权转让给蓝海国际贸易公司，信致达公司向中国工艺品进出口公司出具货权确认单据对此予以确认；蓝海国际贸易公司向信致达公司出具放货通知，将橡胶放货给康灿物资公司，康灿物资公司向蓝海国际贸易公司出具收条并确认收到货物。

上述前7笔交易均已履行完毕，在后3笔交易中蓝海国际贸易公司亦已依约支付相应款项。在其中第9笔交易项下，康灿物资公司于2014年5月28日向蓝海国际贸易公司支付履约保证金14,268,363.28元；同日，蓝海国际贸易公司向中国工艺品进出口公司支付69,997,662元，中国工艺品进出口公司向家具公司支付69,798,380.4元；5月29日，家具公司向康灿物资公司支付69,524,368.2元。2014年10月15日，康灿物资公司向蓝海国际贸易公司出具还款计划书，计划于2015年6月30日前分批次还款2.5亿元，因款项涉及蓝海国际贸易公司与中国工艺品进出口公司之间的3份采购合同，以上款项归还即视为采购合同已履行完毕。2015年8月13日，康灿物资公司出具情况说明书，承认通过封闭式循环买卖“高买低卖”方式向蓝海国际贸易公司拆借资金，康灿物资公司为借款人，未付的三笔资金应由康灿物资公司承担偿还责任。

从2014年4月至同年6月，蓝海国际贸易公司还曾与其他公司之间有类似交易，其中一个交易环节为上海康峰实业有限公司（以下简称康峰实业公司），其法定代表人为陈某某。

蓝海国际贸易公司向一审法院起诉请求解除第9笔交易项下其与中国工艺品进出口公司之间的采购合同，判令中国工艺品进出口公司退还货款、支付违约金，康灿物资公司、宁某、陈某某承担连带责任等；中国工艺品进出口公司反诉请求确认采购合同无效，判令由康灿物资公司偿还采购合同项下款项等。

一审法院于2017年9月11日作出（2015）赣民二初字第18号民事判决，确认案涉采购合同无效；中国工艺品进出口公司返还蓝海国际贸易公司货款55,729,298.72元及利息损失；康灿物资公司、宁某、陈某某分别对中国工艺品进出口公司上述偿还义务不能清偿部分承担1/3的赔偿责任；驳回蓝海国际贸易公司其他诉讼请求；驳回中国工艺品进出口公司其他反诉请求。

蓝海国际贸易公司、中国工艺品进出口公司不服一审判决，分别向最高人民法院提出上诉，上诉请求与其一审诉讼请求基本一致。

【案件焦点】

1. 各方当事人之间法律关系的性质应如何认定；
2. 各方当事人之间合同关系的效力应如何认定；
3. 各方当事人的法律责任应如何确定。

【裁判结果】

最高人民法院经审理认为，本案各方当事人之间在形式上建立了一个封闭式循环买卖链条，综合考察各方当事人的交易行为与交易目的，在该循环交易中存在三个方面的法律关系。

一是康灿物资公司与蓝海国际贸易公司之间成立民间借贷合同关系。在康灿物资公司与蓝海国际贸易公司签订的采购协议有效期内，双方联合中国工艺品进出口公司、家具公司先后10次签订内容基本一致的合同，以相同规格型号、数量不等的进口复合橡胶为标的物进行封闭式循环买卖。康灿物资公司在10笔交易中均既是出卖人也是买受人，且每次交易均在极短时间内“低卖高买”。康灿物资公司与蓝海国际贸易公司之间的真实交易目的并非买卖橡胶，实际系将“低卖高买”所产生的价差作为支付蓝海国际贸易公司的利息与费用，并以支付“剩余货款”的方式清偿借款本息，以此取得蓝海国际贸易公司以“买卖价金”形式支付的借款。

二是中国工艺品进出口公司、家具公司分别与蓝海国际贸易公司、康灿物资公司之间成立以协助、掩饰上述民间借贷行为为内容的事务处理合同关系。中国工艺品进出口公司、家具公司在本案中均认可案涉封闭式循环买卖实际系资金拆借活动，其参与案涉交易系为案涉借贷行为的完成提供帮助。中国工艺品进出口公司、家具公司之间及其分别与蓝海国际贸易公司、康灿物资公司之间就出借资金的流转形成事务处理合同关系。

三是宁某、陈某某与蓝海国际贸易公司之间成立保证合同关系。宁某担任法定代表人的康灿物资公司与陈某某担任法定代表人的康峰公司分别通过不同主体与蓝海国际贸易公司进行封闭式循环买卖，宁某、陈某某对康灿物资公司向蓝海国际贸易公司融资借贷均实际知情，其共同向蓝海国际贸易公司提供担保，实际系为康灿物资公司履行借款债务向蓝海国际贸易公司提供担保。

由于本案当事人之间均无成立买卖合同的真实意思表示，当事人之间所订立的采购合同、购销合同系伪装行为，均应认定为无效民事行为。第一，蓝海国际贸易公司与康灿物资公司之间的民间借贷合同关系无效。蓝海国际贸易公司与康灿物资公司事先签订框架性采购协议，先后共 10 次以封闭式循环买卖的形式开展借贷交易，蓝海国际贸易公司还通过类似方式与康峰公司开展封闭式循环买卖。蓝海国际贸易公司在不足一年的时间内多次对外出借巨额款项，已超出利用企业闲散资金进行临时拆借的范畴，具有显著的经营性和经常性的特征，应当认定为无效。第二，中国工艺品进出口公司、家具公司之间及其分别与蓝海国际贸易公司、康灿物资公司之间的合同关系无效。中国工艺品进出口公司、家具公司多次参与封闭式循环买卖，对康灿物资公司与蓝海国际贸易公司从事民间借贷交易的事实均知晓，其多次以买卖橡胶的形式为康灿物资公司与蓝海国际贸易公司之间的资金融通提供帮助，有损社会公共利益。中国工艺品进出口公司、家具公司参与的相应合同行为，应认定为无效民事行为。第三，宁某、陈某某与蓝海国际贸易公司之间的保证合同关系无效。宁某、陈某某的真实意思表示是为康灿物资公司借款债务的履行承担保证担保责任。因本案主合同关系即民间借贷关系无效，宁某、陈某某与蓝海国际贸易公司之间的保证合同关系亦无效。

在民间借贷合同关系被确认为无效后，康灿物资公司作为借款人应将其收取的款项返还给蓝海国际贸易公司，并向蓝海国际贸易公司支付因其实际占用该款项而产生的法定孳息。宁某、陈某某作为保证人均有过错，其应向蓝海国际贸易公司承担主债务人康灿物资公司不能清偿部分1/3的赔偿责任。中国工艺品进出口公司等参与采购合同系为帮助、促成本案民间借贷交易而实施的虚伪意思表示，亦负有向蓝海国际贸易公司承担赔偿损失的法律责任。

综上，判决蓝海国际贸易公司与中国工艺品进出口公司之间的采购合同无效；康灿物资公司返还蓝海国际贸易公司55,729,298.72元并支付利息；宁某、陈某某对康灿物资公司上述给付义务不能清偿的部分承担33%的补充赔偿责任；中国工艺品进出口公司对康灿物资公司、宁某、陈某某上述给付义务不能清偿的部分承担11%的补充赔偿责任；驳回蓝海国际贸易公司、中国工艺品进出口公司的其他请求。

【裁判摘要评析】

本案的裁判结论实际上否定了封闭式循环买卖合同架构中各份书面合同确定的当事人之间法律关系的性质。本案的核心问题在于如何透过多份书面合同安排的交易架构表象确定当事人之间真实法律关系的性质，以及如何突破书面合同的约定确定当事人的法律责任。以下从本案当事人之间法律关系性质的认定、合同关系效力的认定以及各方当事人法律责任的确定等方面，对裁判理由作进一步说明。

一、复杂交易形式下当事人真实法律关系性质分析

（一）对复杂交易形式循环买卖的表象特征分析

1. 具备完整的买卖合同要件和明显的买卖合同特征

本案中，康灿物资公司与蓝海国际贸易公司签订框架性采购协议，约定康灿物资公司向蓝海国际贸易公司常年采购进口复合橡胶。在采购协议中，双方对标的物种类、质量标准、履行方式、违约责任及担保等内容进行了明确约定。在采购协议项下，康灿物资公司与蓝海国际贸易公司进行了10笔交易，并均按照采购协议的约定，先由蓝海国际贸易公司与中国工艺品进出口公司签订采购合同，再由蓝海国际贸易公司与康灿物资公司签订购销合同。采购合同、购销合同对标的物规格型号、数量、履行方式等内容均作了具体约定。此外，中国工艺品进出口公司、家具公司参与签订的采购合同，对标的物规格型号、数量、履行方式等内容亦作了具体约定。各方当事人之间通过多份采购协议、采购合同、购销合同构成较为复杂的交易形式，其每个环节均具备完整的货物买卖合同要件，具有典型的买卖合同特征。

2. 封闭式循环买卖的实践不符合常规买卖合同的本质

正是由于当事人对于复杂交易形式外在特征的完美追求和刻意安排，在本案采购协议项下的每笔交易中，康灿物资公司、家具公司、中国工艺品进出口公司、蓝海国际贸易公司顺次通过相互之间的交易环节，共同组成了一个首尾相连的完整循环买卖闭环。首先，康灿物资公司“低卖高买”的行为有违商业理性。在10笔交易中，康灿物资公司作为标的物最初的卖出方，以较低的价格出卖案涉标的物，再顺次经由家具公司、中国工艺品进出口公司、蓝海国际贸易公司参与交易之后，最终以较高的价格从蓝海国际贸易公司处买回。康灿物资公司的这种“亏损”并非源于标的物市场价格的异常波动，而是基于其与蓝海国际贸易公司签订的框架协议及其项下整体合同架构的事先安排，不符合营利法人通过买卖行为赚取价差的营业目的，有违商人逐利的基本常识。其次，当事人对于供货商的特殊约定有违商业逻辑。本案标的物复合橡胶的进口及买卖均不存在专营或限制经营的情形，康灿物资公司与中国工艺品进出口公司直接交易亦无障碍。康灿物资公司与蓝海国际贸易公司通过采购协议约定先由蓝海国际贸易公司向中国工艺品进出口公司采购橡胶，再由康灿物资公司向蓝海国际贸易公司采购橡胶，并且康灿物资公司为中国工艺品进出口公司保质保量交货向蓝海国际贸易公司提供连带保证。上述安排导致蓝海国际贸易公司免于承担本应由其作为卖方承担的标的物瑕疵担保责任，并使康灿物资公司徒增交易成本。最后，本案标的物的实际流转有违买卖合同的基本特征。根据采购合同、购销合同约定，标的物在整个交易中须由需方从仓库自提。但从标的物的实际流转情况看，各方当事人均未自行前往信致达公司仓库提货，亦未取得提单、仓单等物权凭证，仅是以货权转让单据、货权确认单据、收条等书面凭证方式流转，与合同约定不符。本案标的物所有权在各方当事人之间自始至终没有实际发生转移，这与买卖合同中出卖人向买受人交付标的物并移转标的物所有权的基本要求明显不符。

3. 封闭式循环买卖中并不存在真实的买卖合同关系

《合同法》第130条规定："买卖合同是出卖人转移标的物的所有权于买受人，买受人支付价款的合同。"① 该规定明确了买卖合同的构成要件，即当事人之间以相应价款作为对价转移标的物所有权的合同为买卖合同。在买卖合同关系中，转移标的物所有权是其最基本的特征。根据《合同法》第387条的规定，在标的物采取仓储保管的情形下，仓单是提取仓储物的凭证，存货人或者仓单持有人可以通过在仓单上背书并经保管人签字或者盖章的方式，转让提取仓储物的权利。② 《民法通则》第4条规定了等价有偿原则，该原则虽未在《民法总则》中体现，但"等价有偿"在绝大多数民商事活动中仍然是一条基本原则。一般情况下，买卖合同中标的物价款的确定均应符合等价有偿原则。此外，在市场经济活动中，商品的价格会随着时空转换、供需形势的变化、市场环境的改变而发生波动，这也为营利法人在民商事活动中赚取差价提供了可能性，商人逐利亦是其从事民商事活动的主要目的。本案康灿物资公司在较短时间内积极实施"低卖高买"的反常行为，以及循环买卖中案涉标的物所有权并未实际发生移转的事实，足以表明当事人并无买卖橡胶的真实意思表示，各方当事人之间均未建立真实的买卖合同关系。

（二）复杂交易形式下当事人之间的真实法律关系

人民法院综合考察全部交易环节的合同内容以及合同实际履行情况，透过交易表象所呈现的虚假意思表示，进而确定复杂交易中各方当事人之间的真实法律关系。

1. 本案康灿物资公司通过封闭式循环买卖向蓝海国际贸易公司借款，康灿物资公司与蓝海国际贸易公司之间成立民间借贷合同关系

《合同法》第196条规定："借款合同是借款人向贷款人借款，到期

---

① 本条现为《民法典》第595条。

② 本条现为《民法典》第910条："仓单是提取仓储物的凭证。存货人或者仓单持有人在仓单上背书并经保管人签名或者盖章的，可以转让提取仓储物的权利。"

返还借款并支付利息的合同。”①《关于审理民间借贷案件适用法律问题的规定》第1条规定：“本规定所称的民间借贷，是指自然人、法人、其他组织之间及其相互之间进行资金融通的行为。”本案封闭式循环交易具有典型的“走单、走钱、不走货”的特征。“货款”从蓝海国际贸易公司顺次经由中国工艺品进出口公司、家具公司最终流向康灿物资公司，中国工艺品进出口公司、家具公司作为蓝海国际贸易公司的上游供货商均未垫付任何款项。以第9笔交易为例，康灿物资公司于2014年5月28日向蓝海国际贸易公司支付14,268,363.28元“保证金”，于次日即收到蓝海国际贸易公司间接支付“货款”69,524,368.2元，根据约定，康灿物资公司应于2014年8月13日前向蓝海国际贸易公司支付57,073,453.11元“货款”。康灿物资公司根据合同约定对从蓝海国际贸易公司处间接取得的款项，有一定时间的延迟付款期限，即其对该款实际上拥有一定期限的使用权利；蓝海国际贸易公司参与案涉交易取得“差价”收益，但其亦应容忍在合同约定的期限届满前，由康灿物资公司自由使用案涉款项。蓝海国际贸易公司反复多次与康灿物资公司及其他企业开展封闭式循环买卖，对案涉标的物未真实流转的情形均知晓，应认定其对康灿物资公司的真实交易目的有充分的认识。蓝海国际贸易公司与康灿物资公司之间存在以封闭式循环买卖的形式融资借贷的真实意思表示，蓝海国际贸易公司与康灿物资公司之间系民间借贷合同关系。

2. 本案中国工艺品进出口公司、家具公司协助、掩饰民间借贷交易，分别与蓝海国际贸易公司、康灿物资公司之间成立事务处理合同关系

中国工艺品进出口公司、家具公司与蓝海国际贸易公司、康灿物资公司共同组成一个完整的封闭式交易链条，并通过“低买高卖”赚取“价差”。但由于整个封闭式循环交易的目的在于融资借贷，中国工艺品进出口公司、家具公司参与的交易显然不属于橡胶买卖。从合同架构的设计以及交易的实际履行来看，中国工艺品进出口公司、家具公司均属中间环节，与蓝海国际贸易公司、康灿物资公司的法律地位并不相同，其在整个

① 本条现为《民法典》第667条。

交易过程中均无须垫付款项，在实际履行中亦不关心案涉标的物是否真实存在或流转。而且从款项的流转及使用情况看，中国工艺品进出口公司、家具公司在扣除“差价”后即支付给其后手交易相对人，并未占有和使用该款项。从民间借贷的视角，根据合同安排，中国工艺品进出口公司、家具公司并无还本付息的合同义务，其仅是融资借贷的通道，不是民间借贷关系的当事人，中国工艺品进出口公司、家具公司与蓝海国际贸易公司、康灿物资公司之间，以及其相互之间均不存在民间借贷关系。中国工艺品进出口公司、家具公司为本案民间借贷交易的完成，尤其是蓝海国际贸易公司出借资金的流转提供帮助，并以此收取相应的费用。中国工艺品进出口公司、家具公司之间及其分别与蓝海国际贸易公司、康灿物资公司之间就以买卖形式隐匿真实借贷关系形成通谋虚伪表示，并就出借资金的流转形成以事务处理为内容的合同关系。

3. 本案宁某、陈某某具有为康灿物资公司向蓝海国际贸易公司借款提供担保的意思表示，其与蓝海国际贸易公司之间成立保证合同关系

宁某、陈某某知晓康灿物资公司以封闭式循环买卖形式向蓝海国际贸易公司融资借贷的事实，其与蓝海国际贸易公司签订担保合同，共同为康灿物资公司履行合同义务向蓝海国际贸易公司提供担保，表面上系为康灿物资公司依约履行相关购销合同项下的义务向蓝海国际贸易公司提供连带保证，实际系为康灿物资公司履行借款债务向蓝海国际贸易公司提供担保。因此，宁某、陈某某与蓝海国际贸易公司间成立保证合同关系，其保证方式为共同连带保证。

二、复杂交易形式下各方当事人合同关系效力分析

（一）以虚假的意思表示实施的民事法律行为无效

《民法通则》第55条规定：“民事法律行为应当具备下列条件：（一）行为人具有相应的民事行为能力；（二）意思表示真实；（三）不违反法律或者社会公共利益。”[①]《民法总则》第143条规定：“具备下列条件的民事法律行为有效：（一）行为人具有相应的民事行为能力；（二）意思表

---

① 本条现为《民法典》第143条：“具备下列条件的民事法律行为有效：（一）行为人具有相应的民事行为能力；（二）意思表示真实；（三）不违反法律、行政法规的强制性规定，不违背公序良俗。”

示真实；（三）不违反法律、行政法规的强制性规定，不违背公序良俗。”① 第146条规定：“行为人与相对人以虚假的意思表示实施的民事法律行为无效。以虚假的意思表示隐藏的民事法律行为的效力，依照有关法律规定处理。”② 当事人以通谋虚假意思表示实施的民事行为，因欠缺真实意思表示、不具备民事法律行为的有效条件而无效。本案各方当事人均无成立买卖合同的真实意思表示，当事人之间所签订的采购协议、采购合同、购销合同均系民间借贷交易的伪装行为，均应认定为无效民事行为。当事人通过复杂交易形式隐藏真实意思，人民法院应根据当事人所隐藏的民事法律行为的性质，依法认定当事人之间合同关系的效力。

（二）虚假意思表示隐藏的民事法律行为的效力认定

1. 蓝海国际贸易公司与康灿物资公司之间的民间借贷合同关系无效。《关于审理民间借贷案件适用法律问题的规定》第11条规定：“法人之间、其他组织之间以及它们相互之间为生产、经营需要订立的民间借贷合同，除存在合同法第五十二条③、本规定第十四条规定的情形外，当事人主张民间借贷合同有效的，人民法院应予支持”。《关于审理民间借贷案件适用法律问题的规定》区分企业间借贷的目的，有条件地将企业间订立的借贷合同认定为有效。在出借企业脱离其营业范围内的生产经营活动从事经营性放贷业务，且借款企业知道或者应当知道的情形下，企业间在出借人开展经营性放贷业务范围内所订立的民间借贷合同，违反金融政策规定，并由此扰乱金融秩序，紊乱金融监管，进而危害国家金融安全，应根据《合同法》第52条第4项的规定认定相关企业间订立的民间借贷合同无效。本案蓝海国际贸易公司与康灿物资公司事先签订框架性采购协议，并先后10次以封闭式循环买卖的形式开展借贷交易，总金额达4.8亿余元。蓝海国际贸易公司还曾通过中间环节与康峰公司开展封闭式循环买卖，合同款项达5000余万元。蓝海国际贸易公司在不足1年的时间内多次对外出借巨额款项，已超出利用企业闲散资金进行临时拆借的范

① 本条现为《民法典》第143条。
② 本条现为《民法典》第146条，本条以下同。
③ 本条在《民法典》中无直接对应条文。

畴，具有显著的经营性和经常性特征，康灿物资公司作为借款人对此有充分认识。双方之间的民间借贷合同关系依法应认定为无效。

2. 中国工艺品进出口公司、家具公司分别与蓝海国际贸易公司、康灿物资公司之间的事务处理合同关系无效。根据封闭式循环贸易的一般特点，作为融资借贷通道的中间环节并非可有可无，该类中间企业的参与直接促成了循环贸易形成完整的链条。当事人对该类中间企业的选择亦非随意为之，作为资金借出一方的当事人往往希望与实力较强的企业签订买卖合同，进而在资金无法回笼时寄希望于通过合同安排起诉该企业转嫁风险，并因此产生了一定的信赖，该类中间企业在实际上起到了为融资借贷增信的作用。本案蓝海国际贸易公司直接起诉中国工艺品进出口公司返还"货款"即证明了这一点。该类中间企业在没有真实交易的情况下参与虚构买卖合同关系，帮助当事人融资并由此获利，扰乱了正常的市场经济活动秩序，有损社会公共利益，相关事务处理合同行为均应认定为无效民事行为。

3. 宁某、陈某某与蓝海国际贸易公司间的保证合同关系无效。《担保法》第5条第1款规定："担保合同是主合同的从合同，主合同无效，担保合同无效。担保合同另有约定的，按照约定。"本案宁某、陈某某与蓝海国际贸易公司之间的保证合同关系因主合同无效而无效。

三、复杂交易形式下当事人法律责任的承担

当事人通过通谋的虚假意思表示规避法律并导致合同无效时，各方当事人均有过错，应依法承担相应法律责任。

《合同法》第58条规定："合同无效或者被撤销后，因该合同取得的财产，应当予以返还；不能返还或者没有必要返还的，应当折价补偿。有过错的一方应当赔偿对方因此所受到的损失，双方都有过错的，应当各自承担相应的责任。"①

（一）康灿物资公司的民事责任。因案涉民间借贷合同关系无效，康

① 本条现为《民法典》第157条："民事法律行为无效、被撤销或者确定不发生效力后，行为人因该行为取得的财产，应当予以返还；不能返还或者没有必要返还的，应当折价补偿。有过错的一方应当赔偿对方由此所受到的损失；各方都有过错的，应当各自承担相应的责任。法律另有规定的，依照其规定。"本条以下同。

灿物资公司作为借款人，应将其收取的款项在扣除其预先向蓝海国际贸易公司支付的保证金后返还给蓝海国际贸易公司，并向蓝海国际贸易公司支付因其实际占用款项而产生的法定孳息。

（二）宁某、陈某某的民事责任。《担保法司法解释》第8条规定："主合同无效而导致担保合同无效，担保人无过错的，担保人不承担民事责任；担保人有过错的，担保人承担民事责任的部分，不应超过债务人不能清偿部分的三分之一。"宁某、陈某某知晓康灿物资公司向蓝海国际贸易公司融资借贷的事实，均有过错，应承担主康灿物资公司不能清偿部分的33%的赔偿责任。

（三）中国工艺品进出口公司、家具公司的民事责任。中国工艺品进出口公司、家具公司参与签订采购合同均系为帮助、促成本案民间借贷交易而实施的虚伪意思表示，案涉采购合同所掩盖的事务处理合同因损害社会公共利益而无效，中国工艺品进出口公司、家具公司依法负有向蓝海国际贸易公司承担补充赔偿损失的法律责任。中国工艺品进出口公司、家具公司及蓝海国际贸易公司自身对其损失的产生均具有过错，对主债务人康灿物资公司及保证人宁某、陈某某不能清偿的债务部分，即蓝海国际贸易公司出借款项未能收回所遭受的损失，应由蓝海国际贸易公司与中国工艺品进出口公司、家具公司合理分担。为规制非金融企业的融资通道业务，防范无金融资质的企业变相从事金融业务，应衡量蓝海国际贸易公司、中国工艺品进出口公司、家具公司根据合同约定获益的比例确定其各自过错责任的大小。

四、复杂交易形式中当事人真实意思的审查重点

如何认定复杂交易架构下当事人之间真实法律关系的性质，一直是困扰人民法院民商事案件审判的一个现实难题。本案是比较典型的通过封闭式循环买卖进行民间借贷交易的案例，本案的框架性采购协议及多份购销合同、采购合同共同构成了一个整体合同架构。蓝海国际贸易公司与康灿物资公司之间的民间借贷法律关系即借由该每份合同的具体约定以及实际"履行"建立起来，本案所涉各份合同共同搭建了蓝海国际贸易公司与康灿物资公司之间的民间借贷合同关系。

本案也是比较少见的将整个封闭式循环买卖链条中的各个环节均查明

清楚的案例。蓝海国际贸易公司依据其与中国工艺品进出口公司之间签订的采购合同提起本案诉讼，单从双方之间的书面合同及“履行”情况看，至少在形式上具有明显的买卖合同关系特征。同时，按照案涉采购合同标的物来源顺次往前追溯，中国工艺品进出口公司与家具公司、家具公司与康灿物资公司之间在形式上均具有明显的买卖合同关系特征。按照采购合同标的物去向往后追查，则蓝海国际贸易公司与康灿物资公司之间在形式上也具有明显的买卖合同关系特征。但跳出各个交易环节而从整体上审视，可以清晰地看出蓝海国际贸易公司、中国工艺品进出口公司、家具公司、康灿物资公司之间构成了一个首尾相连的完整的循环买卖交易链条，各份采购合同需要与蓝海国际贸易公司和康灿物资公司之间的购销合同相互配合“履行”，各个交易环节需要环环相扣才能实现当事人在整体合同架构中的真实目的。

应当说，随着市场经济的深入发展，以及企业规避风险甚至规避法律、逃避监管的现实需要，当事人创设的复杂交易形式越来越多。在当事人之间往往存在多个民事合同而非单一民事合同，而且多个民事合同之间存在牵连关系。比如，总体框架协议与其项下每单业务合同之间的上下统摄的层级关系；多份相对独立但又在整体上能够构成一个大合同框架的平级照应的并列关系；多份合同在形式上相对独立但需要相互配合履行才能实现当事人整体意思表示的环环相扣的关联关系等。当事人之间的复杂交易往往通过虚伪表示隐藏真实意思。在此情形下，除了需要考察当事人之间每份合同的具体内容外，还应当从整体上考察各份合同构成的整体框架关系，以及在整体合同架构下各份合同之间的关系及各个交易环节所起的作用，同时结合当事人的交易行为等实际履行情况，综合判断各方当事人的真实交易目的，并据此认定当事人之间的真实法律关系及其各自的法律责任。

最高人民法院二审合议庭成员：王旭光　周伦军　王展飞

（编写人：张　乾* 　编辑：韩德强）

---

* 张乾，男，法学硕士，中华人民共和国最高人民法院政治部组织人事部，法官助理。

上海丰瑞投资咨询有限公司
与
上海汽车工业销售有限公司、
扬州市机电设备总公司
借款合同纠纷案

——作为清算义务人的有限责任公司股东对公司债权人承担连带清偿责任的要件认定

【裁判摘要】

作为清算义务人的有限责任公司的股东，对公司债权人承担连带清偿责任，需具备法定要件。有限责任公司股东虽然有怠于履行清算义务的行为，但公司在清算事由出现之前已不具有偿债资产和偿债能力，股东怠于履行清算行为与公司债权人的损失之间没有法律上的因果关系的，则不应根据该款规定判令股东对公司债权人承担连带清偿责任。

【案件基本信息】

1. 诉讼当事人

再审申请人（一审原告、二审上诉人）：上海丰瑞投资咨询有限公司（以下简称丰瑞投资咨询公司）

被申请人（一审被告、二审被上诉人）：上海汽车工业销售有限公司（以下简称上汽公司）

被申请人（一审被告、二审被上诉人）：扬州市机电设备总公司（以下简称扬州机电公司）

2. 案件索引与裁判日期

一审：江苏省扬州市中级人民法院（2014）扬商初字第00019号民事判决（2015年10月20日）

二审：江苏省高级人民法院（2015）苏商终字第00012号民事判决（2016年1月20日）

再审：最高人民法院（2016）最高法民再37号民事判决（2016年6月21日）

3. 案由

借款合同纠纷

【简要案情】

交通银行股份有限公司扬州分行（以下简称扬州交行）于1998年2月23日、3月24日共计贷款500万元给上海汽车工业扬州销售有限公司（以下简称上汽扬州公司），其中200万元贷款到期日为1998年6月19日，300万元贷款到期日为1998年6月27日。上汽扬州公司在借款到期后仅于1998年9月16日前合计偿还了借款本金100万元。1999年10月13日，2000年9月20日、9月29日、12月20日，2002年3月20日，2004年2月27日，扬州交行多次就上述债务向债务人、保证人进行了催收。

2004年6月7日，扬州交行将对上汽扬州公司的债权（本金400万元、利息2,073,754.22元）转让给了中国信达资产管理公司南京办事处（以下简称信达资产南京办）。2004年9月29日，扬州交行向上汽扬州公司邮寄了债权转让及催收通知，通知中包含了债权转让的内容及要求债务人向债权受让人履行义务的内容，该行为经公证处公证。2004年10月20日，扬州交行与信达资产南京办在《新华日报》刊登公告，公告了本案相关债权转让的内容及要求债务人向债权受让人信达资产南京办履行义务的内容。2006年6月6日，信达资产南京办在《江苏法制报》刊登公告，公告中包含就本案相关债权进行催收的内容。

2006年11月28日，信达资产南京办将包括本案相关债权在内的扬州52户债权资产包通过拍卖方式转让给了Blue Cove Pte. Ltd.。2007年3

月8日，信达资产南京办与Blue Cove Pte. Ltd.在《新华日报》刊登联合公告，公告中包含了就本案债权已经转让给Blue Cove Pte. Ltd.的债权转让通知内容，及要求债务人向Blue Cove Pte. Ltd.履行债务的内容。2009年2月19日，Blue Cove Pte. Ltd.在《江苏经济报》刊登债权催收公告，公告中包含本案债权。2009年3月4日，Blue Cove Pte. Ltd.委托江苏天泽资产管理有限公司（以下简称江苏天泽资产管理公司）就本案债权向上汽扬州公司邮寄了债权催收通知，并对邮寄通知的行为进行了公证。2011年1月7日，Blue Cove Pte. Ltd.委托江苏天泽资产管理公司就本案债权再次向上汽扬州公司邮寄了债权催收通知，并对邮寄通知的行为进行了公证。

2011年11月8日，Blue Cove Pte. Ltd.与丰瑞投资咨询公司订立债权转让协议，将本案所涉债权转让给了丰瑞投资咨询公司。2012年11月1日，丰瑞投资咨询公司向上汽扬州公司和上汽公司通过特快专递邮寄了债权转让通知书，要求债务人向丰瑞投资咨询公司履行债务。

2013年9月17日，丰瑞投资咨询公司向一审法院申请对上汽扬州公司强制清算清偿本案债务。一审法院立案审查时，就丰瑞投资咨询公司是否享有对上汽扬州公司的债权进行了审查，上汽扬州公司登记的法定代表人姜某某经一审法院通知到庭，其对该400万元贷款的发生事实无异议，在此情况下，一审法院进一步审查了丰瑞投资咨询公司提供的债权凭证、债权受让的书证等，后于2013年10月24日裁定受理了丰瑞投资咨询公司对上汽扬州公司提出的强制清算申请，裁定中对丰瑞投资咨询公司的债权人身份予以了确认。一审法院受理对上汽扬州公司的强制清算案件后，摇号指定扬州佳诚会计师事务所有限公司组成清算组。其履行职责时，发现被清算公司早已无营业场所和营业活动，经调查亦未能发现被清算公司的任何财产。一审法院向被清算公司的两股东（本案的扬州机电公司、上汽公司）释明了清算义务人不履行法定义务的相关法律后果后，其股东之一扬州机电公司（该公司也于2013年被吊销了营业执照）的法定代表人仍表示被清算公司的所有资料都不知去向，仅陈述资料可能由扬州物资控股有限责任公司（以下简称扬州物资控股公司）接管，但经向扬州物资控股公司负责人调查，其陈述该公司并未接收任何关于被清算公司的资料；被清算公司的另一股东上汽公司仅保存并提供了被清算公司1995年设立（两股东各出资50万元）、1997年增资（两股东各增资50万元）时的合资协议、章程，被清算公司1995年度至1997年度的审计报告，以及上汽公司1999年起诉被清算公司的民事判决书及相关执行裁定书等资料，但该部分资料无助于开展强制清算工作。一审法院遂于2013年12月17日作出（2013）扬法商清算字第0002号民事裁定，因被清算公司符合《最高人民法院关于审理公司强制清算案件工作座谈会纪要》第28条规定的无法清算的情形，故裁定终结对上汽扬州公司的强制清算程序。2014年1月21日，丰瑞投资咨询公司向扬州市中级人民法院提起本案诉讼，请求判令扬州机电公司、上汽公司对上汽扬州公司欠丰瑞投资咨询公司借款本金400万元、利息2,073,754.22元承担连带清偿责任。

上汽扬州公司成立于1995年3月，股东为扬州机电公司和上汽公司（上海汽车工业销售有限公司在2005年9月前名称为上海汽车工业销售总公司，以下不作区分，均简称为上汽公司），两股东各出资50万元，1997年两股东各增资50万元。上汽扬州公司章程中载明的经营期限至1999年2月28日止。上汽扬州公司工商档案显示该公司最后一次年检是1999年度，相关表格中显示该公司当时的资产总额426万元，负债总额663万元。上汽扬州公司在2001年11月2日被吊销了营业执照，但未在解散事由出现之日起15日内成立清算组开始清算，此后该公司也一直未进行清算。

上汽扬州公司曾拖欠上汽公司汽车款，上汽公司于1999年9月1日提起诉讼，一审法院于1999年12月21日作出（1999）扬经初字第163号民事判决，判令上汽扬州公司给付上汽公司货款9,424,216.95元。上汽公司对判决申请执行，一审法院于2000年9月1日作出（2000）扬执字第96号民事裁定，裁定中载明被执行人因经营亏损处于歇业状态，暂无资产可供执行，申请执行人亦提供不出被执行人的财产线索，遂裁定上述民事判决中止执行。

一审法院认为，一审争议焦点为：（1）丰瑞投资咨询公司对上汽扬州公司的6,073,754.22元债权是否存在；（2）丰瑞投资咨询公司主张债权有无超过诉讼时效；（3）对上汽扬州公司的本案债务，其股东之一的上汽公司，是否具有怠于履行清算义务导致公司财产、账册等灭失而无法进行清算的情形，其应否对上汽扬州公司的债务承担连带清偿责任。

2013年9月丰瑞投资咨询公司以债权人身份申请对上汽扬州公司进行强制清算时，一审法院就丰瑞投资咨询公司对上汽扬州公司的债权人身份已进行了审查确认。本案中，丰瑞投资咨询公司再次就债的发生举证了扬州交行的借款凭证及相应的借款合同，就债的受让举证了相应债权受让于Blue Cove Pte. Ltd.、Blue Cove Pte. Ltd.受让于信达资产南京办、信达资产南京办受让于扬州交行的相应债权转让协议、债权转让通知等。丰瑞投资咨询公司本案诉讼所主张的债权经审查可予认定。

本案借款债权的到期日为1998年6月19日、6月27日，债权到期后，债权人通过要求债务人及保证人签字确认、发函、登报等多种方式主张过权利，故诉讼时效在1999年10月13日至2012年11月1日多次中断，且每两次之间的间隔不超过两年。虽然在2000年之后，上汽扬州公司因歇业可能无人再接收函件，但债务人企业工商登记地址具有公示效力，债权人向该地址邮寄债权催收函亦产生诉讼时效中断的法律效果。故丰瑞投资咨询公司本案中主张的债权并未超过诉讼时效。

上汽公司主张上汽扬州公司的账册等保管在其另一股东扬州机电公司处并未灭失，但该主张缺乏依据，一审法院在上汽扬州公司的强制清算程序中并未发现上汽扬州公司的任何财产和账册。至于上汽扬州公司是否确无财产可供清算，则未能通过强制清算程序得出判断，上汽扬州公司在相关案件执行中未被查找到财产，亦不能证明其公司出现清算事由时确无财产。

丰瑞投资咨询公司起诉扬州机电公司，主张其因怠于履行清算义务造成上汽扬州公司财产、账册灭失无法清算而对上汽扬州公司所欠丰瑞投资咨询公司债务承担连带清偿责任。一方面，丰瑞投资咨询公司举证了基础证据；另一方面，扬州机电公司虽在2013年已被吊销了营业执照，但其诉讼主体资格仍然具备，其不应诉答辩视为对相关质证、抗辩等诉讼权利的放弃。故就丰瑞投资咨询公司对扬州机电公司提出的诉讼主张，一审法院予以支持。

关于上汽公司是否存在对上汽扬州公司怠于履行清算义务导致公司财产、账册灭失而无法清算之情形，一审法院认为，1999 年 2 月 28 日上汽扬州公司章程确定的经营期限届满至 2001 年 11 月上汽扬州公司被吊销营业执照前，上汽公司就其对上汽扬州公司的 900 余万元债权提起了诉讼，后因上汽扬州公司已歇业，暂无资产可供执行，上汽公司亦提供不出被执行人的财产线索，相应判决被裁定中止执行。因此，如果上汽公司有条件对上汽扬州公司组织清算，对上汽公司亦为有利，其主观上非怠于清算，客观上其申请执行未果，法院未发现上汽扬州公司有可供执行的财产，不能认定系上汽公司怠于履行义务而导致公司财产、账册灭失。

一审法院判决：（一）扬州机电公司在判决生效后 10 日内，对上汽扬州公司所欠丰瑞投资咨询公司借款债务本金 400 万元、利息 2,073,754.22 元承担连带清偿责任；（二）驳回丰瑞投资咨询公司对上汽公司的诉讼请求。案件受理费 54,316 元，由扬州机电公司负担。

丰瑞投资咨询公司不服一审判决，上诉请求撤销一审判决第二项，改判上汽公司对上汽扬州公司所欠丰瑞投资咨询公司借款本金 400 万元，利息 2,073,754.22 元承担连带清偿责任，扬州机电公司、上汽公司承担诉讼费。二审法院判决驳回上诉，维持原判。二审案件受理费 54,316 元，由丰瑞投资咨询公司负担。

丰瑞投资咨询公司不服二审判决，向最高人民法院申请再审请求撤销一审民事判决第二项和二审民事判决，改判上汽公司对上汽扬州公司所欠申请人借款本金 400 万元，利息 2,073,754.22 元承担连带清偿责任。

【案件焦点】

作为清算义务人是否对债务本息承担连带清偿责任。

【裁判结果】

最高人民法院经审理认为，原审法院认定事实清楚，适用法律正确，根据《中华人民共和国民事诉讼法》第 207 条第 1 款、第 170 条第 1 款第 1 项之规定，判决维持江苏省高级人民法院（2015）苏商终字第

00012号民事判决。

最高人民法院对原审法院查明的事实予以确认。

最高人民法院再审另查明：1997年2月18日，上汽公司、扬州机电公司签字和盖章的《上海汽车工业扬州销售公司章程》第29条载明："董事长由扬州机电公司选任。"第31条载明："合营公司的合营期限为二年。"

一审、二审期间，上汽公司提交的工商营业执照副本复印件载明该公司的住所地为上海市××区××路×××号。最高人民法院再审期间，上汽公司提交情况说明，写明："我司自2007年5月7日起一直在上海市徐汇区××路×××号办公至今，期间办公地址从未变动过。"

【裁判摘要评析】

一、关于法律适用问题

本案中，上汽扬州公司章程中载明的经营期限为至1999年2月28日止。2001年11月2日，该公司因没有年检，被吊销营业执照。根据"法无溯及力"的基本原则，在行为发生当时，如果法律对行为有规定的，应适用行为之时的法律。我国于1993年制定了《公司法》，1999年、2004年、2005年、2013年分别对其进行了修订。1999年修订的《公司法》第190条规定："公司有下列情形之一的，可以解散：（一）公司章程规定的营业期限届满或者公司章程规定的其他解散事由出现时；（二）股东会决议解散；（三）因公司合并或者分立需要解散的。"《公司法》第191条规定："公司依照前条第（一）项、第（二）项规定解散的，应当在十五日内成立清算组，有限责任公司的清算组由股东组成，股份有限公司的清算组由股东大会确定其人选；逾期不成立清算组进行清算的，债权人可以申请人民法院指定有关人员组成清算组，进行清算。人民法院应当受理该申请，并及时指定清算组成员，进行清算。"《公司法》第192条规定："公司违反法律、行政法规被依法责令关闭的，应当解散，由有关主管机关组织股东、有关机关及有关专业人员成立清算组，进行清算。"

本案中，上汽扬州公司章程规定的经营期限届满，但在经营期限届满后并未解散，后在2001年被吊销营业执照不再经营，应予解散。1999年修订的《公司法》第192条规定的是“公司违反法律、行政法规被依法责令关闭的，应当解散”的情形，违法责令关闭和被吊销营业执照而应予解散并不相同，2005年修订的《公司法》第181条第4项在规定“公司解散的原因”时就将“依法被吊销营业执照”和“责令关闭”作为并列的两个不同事由。因此，1999年修订的《公司法》第192条对吊销营业执照而应予解散的情形并不适用，该法并未对公司因被吊销营业执照而应解散的情形进行明确规定。2004年修订的《公司法》对该问题也没有明确规定。2005年修订的《公司法》第181条规定：“公司因下列原因解散……（四）依法被吊销营业执照、责令关闭或者被撤销……”。第184条规定：“公司因本法第一百八十一条第（一）项、第（二）项、第（四）项、第（五）项规定而解散的，应当在解散事由出现之日起十五日内成立清算组，开始清算。有限责任公司的清算组由股东组成，股份有限公司的清算组由董事或者股东大会确定的人员组成。”《公司法规定（一）》第2条规定：“因公司法实施前有关民事行为或者事件发生纠纷起诉到人民法院的，如当时的法律法规和司法解释没有明确规定时，可参照适用公司法的有关规定。”根据上述规定，本案可参照适用2005年修订的《公司法》确定清算义务主体。本案中，上汽公司与扬州机电公司在1997年2月18日签订的《上海汽车工业扬州销售公司章程》第50条也明确载明：“公司解散应在十五日内由股东双方、有关主管机关和有关专业人员成立清算组，依照有关法律、法规规定的程序进行清算。”由上述规定和约定可见，上汽公司作为上汽扬州公司的股东，应为清算义务主体。

二、关于清算义务人承担赔偿责任的问题

《公司法规定（二）》第18条第2款规定：“有限责任公司的股东、股份有限公司的董事和控股股东因怠于履行义务，导致公司主要财产、账册、重要文件等灭失，无法进行清算，债权人主张其对公司债务承担连带清偿责任的，人民法院应依法予以支持。”该条规定的是清算义务人怠于履行清算义务应承担的对债务人债权人的侵权责任。其适用的法理基础是法人人格否定理论和侵害债权理论。因此，清算义务人承担上述清算赔偿责任，应符合以下构成要件：第一，清算义务人有违反法律规定，怠于履行清算义务的行为，即在公司解散后未在法定时间内开展清算事务或未在法定时间内完成清算事务，主观上存在不作为的过错，或者不适当执行清算事务，侵犯债权人利益。第二，清算义务人的行为造成了公司债权人的直接损失。第三，清算义务人怠于履行清算义务的行为与公司财产或债权人的损失之间具有法律上的因果关系。

本案中，尽管案涉被清算公司上汽扬州公司在2001年11月2日被吊销了营业执照后应予解散并清算，至今作为其清算义务人的两个股东上汽公司和扬州机电公司均未履行清算义务，但对于上汽公司而言，本案并不符合《公司法规定（二）》第18条第2款规定的清算义务人应履行连带清偿责任的条件，上汽公司不应承担案涉丰瑞投资咨询公司对上汽扬州公司债权的连带清偿责任。主要有两个理由：

第一，从上汽公司主张自己对上汽扬州公司享有债权而申请强制执行的行为可以得出，上汽公司已对上汽扬州公司的资产进行了清理，其未履行清算义务与丰瑞投资咨询公司的损失之间并无因果关系。1999年12月21日作出的（1999）扬经初字第163号民事判决，判令上汽扬州公司给付上汽公司货款9,424,216.95元。根据上汽扬州公司工商档案显示，该公司最后一次年检是1999年度，相关表格中显示该公司当时的资产总额426万元，负债总额663万元。该时，上汽扬州公司负债大于资产。根据最高人民法院再审查明的事实，扬州公司实际运作中，没有独立聘用工作人员，其财务的具体业务由扬州机电公司的汽车科工作人员负责；也没有专门的财务管理部门，其财务管理实际由机电总公司财务科代管。财务也由扬州机电公司管理。被清算公司的董事长由扬州机电公司的人担任。上汽公司申请强制执行后，在强制执行程序中，负责上汽扬州公司财务的扬州机电公司以及上汽扬州公司也向法院出具了上海汽车扬州销售有限公司现状汇报、资产负债表、损益表、上汽扬州公司债权清单等证据，用以核查公司资产，清偿债务。上述证据表明，该公司当时已无资产可供还债。正因为此，扬州市中级人民法院于2000年12月27日作出的（2000）扬执字第96号民事裁定中载明："在执行过程中查明，被执行人扬州公司因经营亏损，已处于歇业状态，对外债权因其债务人均歇业或者破产而难以收回。本院曾于2000年9月1日裁定中止执行，其间申请人销售公司亦提供不出被执行人的财产线索。”该院据此裁定终结执行。

由上述事实可见，基于保护自己债权的考虑，上汽公司在强制执行案中已尽其所能清查上汽扬州公司的责任资产，扬州机电公司也提供了相关财务报表和说明，但该公司已无偿债资产。在上汽扬州公司于2001年已无偿债能力且被吊销营业执照的情形下，即使当时进行清算，其也无责任资产偿还丰瑞投资咨询公司的案涉债权，故上汽公司未履行清算义务的行为并未造成丰瑞投资咨询公司的损失，上汽公司未履行清算义务的行为与丰瑞投资咨询公司案涉债权未得到清偿所致损失并无因果关系。

第二，从法律、司法解释的规定、司法实务的现实以及避免当事人滥用连带责任规定的角度进行分析，在2008年，《公司法规定（二）》颁布实施前，我国并无关于清算义务人未履行清算义务应承担连带清偿责任的规定。本案被清算公司发生清算事由在2001年。在当时，尽管《公司法》有关于清算义务的规定，但并没有关于未履行清算义务应承担何种责任的明确规定，故在司法实务中，对清算义务人追究法律责任的案例极少。虽然根据“补缺例外”这一法无溯及力的除外原则，本案应适用《公司法规定（二）》的规定，但考虑到对于当事人期限利益的保护，让当事人根据法律事实出现多年之后才颁布实施的《公司法规定（二）》的规定承担连带清偿责任，有失公正，尤其是在清算义务人已尽其所能未能在强制执行程序中使自己对被清算主体的900万元债权得到清偿的情形下。

最高人民法院再审合议庭成员：张雪楳　李志刚　林海权

（编写人：张雪楳* 编辑：李　明）

---

* 张雪楳，女，法学博士，中华人民共和国最高人民法院民事审判第二庭，二级高级法官。

甘肃建新实业集团有限公司
与
五矿国际信托有限公司、
内蒙古中西矿业有限公司等借款合同纠纷案

——赋强公证的债权文书发生纠纷的处理

【裁判摘要】

赋强公证（公证机关依法赋予强制执行效力）的债权文书发生纠纷，原则上应申请执行而不能直接提起民事诉讼。但赋强公证的基础是当事人双方共同表示愿意接受法院强制执行的合意，因此当事人仍可重新就纠纷解决方式形成新的合意。一方当事人就赋强公证提起诉讼，另一方仅对地域管辖提出异议，未对诉讼提出异议，参照应诉管辖的规定，视为其同意并接受诉讼管辖。

【案件基本信息】

1. 诉讼当事人

再审申请人（一审被告、二审上诉人）：甘肃建新实业集团有限公司（以下简称建新实业公司）

被申请人（一审原告、二审被上诉人）：五矿国际信托有限公司（以下简称五矿信托公司）

被申请人（一审被告）：内蒙古中西矿业有限公司（以下简称中西矿业公司）

被申请人（一审被告）：甘肃万星实业股份有限公司（以下简称万星实业公司）

被申请人（一审被告）：刘某某

被申请人（一审被告）：王某某

2. 案件索引与裁判日期

一审：青海省高级人民法院（2016）青民初66号民事判决（2017年5月18日）

再审：最高人民法院（2018）最高法民申292号民事裁定（2018年2月28日）

3. 案由

借款合同纠纷

【简要案情】

2014年8月，五矿信托公司与万星实业公司签订了信托贷款合同，约定五矿信托公司向万星实业公司发放金额不超过人民币10亿元的信托贷款，贷款年利率14%，按季结息，结息日为每季度末月21日；信托贷款期限为24个月，万星实业公司应于信托计划成立满12个月之日向五矿信托公司偿还2亿元信托贷款本金及其对应的利息，应于信托计划成立满18个月之日向五矿信托公司偿还3亿元信托贷款本金及其对应的利息，并应于信托计划成立满24个月之日向五矿信托公司偿还5亿元信托贷款本金及其对应的利息。如果万星实业公司迟延还款，五矿信托公司有权宣布贷款本金立即提前到期，所欠利息结清，并通过各种形式向借款人立即追索。同时，五矿信托公司还有权对逾期贷款本金按21%/年的利率从万星实业公司逾期之日（含该日）起计收罚息，直至万星实业公司清偿逾期贷款本金之日（含该日）为止；对于万星实业公司未按信托贷款合同的约定按时支付的利息，从万星实业公司逾期之日（含该日）起直至清偿之日（含该日）止万星实业公司应当按21%/年的利率支付复利。

2014年8月，五矿信托公司与中西矿业公司签订了保证合同以及采矿权抵押合同，约定中西矿业公司就万星实业公司履行上述信托贷款合同项下的全部债务向五矿信托公司提供不可撤销的无限连带保证担保责任，并同时约定中西矿业公司以持有的内蒙古卓资县大苏计铂矿采矿权对主债务提供抵押担保，此后双方办理了采矿权抵押登记手续。

2014年8月，五矿信托公司与建新实业公司签订了保证合同以及股权质押合同，约定建新实业公司就万星实业公司履行主合同项下的全部债务向五矿信托公司提供不可撤销的无限连带保证担保责任，并同时约定建新实业公司以持有的万星实业公司 9 亿股股权对主债务的履行提供质押担保，此后双方办理了股权质押登记手续。

2014 年 8 月，五矿信托公司与刘某某、王某某签订了保证合同，约定刘某某和王某某就万星实业公司履行主合同项下的全部债务向五矿信托公司提供无限连带保证担保责任。五矿信托公司与刘某某分别签订了股权质押合同，约定刘某某以持有的万星实业公司的 1 亿股和建新实业公司的 2. 2 亿股股权就万星实业公司履行主债务提供质押担保，此后双方办理了股权质押登记手续。

2014 年 8 月 25 日，再审申请人与被申请人双方就上述信托贷款合同、采矿权抵押合同、股权质押合同、保证合同在四川省成都市律政公证处办理了公证，并赋予了强制执行效力。

2014 年 9 月 5 日，五矿信托公司按照信托贷款合同的约定向万星实业公司提供信托贷款 10 亿元。万星实业公司按照信托贷款合同的约定支付了 2015 年 6 月 21 日之前的贷款利息后，未向五矿信托公司偿还相关款项，经五矿信托公司多次催告仍不还款。2016 年 1 月 6 日，五矿信托公司宣布全部贷款本息提前到期，要求万星实业公司立即偿还全部的贷款本金、利息、罚息，并赔偿五矿信托公司的全部损失。

2016 年 12 月 2 日，甘肃省陇南市中级人民法院作出（2016）甘 12 民破字 01 号民事裁定，受理了建新实业公司的破产重整申请，并指定了破产重整管理人。五矿信托公司就案涉债权向破产重整管理人进行了申报。

一审法院于 2017 年 5 月 18 日作出（2016）青民初 66 号民事判决，支持了五矿信托公司对其他被告的诉讼请求，并判处建新实业公司对贷款本金 10 亿元和破产重整裁定之日 2016 年 12 月 2 日前产生的利息、罚息和复利承担连带清偿责任。一审判决生效后，建新实业公司不服，向最高人民法院申请再审。

【案件焦点】

1. 法院受理该案是否正确；

2. 一审判决计算利息、罚息、复利是否正确。

【裁判结果】

最高人民法院经审查认为，尽管《中华人民共和国公证法》第 37 条及《中华人民共和国民事诉讼法》第 238 条明确将公证机关依法赋予强制执行效力的债权文书纳入可直接执行的程序中，原则上债权人或者债务人对该债权文书的内容有争议直接向人民法院提起民事诉讼的，人民法院不予受理。但赋予强制执行效力的基础是当事人的共同意思表示，当事人可以重新就法院诉讼这一纠纷解决方式达成一致，改变此前的约定。经审查，五矿信托公司与建新实业公司签订的股权质押合同、保证合同均约定，在发生纠纷协商不成的情况下，可向五矿信托公司的住所地有管辖权的人民法院提起诉讼。案涉其他合同亦对选择诉讼方式解决纠纷以及管辖权进行了约定。五矿信托公司依照合同约定向一审法院提起诉讼，一审法院受理该案后，建新实业公司在答辩期内提出管辖权异议，认为本案应由其住所地人民法院即甘肃省高级人民法院管辖。建新实业公司仅对本案诉讼地域管辖提出异议，并未对诉讼方式解决纠纷提出异议，因此可视为其接受法院诉讼管辖。故一审法院综合相关事实受理该案，并无不当。建新实业公司认为应裁定驳回五矿信托公司起诉的理由不成立。

五矿信托公司与万星实业公司签订的信托贷款合同约定了还款期限、贷款利率、罚息及复利计算标准、违约责任等。五矿信托公司与建新实业公司签订的保证合同约定，建新实业公司就万星实业公司履行主合同项下的全部债务向五矿信托公司提供不可撤销的无限连带保证担保责任。由于万星实业公司未按约定支付 2015 年 6 月 21 日之后的贷款利息及本金，已构成违约，理应承担违约责任。建新实业公司作为保证人，依约应承担连带清偿责任。按照《中华人民共和国企业破产法》的相关规定，其仅对贷款本金和破产重整受理之日以前产生的利息、罚息和复利承担连带清偿责任。信托贷款合同约定的罚息利率和复利利率未超出相关规定，一审判决按此标准计算，并无不妥。

综上，建新实业公司的再审申请不符合《中华人民共和国民事诉讼法》第200条第6项规定的情形，依法驳回建新实业公司的再审申请。

【裁判摘要评析】

《民事诉讼法》第238条规定："对公证机关依法赋予强制执行效力的债权文书，一方当事人不履行的，对方当事人可以向有管辖权的人民法院申请执行，受申请的人民法院应当执行。公证债权文书确有错误的，人民法院裁定不予执行，并将裁定书送达双方当事人和公证机关。"《公证法》第37条规定："对经公证的以给付为内容并载明债务人愿意接受强制执行承诺的债权文书，债务人不履行或者履行不适当的，债权人可以依法向有管辖权的人民法院申请执行。"《公证法》第40条规定："当事人、公证事项的利害关系人对公证书的内容有争议的，可以就该争议向人民法院提起民事诉讼。"实践中，由于对上述法律规定理解的不一致，有些法院受理了赋强公证的民事诉讼，有些法院没有受理，导致争议和冲突。

一、赋强公证是否具有可诉性的两种观点

学界对具有强制执行效力的公证债权文书是否具有可诉性有两种观点。一种观点认为，在有公证债权文书的前提下，当事人向人民法院提起民事诉讼，法院应当受理。持此种观点的主要理由是：(1)《民事诉讼法》没有明确规定公证债权文书的当事人不再享有诉权，公证债权文书没有排斥诉讼的效力。(2)《最高人民法院公报》登载的最高人民法院(2001)民二终字第172号民事判决支持公证机构依法赋予强制执行效力的债权文书具有可诉性的观点。该判决指出：当事人是依具有强制执行效力的公证债权文书向人民法院申请强制执行，还是直接向人民法院提起诉讼，当事人具有选择权。(3)《公证法》第40条规定当事人、公证事项的利害关系人可以就公证书的内容争议向人民法院提起民事诉讼，这是法律规定的公证债权文书的可诉性。

另一种观点认为法院不应受理。其理由有：(1)依据《民事诉讼法》和《公证法》的规定，具有强制执行效力的公证债权文书与法院的判决书、仲裁裁决书具有同等法律效力，是法律明确规定的执行依据，债权人另行起诉的与一事不再理的基本原则相悖。(2)是否对公证债权文书赋予强制执行效力是当事人双方合意选择的结果，如果允许债务人提起诉讼，有违当事人先前的意思表示，也与公证债权文书执行制度不相符合。

二、司法解释、批复对公证赋强公证可诉范围的明确与发展

最高人民法院2008年12月26日发布的《关于当事人对具有强制执行效力的公证债权文书的内容有争议提起诉讼人民法院是否受理问题的批复》[①]（以下简称《批复》）规定如下："经公证的以给付为内容并载明债务人愿意接受强制执行承诺的债权文书依法具有强制执行效力。债权人或者债务人对该债权文书的内容有争议直接向人民法院提起民事诉讼的，人民法院不予受理。但公证债权文书确有错误，人民法院裁定不予执行的，当事人、公证事项的利害关系人可以就争议内容向人民法院提起民事诉讼。"《批复》明确了有关具有强制执行效力的公证债权文书可诉性的法律适用问题，即当事人选择就具有给付内容的公证债权文书进行强制执行的，发生纠纷后，债权人或者债务人可以向有管辖权的法院申请执行，而不能直接提起诉讼。公证债权文书确有错误，人民法院裁定不予执行的，当事人、公证事项的利害关系人就争议内容向人民法院提起民事诉讼的，人民法院依法应当受理。《批复》"但书"是对《公证法》第37条和第40条关系的进一步明确。这是对公证债权文书当事人救济权利的规定。[②] 此处的"争议内容"的诉讼标的非债权文书关系而是当事人之间的民事法律纠纷，其实质是一个符合《民事诉讼法》第119条起诉条件的民事纠纷，是单纯的民事法律纠纷。

2018年10月1日起施行的《公证债权文书执行规定》第22条规定："有下列情形之一的，债务人可以在执行程序终结前，以债权人为被告，向执行法院提起诉讼，请求不予执行公证债权文书：（一）公证债权文书载明的民事权利义务关系与事实不符；（二）经公证的债权文书具有法律规定的无效、可撤销等情形；（三）公证债权文书载明的债权因清偿、提存、抵销、免除等原因全部或者部分消灭。"第23条规定："对债

---

① 该《批复》自2019年7月20日起不再适用。

② 参见林文学：《析对具有强制执行效力的公证债权文书提起诉讼人民法院是否受理》，载《中国司法》2009年第3期。

务人依照本规定第二十二条第一款规定提起的诉讼，人民法院经审理认为理由成立的，判决不予执行或者部分不予执行；理由不成立的，判决驳回诉讼请求。当事人同时就公证债权文书涉及的民事权利义务争议提出诉讼请求的，人民法院可以在判决中一并作出裁判。”第 24 条规定：“有下列情形之一的，债权人、利害关系人可以就公证债权文书涉及的民事权利义务争议直接向有管辖权的人民法院提起诉讼：（一）公证债权文书载明的民事权利义务关系与事实不符；（二）经公证的债权文书具有法律规定的无效、可撤销等情形。债权人提起诉讼，诉讼案件受理后又申请执行公证债权文书的，人民法院不予受理。进入执行程序后债权人又提起诉讼的，诉讼案件受理后，人民法院可以裁定终结公证债权文书的执行；债权人请求继续执行其未提出争议部分的，人民法院可以准许。利害关系人提起诉讼，不影响人民法院对公证债权文书的执行。利害关系人提起诉讼，不影响人民法院对公证债权文书的执行。利害关系人提供充分、有效的担保，请求停止相应处分措施的，人民法院可以准许；债权人提供充分、有效的担保，请求继续执行的，应当继续执行。”

由此可见，司法解释进一步明确了对于具有强制执行效力的公证债权文书，允许当事人就实体争议直接提起诉讼的范围。但对于当事人是否可以重新共同合意选择诉讼或其他纠纷解决方式并未作出规定，亦未予以否定。

三、赋强公证可另行合意诉讼或选择其他纠纷解决方式的法理基础

（一）民事诉讼中的处分原则

通说认为，我国民事诉讼中的处分原则是指民事诉讼当事人在法律规定的范围内，自由支配自己依法享有的民事权利和诉讼权利的准则。当事人处分原则实质上是当事人对诉讼的开始、发展和终结以及诉讼对象范围的确定等的意思自治。《民事诉讼法》的许多规定都贯彻了处分原则，在实务以及理论中都强调了当事人处分权的非绝对性和限制性。处分原则在诉讼中具体体现在以下几个方面：（1）民事诉讼只能因当事人行使诉权启动，因当事人的撤诉行为而终结。“不告不理”原则是处分原则的体现。当事人没有提出诉讼请求的事项，法院不能作出裁判。（2）在诉讼

程序进行的过程中，原告可以放弃或者变更诉讼请求，被告也可以承认、反驳诉讼请求，提起反诉，双方在诉讼、执行中都可以和解，也可以调解。民法调整社会关系的性质决定了民法必须贯彻自愿平等这一“公理性原则”。而实体法领域中的“公理性原则”也必然要在民事纠纷解决领域中得到具体落实和体现。这就是当事人在民事诉讼程序中同样应该享有意思自治的权利，即同样可以自由处分自己的实体权利。由于当事人在诉讼领域对民事权利的处分，必须通过特定诉讼行为的实施来加以实现，以能够主动或被动、积极或消极地实施特定诉讼行为的权利也同样被法律所肯定，即当事人对诉讼权利的处分权。没有当事人对自己诉讼权利的自由支配，民事主体对民事实体权利的自由支配也就不能实现。正是基于这一规范的重要性，现代民事诉讼法均将处分原则作为民事诉讼的一项基本原则。

近些年来，民事审判方式的改革正是不断弱化法院的职权干预，实现民事诉讼体制的转化，即从职权主义诉讼模式逐步转向当事人主义诉讼模式。但这种转变还很不够，一方面，由于《民事诉讼法》中还保留了许多职权干预的制度性规定，使民事诉讼体制转换受到既存法律制度的限制；另一方面，人们的观念中还没有充分地意识到处分原则的真正价值，受传统审判观念的影响，在民事诉讼的实务运作中当事人的处分权也受到限制，而且这种限制往往带有较大的随意性。民事诉讼的特性、民事纠纷的私法性质以及程序的正义性要求我们在建构现代民事诉讼制度时，必须坚持处分原则，尊重当事人意思自治。只有这样，民事纠纷才能得到公正处理，才能体现民事诉讼的正义性，要贯彻处分原则就应当尽量扩大当事人的处分权，而不是限制当事人的处分权。

当事人通过新的合意放弃了申请强制执行公证债权文书的解决方式，转而达成了通过诉讼解决纠纷的合意，这是当事人对权利的处分，应当予以尊重。

（二）应诉管辖的合意

1. 应诉管辖的含义与合意管辖的关系

应诉管辖是指原告向无管辖权的法院起诉，被告没有抗辩受理诉讼的法院无管辖权而应诉答辩的，则该法院视为有管辖权的法院。通说认为应诉管辖是合意管辖的一种，又称为默示的合意管辖、拟制的合意管辖。默示的同意，应是指当事人已知某种事实，虽未直接口头表述同意而以自己的动作或行为表示同意。在应诉管辖中未要求被告一定要知道法院无管辖权而不抗辩，并应诉答辩。《民事诉讼法》第127条第2款规定“视为受诉人民法院有管辖权”，即认为这是一种拟制合意管辖。

相较于法定管辖，合意管辖避免了法定管辖的抽象僵化和指定管辖的单方性，合意管辖更侧重于双方当事人的意愿以及进行诉讼的方便。合意管辖的法律性质是诉讼行为，是当事人以直接变更管辖法院的诉讼效果为目的而做出的诉讼契约，其要件和效果，均依诉讼法的规定。[①] 合意管辖和应诉管辖的最大相似之处并不在于“合意”，而在于两者的管辖权均来自当事人的行为。前者是双方的协议行为，后者是一方的不抗辩并应诉答辩的单方行为，依据法律规定，此种单方行为可以使法院产生管辖权，两者在一定程度上产生变更一审法定管辖的效果。

2. 应诉管辖的构成要件

应诉管辖的法理在于被告不抗辩法院无管辖权而对本案进行应诉答辩的，通常可认为被告在该法院应诉，并无不利益，为求诉讼的经济，就无变更法院管辖的必要。通说认为应诉管辖包括三个要件：（1）原告向无管辖权的一审法院提起诉讼。（2）被告不抗辩法院无管辖权而应诉答辩。（3）原告提起的诉讼不属于专属管辖的诉讼。“被告不抗辩法院无管辖权而应诉答辩”是此处争议比较大的要件，主要体现在以下两个方面：（1）法院依职权调查管辖的权限和应诉管辖之间的矛盾与协调。我国的应诉管辖制度与法院依职权调查管辖权的权限同样存在不协调之处，并且不仅仅体现在与法院依职权移送管辖的矛盾，还和我国的起诉与受理条件不相协调。[②]（2）我国《民事诉讼法》第127条关于应诉管辖的规定中只提

---

① 参见陈荣宗、林庆苗：《民事诉讼法》（上册），台北，三民书局股份有限公司2009年版，第145页。

② 德国《民事诉讼法》第39条通过强调法官的释明义务，从而很好地化解了这一矛盾。即法院在事物管辖和土地管辖两方面无管辖权时，应在本案辩论前向被告指出这一情况，并告知其不提出异议而进行本案辩论的后果。如果法院未告知，不能适用应诉管辖。参见陈荣宗、林庆苗：《民事诉讼法》（上册），台北，三民书局股份有限公司2009年版，第145页。

及“应诉答辩”，并未明确规定应诉答辩的内容和形式。多数学者都认为应当是对诉讼标的的答辩，只是对程序问题的答辩不能构成应诉管辖。[①]

3. 应诉接受管辖是合意诉讼的一种方式

民事诉讼中当事人的处分原则是一种双方的合意，而应诉管辖制度充分体现了当事人的处分原则。立法赋予了被告积极提出管辖权异议的权利，也赋予了被告以不应诉答辩的方式消极不同意法院管辖的权利。就应诉管辖制度的成立过程，结合处分权原则进行分析，原告向能最大化保护其利益的法院（即使无管辖权）进行起诉，被告被假设为“合理第三人”，推定被告在应诉讼管辖制度的前提下，通过不提出异议并应诉答辩的行为，放弃提起管辖权异议的权利最终构成应诉管辖，双方当事人按个人意愿主张部分权利的同时也放弃了部分权利，这样的一种能够自由支配权利的状态，典型地体现了“程序保障下的自我归责的程序正义的精髓”。[②] 由此可以得出，应诉管辖是双方当事人通过一定行为达成的以诉讼的方式解决纠纷的合意。

在审判实践中，如何正确适用应诉管辖制度，是司法裁判者面临的一个问题。最常见的冲突之一是应诉管辖与仲裁协议之间的冲突，即当事人之间曾经达成过仲裁协议，但之后一方起诉，另一方应诉且对受诉法院不提管辖权异议的情形，此时，根据《仲裁法》第 26 条规定：“当事人达成仲裁协议，一方向人民法院起诉未声明有仲裁协议，人民法院受理后，另一方在首次开庭前提交仲裁协议的，人民法院应当驳回起诉，但仲裁协议无效的除外；另一方在首次开庭前未对人民法院受理该案提出异议的，视为放弃仲裁协议，人民法院应当继续审理。”仲裁实行的是双方完全自愿原则。仲裁协议等同于仲裁合同，只要双方当事人协商一致就可以达成，同理，只要双方当事人协商一致也可以解除。仲裁协议达成后，经

---

① 应诉管辖中何谓“被告未提出管辖异议，并应诉答辩的”，德国、日本对此有类似的解释，是指“被告未提出管辖错误的抗辩，并就本案展开口头辩论或在辩论准备程序中作出陈述”。由此可以看出，大陆法系国家中的应诉管辖的要件之一“被告应诉答辩”，大多强调对本案诉讼标的的实体方面的答辩以及要求被告到场，进行言词辩论。参见姚瑞光：《民事诉讼法论》，中国政法大学出版社 2011 年版，第 38 页。

② 胡宜奎：《法经济学视角下的应诉管辖》，载《学术界》2015 年第 8 期。

双方当事人合意可以解除。仲裁协议解除后，相当于当事人之间不存在仲裁协议，此时任何一方当事人都可以通过向法院起诉来解决民事纠纷。当事人除了可以通过明示的方法解除仲裁协议，也可以通过默示的方法解除。所谓默示的解除方法，是指在有书面仲裁协议的情况下，一方当事人向法院起诉而未声明有仲裁协议，另一方当事人在法院首次开庭前未以有书面仲裁协议为由对受理民事案件提出异议，在这种情况下，视为原、被告双方通过起诉和应诉的行为，达成了放弃仲裁协议的默契，默示地解除了书面仲裁协议。对于公证债权文书的应诉管辖也应作类似的解释，民事法律规则的解释应当保持一致性，类推适用是民事案件的基本规则。正如上述有关仲裁管辖的规定，选择赋予公证债权文书强制执行力的基础在于双方当事人的合意，双方当事人当然可以合意变更纠纷解决方式，应诉答辩视为同意变更。

赋强公证是当事人双方共同意思表示愿意接受法院强制执行的合意，符合契约自由理论。当事人有权在法律规定的范围内处分自己的民事权利和诉讼权利。当事人选择就债权文书进行公证赋予其强制执行效力的情况下，发生纠纷后，一方当事人选择向法院提起诉讼，另一方当事人的应诉答辩行为视为对之前约定的执行合意的放弃，法院应当对双方达成新的纠纷解决方式予以尊重。

最高人民法院再审合议庭成员：丁广宇　汪国献　王　涛

（编写人：丁广宇*　陈欣儿**　张　亮***　编辑：杨　奕）

---

* 丁广宇，男，法学博士，中华人民共和国最高人民法院第六巡回法庭，二级高级法官。

** 陈欣儿，女，法学学士，中华人民共和国最高人民法院第六巡回法庭，书记员。

*** 张亮，男，法学学士，甘肃省高级人民法院民事审判第二庭，法官助理。

中国华融资产管理股份有限公司河南省分公司、马某某 与 青岛保税区华乐国际贸易公司、河南天惠能源发展有限公司等借款担保合同纠纷案

——保理商同时起诉多个债务人时一般应当合并审理

【裁判摘要】

对有追索权的保理，保理商不仅有权请求基础合同的债务人向其清偿债务，同时有权向基础合同应收账款债权的让与人追索。在保理商同时向多个债务人主张权利的时候，一般应当根据保理合同法律关系特征和业务实质，确认多种法律关系之间的内在联系进行合并审理，并根据各方法律关系认定各债务人的责任顺序和范围，减少当事人的诉累，力争纠纷一次性解决。

【案件基本信息】

1. 诉讼当事人

再审申请人（一审原告、反诉被告，二审被上诉人）：中国华融资产管理股份有限公司河南省分公司（以下简称华融资产河南分公司）

再审申请人（一审被告）：马某某

被申请人（一审被告、反诉原告，二审上诉人）：青岛保税区华乐国际贸易公司（以下简称华乐国际贸易公司）

被申请人（一审被告）：河南天惠能源发展有限公司（以下简称天惠

能源公司）

一审被告：世纪金鹰能源控股有限公司（以下简称金鹰控股公司）

一审被告：晶诚（郑州）科技有限公司（以下简称晶诚科技公司）

一审被告：王某某

一审被告：郑某

一审被告：陈某某

2. 案件索引与裁判日期

一审：河南省郑州市中级人民法院（2014）郑民四初字第147号民事判决（2014年7月4日）

二审：河南省高级人民法院（2015）豫法民二终字第215号民事判决（2016年7月20日）

申请再审：最高人民法院（2017）最高法民申1538号民事裁定（2017年12月19日）

再审：最高人民法院（2018）最高法民再192号民事判决（2019年1月17日）

3. 案由

借款担保合同纠纷

【简要案情】

2013年4月12日，中国银行股份有限公司郑州新区支行（以下简称中行新区支行，后更名为中国银行股份有限公司郑州自贸区分行，以下简称中行自贸区分行）和金鹰控股公司签订授信额度协议，约定中行新区支行向金鹰控股公司提供8000万元授信额度。同日，晶诚科技公司、王某某、马某某、郑某、陈某某作为连带责任保证人分别与中行新区支行签订了最高额保证合同。

2013年4月28日，金鹰控股公司向中行新区支行申请国内商业发票贴现业务，签订了国内商业发票贴现协议及相关文件，载明：扣款时如卖方账户余额不足，被授权行可考虑使用该卖方其他交易的收入款来优先抵补该部分欠款等，中行新区支行享有向卖方金鹰控股公司追索的权利。当日，中行新区支行向天惠能源公司送达应收账款债权转让通知书。天惠能源公司当日向中行新区支行出具应收账款债权转让确认书，载明：如果我司未付款，则贵行有权向我司追索金鹰控股公司所欠融资本息、复利等一切费用。中行新区支行后为金鹰控股公司办理贴现融资 17,697,280 元。截至 2014 年 3 月 4 日，该笔款项利息（含罚息）为 960,820.73 元。

2013 年 6 月 25 日，金鹰控股公司向中行新区支行申请国内商业发票贴现业务，签订了国内商业发票贴现协议及相关文件；2013 年 6 月 25 日、2013 年 7 月 10 日，华乐国际贸易公司向中行新区支行出具应收账款债权转让确认书，承诺分别于 2013 年 12 月 21 日前、2014 年 1 月 5 日前将应付金鹰控股公司的 23,399,520 元、16,613,200 元账款付至中行新区支行指定的账户，如未付款，中行新区支行有权向其追索金鹰控股公司所欠融资本息、复利等费用。中行新区支行为金鹰控股公司办理贴现融资 18,719,616 元、13,290,560 元。截至 2014 年 3 月 4 日，该两笔款项利息（含罚息）为 1,308,061.07 元。天惠能源公司、华乐国际贸易公司未将应付金鹰控股公司的账款付至中行新区支行指定账户。

一审法院于 2014 年 7 月 4 日作出（2014）郑民四初字第 147 号民事判决，判令：（一）金鹰控股公司偿还中行新区支行借款本金 49,707,456 元及利息 2,268,881.80 元；（二）晶诚科技公司、王某某、马某某、郑某、陈某某对金鹰控股公司的上述债务承担连带清偿责任；（三）天惠能源公司对金鹰控股公司应承担的融资本息 18,658,100.73 元承担连带清偿责任；（四）华乐国际贸易公司对金鹰控股公司应承担的融资本息 33,318,237.07 元承担连带清偿责任；（五）驳回华乐国际贸易公司的反诉请求。

二审法院于 2016 年 7 月 20 日作出（2015）豫法民二终字第 215 号判决，判令：（一）维持一审判决第一项、第二项；（二）撤销一审判决第三项、第四项、第五项；（三）驳回中行新区支行对大惠能源公司、华乐国际贸易公司的起诉；（四）驳回华乐国际贸易公司对中行新区支行的反诉。

判决生效后，中行新区支行向最高人民法院申请再审，请求撤销二审判决，维持一审判决。

再审审查过程中，中行自贸区分行将案涉债权转让给华融资产河南分公司。

【案件焦点】

融资担保法律关系与债权转让法律关系能否合并审理。

【裁判结果】

最高人民法院再审认为：

一、本案融资担保法律关系与债权转让法律关系应合并审理

本案涉及多方当事人、多份合同、多种法律关系，其中金鹰控股公司、天惠能源公司、华乐国际贸易公司签订有煤炭买卖合同，各方形成买卖合同关系；中行新区支行、金鹰控股公司、晶诚科技公司、王某某、郑某、陈某某签订有授信额度协议、国内商业发票贴现协议、最高额保证合同，各方形成融资担保法律关系，中行新区支行、天惠能源公司、华乐国际贸易公司之间有应收账款债权转让通知书、应收账款债权转让确认书，各方又形成债权转让法律关系。从上述合同及文件内容看，本案交易安排是中行新区支行为金鹰控股公司提供贸易融资，但前提是金鹰控股公司将对天惠能源公司、华乐国际贸易公司因履行双方买卖合同产生的应收账款债权转让给中行新区支行；天惠能源公司、华乐国际贸易公司在应收账款债权转让后成为中行新区支行的债务人，向中行新区支行履行还款义务，以确保金鹰控股公司与中行新区支行国内商业发票贴现协议项下融资款的偿付；同时，晶诚科技公司、王某某、郑某、陈某某对金鹰控股公司的债务提供连带保证，上述交易系一个整体安排。根据中国银行业监督管理委员会①颁布的《商业银行保理业务管理暂行办法》第6条关于“保理业务是以债权人转让其应收账款为前提，集应收账款催收、管理、坏账担保及融资于一体的综合性金融服务”的规定，本案业务属于以应收账款合法、有效转让为前提的银行保理融资服务。

关于保理类型，金鹰控股公司与中行新区支行签订的国内商业发票贴

① 根据中央机构改革部署，原中国银行业监督管理委员会相关职责已由中国银行保险监督管理委员会行使。

现协议第 22 条约定：“如已贴现融资的应收账款至发票到期日后 30 天仍无法收回，保理商有权立即收回融资本息，并有权从卖方账户主动扣款或采取其他办法主动收款，直至收回融资本息。”金鹰控股公司向中行新区支行出具的国内商业发票贴现融资申请书第 6 条第 3 款约定：“……贵行保留一切必要措施向我司追索融资本息的权利……”据此应当认为，本案属于有追索权的保理。对于有追索权的保理，保理商在债权未获清偿的情况下，不仅有权请求基础合同的债务人向其清偿债务，同时有权向基础合同应收账款债权的让与人追索。

本案中，中行新区支行即是同时向金鹰控股公司主张了追索权，又向天惠能源公司、华乐国际贸易公司主张了应收账款债权。虽然中行新区支行基于不同的法律关系分别向多个债务人同时主张，但均在保理法律关系范围之内，目的只有一个，即追回向金鹰控股公司提供的保理融资款项。因此，本案应当合并审理，并根据各方法律关系认定各债务人的责任顺序和范围。二审法院在一审已经全案审理的情况下，以借款担保合同纠纷与债权转让纠纷并非基于同一法律事实、同一法律关系，不能合并审理为由，驳回中行新区支行对于天惠能源公司、华乐国际贸易公司的起诉、华乐国际贸易公司对中行新区支行的反诉，该处理不符合保理法律关系特征，割裂了多种法律关系之间的内在联系，增加了当事人的诉累，不利于纠纷一体化解决，最高人民法院予以纠正。

二、关于天惠能源公司、华乐国际贸易公司的责任认定问题

根据本案查明的事实，天惠能源公司签收应收账款债权转让确认书后，金鹰控股公司对其享有的 22,121,600 元应收账款债权即转让至中行新区支行。此后，中行新区支行向金鹰控股公司发放对应商业发票项下的贴现融资款 17,697,280 元。在天惠能源公司未按应收账款债权转让确认书指定日期将相应款项支付至指定账户、金鹰控股公司也未按期支付前述融资款及利息的情况下，天惠能源公司应当按照其在应收账款债权转让确认书中所作“无论何种原因，如我司未将该发票项下款项支付至上述账号，则贵行有权向我司追索卖方在本笔融资项下所欠融资本息（含罚息）、复利及律师费、催收费等一切费用”的承诺，向中行新区支行支付前述融资款及利息。同样，华乐国际贸易公司在签收两份应收账款债权转让确认书后，中行新区支行先后向金鹰控股公司发放了两笔贴现融资款，金额分别为18,719,616元、13,290,560元。在华乐国际贸易公司未按应收账款债权转让确认书指定日期将相应款项支付至指定账户、金鹰控股公司也未按期支付前述融资款及利息的情形下，华乐国际贸易公司亦应按照其在应收账款债权转让确认书中所作承诺向中行新区支行支付前述贴现融资款及利息。

关于各债务人的责任顺序和范围，因天惠能源公司、华乐国际贸易公司系应收账款的付款人，其应首先就转让部分应收账款承担偿付责任；如相关款项无法清偿，则金鹰控股公司应继续承担补充清偿责任；晶诚科技公司、王某某、郑某、陈某某应对金鹰控股公司所负债务承担连带保证责任。一审判决虽对本案各方当事人纠纷一并处理的总体思路正确，但对于各债务人责任顺序和范围的认定不当，最高人民法院予以纠正。虽然本案中除金鹰控股公司之外的其他债务人承担连带清偿责任的诉讼请求不能成立，但考虑清偿顺序和范围属于法律适用问题，最高人民法院根据本案情况予以相应调整。

综上，华融资产河南分公司的部分再审请求成立，最高人民法院判决：（一）维持一审判决第五项，即“驳回华乐国际贸易公司的反诉请求”；（二）撤销二审判决、一审判决第一项、第二项、第三项、第四项；（三）天惠能源公司于判决生效后10日内向华融资产河南分公司支付17,697,280元及利息；（四）华乐国际贸易公司于判决生效后10日内向华融资产河南分公司支付32,010,176元及利息；（五）金鹰控股公司对前述第三项、第四项债务未能清偿部分承担还款责任；（六）晶诚科技公司、王某某、郑某、陈某某对上述第五项债务承担连带清偿责任，并有权在承担保证责任后向金鹰控股公司追偿；（七）驳回华融资产河南分公司的其他诉讼请求。

【裁判摘要评析】

一、保理合同法律关系的特征

保理作为债权管理和融资相结合的产物，其业务的发展能够加速普惠金融进程，有利于促进企业特别是中小企业发展，同时，由于保理业务以应收账款作为第一还款源，更是受到中小企业的普遍青睐。但由于保理法律规范欠缺，保理业务开展不尽规范，导致人民法院近年来受理的与保理相关的民事纠纷数量不断上升。由于保理合同纠纷系新类型案件，相关法律规则欠缺，再加之保理法律关系本身复杂，审判实践中存在较多亟待研究和解决的问题。本案即是保理商同时起诉多个债务人时，程序及实体如何处理的典型案例。

（一）保理的概念

关于保理的概念，我国法律尚无明确规定，相关规则可在有关国际公约和我国部门规章、行业规范中找到依据。根据《国际保理公约》第 1 条的规定，保理是指以货物贸易合同或服务贸易合同所产生的应收账款的转让为前提，由该应收账款的受让方为转让方提供融资、账户的管理、收取应收账款及保护转让方不受债务人拖欠的影响等至少两项服务，而且，该应收账款的让与通知应送交债务人。中国银行业监督管理委员会颁布的《商业银行保理业务管理暂行办法》第 6 条规定，保理业务是以债权人转让其应收账款为前提，集应收账款催收、管理、坏账担保及融资于一体的综合性金融服务；债权人将其应收账款转让给商业银行，由商业银行向其提供应收账款催收、应收账款管理、坏账担保、保理融资中至少一项的保理业务。中国银行业协会 2016 年 8 月 23 日颁布的《中国银行业保理业务规范》第 4 条第 2 款对于保理业务也作了类似上述规定。

（二）保理的类型

保理的分类标准很多，按照基础交易的性质和债权人债务人所在地可以分为国际保理、国内保理；按照是否将应收账款转让的事实通知债务人，可分为公开型保理和隐蔽型保理；按照参与保理服务的保理机构个数，可分为单保理和双保理。根据中国银行业协会 2016 年 8 月 23 日颁布的《中国银行业保理业务规范》第 6 条的规定，按照银行在债务人破产无理拖欠或无法偿付应收账款时是否可以向债权人反转让应收账款，或要求债权人回购应收账款或归还融资，可分为有追索权保理和无追索权保理。

有追索权保理，又称回购型保理，是指在应收账款到期无法从债务人处收回时，银行可以向债权人反转让应收账款，或要求债权人回购应收账款或归还融资。无追索权保理，又称买断型保理，是指应收账款在无商业纠纷等情况下无法得到清偿的，由银行承担应收账款的坏账风险。因无追索权保理相当于债权人把应收账款卖断给银行，银行的风险很高，因此，我国商业银行国内保理业务一向以有追索权保理为主，在应收账款到期时，债务人不支付货款的信用风险仍由债权人承担。司法实务中亦以有追索权的保理合同纠纷为主。

（三）保理合同法律关系的特征

保理以货物或服务贸易等基础合同所产生的应收账款即债权的转让为前提。保理法律关系中一般涉及保理商、基础合同的卖方、基础合同的买方、担保人四方主体，涉及的法律关系通常包括保理商与债务人之间的保理融资法律关系、债务人与次债务人之间的基础合同关系、债务人与保理商之间的债权转让法律关系、保理商与担保人之间的担保法律关系。因此，不能将保理合同简单归属于借款合同、债权转让合同或担保合同。

具体到本案，一审将案由确定为借款合同纠纷，二审将案由确定为借款担保合同纠纷，但根据各方当事人之间签订、履行上述协议情况看，本案为典型的保理合同纠纷。从主体看，主体涉及四方：保理商中行新区支行，应收账款出让人、基础合同中的债权人金鹰控股公司，应收账款债务人，基础合同项下的债务人天惠能源公司、华乐国际贸易公司，担保人晶诚科技公司、王某某、郑某、陈某某。从法律关系看，上述包含了保理融资法律关系、基础合同关系、债权转让法律关系、担保法律关系四种。本案再审案由虽沿用了二审认定的借款担保合同纠纷，但实质上为保理合同纠纷。

二、保理合同纠纷的审理范围和裁判思路

（一）保理合同的性质探讨和法律适用

保理合同的性质在理论界有不同观点：（1）“债权质押说”，认为在保理运作过程中实质上是债权人将对债务人享有的债权出质给保理商，保理商向其提供贷款；（2）“担保说”，认为保理的特征是担保付款，其合同的主要目的是担保基础合同的履行，只有在基础合同不能正常履行，即买方不付款时，保理商才履行保理合同中的付款义务；（3）“债权转让说”，认为保理的法律基础在于应收账款权利的转让。

由于保理合同是系列合同的组合，法院审判时应当从当事人诉讼请求、事实和理由出发，结合相关证据，以合法有效的基础合同为前提，审查基础合同的债权人将其应收账款债权转让给保理商的约定是否善意、真实，综合判断案件中合同是否是保理合同的性质。关于效力问题，只要不具有《合同法》第52条规定的合同无效情形，应以保理合同的约定作为各方当事人权利义务的主要依据，以《合同法》中有关债权转让的规定作为法律依据，并依据第124条①无名合同的相关规定，适用《合同法》总则的规定，并可以参照《合同法》分则或者其他法律最相类似的规定处理。

（二）保理合同纠纷的审理范围

法院在裁判此类合同纠纷时，确定审理范围尤为重要。对比较常见的有追索权保理纠纷，保理商同时起诉多个债务人时，法院是全案审理还是区分法律关系分别审理，司法实务中存在争议。

根据保理法律关系特征并考虑诉讼经济原则，对于保理商同时起诉多个债务人的，一般应当全案审理。保理商受让应收账款后，既是基础合同的应收账款债权人，也是保理合同的债权人。保理商在债权未获清偿的情况下，不仅有权请求基础合同的债务人清偿，还有权向基础合同债权的让与人追偿。当保理商同时基于不同的原因分别向多个债务人主张不同的债权请求权时，均系保理法律关系范围之内的请求，诉讼目的也只有一个，即将保理融资款项追回。此时需要注意的是，应当根据各方法律关系区分和认定债务人的清偿顺序及范围。

审判实践中，有的将应收账款的转让视为保理的对价，将保理合同法律关系割裂为借款关系、债权转让关系，分别予以处理，如本案原二审的处理方式。该种处理方式在保理合同纠纷进入审判初期确实存在，具体到

① 本条现为《民法典》第467条第1款：“本法或者其他法律没有明文规定的合同，适用本编通则的规定，并可以参照适用本编或者其他法律最相类似合同的规定。”

本案，在一审已经全案审理的情况下，二审将案件分割开审理，程序上不妥，最高人民法院通过审判监督程序，提审之后再审予以纠正，既符合保理合同纠纷的法律特征，也符合司法便民为民的总体要求。

（三）保理合同纠纷的裁判思路

如果保理商未能收回应收账款，往往同时向应收账款转让人和应收账款付款人主张清偿，此时，向前者主张清偿的依据是保理融资关系中回购应收账款或清偿融资款的承诺，向后者主张清偿的依据是基础买卖合同中的应收账款债权。在保理商同时主张的情况下，人民法院应当根据各方法律关系厘清各债务人的清偿顺序和范围，而不应因当事人主张的责任顺序或者范围不准确而直接予以驳回。

关于清偿顺序和范围，应收账款付款人应承担第一位的清偿责任，在保理商未完全获得清偿时，应收账款转让人承担补充清偿责任，保证人同时应承担相应的保证责任。本案中，因天惠能源公司、华乐国际贸易公司系应收账款的付款人，其应首先就转让部分应收账款向华融资产河南分公司承担偿付责任；如相关款项无法完全清偿，则金鹰控股公司应继续向华融资产河南分公司承担补充清偿责任；晶诚科技公司、王某某、郑某、陈某某应对金鹰控股公司所负债务承担连带保证责任。

最高人民法院再审合议庭成员：梅　芳　杨立初　刘雪梅

（编写人：梅　芳* 　范怡倩** 　编辑：李　明）

---

* 梅芳，女，法学硕士，中华人民共和国最高人民法院民事审判第二庭，三级高级法官。

** 范怡倩，女，法学硕士，中华人民共和国最高人民法院审判监督庭，法官助理。

甘肃华远实业有限公司等
与
兰州银行股份有限公司庆阳分行等
及第三人甘肃陇东汽车运输有限公司等
金融借款合同纠纷案

——依据关联法律关系提起诉讼合并审理的条件

【裁判摘要】

当事人依据多个法律关系合并提出多项诉讼请求，虽然各个法律关系之间具有一定事实上的关联性，但若并非基于同一事实，或者诉讼标的并非同一或同类，经人民法院释明后，当事人仍不分别起诉的，可以裁定驳回起诉，但应注意保障当事人分别起诉的权利。

【案件基本信息】

1. 诉讼当事人

上诉人（一审原告）：甘肃华远实业有限公司（以下简称华远实业公司）等6人

被上诉人（一审被告）：兰州银行股份有限公司庆阳分行（以下简称兰州银行庆阳分行）等6人

一审第三人：甘肃陇东汽车运输有限公司（以下简称陇东汽车运输公司）等4人

2. 案件索引与裁判日期

一审：甘肃省高级人民法院（2018）甘民初136号民事裁定（2018年10月31日）

二审：最高人民法院（2019）最高法民终77号民事裁定（2019年3

月 14 日）

3. 案由

金融借款合同纠纷

【简要案情】

华远实业公司等 6 人向一审法院起诉称，2014 年 9 月 30 日，兰州银行庆阳分行向 21 户果农发放贷款 3000 万元，由庆阳市春园果蔬仓贮有限责任公司（以下简称春园果蔬仓贮公司）用其果库作抵押担保，贷款期限 1 年。上述贷款并未实际发放给 21 户果农，而是由春园果蔬仓贮公司实际控制并转贷谋利。贷款到期后，因春园果蔬仓贮公司未能按期还款，兰州银行庆阳分行希望春园果蔬仓贮公司以“借新还旧”的办法尽快解决。

2015 年 11 月间，春园果蔬仓贮公司的法定代表人米某找到陇东汽车运输公司控股股东刘甲商议此事。兰州银行庆阳分行负责人肖某答应给刘甲贷款，但前提条件是先以陇东汽车运输公司名义从兰州银行庆阳分行借款 3000 万元帮助春园果蔬仓贮公司归还 21 户果农的贷款，等年后再给陇东汽车运输公司放贷。因陇东汽车运输公司没有抵押物，刘甲联系了华远实业公司的实际控制人秦某，欲以华远实业公司的“华远假日旅游酒店”作抵押。秦某因其独资公司庆阳市特亨房地产开发有限责任公司（以下简称特亨房地产公司）在庆阳市镇原县开发的项目急需资金，便在肖某承诺给其贷款的情况下，与米某、刘甲、肖某等多次商议，达成了“一揽子”口头协议，即于 2015 年年底前，秦某提供房屋抵押担保，由刘甲从兰州银行庆阳分行借款 3000 万元代米某归还 21 户果农的银行欠款，兰州银行庆阳分行承诺年后再给刘甲、秦某分别放贷；同时约定，秦某若需要将该房屋另行抵押贷款时，刘甲立即归还贷款、解押并将房产证退还秦某。米某代表春园果蔬仓贮公司向华远实业公司作出书面承诺，用其公司楼房及果库抵押，并承诺年后给付刘甲现金 1200 万元为其履行还款、解押并退还房产证的义务提供担保。刘甲同时作出书面承诺，如其不能及时还款、解押并退还房产证，愿以其在“华远假日旅游酒店”承包经营中的全部财产权益，包括解除承包合同并以其已交纳的 500 万元承包费、100 万元装修保证金、前期装修投资等全部个人名下财产权益作为还款保证。

2015 年 12 月 30 日，陇东汽车运输公司与兰州银行庆阳分行签订借款协议，华远实业公司用“华远假日旅游酒店”提供抵押担保，兰州银行庆阳分行将陇东汽车运输公司的 3000 万元借款（借期为一年）划付至春园果蔬仓贮公司账户并由春园果蔬仓贮公司代偿了 21 户果农的银行借款。自 2016 年 3 月始，秦某多次催促兰州银行庆阳分行尽快放贷，却被肖某告知无法办理，而春园果蔬仓贮公司又不履行其付款承诺和担保义务，刘甲也不履行其对华远实业公司的承诺，致使秦某未能从兰州银行庆阳分行贷到款，又没有抵押物从其他银行融资，导致其项目全面停建。

2017 年 8 月 28 日，兰州银行庆阳分行将陇东汽车运输公司和华远实业公司等起诉至庆阳市中级人民法院，请求判令陇东汽车运输公司偿还借款并对华远实业公司的房产行使抵押权。在借款人陇东汽车运输公司不主动还款的情况下，抵押房产势必进入相对较长的审理及执行程序，秦某只好接受兰州银行庆阳分行再一次的“借新还旧”方案，即由边某（秦某母亲）控股、秦某参股的庆阳市特亨营运有限责任公司（以下简称特亨营运公司）作为借款人向兰州银行庆阳分行借款 2300 万元，秦某自筹 13,488,949.99 元，共计 36,488,949.99 元由特亨营运公司代偿陇东汽车运输公司拖欠兰州银行庆阳分行的借款本息；肖某联络庆阳豪威房地产开发有限公司（以下简称豪威房地产公司）、甘肃省瑞鑫源进出口贸易股份有限公司（以下简称瑞鑫源进出口公司）、甘肃宏达路桥建设集团有限公司（以下简称宏达路桥公司）及其法定代表人为上述借款提供连带责任保证担保，特亨房地产公司、秦某、边某、丁某（秦某之妻）也为上述借款提供连带责任保证担保；同时秦某以其持有的特亨房地产公司 100%股权 3360 万元分别质押给豪威房地产公司、瑞鑫源进出口公司、宏达路桥公司，对上述公司为上述借款的保证担保提供反担保。秦某向兰州银行庆阳分行出具了“不得对肖某进行举报、控告及其他方式进行追讨”的承诺书。

2017 年 9 月 28 日，特亨营运公司代陇东汽车运输公司归还了兰州银行庆阳分行欠款 36,488,949.99 元，特亨营运公司向兰州银行庆阳分行借款2300万元至今。华远实业公司等6人认为，肖某作为兰州银行庆阳分行负责人做出的“年后放贷”的承诺系职务行为，应当由兰州银行庆阳分行承担责任。兰州银行庆阳分行虚假承诺骗取华远实业公司签订抵押合同属于因一方欺诈而订立的合同，应当撤销。合同撤销后，相应的抵押登记也应撤销。2017年8月28日兰州银行庆阳分行起诉后，秦某与兰州银行庆阳分行签订的一系列合同都是在其处于危困状态、违背其真实意愿的情况下发生的，属于《民法总则》第151条①、《合同法》第54条②规定的可撤销民事行为和可撤销合同，应当撤销。因兰州银行庆阳分行的欺骗行为，华远实业公司等6人既不能按约定时间获得贷款，又不能按约定时间置换出抵押物，迫使开发项目停建，损失巨大，根据《民法总则》第157条③、《合同法》第58条的规定，应当由其承担主要的赔偿责任。春园果蔬仓贮公司及刘甲虽向秦某出具相应承诺书，以保证刘甲的及时还款，但均违反承诺并未履行，其违约行为直接导致项目不能及时解押，秦某无法再向其他银行融资贷款，致使工程停工造成巨大损失，应当予以赔偿。故根据《侵权责任法》第8条④、《合同法》第128条⑤的规定，兰州银行庆阳分行、刘甲和春园果蔬仓贮公司应承担连带赔偿责任。

华远实业公司等6人基于上述事实向一审法院起诉请求：（1）撤销特亨营运公司代陇东汽车运输公司归还其在兰州银行庆阳分行欠款36,488,949.99元的还款行为，判令兰州银行庆阳分行退还特亨营运公司的上述还款；（2）撤销特亨营运公司向兰州银行庆阳分行借款2300万元的借款合同，同时撤销特亨房地产公司、秦某、丁某、边某为此借款与兰

---

① 本条现为《民法典》第151条。

② 本条现为《民法典》第147条、第148条、第150条、第151条。《民法典》第147条：“基于重大误解实施的民事法律行为，行为人有权请求人民法院或者仲裁机构予以撤销。”《民法典》第148条：“一方以欺诈手段，使对方在违背真实意思的情况下实施的民事法律行为，受欺诈方有权请求人民法院或者仲裁机构予以撤销。”《民法典》第150条：“一方或者第三人以胁迫手段，使对方在违背真实意思的情况下实施的民事法律行为，受胁迫方有权请求人民法院或者仲裁机构予以撤销。”《民法典》第151条：“一方利用对方处于危困状态、缺乏判断能力等情形，致使民事法律行为成立时显失公平的，受损害方有权请求人民法院或者仲裁机构予以撤销。”

③ 本条现为《民法典》第157条。

④ 本条现为《民法典》第1168条。

⑤ 本条在《民法典》中无对应条文。

州银行庆阳分行订立的保证合同，确认上述合同撤销后特亨营运公司返还兰州银行庆阳分行的借款 2300 万元；（3）撤销秦某将特亨房地产公司 100%股权 3360 万元分别以 1120 万元质押给豪威房地产公司、瑞鑫源进出口公司、宏达路桥公司的质押合同及质押登记；（4）撤销秦某出具的“不得对肖某进行举报、控告及其他方式进行追讨”的承诺书；（5）撤销华远实业公司为陇东汽车运输公司向兰州银行庆阳分行借款 3000 万元担保而与兰州银行庆阳分行订立的抵押合同及抵押登记；（6）判令兰州银行庆阳分行、春园果蔬仓贮公司和刘甲共同赔偿华远实业公司因自筹资金 13,488,949.99 元代陇东汽车运输公司偿还其拖欠兰州银行庆阳分行的借款而产生的利息损失；（7）判令兰州银行庆阳分行、春园果蔬仓贮公司和刘甲共同赔偿华远实业公司抵押物“华远假日旅游酒店”抵押收益损失；（8）判令兰州银行庆阳分行、春园果蔬仓贮公司和刘甲共同赔偿特亨房地产公司“鑫河湾”商住小区项目自 2016 年 3 月 1 日至 2017 年 9 月 30 日因资金断裂停建造成的各项损失暂计 8000 万元；（9）判令刘甲以其承包经营“华远假日旅游酒店”中的全部财产权益包括解除承包合同并以其已交纳 500 万元承包费、100 万元装修保证金、前期装修投资等全部个人名下财产权益为本案债务承担保证责任；（10）判令兰州银行庆阳分行、春园果蔬仓贮公司和刘甲承担本案全部的诉讼费用。

一审法院经审查认为，华远实业公司等 6 人的诉讼请求系基于不同法律关系提出的不同种类的诉讼请求，不属于共同诉讼，不符合应当合并审理的情形，在向华远实业公司等 6 人释明且其不同意撤诉的情况下，一审法院裁定驳回了华远实业公司等 6 人的起诉。

华远实业公司等 6 人不服提起上诉，请求撤销一审裁定，指令一审法院对本案进行实体审理。

【案件焦点】

华远实业公司依据关联法律关系提起本案诉讼是否应予受理。

【裁判结果】

最高人民法院认为，本案华远实业公司等 6 人的起诉系基于三个有关联的法律关系产生的一系列纠纷，并非基于同一事实发生，且三个法律关系之间不存在牵连，不构成共同诉讼，一审法院在向华远实业公司等6人释明后，驳回华远实业公司等6人的起诉，系在充分保障当事人程序选择权基础上，基于本案实际情况作出的处理，认定事实、适用法律并无不当。华远实业公司等6人可就其基于同一法律关系的诉讼请求另行分别提起诉讼，符合受理条件的，人民法院应予依法受理。最高人民法院裁定驳回上诉，维持原裁定。

【裁判摘要评析】

本案系多个起诉人依据具有一定事实牵连关系的多个借款法律关系合并提起的诉讼，对其起诉是否应当作为一个案件受理是本案要解决的主要问题，核心在于准确判断案件是否符合合并审理的条件。依据《民事诉讼法》《民事诉讼法司法解释》相关规定，可以合并审理的诉主要包含三种情况，一是系基于同一事实提起的诉，二是系诉讼标的同一或者同类的共同诉讼，三是系本诉和反诉。

第一，本案的起诉并非基于同一事实。《民事诉讼法司法解释》第221条规定："基于同一事实发生的纠纷，当事人分别向同一人民法院起诉的，人民法院可以合并审理。"法律事实是法律规范所规定的能够引起法律关系产生、变更或消灭的现象，可以合并的诉讼应"基于同一事实"发生，各个单纯之诉所依据的事实关系或者法律关系应具有同一性或者重叠性，不具有同一性或者重叠性较小以至于产生矛盾裁判的，不符合合并审理的要件。[①] 根据该规定，可以合并审理的诉讼应"基于同一事实"发生，所依据的事实或者法律关系应具有一致性或者重叠性。本案中，华远实业公司等6人起诉所依据的是不同主体相继与兰州银行庆阳分行建立的三个借款法律关系，以及基于该三个借款法律关系所衍生的抵押担保法律关系、保证担保法律关系及反担保法律关系。案涉三个借款法律关系之间不存在法律牵连，且各起诉人的诉讼请求各不相同，诉讼请求所依据的法律关系亦不相同，因此本案诉讼并非基于同一事实发生，不符合上述司法

① 参见沈德咏主编：《最高人民法院民事诉讼法司法解释理解与适用》，人民法院出版社2015年版，第575页。

解释规定的合并审理的要件。

第二，本案不符合共同诉讼的条件。《民事诉讼法》第52条规定，共同诉讼分为必要共同诉讼和普通共同诉讼。必要共同诉讼是指诉讼标的共同的诉讼，是不可分之诉，共同诉讼人必须一并参加诉讼，否则为当事人不适格。本案三个借贷法律关系互相独立，构成独立的诉讼标的，且各个诉讼标的之间不存在牵连，完全可以单独起诉，不属于必要共同诉讼。普通共同诉讼是指诉讼标的是同一种类，人民法院认为可以合并审理并经当事人同意合并审理的诉讼。本案所涉三个借贷法律关系虽属同类，但各个借贷法律关系涉及的主体不同、担保法律关系不同，且华远实业公司等6人基于不同法律关系所提出的诉讼请求各不相同，所指向的主体也有所不同，故本案亦不属于普通共同诉讼，不符合合并审理的条件。

第三，起诉不符合合并审理条件，经法院释明后仍不分别起诉的，可以裁定驳回起诉，并应注意保障当事人嗣后分别起诉的权利。一般情况下，一起民事案件处理一个法律关系，如涉及其他法律关系，法院在立案时应审查各法律关系之间是否符合合并审理的条件，以节省诉讼成本，提高诉讼效率，避免在同一或同类案件的处理上出现冲突裁判。但当事人在启动诉讼程序时提出若干个诉讼请求，各诉讼请求依据的法律关系不同，法院经审查认为将若干个诉合并审理无法实现上述程序功能和价值的，可以向当事人予以释明，并根据当事人的选择，对该程序事项作出相应处理。

最高人民法院二审合议庭成员：刘小飞　王　涛　杨弘磊

（编写人：刘小飞[*]　邹军红[**]　编辑：杨　奕）

---

[*] 刘小飞，女，法学博士，中华人民共和国最高人民法院第六巡回法庭，二级高级法官。

[**] 邹军红，女，法学硕士，中华人民共和国最高人民法院第六巡回法庭，四级高级法官。

安徽强正中药饮片有限公司
与
抚州市临川区东方中信小额贷款有限责任公司
借款合同纠纷案

——待证事实的证明责任分配

【裁判摘要】

1.《最高人民法院关于适用〈中华人民共和国民事诉讼法〉的解释》第108条对举证责任分配作出了规定，法院裁判应严格按照该规定进行，需要考虑的是如何认定现有证据已对待证事实形成高度概然性。

2. 当事人的陈述、自认，虽然可信度不高，仍是法定证据的一种。当自认的事实与查明的事实不符的，不应予以确认。

3. 是否构成表见代理的关键，主要看一方当事人的行为是否已经足以让对方产生合理信赖。表见代理中的合理信赖，需要结合多种因素综合考量。

【案件基本信息】

1. 诉讼当事人

再审申请人（一审被告、二审被上诉人）：安徽强正中药饮片有限公司（以下简称强正中药饮片公司）

被申请人（一审原告、二审上诉人）：抚州市临川区东方中信小额贷款有限责任公司（以下简称东方中信小额贷款公司）

2. 案件索引与裁判日期

一审：江西省抚州市中级人民法院（2018）赣10民初104号民事判决（2018年9月25日）

二审：江西省高级人民法院（2019）赣民终59号民事判决（2019年2月28日）

再审：最高人民法院（2019）最高法民申2199号民事裁定（2019年5月23日）

3. 案由

借款合同纠纷

【简要案情】

2017年12月27日，安徽纪淞堂药业股份有限公司（以下简称纪淞堂药业公司）向东方中信小额贷款公司申请借款，并签订了流动资金借款合同，约定了借款金额、期限、用途、利率、担保等内容。为担保上述合同的履行，包括强正中药饮片公司在内的若干担保人与东方中信小额贷款公司签订了保证合同，均约定了被保证担保的主债务为纪淞堂药业公司向东方中信小额贷款公司的借款1000万元；保证担保范围包括主合同项下的借款本金、利息、逾期利息、复利、罚息、违约金、赔偿金和法律服务、评估、登记、保险、保管、鉴定、公证以及为实现债权的所有费用；保证方式为连带责任保证等内容。纪淞堂药业公司自取得1000万元借款后，共向东方中信小额贷款公司支付利息483,333.20元，2018年5月20日之前的利息已全部支付完毕。从2018年5月21日开始未支付任何本金和利息。东方中信小额贷款公司提起诉讼。

一审法院于2018年9月25日作出（2018）赣10民初104号民事判决，部分支持了东方中信小额贷款公司的诉讼请求，但未认定强正中药饮片公司应承担连带责任。东方中信小额贷款公司不服一审判决，提出上诉，二审法院于2019年2月28日作出（2019）赣民终59号民事判决，认定强正中药饮片公司应承担连带责任。

强正中药饮片公司向最高人民法院申请再审，请求驳回东方中信小额贷款公司的诉讼请求。

【案件焦点】

1. 强正中药饮片公司作为保证人的保证合同是否成立；

2. 对于保证合同盖章真实性的举证责任应如何分配；

3. 如果盖章是假的，是否构成表见代理。

【裁判结果】

最高人民法院经审理认为，强正中药饮片公司提交的鉴定意见书仅能证明涉案保证合同上强正中药饮片公司的印章与公安机关鉴定中作为样本比对的印章并不一致，不足以证明涉案保证合同上的印章是伪造的。当时实际控制强正中药饮片公司的股东廖某某关于公章是其私刻的陈述也只是其单方陈述。依照《最高人民法院关于民事诉讼证据的若干规定》第 73 条第 1 款，可判断东方中信小额贷款公司提供证据的证明力较大。公安机关对于强正中药饮片公司公章被伪造一案已立案受理，刑事案件暂无结论，无法认定伪造印章罪已经成立。强正中药饮片公司认为本案应移送公安机关并中止审理于理无据。案涉转让协议约定将纪淞堂药业公司、廖某某所有的土地、房产、股权、机器设备、营业执照等转让给强正中药饮片公司、吕某某，所有资产转让价格为 2660 万元，但对于股权和全部财产未分别约定价款，且关于该协议有无实际履行，强正中药饮片公司没有提供充分证据予以证明。本案中，强正中药饮片公司这一主体自始至终都是存在的。原判决认定其应当承担连带保证责任并无不当。综上所述，驳回强正中药饮片公司的再审申请。

【裁判摘要评析】

本案的核心争议是对于保证合同盖章真实性的举证责任应如何分配、在无法证明盖章是真实的情形下是否构成表见代理。以下结合本案具体案情及实践中的普遍做法对裁判理由进一步说明。

一、对于盖章真实性的举证责任应如何分配

一审判决根据廖某某对于私刻印章的自认，认定保证合同不是强正中药饮片公司的真实意思表示，双方没有达成合意，从而合同也没有成立。由于双方均不申请鉴定，对盖章真实性无法认定，东方中信小额贷款公司又未提供证据进一步证明，应由其承担举证不能的不利法律后果。二审判决认为东方中信小额贷款公司已经出具了保证合同和股东会决议，可以作为初步证据，强正中药饮片公司如果认为印章是假的，应对其抗辩负有举证责任。

本案判决认为根据二审已查明的事实，可以认定保证合同已经成立，双方均作出了意思表示。保证合同以及股东会决议、强正中药饮片公司的印章、法定代表人私章作为初步证据已经可以使法官形成内心确信，免除了东方中信小额贷款公司进一步举证的责任。根据《民事诉讼法司法解释》第 108 条第 2 款，强正中药饮片公司为了反驳东方中信小额贷款公司，应当负有举证证明的责任。强正中药饮片公司现主要有两份证据，一是该公司原法定代表人廖某某关于其私刻公章的单方陈述，二是关于保证合同上强正中药饮片公司的印章与公安机关鉴定中作为样本比对的印章不一致的鉴定意见。前者只是当事人的自认，根据《民事诉讼法司法解释》第 92 条规定，自认只能产生对方当事人免证的效果，但自认的事实与查明的事实不符的，人民法院不予确认。由于该项自认只是单方陈述，证明力不足，不能排除廖某某与强正中药饮片公司存在串通的可能性，若要推翻现有证据已经证明的事实，需要其他证据进一步补强。后者只能证明检材印章与样本印章不一致，并不能之间得出保证合同和股东会决议上的印章是假的这一结论。

二、申请鉴定的责任分配问题

本案的关键问题在于，为了证明印章的真伪，通常做法是由当事人申请鉴定，现在双方都没有申请鉴定，申请鉴定的证明责任应当由谁来负担，这一点在实践中存在争议。若跳出个案，则可以民间借贷案件中常见的情况为例进行探讨。若出借人甲主张借款给乙，并提供了借款合同，但没有提供银行流水。乙说借款合同上的章不是自己的。此时，双方都未申请鉴定。此时应当由谁负有证明责任？依照《民事诉讼法司法解释》第 108 条第 1 款，该证明责任应当由出借人甲来承担，因为借款事实的存在应当由出借人甲来承担证明义务。如果出借人甲已经提供证据加以证明，而借款人乙对此表示沉默，则法官可以推定借款事实的存在具有高度可能性，应当认定该事实的存在。如果乙此时说合同上的字也不是自己签的，这时，乙的陈述再次动摇了该份证据的真实性，应当由出借人甲申请鉴定，证明合同上签字的真实性。

在另一种情形下，出借人甲拿出了借条、签名、转账凭证，这几个结合在一起，如果本身就足以让法官认定借款事实的存在具有高度可能性，就不需要申请鉴定了。但如果法官认为这些证据还不足以有说服力，比如签名明显可以看出来与借款人乙的实际签名不一致，那么出借人甲则需要继续举证。通常做法，比如去寻找证人出庭作证，或者申请笔迹鉴定。因为当待证事实真伪不明时，应当由负有举证责任的一方去申请鉴定，即由以公章作为依据证明合同真实性的一方去申请鉴定。但实践中，有时候反而会出现出借人未申请鉴定，而借款人申请鉴定的情形。这一般是借款人为了拖延诉讼时间的策略。通常来说，如果法官已经根据其他证据形成内心确信，则无须同意该项申请。

三、在盖章是假的情形下，能否构成表见代理

若本案东方中信小额贷款公司未能举证证明保证合同已成立，或强正中药饮片公司提供了充足的证据进行抗辩，足以使本案盖章的真实性处于真伪不明的状态，则不能认定其真实性，还需要进一步讨论本案是否已经构成了表见代理。

判断是否构成表见代理的关键，主要看廖某某的行为是否已经足以让东方中信小额贷款公司产生合理信赖。表见代理中的合理信赖，需要结合多种因素综合考量。本案中公章与私章的真伪不属于东方中信小额贷款公司形式审查的范围，能对合理信赖产生瑕疵的就是廖某某提供的授权委托书是复印件。但廖某某是强正中药饮片公司的大股东，东方中信小额贷款公司是否可以基于此产生合理信赖，就属于法官自由裁量的范畴了。本案判决认为不能直接认定为构成表见代理，是基于如下考虑：一是签订案涉合同时，廖某某只是强正中药饮片公司的大股东，并非法定代表人，股东除非得到公司的授权，否则是没有对外代表公司的权限的。二是东方中信小额贷款公司提供了股东会决议，对于证明廖某某有代理权的关系也不大。其原因就在于，根据授权委托书复印件和一个不对外公开的股东会决议，对于东方中信小额贷款公司这样一个理性的行为主体来说，不应产生合理信赖。因此，若有证据可以证明公章是假的，私刻公章这一行为可能会构成刑法上的伪造公章罪，则当事人之间是否属于民事纠纷影响案件的最终处理结果是继续审理、中止审理还是驳回起诉，本案最为稳妥的处理方式应当是驳回起诉，移送公安机关处理。

最高人民法院再审合议庭成员：肖　峰　张　华　王成慧

（编写人：秦润芝* 编辑：杨　奕）

* 秦润芝，女，法学硕士，中华人民共和国最高人民法院第三巡回法庭，法官助理。

韩某某
与
中国石油天然气股份有限公司吉林油田分公司水污染责任纠纷案

——渔业水体污染案件中侵权行为的构成及举证责任的适用

【裁判摘要】

“排放污染物行为”不限于积极投放或导入污染物质的行为，还包括伴随企业生产活动的消极污染行为。

【案件基本信息】

1. 诉讼当事人

再审申请人（一审原告、二审上诉人）：韩某某

再审申请人（一审被告、二审被上诉人）：中国石油天然气股份有限公司吉林油田分公司（以下简称中石油吉林分公司）

2. 案件索引与裁判日期

一审：吉林省白城市中级人民法院（2015）白民三重字第1号民事判决（2015年11月26日）

二审：吉林省高级人民法院（2016）吉民终460号民事判决（2016年11月24日）

再审：最高人民法院（2018）最高法民再415号民事判决（2018年12月28日）

3. 案由

水污染责任纠纷

【简要案情】

韩某某与宝石村委会于1997年签订承包草沟子合同后，取得案涉鱼塘的承包经营权，从事渔业养殖。2010年9月9日，中石油吉林分公司位于韩某某鱼塘约1公里的大-119号油井发生泄漏，泄漏的部分原油随洪水下泄流进韩某某的鱼塘。中石油吉林分公司于9月14日至9月19日在污染现场进行了清理油污作业。大安市渔政渔港监督管理站委托环境监测站作出的水质监测报告表明，鱼塘石油含量严重超标，水质环境不适合渔业养殖。韩某某请求法院判令中石油吉林分公司赔偿3,015,040.36元经济损失，包括2010年养鱼损失、2011年未养鱼损失、鱼塘围坝修复及注水排污费用。

一审法院认为，本案应适用一般侵权归责原则，韩某某未能证明损害事实及因果关系的存在，故判决驳回其诉讼请求。

二审法院认为，韩某某未能证明三次注水排污事实的发生，未能证明鱼塘围坝修复费用、2011年未养鱼损失与中石油吉林分公司污染行为之间的因果关系，故仅改判支持其2010年养鱼损失1,058,796.25元。

【案件焦点】

1. 本案是否构成环境污染侵权责任纠纷；

2. 被侵权人养鱼损失责任承担及数额认定问题。

【裁判结果】

最高人民法院经审理认为，本案系因原油泄漏使鱼塘遭受污染引发的环境污染侵权责任纠纷。韩某某举证证明了中石油吉林分公司存在污染行为，鱼塘因污染而遭受损害的事实及原油污染与损害之间具有关联性，完成了举证责任。中石油吉林分公司未能证明其排污行为与韩某某所受损害之间不存在因果关系，应承担相应的损害赔偿责任。排放污染物行为，不限于积极的投放或导入污染物质的行为，还包括伴随企业生产活动的消极污染行为。中石油吉林分公司是案涉废弃油井的所有者，无论是否因其过错导致废弃油井原油泄漏流入韩某某的鱼塘，其均应对污染行为造成的损失承担侵权损害赔偿责任。洪水系本案污染事件发生的重要媒介以及造成韩某某2010年养鱼损失的重要原因，可以作为中石油吉林分公司减轻责任的考虑因素。综合本案情况，改判中石油吉林分公司赔偿韩某某经济损失 1,678,391.25 元。

【裁判摘要评析】

本案重申了渔业水体污染案件中双方当事人的举证责任，明确了“排放污染物行为”不限于积极投放或导入污染物质的行为，还包括伴随企业生产活动的消极污染行为，并对多种因素造成侵权结果时的责任负担规则进行了探索。本案对于如何在具体水污染责任纠纷案件中认定侵权行为的构成、如何认定减免责情形、如何适用举证责任，具有很好的示范作用。

一、环境侵权行为构成的认定

民事责任的构成要件是行为人承担民事责任必须具备的条件。通说认为，一般侵权行为以行为的违法性、损害结果、违法行为与损害结果之间的因果关系、行为人的主观过错为构成要件。在一般的民事侵权责任中，实行的是过错责任的归责原则，即承担民事责任的前提是要有故意或者过失的存在，没有过错原则上不承担责任；同时，被侵权人主张赔偿时，还要承担举证证明行为人有过错的责任。而基于更有利于制裁和遏制污染者行为并充分救济被侵权人的考虑，环境侵权责任适用无过错归责原则，即不问行为人主观上是否有过错，只要其行为与损害后果间存在因果关系，就应承担民事责任。① 无过错责任原则不能由法官自由决定是否适用，其适用范围由法律作出特别规定。依据《民法通则》第 124 条规定：“违反国家保护环境防止污染的规定，污染环境造成他人损害的，应当依法承担民事责任。”②《侵权责任法》第 65 条规定：“因污染环境造成损害的，污染者应当承担侵权责任。”③ 此外，《环境保护法》及各单行环境保

① 参见最高人民法院侵权责任法研究小组编著：《〈中华人民共和国侵权责任法〉条文理解与适用》，人民法院出版社 2016 年版，第 452 页。

② 本条现为《民法典》第 1229 条：“因污染环境、破坏生态造成他人损害的，侵权人应当承担侵权责任。”

③ 本条现为《民法典》第 1229 条：“因污染环境、破坏生态造成他人损害的，侵权人应当承担侵权责任。”

护法律[1]均未规定污染者的过错要件。换言之，法律明确规定了环境污染责任适用无过错责任。这样规定体现了法律公平、正义的原则，有利于切实保护环境污染被侵权人的权益，也有利于促使污染者努力做好环境污染防治工作，加强对生态环境的保护，履行企业环境保护的社会责任；同时与国际上通行的有关环境污染损害赔偿责任的归责原则及其发展趋势也是一致的。[2]《关于审理环境侵权责任纠纷案件适用法律问题的解释》第1条第1款进一步予以了明确，“因污染环境造成损害，不论污染者有无过错，污染者应当承担侵权责任。”据此，环境侵权责任的构成要件有：环境侵权行为、损害事实、环境侵权行为与损害事实之间存在因果关系三要件。[3] 水污染纠纷案件作为环境侵权纠纷案件的主要类型之一，同样适用无过错责任原则。向水体排放污染物的污染者，无论主观上是否有过错，只要在客观上造成了水污染损害，使他人的人身、财产受到损害的，除法律、司法解释规定的可以不承担责任的情形之外，都应承担相应的损害赔偿责任。

二、环境侵权行为的举证责任分配原理及其运用

侵权行为的构成要件体现在司法裁判中，首要问题即双方当事人的举证责任分配。环境侵权责任的举证责任分配亦不同于普通侵权的诉讼规则。环境侵权行为的影响具有累积性、滞后性、潜伏性与隐蔽性，致害物质、致害途径复杂多样，对人身、财产的损害证明专业技术性强。如果严格贯彻传统侵权法因果关系认定适用的条件说或等值理论，则本已处于弱势一方的被侵权人更难以保障自己的实体权利。为了解决这一问题，围绕因果关系证明，产生了疫学因果关系说、间接反证说、表见证明说、概率因果关系说等诸多学说。此外，为了减轻被侵权人的举证负担，保障被侵

① 具体可见《环境保护法》第41条、《海洋环境保护法》第90条、《水污染防治法》第85条、《大气污染防治法》第62条、《固体废物污染环境防治法》第85条、《环境噪声污染防治法》第61条、《放射性污染防治法》第59条等。

② 国际上通行做法及发展趋势可参见沈德咏主编：《最高人民法院环境侵权责任纠纷司法解释理解与适用》，人民法院出版社2016年版，第21~22页。

③ 参见沈德咏主编：《最高人民法院环境侵权责任纠纷司法解释理解与适用》，人民法院出版社2016年版，第454页。

权人获得救济的权利，举证责任转移或者举证责任倒置制度应运而生。《侵权责任法》第66条规定："因污染环境发生纠纷，污染者应当就法律规定的不承担责任或者减轻责任的情形及其行为与损害之间不存在因果关系承担举证责任。"[①] 环境污染责任纠纷适用举证责任倒置原则，并不意味着完全免除被侵权人的举证责任，其仍应针对所主张的主要事实承担部分举证责任。《关于审理环境侵权责任纠纷案件适用法律问题的解释》第6条规定："被侵权人根据侵权责任法第六十五条规定请求赔偿的，应当提供证明以下事实的证据材料：（一）污染者排放了污染物；（二）被侵权人的损害；（三）污染者排放的污染物或者其次生污染物与损害之间具有关联性。"依据上述规定，在包括水污染在内的环境污染责任纠纷案件中，被侵权人主张污染者承担环境侵权责任，应就污染者存在污染行为、自己受到损害承担举证责任，此外还应举出初步证据证明污染物或者其次生污染物与损害之间具有关联性；污染者则应就其行为与损害之间不存在因果关系承担举证责任。污染行为、被侵权人的损害这些基础事实的证明责任由被侵权人即原告来承担，对基础事实的证明在性质上属于本证，因此需要达到使法官确信的证明程度。如果不能达到相应的证明标准，则法官可以拒绝适用因果关系的举证责任倒置。[②]

（一）被侵权人应就污染者存在污染行为承担举证责任

污染行为是环境侵权责任的构成要件之一，没有污染行为则不构成环境侵权。环境污染通常是指工矿企业等所产生的废气、废水、废渣、粉尘、垃圾、放射性物质等有害物质和噪声、震动、恶臭排放或者传播到大气、水、土地等环境之中，使人类生存环境受到一定程度的危害的行为。[③] 环境污染行为经常涉及复杂的专业技术领域，被侵权人往往无法精准证明导致污染的原因，但被侵权人必须举证证明污染者确实实施过污染

---

① 本条现为《民法典》第1230条："因污染环境、破坏生态发生纠纷，行为人应当就法律规定的不承担责任或者减轻责任的情形及其行为与损害之间不存在因果关系承担举证责任。"本条以下同。

② 参见沈德咏主编：《最高人民法院环境侵权责任纠纷司法解释理解与适用》，人民法院出版社2016年版，第21页。

③ 参见沈德咏主编：《最高人民法院环境侵权责任纠纷司法解释理解与适用》，人民法院出版社2016年版，第457页。

行为。司法实践中，能够证实污染者排放污染物的证据包括污染源的环境监测报告、排污申报表、企业生产记录、环保设施运行记录、环境侵权事故报告、负有环境保护监督管理职责的部门的调查材料、环境侵权及其事故调查处理报告、现场公证、现场证据保全形成的视听资料、勘验笔录、提取的物证等。

就韩某某案而言，根据韩某某提供的证据及相关事实，足以认定中石油吉林分公司存在污染行为。根据查明的事实，中石油吉林分公司认可其大-119 号油井发生原油泄漏，泄漏的部分原油随嫩江洪水下泄流进韩某某的鱼塘，即中石油吉林分公司对于存在污染行为并无异议。中石油吉林分公司抗辩大-119 号油井系在嫩江涨水后被人为破坏从而发生原油泄漏，其本身没有实施污染和破坏环境的行为，不符合环境污染侵权构成要件。对此，《侵权责任法》第 68 条规定，因第三人的过错污染环境造成损害的，被侵权人可以向污染者请求赔偿，也可以向第三人请求赔偿。[①]同时，排放污染物行为，不限于积极的投放或导入污染物质的行为，还包括伴随企业生产活动的消极污染行为。废弃油井是油气勘探开发作业中的必然产物，由于技术、自然风险或者人为因素，废弃油井可能发生井喷、溢油、爆炸燃烧以及缓慢外泄、污染地下水层等情形，可能造成他人的人身损害、财产损失、环境损害风险或实质损害。根据预防优先及污染者负担原则，废弃油井的所有者或控制者应当按照法律的规定，采取措施对污染源进行有效的控制和风险防范，对因污染行为造成他人的人身损害、财产损失及环境损害，应当予以赔偿，进行环境治理。中石油吉林分公司是废弃油井的所有者，无论是否因其过错导致废弃油井原油泄漏流入韩某某的鱼塘，其均应对污染行为造成的损失承担侵权损害赔偿责任。

（二）被侵权人应就自己受到损害承担举证责任

环境污染的损害事实，是指污染危害环境的行为致使国家的、集体的

① 本条现为《民法典》第 1233 条："因第三人的过错污染环境、破坏生态的，被侵权人可以向侵权人请求赔偿，也可以向第三人请求赔偿。侵权人赔偿后，有权向第三人追偿。"本条以下同。

财产和公民的财产、人身及环境受到损害的事实。[①] 损害事实的存在是被侵权人请求损害赔偿的前提，没有损害事实的存在则请求赔偿无从谈起，污染者也不必承担赔偿责任。由于环境污染侵权往往具有潜伏性、隐蔽性，被侵权人难以准确、有力地举证证明潜在损失，但对于已经确定的损害应当通过必要的手段予以证明。

就韩某某案而言，综合韩某某提交的松原市环境监测站 2010 年 9 月 21 日出具的案涉水质监测报告、捞油清单、鱼塘照片、证人证言等证据，可以认定鱼塘被原油污染、鱼塘中的鱼大量死亡的事实。韩某某的鱼塘因原油污染遭受损害的事实客观存在。

（三）被侵权人应举出初步证据证明污染物或者其次生污染物与损害之间具有关联性

如前所述，《侵权责任法》第 66 条规定由污染者就行为与损害之间不存在因果关系承担举证责任。《关于审理环境侵权责任纠纷案件适用法律问题的解释》则采用因果关系推定，一定程度上减轻了原告的举证责任。但是，关于因果关系的证明责任并未发生完全转移，被侵权人仍应对是否存在因果关系提出初步证据，以证明污染者排放的污染物或者其次生污染物与损害之间具有关联性。由被侵权人对因果关系存在的可能性进行初步证明，提高了因果关系推定的科学性和可靠性。被侵权人的证明目标是举证证明因果关系的可能性而非确定性，污染行为与损害之间具有关联性的证明标准为低度盖然性标准，而不是高度盖然性标准或者排除合理怀疑标准。因此，被侵权人提出此类证据，不必严格到这些证据与污染者的行为之间具有必然的直接联系，只要存在证明的逻辑关系，即污染行为具有引起损害发生的可能性，最终由法官以事实推定的方式认定因果关系存在，除非污染者能证明因果关系不存在。在证明污染行为与损害结果之间具有关联性的时候，可以考虑以环境保护主管部门及其他环境监督管理部

---

① 参见沈德咏主编：《〈中华人民共和国侵权责任法〉条文理解与适用》，人民法院出版社 2016 年版，第 94 页。

门的调查处理报告、鉴定机构的鉴定意见、学术论著、专家意见等作为证据。[①]

就韩某某案而言，根据韩某某提供的证据及相关事实，足以认定原油泄漏造成的污染与韩某某鱼塘遭受损害之间具有关联性。案涉水质监测报告表明，鱼塘石油含量严重超标，水质环境不适合渔业养殖。综合证人证言等证据，可以认定原油泄漏与韩某某鱼塘中的鱼死亡之间具有一定关联性。中石油吉林分公司主张案涉水质监测报告不具有证据效力，理由有二：一是水质样品并非取自污染发生时的现场，二是中石油吉林分公司并未参与监测。关于水质样品一致性问题，根据中石油吉林分公司一审提供的回收原油记录、再审审查询问时中石油吉林分公司安全科长刘某某的证人证言等，中石油吉林分公司曾于2010年9月14日至9月19日在污染现场乘船打捞清理油污。2010年9月19日，大安市渔政渔港监督管理站送样至松原市环境监测站检测。依常理推断，即使9月19日送检水质样品与9月9日刚泄漏时的样品不一致，在不存在新增污染的前提下，清理后的水质也应优于原油泄漏发生时的水质。中石油吉林分公司主张不排除同时期有其他污染发生，但是中石油吉林分公司每日乘船打捞清理，其间若有其他污染，中石油吉林分公司理应掌握相关情况，却未提供任何证据予以证明。关于监测程序问题，大安市渔政渔港监督管理站送样检测，系其依法履行渔政管理工作职责的行为，并非受一方当事人委托的行为。依据《渔业水域污染事故调查处理程序规定》第15条第1款“渔业环境监测站出具的监测数据、鉴定结论或其他具备资格的有关单位出具的鉴定证明是主管机构处理污染事故的依据”之规定，松原市环境监测站出具的水质监测报告，可以作为渔政监督管理部门处理污染事故的依据。中石油吉林分公司主张因其未参与监测故而水质监测报告无效，缺乏法律依据。

（四）污染者应就其行为与损害之间不存在因果关系承担举证责任

基于环境污染案件的复杂性、技术性以及污染者与受害者在能力上的

① 参见沈德咏主编：《最高人民法院环境侵权责任纠纷司法解释理解与适用》，人民法院出版社2016年版。

不平衡性、在信息上的不对称性等现实情况，为整体上实现社会公平正义，《侵权责任法》第66条规定由污染者就行为与损害之间不存在因果关系承担举证责任。《水污染防治法》第98条亦规定："因水污染引起的损害赔偿诉讼，由排污方就法律规定的免责事由及其行为与损害结果之间不存在因果关系承担举证责任。"

《关于审理环境侵权责任纠纷案件适用法律问题的解释》第7条对于污染人如何反向证明因果关系不存在提供了指引性规定，具体情形包括：一是污染者排放的污染物没有造成该损害的可能。比如，污染者采取了合理的防治措施处理其排放的污染物，排放的物质已不具有致害性，或者经过鉴定，造成损害需要经过一系列的化学反应，而污染者所排放的该种重金属从属性上不可能参与相关化学反应。二是污染者排放了可造成该损害的污染物，但污染物并未到达损害发生地。比如，污染者排放的污染物与被侵权人的损害在空间上距离过远，理论上不可能造成损害。在韩某某案中，案涉废弃的大-119号油井距离韩某某鱼塘约1公里，一般情况下原油泄漏更多地体现为土壤污染或地下水污染，不至于流到1公里之外污染鱼塘。但实地勘查的结果是，事发当时嫩江洪水下泄将鱼塘周围数公里整个都连成一片，使得泄漏的原油随着下泄的洪水流入1公里之外鱼塘，常态下不可能发生的事情在本案中实实在在发生并造成了损害。三是该损害于排放污染物之前就已发生。这里要注意的是，若污染者主张其对被侵权人的损害不承担赔偿责任，则不仅需要证明其排放的污染物是在被侵权人的损害发生之后，还要证明其排放的污染物没有加重被侵权人既有的损害。四是其他可以认定污染行为与损害之间不存在因果关系的情形。①

就韩某某案而言，中石油吉林分公司未能证明其排污行为与韩某某所受损害之间不存在因果关系。石油漂浮在水面上会隔绝氧气导致水体缺氧，且石油中所含有毒物质亦会对水中生物造成影响，导致鱼类死亡。由于嫩江洪水下泄，将泄漏原油带至韩某某鱼塘，鱼塘中的鱼死亡亦发生于

---

① 参见沈德咏主编：《最高人民法院环境侵权责任纠纷司法解释理解与适用》，人民法院出版社2016年版，第98~99页。

原油泄漏之后，这是双方当事人均认可的事实，故本案损害与污染行为之间存在明显的空间上、时间上的关联性。中石油吉林分公司主张韩某某2010年养鱼损失并非原油泄漏造成，而是由于嫩江涨水超过堤坝导致全部养殖的鱼类流失。但中石油吉林分公司对其主张仅提供了由大安市长江石油技术有限责任公司出具的一份证明，主要内容为“我公司于2010年9月……在河道管理区域内打捞漂浮在水面的泄漏原油……由于嫩江洪水上涨，当时河道管理范围内已全部被洪水淹没，嫩江江道已和全部河道管理区域的洪水连成一片，在水面上已看不到在河道管理区域内的鱼塘及鱼塘堤坝……公司捞油人员是乘船进入到河道管理区域内实施的捞油作业”。从上述内容来看，并不能充分证明鱼塘中的鱼系全部被嫩江洪水冲走这一主张，亦无法排除所泄漏的原油造成鱼塘中的鱼死亡的可能性，也无法排除韩某某为清理油污挖坝注水导致鱼塘中的鱼被冲走的可能性。因此，中石油吉林分公司并未完成法定的举证责任，其应承担相应的不利后果。

以上是环境侵权责任纠纷类型案件分析环境侵权构成及举证责任分配的一整套示范，本案被侵权人韩某某完成了原告应该承担的举证责任，举证证明了中石油吉林分公司存在污染行为，鱼塘因污染而遭受损害的事实及原油污染与损害之间具有关联性。中石油吉林分公司未能证明其排污行为与韩某某所受损害之间不存在因果关系。因此，中石油吉林分公司因其所有的大-119号油井泄漏原油造成韩某某财产损失，应承担相应的损害赔偿责任。

三、不承担责任或者减轻责任的认定以及举证责任的适用

不承担责任或减轻责任的认定，与前述环境侵权行为的构成认定，属于两个层面的问题。先认定是否构成环境侵权，如果不构成环境侵权，则无认定不承担责任或者减轻责任的必要。只有在认定构成环境侵权的前提下，法官才进一步对污染者是否存在不承担责任或者减轻责任的情形进行审查。《关于审理环境侵权责任纠纷案件适用法律问题的解释》第1条第2款规定：“污染者不承担责任或者减轻责任的情形，适用海洋环境保护法、水污染防治法、大气污染防治法等环境保护单行法的规定；相关环境保护单行法没有规定的，适用侵权责任法的规定。”依据该条规定，在法律规定有减责或免责事由的，应当遵照执行。如果存在法律规定的不承担责任或者减轻责任的情形，则即便污染者构成环境侵权，其所承担的法律责任亦应得以减免。《民法总则》第180条规定：“因不可抗力不能履行民事义务的，不承担民事责任。法律另有规定的，依照其规定。不可抗力是指不能预见、不能避免且不能克服的客观情况。”①《水污染防治法》第96条第2款、第3款、第4款规定：“由于不可抗力造成水污染损害的，排污方不承担赔偿责任；法律另有规定的除外。水污染损害是由受害人故意造成的，排污方不承担赔偿责任。水污染损害是由受害人重大过失造成的，可以减轻排污方的赔偿责任。水污染损害是由第三人造成的，排污方承担赔偿责任后，有权向第三人追偿。”依据上述规定，在水污染案件中，不可抗力（包括不可抗拒的自然灾害）、被侵权人故意系污染者不承担赔偿责任的法定事由，被侵权人重大过失系污染者减轻责任的法定事由。

不可抗力作为民事责任的免责事由，必须是在不可抗力作为损害后果发生的唯一原因时方能成立。如果当事人的行为对损害的发生和扩大产生作用力，就应当进一步查清不可抗力与损害结果之间的关系，确定当事人的行为在同时存在不可抗力的情况下对损害后果产生的作用。在当事人对损害的发生存在过错，或者在不可抗力造成损害后，因当事人的过错致使损害后果扩大的，当事人应就自己的过错承担相应的民事责任。② 韩某某案即为分析此问题的一个样本。

如果水污染损害是由被侵权人故意造成的，污染者不承担责任，这种情况下可以认为是被侵权人“自甘风险”。如果水污染损害是由受害人重大过失造成的，可以减轻排污方的赔偿责任，这依据的是公平理念及诚实信用原则。

在因第三人原因造成水污染损害的情况下，污染者承担赔偿责任后，有权向第三人追偿。这包含三层含义：一是水污染损害是由第三人故

---

① 本条现为《民法典》第180条。

② 参见沈德咏主编：《〈中华人民共和国民法总则〉条文理解与适用》（下册），人民法院出版社2017年版，第118页。

意或者过失造成的，第三者应当承担责任。二是被侵权人起诉污染者的，污染者承担赔偿责任后，有权向第三人追偿。三是被侵权人也可以直接起诉第三人，要求赔偿损失。[①]《侵权责任法》第 68 条规定："因第三人的过错污染环境造成损害的，被侵权人可以向污染者请求赔偿，也可以向第三人请求赔偿。污染者赔偿后，有权向第三人追偿。"《关于审理环境侵权责任纠纷案件适用法律问题的解释》第 5 条进一步明确规定："被侵权人根据侵权责任法第六十八条规定分别或者同时起诉污染者、第三人的，人民法院应予受理。被侵权人请求第三人承担赔偿责任的，人民法院应当根据第三人的过错程度确定其相应赔偿责任。污染者以第三人的过错污染环境造成损害为由主张不承担责任或者减轻责任的，人民法院不予支持。"之所以这样规定，还是为了更有力地保护被侵权人的实体权益。换言之，至少在外部责任上，第三人的过错并非污染者减轻或者免除责任的事由，仅能成为其承担终局责任大小的依据。[②] 需要注意的是，这里的"第三人"不包括排污单位的工作人员，工作人员属于单位排污行为的施行者，其行为后果由排污单位承担。

就韩某某案而言，对于韩某某主张的 2010 年养鱼损失，中石油吉林分公司提出若干抗辩事由，但这些理由都不能成为其不承担责任的事由，仅洪水的作用力可作为减轻其责任的考量因素。

四、环境侵权行为的赔偿责任

《水污染防治法》第 96 条第 1 款规定："因水污染受到损害的当事人，有权要求排污方排除危害和赔偿损失。"《关于审理环境侵权责任纠纷案件适用法律问题的解释》第 13 条规定："人民法院应当根据被侵权人的诉讼请求以及具体案情，合理判定污染者承担停止侵害、排除妨碍、消除危险、恢复原状、赔礼道歉、赔偿损失等民事责任。"第 15 条规定："被侵权人起诉请求污染者赔偿因污染造成的财产损失、人身损害以及为防止污染扩大、消除污染而采取必要措施所支出的合理费用的，人民法院

---

① 参见安建、黄建初主编：《中华人民共和国水污染防治法释义》，法律出版社 2008 年版。

② 参见最高人民法院研究室：《最高人民法院环境侵权责任纠纷司法解释理解与适用》，人民法院出版社 2016 年版，第 74 页。

应予支持。”依据上述规定，法院综合本案情况，对于韩某某2010年养鱼损失、2011年未养鱼损失、鱼塘围坝修复及注水排污费用予以合理支持，改判中石油吉林分公司赔偿韩某某经济损失1,678,391.25元，有力地保障了被侵权人的合法权益。

韩某某案作为一起典型的渔业水体污染案件，是我们分析此类水污染侵权责任纠纷的很好样本，对于如何在具体个案中认定环境侵权的构成，如何认定减免责是否成立，如何适用举证责任，都有很好的示范作用。通过审理个案，法官严格按照水污染侵权案件的特殊举证责任规定，加重污染者的举证责任，加大对被侵权人的保护力度，督促石油企业加强对废弃油田的监管，有效防范和减少石油企业周边环境遭受破坏、污染的可能。

最高人民法院再审合议庭成员：魏文超　张　华　刘小飞

（编写人：魏文超*　吴凯敏**　编辑：韩德强）

---

* 魏文超，男，法学博士，中华人民共和国最高人民法院环境资源审判庭副庭长、第五巡回法庭副庭长，二级高级法官。

** 吴凯敏，女，法学博士，中华人民共和国最高人民法院环境资源审判庭，助理审判员。

中国信达资产管理股份有限公司辽宁省分公司、贾某甲与大连乾亿重工有限公司及一审被告大连乾亿重型装备有限公司、姜某金融借款合同纠纷案

——公司股东出具股东承诺书对公司对外担保的效力影响

【裁判摘要】

1. 在金融借款合同纠纷中，债务人公司的股东在股东承诺书上签字或盖章，股东承诺书的内容较为分散驳杂，既有“本公司审议通过如下决议”，又有“全体股东承诺”“对本笔贷款承担连带责任保证”等内容，如何判断承诺书属于公司股东内部决议内容还是对外保证事项，应结合具体的指向内容，特别是担保承诺所需要的主体身份等因素作出判断。

2. 在公司对外（不包括为股东或实际控制人）担保的意思推定上，如果有表决权半数以上的股东同意公司对外担保，即使债权人不能提供该公司对外担保的股东会决议或董事会决议，亦应将该股东同意视为公司对外作出了有效担保。

【案件基本信息】

1. 诉讼当事人

上诉人（一审原告）：中国信达资产管理股份有限公司辽宁省分公司（以下简称信达资产公司辽宁分公司）

上诉人（一审被告）：贾某甲

被上诉人（一审被告）：大连乾亿重工有限公司（以下简称乾亿重工公司）

一审被告：大连乾亿重型装备有限公司（以下简称乾亿装备公司）

一审被告：姜某

2. 案件索引与裁判日期

一审：辽宁省高级人民法院（2018）辽民初10号民事判决（2018年9月25日）

二审：最高人民法院（2019）最高法民终332号民事判决（2019年5月31日）

3. 案由

金融借款合同纠纷

【简要案情】

2012年8月28日，乾亿装备公司向中国工商银行股份有限公司大连长兴岛支行（以下简称工行长兴岛支行）借款，签订了借款合同。乾亿装备公司的股东包括乾亿重工公司（持股88%）、贾某甲（持股12%）。乾亿重工公司股东为贾某甲（持股70%）、贾某乙（持股30%），贾某甲、贾某乙二人为父女关系。2012年7月26日，贾某甲向工行长兴岛支行出具证明，对案涉借款提供连带保证。乾亿装备公司以其土地使用权设定了抵押。另外，乾亿重工公司、贾某甲向工行长兴岛支行出具了股东承诺书，其中既有“本公司审议通过如下决议”，又有“全体股东承诺”“对本笔贷款承担连带责任保证”等内容。乾亿重工公司、贾某甲分别在股东承诺书中“股东成员签字”处盖章、签字。股东承诺书无时间标注。

其后，乾亿装备公司未能还款，工行长兴岛支行一审起诉，诉讼请求为：（1）乾亿装备公司偿还本息；（2）行使抵押权；（3）贾某甲、乾亿重工公司承担连带保证责任。一审期间，工行长兴岛支行将债权转让给信达资产公司辽宁分公司，信达资产公司辽宁分公司继受原告地位参加诉讼。

一审法院于2018年9月25日作出（2018）辽民初10号民事判

决，判决乾亿装备公司偿还本息、信达资产公司辽宁分公司行使抵押权、贾某甲承担保证责任，但是驳回了信达资产公司辽宁分公司要求乾亿重工公司承担保证责任的诉请。主要理由是认为股东承诺书从形式上看并非向工行长兴岛支行出具，从内容上看既似公司股东内部议事范畴，又似股东对外承诺保证范畴，信达资产公司辽宁分公司亦无其他证据证明与乾亿重工公司、贾某甲签订过担保合同或存在其他形式的担保合意，不能根据股东承诺书认定乾亿重工公司有担保责任。

信达资产公司辽宁分公司不服一审判决，上诉至最高人民法院，认为根据股东承诺书，能够认定乾亿重工公司的保证责任。

乾亿重工公司二审答辩意见包括：(1) 股东承诺书仅仅为要约，乾亿重工公司在股东承诺书中的盖章以及贾某甲在股东承诺书上的签字，均是作为乾亿装备公司股东的身份出现，不是同意承担担保责任；(2) 股东承诺书系以乾亿装备公司名义所出具，不是乾亿重工公司出具；(3) 股东承诺书无乾亿重工公司的股东会决议，对外担保不产生法律效力；(4) 股东承诺书中出现了多次“我行”“乾亿装备公司”字样，与乾亿重工公司无关。

【案件焦点】

1. 乾亿重工公司、贾某甲在股东承诺书上盖章、签字，其中有“对本笔贷款承担连带责任保证”内容，股东承诺书性质究竟是乾亿装备公司股东内部决议内容，还是乾亿重工公司、贾某甲独立对外作出保证事项；

2. 如认定乾亿重工公司基于股东承诺书盖章对外作出担保，在无乾亿重工公司股东会决议情况下，持有乾亿重工公司70%股份的股东贾某甲签字，能否认定为乾亿重工公司对外作出了担保的意思表示，进而认定乾亿重工公司担保有效。

【裁判结果】

最高人民法院经审理认为：

一、关于股东承诺书的性质

第一，虽然股东承诺书内容为单方行为，但债权人持有，表明债权人已经接收承诺，已经对承诺方产生法律效力，因此，股东承诺书并非为订立保证合同发出的要约，而是承诺性质。股东承诺书中的承诺内容为 7 项，其中，第 7 项为“对本笔贷款承担连带责任保证”，结合承诺内容前面“全体股东承诺”的表述，应按文义理解为乾亿装备公司的全部股东作出承诺。

第二，乾亿重工公司主张该“对本笔贷款承担连带责任保证”表述仅为乾亿装备公司承诺而非乾亿重工公司承诺，该主张将推导出乾亿装备公司为自身债务承担连带保证责任，即债务人自身即为保证人的结论，明显与《中华人民共和国担保法》第 7 条[①]关于保证人具有“代为”清偿债务能力的规定不符，乾亿重工公司该项解释明显与常理相悖。

以上两点说明股东承诺书，特别是第 7 项“对本笔贷款承担连带责任保证”的性质应予认定为，乾亿装备公司的股东乾亿重工公司、贾某甲对外为乾亿装备公司债务作出连带保证。

二、关于能否认定为乾亿重工公司对外担保有效

虽然信达资产公司辽宁分公司未能提交乾亿重工公司关于对乾亿装备公司提供保证担保的公司内部决议，但是，贾某甲作为乾亿重工公司持股 70%的控股股东，根据乾亿重工公司章程关于“按其出资比例依法享有分取红利和行使表决权”的规定，具有乾亿重工公司控股表决权。在乾亿重工公司、贾某甲均在股东承诺书上盖章、签字的情况下，应视为乾亿重工公司已作出了对外有效担保。

综上，二审除维持一审其他判项外，改判乾亿重工公司对乾亿装备公司债务承担连带保证责任。

【裁判摘要评析】

本案裁判实质上是对商事交易中存在的诸多不规范的担保行为如何理解、认定的评析。商事交易本身具有较为严格的程序要件和规范体系，但是，在我国社会主义市场经济体制完善过程中，大量的商主体虽然已经进入商事交易，但未能完全掌握商事交易规则和程序要件，或在履行过程中操作不规范、不严谨。这样，就造成了大量的基于如何理解、认定不规范

① 本条在《民法典》中无对应条文。

商事行为引发的纠纷。特别是在担保法领域，因多主体参与、多重法律关系重叠，现实更为纷繁复杂。本案中，因银行在放贷过程中，没有就债务人乾亿装备公司的借款行为履行完整规范的担保程序，特别是没有与乾亿装备公司的股东乾亿重工公司、贾某甲签订正式的连带保证合同，没有根据《公司法》第16条要求乾亿重工公司召开“三会”，作出对外担保的有效决议，而是仅由贾某甲提供证明，由乾亿重工公司、贾某甲提供内容驳杂分散的股东承诺书。因此，该不规范的担保程序引发了基于股东承诺书的性质而无公司决议对外担保的法律后果争议。以下，从公司股东出具的承诺书的内容、性质分析，以及公司股东对外担保时对公司产生的法律后果等方面，对裁判理由进一步说明。

一、债务人、债务人股东出具各类“承诺”的性质认定

如前所述，商事担保中有大量的非规范类担保文件，其中，许多是以“承诺”“证明”“说明”的形式出现，如何认定这些文件的性质和效力，是困扰审判实务的问题之一。

本案中，股东承诺书是典型的非规范类担保文件。首先，该文件并无明确的指向目标和出具对象，也即并无通常文件所需要的抬头单位。在此情况下，如果持有人身份和承诺书中内容和指向无明显的冲突和矛盾，这种承诺通常应该根据《合同法》第26条①、《担保法司法解释》第22条的规定，推定是对持有人的承诺和保证。

其次，该文件并无明确的出具主体，也即并无明确的承诺人，需要进行承诺主体的认定。股东承诺书中出现了“本公司审议通过如下决议”“鉴于我公司向工行长兴岛支行申请贷款”“在未清偿我行贷款前”“全体股东承诺”等诸多的主体名称，极易引起承诺主体的分析混乱。这时，如何判断承诺主体，应当综合签字盖章主体、承诺内容文义分析等进行判断。本案中，从签字盖章主体上看，签字盖章的主体为贾某甲、乾亿重工公司；从文义理解上看，承诺内容有“全体股东承诺”“对本笔贷款承担

① 本条现为《民法典》第484条：“以通知方式作出的承诺，生效的时间适用本法第一百三十七条的规定。承诺不需要通知的，根据交易习惯或者要约的要求作出承诺的行为时生效。”

连带责任保证”的表述，应结合前文内容认定承诺人为乾亿装备公司的股东贾某甲、乾亿重工公司，该文义理解、认定亦可以与签字盖章主体为贾某甲、乾亿重工公司的事实相互印证。

最后，关于乾亿重工公司是否对债权人担保，需要根据法条和担保法律关系的要件具体分析。乾亿重工公司抗辩的主要观点归纳为：乾亿重工公司是对乾亿装备公司承诺或作为乾亿装备公司内部股东会决议内容，而非乾亿重工公司向债权人承诺连带保证。但是，股东承诺书明确载明了“对本笔贷款承担连带责任保证”，如按乾亿重工公司的抗辩理由，该连带保证仅在债务人乾亿装备公司、债务人股东乾亿重工公司之间有效，不对债权人构成承诺，则明显与法律规定要求“连带保证”需要存在债权人、债务人、保证人的三方主体，并且三方主体各自独立，不能出现债务人与保证人同一的基本原则相悖。因此，从法条和担保法律关系要件分析上看，乾亿重工公司的抗辩理由亦不能成立。

综合以上三点分析，可以认定本案股东承诺书是乾亿装备公司的股东乾亿重工公司、贾某甲对乾亿装备公司债务的保证，至于乾亿重工公司对外担保是否有效，是另一个分析的过程。这个案例也提示，对于非规范类担保文件，在分析认定的过程中，应综合考虑形式、内容，以及二者在法律规定上的逻辑关系等各种因素，通盘考虑，避免因形式、内容的驳杂混乱而不敢下结论、惮于作出认定。

二、公司对外担保的意思推定，无机关决议的例外情况

《公司法》第 16 条规定了公司向其他企业投资或者为他人提供担保，依照公司章程的规定，由董事会或者股东会、股东大会决议。根据该条规定，公司对外（不包括为公司股东或者实际控制人）担保，原则上应有董事会或者股东会、股东大会决议这“三会”决议之一，具体由哪个会议决议，可以看公司章程规定。但是，如前所述，在大量非规范性担保中，公司对外担保经常出现没有公司“三会”决议的情况，主要见于小微企业，这主要和我国现代企业制度尚未全面覆盖有关。特别是随着我国近年来经济活跃程度进一步提高，以及公司资本认缴制度的建立，小微企业蓬勃设立，活跃度逐年提高，但开办者对于法律法规的掌握、熟悉程度以及公司治理结构的了解不能及时相应提高，以致大量的无公司决议担保行为出现。对于这部分由不规范商业行为引起的纠纷，司法裁判仍负有规范和评价的职责，不应仅因欠缺形式要件即一概否定效力。基于上述当事人的认知程度，法律已经提供兜底性救济渠道。《民法总则》第61条关于“法定代表人以法人名义从事的民事活动，其法律后果由法人承受。法人章程或者法人权力机构对法定代表人代表权的限制，不得对抗善意相对人”,[①] 以及《合同法》第50条关于“法人或者其他组织的法定代表人、负责人超越权限订立的合同，除相对人知道或者应当知道其超越权限的以外，该代表行为有效”[②] 的规定，成为评判无公司协议担保的基础性依据。也即，在构成表见代表等情况下，即使并无“三会”决议，亦可能根据具体情形认定公司担保对善意相对人产生合法担保效力。一段时间以来，实务界也注意到这个实际问题，从最初的“代表权限制说”[③] 到2019年《全国法院民商事审判工作会议纪要》第19条规定的四种“无须机关决议的例外情况”，不断对无“三会”决议下的公司担保行为效力认定要件进行修正、细化。本案二审判决作出时间虽在2019年全国法院民商事审判工作会议前，但基本精神与该会议纪要精神保持一致，属于可以认定为公司提供有效担保的案例。

具体而言，本案中，虽然信达资产公司辽宁分公司未能提交乾亿重工公司关于对乾亿装备公司提供保证担保的内部决议，但是，贾某甲作为乾亿重工公司持股70%的控股股东，其已经属于持有公司三分之二以上表决权的股东，根据《大连乾亿重工有限公司章程》第9条第2项“按其出资比例依法享有分取红利和行使表决权”的内容以及《公司法》规

---

① 本条现为《民法典》第61条，本条以下同。

② 本条现为《民法典》第504条：“法人的法定代表人或者非法人组织的负责人超越权限订立的合同，除相对人知道或者应当知道其超越权限外，该代表行为有效，订立的合同对法人或者非法人组织发生效力。”

③ 贺小荣主编：《最高人民法院民事审判第二庭法官会议纪要》，人民法院出版社2018年版，第192~193页。

定[①]，具有乾亿重工公司绝对控股表决权，能够单独决定法律意义上乾亿重工公司的一系列包括对外担保的重大事项。乾亿重工公司、贾某甲均在股东承诺书上盖章、签字，贾某甲不仅作为乾亿装备公司持股12%的股东，承诺对乾亿装备公司债务承担连带责任，而且在知晓乾亿重工公司盖章承诺为乾亿装备公司债务承担连带责任的情况下，仍对乾亿重工公司盖章承诺行为予以认可、未予反对，应视为贾某甲作为乾亿重工公司控股股东，同意乾亿重工公司对外担保，产生与通过股东会决议基本相同的效力，符合乾亿重工公司整体决定权要求（而且，本案中，贾某甲分别持有乾亿装备公司、乾亿重工公司股份，属于两个公司的实际控制人）。因此，乾亿重工公司对外担保有效，乾亿重工公司在本案中应承担连带保证责任。

三、结语

在商事交易中，担保行为是很常见和重要的交易方式，围绕担保产生了大量的纠纷和争议。其中，关于担保的形式问题占了很大部分，包括采取非典型非规范的承诺函类文件时会产生如何认定文件性质的争议；包括公司对外担保没有公司决议等符合法律规定的要件形式时，会产生如何认定为公司意思、合同是否有效的争议。这些问题、争议会逐渐随着法律的完善、认识统一和趋同而得到解决。在处理此类争议时，不能简单地囿于形式，一概作出否定性结论，要综合各种因素，从内容分析、法律关系、利益衡量、价值判断等各个方面综合考量，探究当事人真意，妥善予以解决。

最高人民法院二审合议庭成员：余晓汉　李盛烨　季伟明

（编写人：季伟明[*]　编辑：杨　奕）

---

① 《公司法》第43条规定："股东会的议事方式和表决程序，除本法有规定的外，由公司章程规定。股东会会议作出修改公司章程、增加或者减少注册资本的决议，以及公司合并、分立、解散或者变更公司形式的决议，必须经代表三分之二以上表决权的股东通过。"

* 季伟明，男，法学博士，中华人民共和国最高人民法院第二巡回法庭，四级高级法官。

中国电建集团港航建设有限公司
与
平潭综合实验区土地储备中心
建设工程施工合同纠纷案

——发生争端时仲裁机构已成立，属于仲裁机构约定明确

【裁判摘要】

当事人签订仲裁条款时，约定的仲裁机构尚未成立，争端发生时，约定的仲裁机构成立，仲裁机构的不确定性已经得到确定，双方当事人应根据仲裁协议申请仲裁。

【案件基本信息】

1. 诉讼当事人

上诉人（一审原告）：中国电建集团港航建设有限公司（以下简称中电港航建设公司）

被上诉人（一审被告）：平潭综合实验区土地储备中心（以下简称平潭土地中心）

2. 案件索引与裁判日期

一审：福建省高级人民法院（2019）闽民初 18 号民事裁定（2019 年 4 月 26 日）

二审：最高人民法院（2019）最高法民终 1500 号民事裁定（2019 年 9 月 29 日）

3. 案由

建设工程施工合同纠纷

【简要案情】

2011 年 9 月 26 日，中电港航建设公司与平潭土地中心签订了《福建省平潭综合实验区金井湾盐田造地工程投资建造 BT 项目（投资+施工总承包）合同》（以下简称 BT 项目合同），载明：中电港航建设公司作为该项目投资方及施工总承包方，建设内容包括盐田造地面积 500 万平方米、吹填工程量约 2000 万方及临时排水沟、道路等，建设方式采用分块施工、分块验收、分块采购；合同签订后，中电港航建设公司依约于 2011 年 10 月 1 日开始建设施工，至 2013 年 12 月 1 日完成全部施工任务，2014 年 5 月 28 日通过整体交工验收。

该合同 10.2（1）条约定："对于未能友好解决或通过争议评审解决的争议，发包人或承包人任一方均有权提交给工程所在地的仲裁委员会仲裁。"在双方签订合同时，工程所在地的仲裁委员会仲裁机构尚未成立。2015 年 12 月 29 日，海峡两岸仲裁中心成立。

2019 年 2 月 20 日，中电港航建设公司一审向福建省高级人民法院提出诉讼请求：（1）判令平潭土地中心立即支付拖欠建安费合计 111,264,498.97 元；（2）判令平潭土地中心立即支付以拖欠建安费 111,264,498.97 元为基数，按 1-3 年银行贷款基准利率 2.2 倍计算的超出采购期利息，自 2017 年 1 月 25 日起算至采购款项全部付清之日止（暂计至 2019 年 1 月 25 日，超出采购期利息为 23,586,961 元）；（3）判令本案案件受理费、保全费、鉴定费等由平潭土地中心承担。

一审法院于 2019 年 4 月 26 日作出（2019）闽民初 18 号民事裁定，驳回中电港航建设公司的起诉。中电港航建设公司不服一审裁定，请求撤销一审裁定，指令一审法院继续审理本案。

【案件焦点】

在当事人签订仲裁条款时，仲裁机构尚未成立；当事人发生争议时，约定的仲裁机构已经成立，在此情况下，如何认定仲裁条款的效力。

【裁判结果】

BT 项目合同签订于 2011 年 9 月 26 日，该合同系双方真实意思表示，且未违反法律禁止性规定，应依法确认合同有效。双方订立仲裁条款的本意为发生纠纷时选择用仲裁的方式解决纠纷，且选择工程所在地的仲裁委员会为仲裁机构，当中电航港公司于 2019 年 2 月向福建省高级人民法院提起诉讼时，工程所在地仲裁委员会即海峡两岸仲裁中心依法成立，仲裁条款的不确定性已经得到确定，应当认定仲裁条款有效。双方就 BT 项目合同发生争议时，中电航港公司应根据 BT 项目合同中仲裁条款的约定申请仲裁。故一审法院驳回其起诉并无不当。依照《中华人民共和国民事诉讼法》第 170 条第 1 款第 1 项、《中华人民共和国仲裁法》第 5 条，裁定：驳回中电港航建设公司的上诉，维持原裁定。

【裁判摘要评析】

一、当事人双方达成了请求仲裁解决纠纷的协议

仲裁协议实质是双方当事人在签订合同时，在该合同中约定把将来可能发生的争端提交仲裁解决的协议。《仲裁法》第 4 条规定："当事人采用仲裁方式解决纠纷，应当双方自愿，达成仲裁协议。没有仲裁协议，一方申请仲裁的，仲裁委员会不予受理"。第 16 条规定："仲裁协议包括合同中订立的仲裁条款和以其他书面方式在纠纷发生前或纠纷发生后达成的请求仲裁的协议。仲裁协议应当具有下列内容：（一）请求仲裁的意思表示；（二）仲裁事项；（三）选定的仲裁委员会。"本案中，BT 项目合同 10.2（1）条明确约定："对于未能友好解决或通过争议评审解决的争议，发包人或承包人任一方均有权提交给工程所在地的仲裁委员会仲裁。"故中电港航建设公司与平潭土地中心已就将来有可能发生争端提交仲裁解决达成仲裁条款，该仲裁条款已经对争议纠纷解决的方式进行了约定。

二、仲裁协议中对仲裁委员会的约定是明确的

《仲裁法》第 6 条规定："仲裁委员会应当由当事人协议选定。"第 18 条规定："仲裁协议对仲裁事项或者仲裁委员会没有约定或者约定不明确的，当事人可以补充协议；达不成补充协议的，仲裁协议无效。"本案的争点在于，当事人签订仲裁条款时，仲裁机构尚未成立；双方发生争议时，约定的仲裁机构即海峡两岸仲裁中心依法成立，该种情况是否属于仲裁委员会约定明确。此处需要探讨以下两个问题：（1）此种情况是否属于仲裁机构约定不明确的情形；（2）判断约定是否明确的时间节点。对于仲裁机构约定不明确的情形，根据《仲裁法司法解释》规定，可归纳为以下情形：仲裁协议约定的仲裁机构名称不准确，仲裁协议约定两个或两个以上仲裁机构，仲裁协议约定由某地的仲裁机构仲裁且该地有两个以上仲裁机构。对于判断约定不明确的时点，从目的解释角度出发，仲裁协议是为了解决争议，以争议发生的时点作为判断仲裁委员会是否明确更符合立法目的，故判断仲裁机构约定是否明确应当以发生争议时为评判或认定的时点。

本案中，中电港航建设公司与平潭土地中心经协议共同选定了工程所在地的仲裁委员会作为其争议发生时的仲裁机构。对工程所在地的仲裁委员会约定是明确且唯一的，不属于《仲裁法司法解释》的情形，且在争议发生时海峡两岸仲裁中心已成立。

三、选择仲裁是双方当事人的真实意思表示

尊重当事人的意思自治是《仲裁法》的基本原则之一，该原则首先要求是否选择以仲裁的方式解决纠纷由当事人自主决定。

本案中，当事人均选择以仲裁的方式解决争端，且在均知悉海峡两岸仲裁中心尚未成立的情况下，中电港航建设公司和平潭土地中心共同选择以工程所在地的仲裁委员会作为仲裁机构。双方对该仲裁机构的成立是有预期的，且对争端发生时以仲裁的方式解决亦是有预期的。该选择所蕴含的真实意思表示如下：双方发生纠纷时，如仲裁机构已成立，双方将选择明确的仲裁机构海峡两岸仲裁中心进行仲裁；如发生纠纷时仲裁机构尚未成立，则再协商确定争议处理的方式。此外，既然双方签订了仲裁条款，且在争端发生时仲裁机构已成立，就应该尊重双方当事人的意思自治，以仲裁的方式解决双方争议。这是尊重当事人意思自治基本原则的核心体现和关键所在，也是贯彻该基本原则的实质性要求。

四、遵循司法谦抑性原则

在民法各项基本原则之中，意思自治原则是最核心的原则，也最能体现对民事主体地位和意愿的尊重，在民事领域持守司法谦抑性是民法作为私法的本来应守之义。当事人选择仲裁与否属于当事人意思自治范畴，司法应对当事人的意思自治表现出谦让、克制与尊重的态度。在选择仲裁作为争端解决方式是双方当事人真实意思表示的前提下，法院应当尊重当事人的仲裁意思表示，确保仲裁具有优先的管辖权，这样可以使当事人选择仲裁解决争端的本来意思得以实现，也有效防止诉讼轻易地、过分地、不当地侵入仲裁的作用区域。

最高人民法院二审合议庭成员：何　君　张爱珍　杨　春

（编写人：何　君* 　钟丽丹** 　编辑：李　明）

* 何君，男，法学博士，中华人民共和国最高人民法院第三巡回法庭，三级高级法官。

** 钟丽丹，女，法律硕士，中华人民共和国最高人民法院第三巡回法庭，法官助理。

海南陵水宝玉有限公司、李某甲等
与
三亚志成彩色印刷有限公司、徐某等
股权转让纠纷案

——容忍代理在股权转让代签行为中的认定

【裁判摘要】

股权转让合同中，股东家庭成员的代签行为在没有取得股东明确授权和事后追认的情况下，属于无权代理。股权虽然具有人身属性，但是夫妻、父子关系作为特殊社会关系，在其中一方处置另一方所有且如此巨大的财产时，另一方完全不知情，不符合日常经验法则，应当结合案件的相关事实进行综合判断，如因被代理人容忍家庭成员作为其代理人出现，股权受让方有理由相信代股东签字的行为人有代理权，则构成容忍型表见代理。

【案件基本信息】

1. 诉讼当事人

上诉人（原审原告、反诉被告）：海南陵水宝玉有限公司（以下简称宝玉公司）

上诉人（原审原告、反诉被告）：李某甲

上诉人（原审原告、反诉被告）：千某某

被上诉人（原审被告、反诉原告）：三亚志成彩色印刷有限公司（以下简称志成彩印公司）

被上诉人（原审被告、反诉原告）：徐某

被上诉人（原审被告、反诉原告）：王某

被上诉人（原审被告、反诉原告）：李某乙

原审第三人：陈某某

原审第三人：李某丙

原审第三人：马某某

2. 案件索引与裁判日期

一审：海南省高级人民法院（2017）琼民初24号民事判决（2017年11月23日）

二审：最高人民法院（2018）最高法民终210号民事裁定（2018年9月29日）

再审一审：海南省高级人民法院（2018）琼民初64号民事判决（2018年12月29日）

再审二审：最高人民法院（2019）最高法民终424号民事判决（2019年6月28日）

3. 案由

股权转让合同纠纷

【简要案情】

2016年8月22日，志成彩印公司作为甲方与宝玉公司作为乙方签订《融资合作、增资扩股、调整出资比例、法人变更协议书》，双方约定以双方共同资产通过捆绑方式融资，实现增资扩股、法人变更，并通过调整股东出资比例的方式最终将甲方的全部股权（100%）转让给乙方等。该协议落款处盖有志成彩印公司、宝玉公司的公章，以及志成彩印公司股东王某、徐某、李某乙和宝玉公司股东李某甲、千某某的签名，其中徐某的签名由其丈夫马某某代签，王某、李某乙的签名由王某的丈夫陈某某代签。2016年8月24日，志成彩印公司在《三亚日报》上就资产重组发布债权债务公告。2016年9月11日陈某某给李某甲发送微信通知解除于2016年8月22日签署的《融资合作、增资扩股、调整出资比例、法人变更协议书》，李某甲、千某某同意解除。

2016年11月26日，志成彩印公司（甲方）与宝玉公司（乙方）再次签订名称相同的协议书，约定经甲乙双方协议一致，同意就甲方将两栋楼（连同甲方公司及股权）一并转让给乙方。协议书落款处盖有甲、乙双方的公章及双方股东徐某、王某、李某乙、李某甲、千某某的签名，其中徐某的签名由其丈夫马某某代签，王某、李某乙的签名由王某的丈夫陈某某代签。

陈某某于2016年11月26日上午向李某甲发送了一条短信，内容为：兹有志成彩印公司股东之一李某乙先生，因工作关系，不能前往三亚参加志成彩印公司（甲方）与宝玉公司（乙方）于2016年11月26日签署内容为《融资合作、增资扩股、调整出资比例、法人变更协议书》的签字仪式，特授权委托陈某某先生代表他本人，参加签字仪式。协议的内容本人全部看过，完全同意。待办理法人变更登记手续等事项时本人再前往三亚补签。特此委托！委托人：李某乙、李某丙。短信将“李某乙”中的“某”字，写成同音不同字的同音字。李某丙出庭陈述上述短信是陈某某发送给李某丙后又要求李某丙转发给陈某某的。李某丙（父）与李某乙（子）系父子关系。

2016年12月5日，志成彩印公司出具收据，载明收到李某甲交来的订金300万元，徐某在收款人一栏签名。徐某系志成彩印公司法定代表人。2016年12月10日，志成彩印公司出具收据，载明收到李某甲交来的首付款300万元，徐某在收款人一栏签名。2017年5月27日，志成彩印公司向宝玉公司发送解除合同通知书，称双方的协议书在签订和履行过程中存在问题，须解除2016年11月26日签订的协议书。

宝玉公司、李某甲、千某某不同意解除协议书，向海南省高级人民法院起诉请求：（1）确认2016年11月26日签订的协议书合法有效；（2）判令志成彩印公司、徐某、王某、李某乙继续履行协议书。

一审法院于2017年11月23日作出（2018）琼民初64号民事判决，确认2016年11月26日签订的协议书无效，驳回宝玉公司、李某甲、千某某的全部诉讼请求，驳回志成彩印公司、徐某、王某、李某乙的其他反诉请求。

宝玉公司、李某甲、千某某不服，向最高人民法院提起上诉，请求依法撤销原审法院（2018）琼民初64号民事判决，改判支持其一审全部诉讼请求。

【案件焦点】

未获得授权的夫妻一方所签订的股权转让协议是否有效。

【裁判结果】

最高人民法院审理认为，马某某和陈某某在签署协议书之前并未获得徐某和王某的授权。公司股权属于公司法上的财产性权益，对其处分应由登记的股东本人或其授权的人行使。虽然马某某和徐某、陈某某和王某为夫妻关系，但在没有得到股东徐某和王某授权之前，马某某和陈某某转让徐某和王某名下的公司股权，仍属于无权代理。同理，陈某某处分李某乙的股份，必须获得李某乙的授权或追认。虽然陈某某在代表李某乙签署协议书时取得了李某乙的父亲李某丙的授权，但李某乙与李某丙是独立民事主体，没有证据证明李某丙是涉案股权的实际所有人，也没有证据证明微信授权经过了李某乙的认可，在李某乙对陈某某的签字行为明确不予认可的情况下，陈某某处分李某乙的股权行为属于无权代理。

虽然陈某某、马某某的代签行为属于无权代理，但还应考察该行为是否构成表见代理。

首先，陈某某和王某、马某某和徐某系夫妻关系，虽然股权具有人身属性，但是夫妻作为特殊社会关系，在其中一方处置另一方所有且如此巨大的财产时，另一方完全不知情，不符合生活常理。李某乙与李某丙是父子，李某丙在明知股权属于李某乙且不知道协议书具体内容的情况下，未将电子授权内容告知李某乙即转发给陈某某，同意陈某某替李某乙代签字，亦不符合常理。

其次，宝玉公司与志成彩印公司在此之前还存在一份2016年8月22日签订的、名称相同的协议书，该协议书同样是由马某某代徐某签字，陈某某代王某、李某乙签字，志成彩印公司根据该协议书在《三业日报》上发布债权债务公告。虽然该协议最终被终止履行，但“志成彩印公司”股东对于与宝玉公司之间的股权转让应当知情和了解。

再次，宝玉公司与志成彩印公司在2016年11月26日重新签订协议书后，徐某于12月5日和10日代表志成彩印公司接收宝玉公司支付的两笔300万元款项，并注明是订金和首付款。从宝玉公司、李某甲、千某某的角度看，系徐某等履行涉案协议书的行为。

最后，结合陈某某拥有志成彩印公司公章，表明志成彩印公司股东认可除法定代表人徐某外，陈某某亦可代表志成彩印公司对外洽谈，而涉案协议始终是李某甲与陈某某商谈。在双方协商谈判长达半年的时间里，志成彩印公司的三位股东从未对陈某某出面商谈和前后两份协议书的代签字行为提出过异议。

另外，根据原审查明，2017年5月27日志成彩印公司向宝玉公司发送的解除合同通知书中，并未否认陈某某、马某某的代签行为，说明志成彩印公司及其股东当时对代签行为是认可的。综合上述事实，宝玉公司、李某甲、千某某主张其有理由相信陈某某有代理权，陈某某、马某某的签字构成表见代理，具有事实和法律依据。

综上，陈某某、马某某的代签行为构成表见代理，且协议书不违反法律法规强制性规定，故协议书合法有效，对徐某、王某、李某乙具有法律约束力，各方当事人应按照协议书的约定严格履行。最高人民法院依据《中华人民共和国民法总则》第172条①、《中华人民共和国合同法》第49条②判决：撤销海南省高级人民法院（2018）琼民初64号民事判决，确认三亚志成彩色印刷有限公司与海南陵水宝玉有限公司于2016年11月26日签署的《融资合作、增资扩股、调整出资比例、法人变更协议书》合法有效，继续履行。

【裁判摘要评析】

本案核心争议是在股权转让中未经授权的家庭成员的代签行为是否构成容忍型表见代理。在涉及股权转让纠纷中，夫妻关系、父子关系不是构成表见代理中的“权利外观”，而当存在股东容忍家庭成员未经授权的代签行为事实时，容忍行为可以构成表见代理的特殊形式的“权利外观”，使相对人有理由相信行为人有代理权，从而导致代理行为有效。

---

① 本条现为《民法典》第172条，本条以下同。

② 本条现为《民法典》第172条：“行为人没有代理权、超越代理权或者代理权终止后，仍然实施代理行为，相对人有理由相信行为人有代理权的，代理行为有效。”本条以下同。

一、容忍代理的理论概说

我国对容忍代理没有明确的法律规定。[①] 笔者认为，容忍代理在中国法律体系中的概念是指行为人没有代理权、超越代理权或者终止代理权后，仍以被代理人的名义订立合同，因被代理人容忍行为人作为其代理人出现，使相对人有理由相信行为人有代理权的，该代理行为有效。大多数学者认为《民法通则》第 66 条的规定即是容忍代理："本人知道他人以本人名义实施民事行为而不作否认表示的，视为同意"，其默示的意思表示应理解为对无权代理的事后追认，容忍代理行为的性质是有权代理。

但 2017 年实施的《民法总则》在"代理"一章中，已经删去了"沉默即同意"的规则，关于容忍代理不宜再参考适用《民法通则》第 66 条规定。一种观点认为，《民法总则》第 140 条第 2 款规定："沉默只有在有法律规定、当事人约定或者符合当事人之间的交易习惯时，才可以视为意思表示。"[②] 因此，容忍代理的适用失去了法律依据。另一种观点认为，容忍代理是表见代理的一种特殊情形，尽管立法删去"沉默即同意"的规则，但"表见授权说"仍可证立，完全可以被纳入《民法总则》第 172 条的规定。[③]

容忍代理是表见代理的一种特殊情形，实际上已经被纳入《民法总

---

① 容忍代理来源于德国法判例，是指被代理人放任他人作为其代理人出现，相对人依据诚实信用原则可以而且事实上已经认为该他人被授予代理权，在法律上应当将该他人视为享有代理权。这种有意容忍足以让被代理人负相当于有权代理的责任。德国学者拉伦茨认为："容忍代理权所需要的前提条件是该人知道未被授予代理权的代理人的行为而未予以干预，在这种情况下，既不存在内部授权也不存在外部授权，但存在应归责于被代理人的在他知晓的情况下所作出的存在代理权的权利表象，为避免误解，人们只能把这种情况称为容忍代理权。""沉默"作为表见代理的一种发生原因，比较典型的比较法依据为德国判例创造的"容忍代理"。德国联邦最高法院"最初认为容忍代理权仅仅是默示授予代理权的一种特别情形，后来改变了立场，认为应该对二者予以区分，其区别在于：在容忍代理情形中，被代理人欠缺授予代理权的意思"。我国台湾地区"民法"也对容忍代理权进行了规定："由自己之行为表示以代理权授予他人或知他人表示为其代理人而不为反对之表示者，对于第三人应负授权人之责任。"显然，是将沉默作为表见代理的一种发生原因。参见［德］卡尔·拉伦茨：《德国民法通论》（下册），王晓晔等译，法律出版社 2003 年版，第 892 页；Christoph Hirsch，a. a. O.，SS. 320，321；王泽鉴：《债法原理》（第 1 册），中国政法大学出版社 2001 年版，第 320 页。

② 本条现为《民法典》第 140 条。

③ 参见冉克平：《民法典视野下"本人沉默视为同意"规则的再造》，载《当代法学》2019 年第 4 期。

则》第172条关于表见代理的规定之中。表见代理是指行为人没有代理权，但交易相对人有理由相信行为人有代理权的无权代理。此时，该无权代理可发生与有权代理同样的法律效果。容忍代理也是一种无权代理行为发生有权代理的法律效果的代理。容忍代理符合表见代理的基本特征，两者目的均是为保护合同相对人的利益，并维护交易安全和秩序。因此，容忍代理应适用《民法总则》第172条的规定，如代理行为是订立合同，同样也适用《合同法》第49条关于表见代理的规定。

二、容忍代理的构成要件

（一）作为表见代理的一种，容忍代理须符合表见代理的基本构成要件

《民法总则》第172条规定，行为人没有代理权、超越代理权或者代理权终止后，仍然实施代理行为，相对人有理由相信行为人有代理权的，代理行为有效。《合同法》第49条规定，行为人没有代理权、超越代理权或者代理权终止后以被代理人名义订立合同，相对人有理由相信行为人有代理权的，该代理行为有效。构成表见代理合同要满足以下条件：

1. 须行为人无代理权。成立表见代理的第一要件是行为人无代理权。所说无代理权是指实施代理行为时无代理权或者对于所实施的代理行为无代理权。如果代理人拥有代理权，则属于有权代理，不发生表见代理的问题。

2. 须有使相对人相信行为人具有代理权的事实或理由。这是成立表见代理的客观要件。这一要件是以行为人与被代理人之间存在某种事实上或者法律上的联系为基础的。这种联系是否存在或者是否足以使相对人相信行为人有代理权，应依一般交易情况而定。通常情况下，行为人持有被代理人发出的证明文件，如被代理人的介绍信、盖有合同专用章或者盖有公章的空白合同书，或者有被代理人向相对人所作法人授予代理权的通知或者公告，这些证明文件构成认定表见代理的客观依据。

3. 须相对人为善意且无过失。这是表见代理成立的主观要件，即相对人不知行为人所为的行为系无权代理行为。如果相对人出于恶意，即明知他人为无权代理，仍与其实施民事行为，就失去了法律保护的必要，故

表见代理不能成立。

4. 须行为人与相对人之间的民事行为具备民事行为的有效要件。表见代理发生有权代理的法律效力，因此，表见代理应具备民事行为成立的有效要件，即不得违反法律或者社会公共利益等。如果不具备民事行为的有效要件，则不能成立表见代理。

（二）作为一种特殊的表见代理，容忍代理有别于普通表见代理的一些特殊构成要件

结合我国的司法实践，容忍代理须具备如下特殊构成要件：①

1. 被代理人主观上存在对无权代理行为的有意容忍。我国立法对表见代理中被代理人主观上是否有过错的态度是不予过问，但如果该表见代理行为要认定为容忍代理则应从两方面审查被代理人的主观过错，一是被代理人知道行为人以自己的名义实施行为；二是被代理人放任该无权代理行为的实施。②

2. 代理权外观来源于被代理人的容忍行为，而无须其他客观外观事实。即被代理人知道未被授予代理权的代理人的行为却未予以干预，虽然他是可以干预的。这种未加干预的主观态度彰显了容忍性代理的特殊表象。另外，这种未加干预不能被视为被代理人的授权，容忍性代理既不存在内部授权也不存在外部授权。而表见代理的代理权外观来源是证书、合同等书面材料或是交易习惯、虚假表象等客观事实。

---

① 德国学者施拉姆在《慕尼黑民法典评注》中通过对相关判例的整理认为，在符合以下条件时，产生容忍代理权：（1）某人虽无代理权，但长期、反复地以代理人的身份出现；（2）被代理人知道这种情况但未加过问，尽管他本来能够过问；（3）相对人在实施系争法律行为时知道代理人长期以来的行为以及被代理人的容忍，如果相对人依据诚实信用原则并兼顾交易习惯，可以将被代理人的容忍态度理解为代理人具备了代理权，而且相对人事实上已经作了这样的理解。不过，有些学者认为，容忍代理权的成立不要求代理人长期、反复地以代理人的身份行事，有的时候代理人仅仅在某一次交易中以代理人的身份行事也能成立容忍代理权。有的学者甚至认为，如果相对人在实施法律行为时知道被代理人事实上容忍了该法律行为，则根本不需要代理人的行为具有长期性与重复性，本次容忍就足以构成代理权表象。MünchKomm/Schramm, § 167 Rn. 47. Reinhard Bork, Allgemeiner Teil des Bürgerlichen Gesetzbuchs, 2. Aufl., Mohr Siebeck, Tübingen, 2006, S. 585. Erman/Palm, § 167 Rn. 15.

② 德国学者认为，与被代理人对行使代理权的有意容忍相比，被代理人在表见代理中纯粹的疏忽大意显然与之不同。参见［德］迪尔特·梅迪库斯：《德国民法总论》，邵建东译，法律出版社2000年版，第733页。

3. 相对人知道代理人长期以来的行为以及被代理人的容忍，如果相对人依据诚实信用原则并兼顾交易习惯，可以将被代理人的容忍态度理解为代理人具备了代理权，而且相对人事实上已经做了这样的理解。此处学者有争议，我们姑且可以理解为该行为构成要求相对人主观上的善意，且代理人这种状况应持续一段时间，由此可认定为相对人无过失。① 与普通表见代理相对人须善意、无过失的积极认知的标准不同，容忍代理对相对人主观善意的要求标准相对较低，因被代理人持容忍态度是拟制的相对人合理信赖之源，只要相对人凭诚实信用原则和交易习惯，知道代理人长期以来的行为以及被代理人的容忍即可，无须审查相对人的主观过失。

三、未经授权的配偶代签股权转让合同的法律性质

（一）股权转让不属于日常家事，未经授权的配偶代签股权转让合同不构成家事代理的推定有权代理

根据《婚姻法司法解释（一）》第 17 条第 1 款第 1 项规定的家事代理权，夫或妻在处理夫妻共同财产上的权利是平等的。因日常生活需要而处理夫妻共同财产的，任何一方均有权决定。其含义是指配偶一方本无代理权，在与第三人就实施日常事务为一定法律行为时，推定享有代理对方配偶行使权利的权利。② 在设立家事代理制度的国家，一般都对家事代理权作了必要的限制，家事代理权行使范围仅限于日常家庭事务，即夫妻双方及共同生活的未成年子女日常共同生活所必要的事务，如购物、衣食、就医保健、接受馈赠、为子女订立教育合同等。而股权转让明显不是家庭日常共同生活所必要的事务，不能适用推定有权代理的家事代理。

（二）股权转让不属于处理夫妻共同财产，未经授权的配偶代签股权转让合同不构成夫妻非日常家事代理的表见代理

根据《婚姻法司法解释（一）》第 17 条第 1 款第 2 项的夫妻非日常家事表见代理权，夫或妻非因日常生活需要对夫妻共同财产做重要处理决

---

① 参见沈鹏云：《试论容忍代理的构成》，载 https：//www.docin.com/touch/detail.do？id = 1499166240，最后访问日期：2019 年 9 月 29 日。

② 参见公维亮：《法院依“夫妻表见代理权”认定股权代持的裁决之商榷》，载 http：//www.sohu.com/a/216598202_ 725762，最后访问日期：2019 年 9 月 29 日。

定，夫妻双方应当平等协商，取得一致意见。他人有理由相信其为夫妻双方共同意思表示的，另一方不得以不同意或不知道为由对抗善意第三人。该条针对的是夫妻共同财产的处理，但股权是否属于夫妻共同财产学界尚有争议。此外，股权是一种比较特殊的财产，不仅具有财产性的经济效益，而且具有人身属性特征，从某种程度而言，股权更像是一种权利而非财产，股权所带来的收益和价值属于夫妻共同财产，但股东身份仅股权持有一方所能享有，其配偶不能必然享有股东身份。因此，配偶代签股权转让合同不能按《婚姻法司法解释（一）》第 17 条第 1 款第 1 项的夫妻非日常家事表见代理权处理。

（三）股权转让属于股东个人的民事行为，未经授权的配偶代签股权转让合同，区别不同情况可构成无权代理、普通型表见代理或容忍型表见代理

1. 如股东不知道其配偶的代签行为，夫妻关系不能作为表见代理权的唯一“权利外观”，相对人以夫妻关系主张表见代理权的，应不予支持，此时该行为构成无权代理。

2. 如股东不知道其配偶的代签行为，但该代签行为有外部授权或内部授权的“权利外观”，例如伪造的授权委托书、混淆视听的虚假录音、视频，伪造的代持股权合同、股东会决议等，使相对人经过审慎的审核后相信代签配偶有代理权的，构成普通型表见代理。在这种情况下，有时候夫妻关系可以构成其中一种“权利外观”与其他“权利外观”相互佐证，有时候夫妻关系与“代理权利外观”完全无关。

3. 如股东知道其配偶的代签行为，但股东不明示同意也不明示反对，而是放任配偶的代签行为，则股东的容忍行为和夫妻关系构成“权利外观”，相对人对交易的信赖来源于股东对配偶代签行为的容忍，此时配偶的代签行为构成容忍代理，股东应承担配偶代签的法律责任。在司法实践中，有法官认为，构成容忍代理的前提是代签行为是一个长期反复的行为，否则相对人不能产生合理的信赖。然而，需要注意的是，代签行为的长期性，固然可以成为一个交易习惯的表象让相对人产生信赖，但交易习惯并不是相对人产生信赖的主要原因，而是股东本人的容忍给了相对人一

个授权表象从而产生信赖。因此，长期的代签行为并非容忍代理的必要条件。另外，相对人主观善意的标准应为相对人注意到了股东的容忍行为和股东及代签配偶系夫妻关系，而无须结合其他主观善意的事实。

2017年《民法总则》实施后，在"代理"一章中删去了"沉默即同意"的规定，但不能因此拒绝适用容忍代理制度，而间接否认容忍代理在平衡被代理人意思自由和相对人信赖利益、维护交易稳定中的法律价值。容忍代理作为表现代理的一种特殊形式，也并非无法可依。司法实践中，应综合考虑案件的各种实际情况，根据《民法总则》第172条和《合同法》第49条关于表见代理的规定，依法准确适用容忍代理，以补充现有表见代理制度的漏洞和不足。

最高人民法院二审合议庭成员：江显和　张颖新　高燕竹

（编写人：江显和* 罗　菲** 编辑：李　明）

* 江显和，男，法学博士，中华人民共和国最高人民法院第一巡回法庭，二级高级法官。

** 罗菲，女，法学硕士，中华人民共和国最高人民法院第一巡回法庭，法官助理。

甘肃省国营八一农场
与
金昌水泥（集团）有限责任公司、
金昌市人民政府国有资产监督管理委员会
股东会决议效力纠纷案

——对相互冲突的诉求是否应一律驳回起诉

【裁判摘要】

股东认为股东会决议存在无效因素时，依法享有诉权。股东对公司新增资本享有的优先认缴权受到侵害时，依法享有诉权。两个诉讼请求虽然相互冲突，在前一个诉的诉讼请求不被支持时，可以选择主张后一个诉的诉讼请求，对原告提起的两个诉，人民法院均应立案受理。

【案件基本信息】

1. 诉讼当事人

再审申请人（一审原告、二审上诉人）：甘肃省国营八一农场（以下简称甘肃八一农场）

被申请人（一审被告、二审被上诉人）：金昌水泥（集团）有限责任公司（以下简称金泥公司）

一审第三人：金昌市人民政府国有资产监督管理委员会（以下简称金昌市国资委）

2. 案件索引与裁判日期

一审：甘肃省金昌市中级人民法院（2016）甘03民初85号民事裁定（2018年6月27日）

二审：甘肃省高级人民法院（2018）甘民终647号民事裁定（2018年9月19日）

申请再审：最高人民法院（2019）最高法民申500号民事裁定（2019年3月21日）

再审：最高人民法院（2019）最高法民再152号民事裁定（2019年5月31日）

3. 案由

股东会决议效力纠纷

【简要案情】

甘肃八一农场向一审法院起诉称，1999年11月5日，永昌县计划经济局、金川区乡镇企业管理局和甘肃八一农场达成协议，对下属的原永昌县建材工业公司、甘肃省骊靬水泥厂、金昌水泥厂、甘肃农垦八一水泥厂进行资产重组，以评估确定的各方净资产出资组建金泥公司，并于2000年4月26日登记设立。金泥公司的注册资本为7218.8万元，其中甘肃八一农场实物出资3888.84万元（含土地使用权1189.77万元），出资比例53.87%；永昌县计划经济局出资2479.88万元（含土地使用权781.85万元），出资比例34.35%；金川区乡镇企业管理局出资850.08万元（含土地使用权721.07万元），出资比例11.78%。2002年4月，永昌县计划经济局用于出资的85.54万元土地使用权被永昌县人民政府收回，金泥公司的注册资本减少为6943.4万元，甘肃八一农场、永昌县计划经济局、金川区乡镇企业管理局的出资比例分别变更为59.43%、35.54%和5.03%。

2011年4月12日，金昌市人民政府决定将永昌县人民政府和金川区人民政府持有的金泥公司的股权划转由金昌市国资委管理。金泥公司的股东变更为甘肃八一农场和金昌市国资委，出资额分别为4126.54万元、2816.86万元，出资比例分别为59.43%、40.57%。

2014年10月22日，金泥公司召开股东会通过如下增资决议：依照国家国有企业改革的有关规定，金泥公司使用的国有划拨土地依照基准价重新评估，依照重新评估的土地价值进行增资，金泥公司的注册资本由6943.4万元变更为10,997.4万元，其中甘肃八一农场的出资额未增加，仍为4126.54万元，出资比例由59.43%变更为37.52%；金昌市国资委的出资额由2816.86万元增加为6870.86万元，出资比例变更为62.48%。

2014年11月，金泥公司根据股东会决议向永昌县工商行政管理局办理了变更登记。金泥公司对该公司使用的8宗土地依照基准地价重新评估，以重新评估价值和增值部分作为金昌市国资委单方增资。这8宗土地中包括了2000年金泥公司组建时已经作为原股东出资的2宗土地。金泥公司在2000年重组时未对原甘肃八一农场的土地资产进行评估，2014年增加注册资金时也未对现有资产全面评估。金泥公司在实施增资过程中，将原股东已作为投资的土地使用权重新评估，将增值部分作为金昌市国资委的投资，其行为违反了公司法关于法人财产权的相关规定，侵害了甘肃八一农场作为公司股东的合法权益。同时金泥公司将其余6宗土地使用权评估值作为金昌市国资委对该公司的增资，未依照法定程序对公司现有资产进行评估违反了《企业国有资产评估管理暂行办法》《国有资产评估管理若干问题的规定》等法律法规的强制性规定。在金泥公司全部资产未评估之前，应由金泥公司各股东按原有股权比例分享重新评估增值的4054万元。金泥公司的行为侵犯了甘肃八一农场作为公司股东的资产收益权和增值资产的分享权。

甘肃八一农场向一审法院提出诉讼请求：（1）确认被告金泥公司股东会于2014年10月22日作出的决议无效；（2）确认原告甘肃八一农场享有金泥公司增资的2404.2922万元资产对应的股权；（3）判令被告金泥公司限期向登记机关申请撤销该增资变更登记；（4）判令被告金泥公司承担本案全部诉讼费用。

一审法院认为，甘肃八一农场既主张金泥公司2014年10月22日股东会决议无效，又请求确认其享有金泥公司增资的2404.2922万元的对应股权，其诉讼请求相互矛盾，经庭审释明后甘肃八一农场明确表示不变更诉讼请求，根据2001年《最高人民法院关于民事诉讼证据的若干规定》第35条规定，对甘肃八一农场的起诉应予驳回。依照《中华人民共和国民事诉讼法》第119条、第154条第1款第3项，裁定：驳回甘肃八一农场的起诉，甘肃八一农场预交的案件受理费248,127元予以退回。

甘肃八一农场向二审法院提起上诉后，二审法院认为，甘肃八一农场向一审法院提出的第1项、第3项诉讼请求与第2项诉讼请求截然相反，导致人民法院无法确定甘肃八一农场的具体诉讼请求，甘肃八一农场的起诉不符合法定的受理条件。根据《最高人民法院关于适用〈中华人民共和国民事诉讼法〉的解释》第208条第3款“立案后发现不符合起诉条件或者属于民事诉讼法第一百二十四条规定情形的，裁定驳回起诉”之规定，一审法院裁定驳回甘肃八一农场的起诉并无不当。《最高人民法院关于适用〈中华人民共和国民事诉讼法〉的解释》第334条规定：“原判决、裁定认定事实或者适用法律虽有瑕疵，但裁判结果正确的，第二审人民法院可以在判决、裁定中纠正瑕疵后，依照民事诉讼法第一百七十条第一款第一项规定予以维持。”据此，一审裁定适用《最高人民法院关于民事诉讼证据的规定》第35条的规定，虽在适用法律上存在瑕疵，但裁判结果正确，二审法院对一审裁定适用法律瑕疵予以纠正，裁判结果予以维持。故，二审法院依照《中华人民共和国民事诉讼法》第170条第1款第1项、第171条，《最高人民法院关于适用〈中华人民共和国民事诉讼法〉的解释》第208条、第334条规定，裁定：驳回上诉，维持原裁定。

甘肃八一农场不服二审裁定，向最高人民法院申请再审，请求撤销本案一审、二审裁定，依法提审或指令再审，主要事实和理由如下：（1）甘肃八一农场的诉讼请求具体明确，股东会决议无效与申请人请求享有股东权益之间并不矛盾，原审法院未对案涉股东会决议的程序、内容等实体问题进行审理和认定，属于认定事实错误。（2）本案不存在依法应予驳回起诉的情形，而且申请人有具体的诉讼请求和事实理由，原审法院适用《民事诉讼法》第119条与2001年《关于民事诉讼证据的若干规定》第35条驳回申请人的起诉，属于适用法律错误。（3）一审法院违法中止、故意拖延本案审理，程序违法。

【案件焦点】

原告的诉讼请求出现相互冲突时，是否应以诉求相互矛盾为由，驳回原告的起诉。

【裁判结果】

根据《中华人民共和国公司法》第 22 条之规定，股东会决议存在无效因素时，股东可以请求认定股东会决议无效，甘肃八一农场作为金泥公司的股东，享有请求认定公司股东会决议无效的诉权，其起诉请求确认金泥公司股东决议无效及办理相应的变更登记，符合《中华人民共和国民事诉讼法》规定的受理条件，应依法受理。根据《中华人民共和国公司法》第 34 条关于有限责任公司股东享有优先认缴新增资本权利的规定，甘肃八一农场认为金泥公司增资时侵犯其股东权益，依法应享有诉讼权利。甘肃八一农场在提起股东会决议无效之诉的同时，又请求确认该股东会决议增资对应的股东权益归其所有，两个诉讼请求虽然是相互冲突的，但甘肃八一农场提起的两个诉，诉讼要素齐全，均符合《中华人民共和国民事诉讼法》规定的立案标准，当事人可以在前一个诉的请求不被支持时，退一步选择主张后一个诉的诉讼请求，对当事人的两个诉，人民法院均应立案受理。综上，最高人民法院提审后，裁定撤销本案一审、二审法院裁定，指令甘肃省金昌市中级人民法院依法审理本案。

【裁判摘要评析】

本案的主要问题即当事人起诉时，有多项诉求，各诉求之间并立且存在冲突时，人民法院如何处理。按照本案一审和二审的裁判思路：当事人的诉求相互冲突或截然相反，经人民法院予以释明后，仍然坚持其多项诉求的，裁定驳回起诉。

就本案而言，最高人民法院再审认为，当事人的诉求基于实体法的不同规定而主张，股东会决议无效问题是基于《公司法》第 22 条之规定，甘肃八一农场依法享有诉权。主张增资权益系根据《公司法》第 34 条之规定，甘肃八一农场依法应享有的诉讼权利。人民法院受理案件的标准是按照《民事诉讼法》关于案件受理的规定进行判断，由于甘肃八一农场提起的几个诉讼请求均诉讼要素齐备，符合《民事诉讼法》的受案标准，均应当依法受理，至于当事人的各项主张能否均获得支持，或支持其中一个或几个请求，应当待实体审理后，作出相应的裁判，而非径行驳回起诉。

值得探讨的几个问题：

一、如何判断当事人诉讼请求相互冲突。当事人在向人民法院起诉时，一般会有多个诉讼请求，如果属于是与非的问题，即真正意义上的相互冲突或不可并存，人民法院需要向当事人释明，如果当事人拒不调整诉讼请求，依法驳回起诉。而本案的多个请求之间具有先后顺序或者选择性，如果不支持其中一个诉讼请求，还有另外的诉讼请求加以主张，即“主张无效，若有效则主张增资权益”，这些诉讼请求是可以并存的，类似于诉讼法理论中的预备合并之诉。此时，如果其各项请求均符合诉讼法程序中的立案受理条件，则应当依法受理。至于最终能否支持或者能否全部支持其诉求，须经实体审理后作出评判。

二、从诉讼的经济成本角度看，如果按照一审和二审的裁判思路，简单地以是与非、有与无的逻辑判断，本案的诉讼就会形成当事人先提起主张股东会决议的效力确认之诉，然后根据裁判结果另行提起相应的赔偿、撤销登记之诉或主张增资权益之诉，从而造成诉讼的资源和经济成本的浪费，甚至成为恶意当事人拖延时间和规避责任的途径。本案通过一个诉讼程序加以合并处理，减少了当事人的讼累，也节约了司法资源成本。

三、从保护当事人诉权角度看，在我国的诉讼实践中，当事人在自身权益受到侵害时，向人民法院以起诉的方式主张权益，但由于自身受到诉讼程序专业性的限制，当事人认为自己的多项权利受到侵害，自然提出并列的多项请求，不会专业分析该多项请求之间的逻辑关系。此时人民法院在审查是否受理时，应当按照诉讼程序法的规定进行程序审查，对于多项请求均符合立案受理条件的，均应依法受理。特别是在立案登记制的形势下，如何最大限度地保护人民群众的诉讼权益是司法为民的重要职责。因此，不应简单地因为逻辑矛盾将当事人的诉求拒之门外，而是应当进行实体审理，分别作出裁判。

最高人民法院再审合议庭成员：王东敏　陈纪忠　丁广宇

（编写人：郝晋琪* 编辑：李　明）

---

* 郝晋琪，男，法学硕士，中华人民共和国最高人民法院第六巡回法庭，法官助理。

刘某某
与
河南省金博土地开发有限公司、
河南元恒建设集团有限公司
案外人执行异议之诉纠纷案

——误划款项行为是否适用“货币占有即所有”原则

【裁判摘要】

1. 案外人所有的款项误划至被执行人账户的，误划款项的行为因缺乏当事人的真实意思表示，不能产生转移款项实体权益的法律效果，案外人就该款项享有足以排除强制执行的民事权益。

2. 款项系通过银行账户划至被执行人账户，且进入被执行人账户后即被人民法院冻结并划至人民法院执行账户，被执行人既未实际占有该款项，亦未获得作为“特殊种类物”的相应货币，该误划款项不适用“货币占有即所有”原则。

3. 案外人执行异议之诉旨在保护案外人合法的实体权利，在查明案涉款项实体权益属案外人的情况下，应直接判决停止对案涉款项的执行以保护案外人的合法权益，无须通过另一个不当得利之诉解决纠纷。

【案件基本信息】

1. 诉讼当事人

再审申请人（一审被告、二审被上诉人）：刘某某

被申请人（一审原告、二审上诉人）：河南省金博土地开发有限公司（以下简称金博土地开发公司）

被申请人（一审第三人）：河南元恒建设集团有限公司（以下简称元恒建设公司）

2. 案件索引与裁判日期

一审：陕西省榆林市中级人民法院（2016）陕08民初字第134号民事判决（2016年8月23日）

二审：陕西省高级人民法院（2016）陕民终679号民事判决（2016年12月20日）

再审：最高人民法院（2017）最高法民申322号民事裁定（2017年7月27日）

3. 案由

案外人执行异议之诉

【简要案情】

金博土地开发公司中标河南省淇县人民政府社会资金实施耕地占补平衡项目后，将该工程三个标段的复垦工作交由元恒建设公司施工。工程完工后经核算，金博土地开发公司尚欠124,981.23元未支付。另外，元恒建设公司还承包了河南省万博土地开发复垦有限公司（以下简称万博土地开发公司）在河南省襄城县的补充耕地储备项目（以下简称襄城县项目）的相关工程，施工决算价为7,352,905.65元，万博土地开发公司已支付工程款6,980,526元，尚欠元恒建设公司372,379.65元未付。因金博土地开发公司与万博土地开发公司外聘财务人员系同一人，该工作人员在划款时误将元恒建设公司报送的申报结算价作为审核结算价进行计算，误将万博土地开发公司应付的款项通过金博土地开发公司的账户转账给元恒建设公司，扣除金博土地开发公司尚欠的124,981.23元，多划款4,244,670.06元。

元恒建设公司因与刘某某的另案诉讼执行问题，其账户被陕西省榆林市中级人民法院裁定冻结；金博土地开发公司向该账户划入上述款项后，榆林市中级人民法院遂将上述款项扣划至其执行账户。此后，金博土地开发公司以款项系误划为由，向榆林市中级人民法院提出执行异议，榆林市中级人民法院裁定驳回其执行异议后，金博土地开发公司向该院提起执行异议之诉。

一审法院于2016年8月23日作出（2016）陕08民初字第134号民

事判决，驳回金博土地开发公司的诉讼请求。二审法院于2016年12月20日作出（2016）陕民终679号民事判决，撤销一审判决，判令不得执行2015年7月3日金博土地开发公司向元恒建设公司的转账4,244,670.06元。

判决生效后，刘某某向最高人民法院申请再审，请求撤销二审判决，依法改判或发回重审，驳回金博土地开发公司的诉讼请求。

【案件焦点】

二审判决停止执行金博土地开发公司向元恒建设公司误转款项4,244,670.06元是否正确。

【裁判结果】

最高人民法院经审查认为，误划款项进入被执行人的账户，因缺乏当事人的真实意思表示，不产生款项转移的法律效果。同时，因被执行人未实际占有相应的货币，故不适用"货币占有即所有"原则，直接在执行异议之诉的程序中保护案外人的正当实体权益，更符合执行异议之诉的立法初衷。裁定驳回刘某某的再审申请。

【裁判摘要评析】

案外人执行异议之诉案件审查的核心问题是案外人对执行标的是否享有足以排除强制执行的民事权益。而对该问题的认定，取决于款项是否确系误划的事实认定问题、认定误划款项归属所依据的理论基础及法律适用问题，以及款项误划之后以何种方式解决纠纷符合诉讼经济等几个方面。本案中，一审、二审法院基于相同的事实，其处理结果截然相反，主要问题在于对以上几方面问题的认识不全面、不统一，最高人民法院在再审审查裁定中对上述问题作了更深层次的阐述。以下将针对上述问题再进一步作相应说明。

一、确认案涉款项是否为误转，是案外人是否享有排除强制执行民事权益的前提

案外人金博土地开发公司主张其享有排除强制执行的民事权益，其事实依据就是其向被执行人元恒建设公司账户所转款项系误转，而非向其履行正常债务。因而，要判定金博土地开发公司就案涉款项是否享有足以排除强制执行的民事权益，须以判定案涉款项的归属为前提；而本案中案涉款项的归属，取决于金博土地开发公司向元恒建设公司划款的行为是否确系误划。换言之，查清案涉款项是否确系误转是处理本案的前提和基础，也是本案的关键所在。根据本案查明事实，金博土地开发公司在其承建的淇县项目中仅须向元恒建设公司支付尚欠工程款124,981.23元即可，但其于2015年7月3日先后向元恒建设公司划款四笔计4,369,651.29元，该差额系其误将元恒建设公司报送的申报结算价作为审核结算价进行计算并进行转账；另外，金博土地开发公司又误将万博土地开发公司欠付元恒建设公司的372,379.65元通过金博土地开发公司的账户，一并转账给元恒建设公司。元恒建设公司亦认可金博土地开发公司仅欠其工程款124,981.23元，其余款项系误划，并表示愿意将上述误转款项返还给金博土地开发公司。故金博土地开发公司关于案涉款项系误划的诉讼主张符合常理和日常逻辑，且与上述事实相符，应予认定。人民法院在对以上金博土地开发公司与元恒建设公司之间经济往来查明的基础上，确认金博土地开发公司所转款项扣除应支付的尚欠工程款124,981.23元，其余4,244,670.06元已排除金博土地开发公司系履行正常债务的情形后，认定确系误转行为所致，该认定事实依据充分。认定款项系误转仅仅是认定案外人对案涉款项享有实体权益的前提，要认定其是否具有排除强制执行的民事权益，还需结合误转行为的民事行为性质以及该行为所产生的法律效果进一步判定。

二、误划款项的行为因缺乏真实意思表示不产生实体权益转移的私法效果

《民法总则》第133条规定："民事法律行为是民事主体通过意思表示设立、变更、终止民事法律关系的行为。"① 意思表示是指向外部表明意欲发生一定私法上效果之意思的行为，② 意思表示真实是民事法律行为有效的必备要件。可见，有效的民事法律行为是以真实意思表示为核心并能够引起私法效果的行为。本案中，由于金博土地开发公司向元恒建设公

① 本条现为《民法典》第133条。本案系在《民法总则》施行之前作出裁判，因此法理基础系基于《民法通则》相关规定进行说理。

② 参见梁慧星：《民法总论》（第2版），法律出版社2001年版，第189页。

司划款4,244,670.06元系误转所致，金博土地开发公司对于划款行为不具有真实的意思表示，元恒建设公司亦缺乏接受款项的意思表示，双方之间缺乏一致的意思表示，故该划款行为不属于能够设立、变更、终止民事权利和民事义务的民事法律行为，不产生私法上的效果，仅属于可变更或撤销的民事行为。亦即该误转款项的行为未能产生转移款项实体权益的法律效果，该款项的实体权益仍属金博土地开发公司所有，而不属于元恒建设公司。

三、误转款项不存在货币的实际占有，不适用“货币占有即所有”原则

占有是对于物具有事实上的管领力的一种状态，是事实而非权利。[①]案涉款项虽因误转进入元恒建设公司账户，但因该账户已被榆林市中级人民法院冻结，在款项进入冻结账户后即被榆林市中级人民法院扣划至其执行账户，故该款项事实上并未被元恒建设公司占有、控制或支配，且因账户冻结及被划至执行账户使其得以与其他款项相区别，已属特定化款项。在此情况下，款项所有人金博土地开发公司对该4,244,670.06元享有合法的民事权益，该民事权益足以排除榆林市中级人民法院对该款项的强制执行。

一审法院认为，该款项在划入元恒建设公司账户之后，因银行存款作为一种财产性权利，具有不可区分的性质，基于公示公信原则，款项归属应基于占有的情况确定，故应当认定系争款项4,244,670.06元属于元恒建设公司所有。一审判决实际上是基于“货币占有即所有”原则作出，再审申请人刘某某在再审申请中，对该原则又进行了重申。我们认为，一审判决的认定与本案事实及民法总则相关规定的内涵和法律精神均不符，其裁判理由以及刘某某的再审申请理由均不能成立。货币属于特殊种类物，其性质和功能决定货币的所有权难以同对货币的占有相分离，由此衍生出“货币占有即所有”原则。基于此，一审法院及刘某某认为，案涉款项已进入元恒建设公司账户，元恒建设公司已实际占有该

---

① 参见王利明：《物权法研究》，中国人民大学出版社2002年版，第635页。

款，因此根据“货币占有即所有”原则，应视为元恒建设公司对上述款项享有所有权。最高人民法院裁定指出，虽然货币属特殊种类物，在一般情况下适用“占有即所有”原则，但此原则适用的前提是交付的“物”或者占有的标的物为现实的货币。本案中，金博土地开发公司向元恒建设公司误转4,244,670.06元，系通过银行账户转账实现，并非以交付作为“物”的货币实现，元恒建设公司事实上并未从金博土地开发公司处获得与案涉4,244,670.06元相等值的货币；且如前所述，案涉款项因被榆林市中级人民法院冻结账户并直接扣划至执行账户，元恒建设公司并未实际占有、控制或支配上述款项。因而，本案中一是不存在刘某某所主张的作为“特殊种类物”的货币，二是元恒建设公司亦并未占有案涉款项，故不具备适用货币“占有即所有”原则的基础条件。一审判决认定事实及适用法律不当，二审法院对一审判决作出改判事实清楚，证据充分，刘某某的再审申请理由不能成立。

四、案外人对误划行为的救济途径

当误划行为发生之后，误划款项的案外人应如何救济自己的权利？是须根据不当得利诉讼获得救济，还是可以直接针对该款项提起案外人执行异议之诉？对此，一审、二审判决的观点截然相反。一审判决认为，该款项因误划致使元恒建设公司占有该款，进而成为款项所有人，案外人金博土地开发公司对元恒建设公司构成不当得利之债，该债权属普通债权，不具有优先执行的权利，故其就本案系争款项4,244,670.06元并不享有排除执行的权益。该判决理由的实质是，即使能够确认元恒建设公司账户内的案涉款项是金博土地开发公司误划所致，但金博土地开发公司不能对该款项直接主张相关权利，而应根据不当得利另行寻求救济。二审判决在进一步查明双方账务往来的基础上，认定元恒建设公司对该款项系无权占有，进而否定其系款项所有人的事实，最终认定案外人金博土地开发公司对案涉款项具有排除强制执行的民事权益，判决支持了金博土地开发公司停止执行的诉讼请求。对二审判决，最高人民法院的裁定给予了维持和肯定。同时指出，案外人执行异议之诉旨在保护案外人合法的实体权利，在已经查明案涉款项的实体权益属案外人金博土地开发公司的情况下，直接判决停止对案涉款项的执行以保护案外人的合法权益，既符合案外人执行异议之诉的立法目的，也有利于节省司法资源和当事人的诉讼成本。如仍要求案外人再通过另一个不当得利之诉寻求救济，除了增加当事人诉讼成本、浪费司法资源之外，并不能产生更为良好的法律效果和社会效果，亦不符合案外人执行异议之诉的立法初衷。

最高人民法院再审合议庭成员：晏　景　王云飞　杨　卓

（编写人：晏　景* 编辑：杨　奕）

---

* 晏景，女，法学博士，中华人民共和国最高人民法院民事审判第三庭，二级高级法官。

陈某某
与
梁某、三亚辉弘旅业开发有限公司
案外人执行异议之诉纠纷案

——案外人执行异议之诉的权利保护顺位

【裁判摘要】

1. 公司的实际控制人伪造公司股东的签字作出股东会决议，为该公司的债务提供抵押担保，并办理了抵押登记，抵押权人能够证明已经尽到合理审查义务，且不具有其他导致抵押无效情形的，应认定抵押行为有效。

2. 已经支付全部或大部分购房款项的消费者权益优于抵押权。实践中，对于“购房消费者”的认定可适当从宽把握，不能仅以所购房屋为商住两用而否认购房者的消费者身份。

【案件基本信息】

1. 诉讼当事人

再审申请人（一审被告、二审被上诉人）：陈某某

被申请人（一审原告、二审上诉人）：梁某

被申请人（一审被告、二审被上诉人）：三亚辉弘旅业开发有限公司（以下简称辉弘旅业开发公司）

2. 案件索引与裁判日期

一审：海南省三亚市中级人民法院（2016）琼02民初93号民事判决（2017年12月30日）

二审：海南省高级人民法院（2018）琼民终512号民事判决（2018年9月6日）

再审：最高人民法院（2019）最高法民申484号民事裁定（2019年5月17日）

3. 案由

案外人执行异议之诉

【简要案情】

2013年1月12日，梁某与辉弘旅业开发公司签订房产买卖合同，约定梁某以200万元的价格购买位于三亚市×××大街××××××广场A栋28号房屋。合同签订后，梁某共计支付购房款123.5万元，并已实际占有该房屋。双方未办理房屋所有权变更登记手续。2013年4月16日，陈某某与辉弘旅业开发公司签订借款合同和抵押借款合同，约定辉弘旅业开发公司以其所有的三亚市×××大街××××××广场A栋25号、26号、27号、28号铺面作为抵押物，向陈某某借款500万元。辉弘旅业开发公司的实际控制人庄某某伪造了辉弘旅业开发公司部分股东的签名，作出股东会决议，为前述房产办理了抵押登记手续。借款实际汇入庄某某的个人账户。因辉弘旅业开发公司未依约偿还借款，陈某某诉至法院。海南省三亚市中级人民法院于2016年1月7日作出（2015）三亚民一重字第3号民事判决，由辉弘旅业开发公司向陈某某偿还借款本金477.5万元及利息。判决生效后，陈某某向法院申请强制执行。海南省三亚市中级人民法院于2016年4月19日作出（2016）琼02执17号执行裁定，查封、拍卖××××××广场A栋25号、26号、27号、28号铺面。梁某提出执行异议。海南省三亚市中级人民法院于2016年8月5日作出（2016）琼02执异38号执行裁定，驳回梁某的执行异议。梁某不服，提起诉讼。

一审法院于2017年12月30日作出（2016）琼02民初93号民事判决，驳回梁某的诉讼请求。二审法院于2018年9月6日作出（2018）琼民终512号民事判决，撤销一审判决，停止对三亚市×××大街××××××广场A栋第28号房屋的执行。

陈某某不服二审判决，向最高人民法院申请再审。

【案件焦点】

1. 案涉抵押行为是否有效；

2. 梁某对案涉房屋所享有的权益是否可以排除执行。

【裁判结果】

最高人民法院经审查认为：

（一）关于陈某某抵押权的效力问题

辉弘旅业开发公司认可抵押借款合同上加盖的公司印章是真实的，且签订合同时辉弘旅业开发公司的法定代表人倪某某在场。辉弘旅业开发公司以房屋为借款提供抵押担保，并办理了抵押登记。虽然辉弘旅业开发公司并未实际召开股东会，存在由庄某某伪造其他股东签字作出股东会决议的行为，但陈某某在接受辉弘旅业开发公司为其提供担保的过程中，已尽到合理的审查义务。本案也无充分证据证明陈某某与辉弘旅业开发公司具有恶意串通等损害梁某利益导致抵押无效的行为。二审判决以辉弘旅业开发公司未召开股东会、股东会决议系伪造股东签字作出为由认定抵押行为无效不当，予以纠正。

（二）关于梁某对涉案房屋所享有的权益是否可以排除陈某某对涉案房屋执行的问题

首先，当事人提交的土地房屋权证载明案涉房产用途为“商业、住宅”，与梁某所称购买该房屋为商住两用的陈述相互印证，原审认定梁某系购买房屋的消费者，并无不当。其次，梁某已经实际支付了123.5万元购房款，并已实际占有、使用该房屋。依照《最高人民法院关于建设工程价款优先受偿权问题的批复》及参照《最高人民法院关于人民法院办理执行异议和复议案件若干问题的规定》第29条的相关规定，在审理涉及消费者购买商品房的案件中，应当对消费者购买商品房的权益予以优先保护，故二审法院认为梁某作为购买房屋的消费者所享有的权益可以排除陈某某对涉案房屋的执行，并无不当。无论陈某某抵押权效力如何，均不影响梁某对涉案房屋所享有的权益可以排除陈某某对涉案房屋执行的认定。二审判决虽然在抵押权效力的认定上存在不当，但是裁判结果正确，据此裁定驳回陈某某的再审申请。

【裁判摘要评析】

本案系案外人执行异议之诉，争议焦点为已付清大部分购房款的买受人的物权期待权与抵押权之间的权利保护顺位问题。由于案涉抵押登记所依据的股东会决议存在瑕疵，抵押行为是否有效是也双方争议的焦点，且是确定本案权利保护顺位的前提。以下拟从该两个方面对裁判理由进行说明：

一、公司提供担保情形下相对人的合理审查义务

公司提供担保分为公司为他人提供担保和为自身债务提供担保两种情形。对于公司为他人提供担保，《公司法》第16条规定了公司对外提供担保的内部决策程序以及公司为关联方提供担保的特殊规则。该规定能否视为赋予相对人审查公司担保决策程序的义务，实践中存在争议。一种意见认为，相对人在接受公司为他人债务提供担保时，只需审查满足正常交易要求的材料，无须再审查公司章程、决议等与担保相关的文件。理由是，公司章程对担保权限和程序的设定只是内部规范，即使公司章程在公司登记机关备案或通过其他途径予以公示，也仅属于公司内部治理规范性文件，不具有对世效力。[①]《公司法》第16条第1款的规定系规范公司治理的管理性规范，对外并不发生影响合同效力的法律约束力，债权人对公司担保是否经决议机关决议不负审查义务。另一种意见认为，相对人除应审查满足正常交易要求的材料外，还有义务查明公司章程中有关担保的表决规则，并进而根据该内容对公司内部同意担保的决议进行审查。理由是，《公司法》第16条既然明文规定了公司担保的决策机构及权限，就应具有普遍适用效力。这种法定决策程序既是对公司的限制和要求，也是对担保权人的限制和要求，担保权人在与公司签订担保合同时，应当注意到法律的既有规定。因此，担保权人有审查公司章程及决议的义务。2019年12月23日最高人民法院发布《全国法院民商事审判工作会议纪要》第18条规定："前条所称的善意，是指债权人不知道或者不应当知道法定代表人超越权限订立担保合同。《公司法》第16条对关联担保和非关联担保的决议机关作出了区别规定，相应地，在善意的判断标准上也应当有所

① 参见陈冲、丁冬：《公司对外担保效力问题研究——基于司法裁判的分析与反思》，载《金融法苑》2011年总第83辑，中国金融出版社2011年版，第144页。

区别。一种情形是，为公司股东或者实际控制人提供关联担保，《公司法》第16条明确规定必须由股东（大）会决议，未经股东（大）会决议，构成越权代表。在此情况下，债权人主张担保合同有效，应当提供证据证明其在订立合同时对股东（大）会决议进行了审查，决议的表决程序符合《公司法》第16条的规定，即在排除被担保股东表决权的情况下，该项表决由出席会议的其他股东所持表决权的过半数通过，签字人员也符合公司章程的规定。另一种情形是，公司为公司股东或者实际控制人以外的人提供非关联担保，根据《公司法》第16条的规定，此时由公司章程规定是由董事会决议还是股东（大）会决议。无论章程是否对决议机关作出规定，也无论章程规定决议机关为董事会还是股东（大）会，根据《民法总则》第61条第3款关于'法人章程或者法人权力机构对法定代表人代表权的限制，不得对抗善意相对人'的规定，只要债权人能够证明其在订立担保合同时对董事会决议或者股东（大）会决议进行了审查，同意决议的人数及签字人员符合公司章程的规定，就应当认定其构成善意，但公司能够证明债权人明知公司章程对决议机关有明确规定的除外。债权人对公司机关决议内容的审查一般限于形式审查，只要求尽到必要的注意义务即可，标准不宜太过严苛。公司以机关决议系法定代表人伪造或者变造、决议程序违法、签章（名）不实、担保金额超过法定限额等事由抗辩债权人非善意的，人民法院一般不予支持。但是，公司有证据证明债权人明知决议系伪造或者变造的除外。”从该规定来看，公司对外提供担保，相对人对公司章程、决议等相关文件仅负有形式审查义务，这种审查可以包括公司对外担保的决议机构是否符合公司章程的约定，决议内容是否与担保内容存在差异，公司担保的金额是否超出公司章程的限制，决议上是否有决议人员的签字盖章，等等。在担保债权人履行了前述的审查义务后，即应认定担保合同合法有效。即使今后决议文件被认为存在虚假或者无效的事实，从保护善意第三人的立场，还是不应影响担保合同的效力。

以上是公司为他人提供担保的情形下相对人的审查义务。对于公司为自身债务提供担保的情形下相对人应承担的审查义务，目前法律及相关司法解释均未予明确规定。由于公司为自身债务提供担保并不会危及公司的资产安全，举重以明轻，公司为自身债务提供担保，相对人的审查义务不应高于公司对外担保的情形。

具体到本案，庄某某向陈某某出示的股东会决议上，辉弘旅业开发公司的法定代表人倪某某的签名真实，且签订抵押借款合同时，倪某某亦在场，辉弘旅业开发公司也认可抵押借款合同上公司印章的真实性。虽然股东会决议上其他几个股东的签名系庄某某伪造，但签名的真实性通常须经过鉴定机构的鉴定方能识别，一般自然人主体通常不具备识别的技术和能力，如将此纳入相对人的审查义务范围，未免过于严苛，亦有违合同法、担保法保护交易安全的立法本意。债权人基于对担保人法定代表人身份、公司法人印章真实性的信赖，基于股东会决议已经全体股东签署的事实，完全有理由相信该股东会决议的真实性，无须也不可能进一步鉴别股东会决议的真伪。故本案可以认定陈某某在接受辉弘旅业开发公司为其提供担保的过程中，已尽到合理的审查义务。本案也无充分证据证明陈某某与辉弘旅业开发公司具有恶意串通等损害梁某利益并导致抵押无效的行为。故应认定案涉抵押行为有效。二审判决以辉弘旅业开发公司未召开股东会、股东会决议系伪造股东签字作出为由认定抵押行为无效不当，依法予以纠正。

二、不能仅以所购房屋为商住两用而否认购房者的消费者身份

《关于建设工程价款优先受偿权问题的批复》第 1 条规定："人民法院在审理房地产纠纷案件和办理执行案件中，应当依照《中华人民共和国合同法》第二百八十六条①的规定，认定建筑工程的承包人的优先受偿权优于抵押权和其他债权。"第 2 条规定："消费者交付购买商品房的全部或者大部分款项后，承包人就该商品房享有的工程价款优先受偿权不得对抗买受人。"《执行异议复议规定》第 29 条规定："金钱债权执行中，买

① 本条现为《民法典》第 807 条："发包人未按照约定支付价款的，承包人可以催告发包人在合理期限内支付价款。发包人逾期不支付的，除根据建设工程的性质不宜折价、拍卖外，承包人可以与发包人协议将该工程折价，也可以请求人民法院将该工程依法拍卖。建设工程的价款就该工程折价或者拍卖的价款优先受偿。"

受人对登记在被执行的房地产开发企业名下的商品房提出异议，符合下列情形且其权利能够排除执行的，人民法院应予支持：（一）在人民法院查封之前已签订合法有效的书面买卖合同；（二）所购商品房系用于居住且买受人名下无其他用于居住的房屋；（三）已支付的价款超过合同约定总价款的百分之五十。”结合上述规定来看，执行案件中的权利排序为，消费者买受人的物权期待权优先于建设工程价款优先受偿权，建设工程优先受偿权优先于抵押权，抵押权优先于一般债权。故购房消费者的物权期待权与抵押权人的抵押权出现冲突时，人民法院应优先保护支付了大部分购房款的购房消费者的利益。

需要注意的是，如何判断购房者是否为消费者？根据《消费者权益保护法》中的“消费者”含义，前述规定中“购房消费者”应理解为为生活消费需要而不是为经营需要而购房的购房者。司法实践中，一般将所购房屋性质作为判断是否系“用于居住”的重要因素，购买商铺等经营性用房的购房者通常不被认定为前述批复中的“消费者”。司法实践中，对于能否以所购房屋为商住两用而否定购房者消费者身份的问题，存在不同观点。一种观点认为，商住两用房上能够注册公司，但不能落户，没有学区派位，土地使用权年限也比普通住宅短，通常来说，购房者选择商住两用房主要是为了经营或投资，而非满足基本的居住需求，故对于购买商住两用房应比照购买商铺处理，即否定其购房者的消费者身份。另一种观点认为，商住两用是近年来适应城市发展趋势、鼓励年轻人创业的新型居住形式，商住两用房通常位置优越，生活便利，又宜居宜商，使用方式灵活，已为越来越多的群体所选择，如不能排除购房系用于居住、生活，则对购房者的消费者身份应予确认。最高人民法院认为，《执行异议复议规定》第 29 条规定的“所购商品房系用于居住”要件，实际上是认定消费者的表征或者特点。在具体案件中，应当综合案情判断购房者是否为消费者，不能仅以商住两用否定其消费者身份。考虑到不能排除购房者购买商住两用房用于居住、生活，对于“用于居住”应做从宽理解，不轻易否定商住两用住房所具有的居住功能，以保护支付了全部或者大部分购房款的购房人的合法权益。

具体到本案，梁某所购房屋的土地房屋权证载明案涉房产用途为“商业、住宅”，梁某主张其购房系用于居住。鉴于梁某已支付大部分购房款，且实际占有、使用该房屋，应认定其为“购房消费者”，对其物权期待权予以优先保护。故梁某对涉案房屋所享有的权益能够对抗陈某某的抵押权，亦能够排除强制执行。

最高人民法院再审合议庭成员：高燕竹　奚向阳　张颖新

（编写人：高燕竹*　王晶晶**　编辑：杨　奕）

---

* 高燕竹，女，法学博士，中华人民共和国最高人民法院第一巡回法庭，三级高级法官。

** 王晶晶，女，法学硕士，湖南省娄底市中级人民法院审判监督庭，法官助理。

东北电气发展股份有限公司
与
国家开发银行股份有限公司
借款合同、撤销权纠纷执行复议案

——规避判决确定义务的司法认定

【裁判摘要】

当生效判决撤销债务人与受让人的财产转让合同并判令受让人向债务人返还相应财产，受让人未履行返还义务的，债权人可以债务人、受让人为被执行人申请强制执行。受让人向债务人返还财产，不仅是对债务人的义务，而且实质上主要是对胜诉债权人的义务。受让人未在返还财产前通知债权人，致债务人收到其返还的财产后随即转移，使债权人提起撤销权诉讼的目的落空，则债务人和受让人的行为属于规避执行的行为，债权人仍然有权利申请人民法院继续执行生效判决确认的财产返还义务。

【案件基本信息】

1. 诉讼当事人

复议申请人（被执行人）：东北电气发展股份有限公司（以下简称东北电气公司）

被申请人（申请执行人）：国家开发银行股份有限公司（以下简称国开行）

2. 案件索引与裁判日期

执行依据：最高人民法院（2008）民二终字第23号民事判决（2008年9月5日）

执行异议：北京市高级人民法院（2015）高执异字第52号执行裁定

（2016年12月30日）

执行复议：最高人民法院（2017）最高法执复27号执行裁定（2017年8月31日）

3. 案由

借款合同、撤销权纠纷执行复议

【简要案情】

国开行与沈阳高压开关有限责任公司（以下简称沈阳高开公司）、东北电气公司、沈阳变压器有限责任公司（以下简称沈阳变压器公司）、东北建筑安装工程总公司、新东北电气公司（沈阳）高压开关有限公司（现已更名为沈阳兆利高压电器设备有限公司，以下简称新东北高开公司）、新东北电气（沈阳）高压隔离开关有限公司（原沈阳新泰高压电气有限公司，以下简称新东北隔离公司）、沈阳北富机械制造有限公司（原沈阳诚泰能源动力有限公司，以下简称北富机械公司）、沈阳东利物流有限公司（原沈阳新泰仓储物流有限公司，以下简称东利物流公司）借款合同、撤销权纠纷一案，经北京市高级人民法院一审、最高人民法院二审，最高人民法院于2008年9月5日作出（2008）民二终字第23号民事判决，最终判决结果为：（一）沈阳高开公司偿还国开行借款本金人民币15,000万元及利息、罚息等，沈阳变压器公司对债务中的14,000万元及利息、罚息承担连带保证责任、东北建筑安装工程总公司对债务中的1000万元、利息及罚息承担连带保证责任。（二）撤销东北电气公司以其对外享有的7666万元对外债权及利息与沈阳高开公司持有的在北富机械公司95%的股权和在东利物流公司95%的股权进行股权置换的合同；东北电气公司与沈阳高开公司相互返还股权和债权，如不能相互返还，东北电气公司在24,711.65万元范围内赔偿沈阳高开公司的损失，沈阳高开公司在7666万元范围内赔偿东北电气公司的损失。（三）撤销沈阳高开公司以其在新东北隔离公司74.4%的股权与东北电气公司持有的在沈阳添升通讯设备有限公司（以下简称沈阳添升公司）98.5%的股权进行置换的合同。双方相互返还股权，如果不能相互返还，东北电气公司应在13,000万元扣除2787.88万元的范围内赔偿沈阳高开公司的损失。依据上述判决内容，东北电气公司需要向沈阳高开公司返还下列三项股权：在北富机械公司的95%股权、在东利物流公司的95%股权、在新东北隔离公司的74.4%股权，如不能返还，扣除沈阳高开公司应返还东北电气公司的债权和股权，东北电气公司需要向沈阳高开公司支付的款项总额为27,000万余元。判决生效后，经国开行申请，北京市高级人民法院立案执行，并于2009年3月24日，向东北电气公司送达了执行通知，责令其履行法律文书确定的义务。

2009年4月16日，被执行人东北电气公司向北京市高级人民法院提交了《关于履行最高人民法院（2008）民二终字第23号民事判决的情况说明》（以下简称说明一），表明该公司已通过支付股权对价款的方式履行完毕生效判决确定的义务。北京市高级人民法院经调查认定，根据中信银行沈阳分行铁西支行的有关票据记载，2007年12月20日，东北电气公司支付的17,046万元分为5800万元、5746万元、5500万元，通过转账付给沈阳高开公司；当日，沈阳高开公司向辽宁新泰电气设备经销有限公司（沈阳添升公司98.5%股权的实际持有人，以下简称辽宁新泰公司），辽宁新泰公司向新东北高开公司，新东北高开公司向新东北隔离公司，新东北隔离公司向东北电气公司通过转账支付了5800万元、5746万元、5500万元。故北京市高级人民法院对东北电气公司已经支付完毕款项的说法未予认可。

2013年7月12日，北京市高级人民法院向工商管理机关发出协助执行通知书，冻结了东北电气公司持有的沈阳高东加干燥设备有限公司67.887%的股权及沈阳凯毅电气有限公司10%（10万元）的股权。

对此，东北电气公司于2013年7月18日向北京市高级人民法院提出执行异议，理由是：（1）北京市高级人民法院在查封财产前未作出裁定；（2）履行判决义务的主体为沈阳高开公司与东北电气公司，国开行无申请强制执行的主体资格；（3）东北电气公司已经按本案生效判决之规定履行完毕向沈阳高开公司返还股权的义务，不应当再向国开行支付17,000万元。同年9月2日，东北电气公司向北京市高级人民法院出具《关于最高人民法院（2008）民二终字第23号判决书履行情况的说明》

(以下简称说明二)，具体说明本案终审判决生效后的履行情况：(1) 关于在北富机械公司95%股权和东利物流公司95%股权返还的判项。2008年9月18日，东北电气公司、沈阳高开公司、新东北高开公司（当时北富机械公司95%股权的实际持有人）、沈阳恒宇机械设备有限公司（当时东利物流公司95%股权的实际持有人，以下简称恒宇机械公司）签订四方协议，约定由新东北高开公司、恒宇机械公司代东北电气公司向沈阳高开公司分别返还北富机械公司95%股权和东利物流公司95%股权。(2) 关于新东北隔离公司74.4%的股权返还的判项。东北电气公司与沈阳高开公司、阜新母线、辽宁新泰公司于2008年9月18日签订四方协议，约定由阜新母线代替东北电气公司向沈阳高开公司返还新东北隔离公司74.4%的股权。2008年9月22日，各方按照上述协议交割了股权，并完成了股权变更工商登记。相关协议中约定，股权代返还后，东北电气公司对代返还的三家公司承担对应义务。北京市高级人民法院审查后，于2016年12月30日作出（2015）高执异字第52号执行裁定，驳回了东北电气公司的异议。

东北电气公司不服，向最高人民法院申请复议。理由是：(1) 生效判决涉及东北电气公司的事项是东北电气公司和沈阳高开公司之间的案涉股权、债权相互返还义务，国开行并非东北电气公司判决义务履行的相对方，因此，国开行没有权利就判决内容主张强制执行东北电气公司，国开行不具备要求对东北电气公司强制执行的主体资格。(2) 东北电气公司为履行判决义务，协调阜新母线、新东北高开公司、恒宇机械公司与沈阳高开公司于2008年9月18日签订了两份四方协议，将案涉股权返还给沈阳高开公司，并于2008年9月22日完成了股权变更工商登记，且根据四方协议，沈阳高开公司未向新东北高开公司、恒宇机械公司和阜新母线支付过任何费用，新东北高开公司、恒宇机械公司和阜新母线小从未要求沈阳高开公司支付过任何款项。虽然工商管理部门的登记资料记载，2008年9月22日，沈阳高开公司分别与新东北高开公司、恒宇机械公司、阜新母线签订的股权转让协议书中约定有沈阳高开公司应分别向三家公司支付相应的股权转让对价款，但是当时办理股权转让时应工商登记部门要求，必须填报格式的股权转让协议书，无须履行也不会履行。对此，新东北高开公司、阜新母线均出具了情况说明及承诺，沈阳高开公司亦出具了情况说明，确认该事实。（3）北京市高级人民法院到沈阳市有关工商行政管部门调查的结果不能作为认定本案事实的证据或依据。北京市高级人民法院调查的对象并非当时直接办理案涉股权变更登记的工商登记办事机构或经办人员，而是其上级部门或其职能划分变更后的机构，调查笔录内容无法反映、证明案涉股权变更时的真实情况；调查内容中“至于2008年9月22日办理案涉股权变更登记时具体情况，相关工商管理部门建议本院查询相关工商登记档案”的表述，更加证明了这些被调查对象不了解事实情况。（4）东北电气公司于2004年6月后已与沈阳高开公司脱离直接、间接关系，沈阳高开公司之后的行为与东北电气公司无关。沈阳高开公司2008年9月23日取得案涉股权后将其转让，是其自己的民事行为，东北电气公司对此不应承担任何责任，应由沈阳高开公司自行承担相应法律责任。综上，东北电气公司与沈阳高开公司、恒宇机械公司、阜新母线、新东北高开公司之间的两份四方协议、2008年9月22日股权变更登记、东北电气公司对外的重大诉讼公告、新东北高开公司、阜新母线出具的情况说明及承诺、沈阳高开公司出具的情况说明、最高人民法院（2013）民二终字第66号民事判决等证据，已经形成完整、客观、独立的证据链，证明了沈阳高开公司已无偿取得案涉股权、东北电气公司已经履行判决义务的事实。

【案件焦点】

是否履行了判决确定的义务。

【裁判结果】

最高人民法院于2017年8月31日作出（2017）最高法执复27号执行裁定，驳回东北电气公司的复议请求，维持北京市高级人民法院（2015）高执异字第52号执行裁定。

【裁判摘要评析】

一、关于国开行是否具备申请执行人的主体资格问题

经查，北京市高级人民法院2016年12月20日的谈话笔录中显示，东北电气公司的委托代理人雷某某明确表示放弃执行程序违法、国开行不具备主体资格两个异议请求。从雷某某的委托代理权限看，其权限为：代为申请执行异议、应诉、答辩，代为承认、放弃、变更执行异议请求，代为接收法律文书。因此，雷某某在异议审查程序中所作的意思表示，依法由委托人东北电气公司承担。故，东北电气公司在异议审查中放弃了关于国开行不具备申请执行人的主体资格的主张，在复议审查程序再次提出该项主张，本院依法可不予审查。即使东北电气公司未放弃该主张，国开行申请执行的主体资格也并无疑问。本案诉讼案由是借款合同、撤销权纠纷，法院经审理，判决支持了国开行的请求，判令东北电气公司偿还借款，并撤销了东北电气公司与沈阳高开公司股权置换的行为，判令东北电气公司和沈阳高开公司之间相互返还股权，东北电气公司如不能返还股权，则承担相应的赔偿责任。相互返还这一判决结果不是基于东北电气公司与沈阳高开公司双方之间的争议，而是基于国开行的诉讼请求。东北电气公司向沈阳高开公司返还股权，不仅是对沈阳高开公司的义务，而且实质上主要是对胜诉债权人国开行的义务。故国开行完全有权利向人民法院申请强制有关义务人履行该判决确定的义务。

二、关于东北电气公司是否履行了判决确定的义务问题

（一）不能认可本案返还行为的正当性

法律设置债权人撤销权制度的目的，在于纠正债务人损害债权的不当处分财产行为，恢复债务人责任财产以向债权人清偿债务。东北电气公司返还股权、恢复沈阳高开公司的偿债能力的目的，是为了向国开行偿还其债务。只有在通知胜诉债权人，以使其有机会申请法院采取冻结措施，从而能够以返还的财产实现债权的情况下，完成财产返还行为，才是符合本案诉讼目的的履行行为。任何使国开行诉讼目的落空的所谓返还行为，都是严重背离该判决实质要求的行为。因此，认定东北电气公司所主张的履行是否构成符合判决要求的履行，都应以该判决的目的为基本指引。即使在本案诉讼期间及判决生效后，东北电气公司与沈阳高开公司之间确实有运作股权返还的行为，在其事前不向人民法院和债权人作出任何通知而私下进行，且事实上股权变更登记到沈阳高开公司名下的次日即被转移给其他公司的情况下，该种行为实质上应认定为规避判决义务的行为。

（二）不能确定东北电气公司协调各方履行无偿返还义务的真实性

东北电气公司主张因为案涉股权已实际分别转由新东北高开公司、恒宇机械公司、阜新母线等三家公司持有，无法由东北电气公司直接从自己名下返还给沈阳高开公司，故由东北电气公司协调新东北高开公司、恒宇机械公司、阜新母线等三家公司将案涉股权无偿返还给沈阳高开公司。如其所主张的该事实成立，则也可以视为其履行了判决确定的返还义务。但依据本案证据不能认定该事实。

1. 东北电气公司的证据前后矛盾，不能做合理解释。本案在执行过程中，东北电气公司向北京市高级人民法院提交过两次说明，即2009年4月16日提交的说明一和2013年9月2日提交的说明二。其中，说明一显示，东北电气公司与沈阳高开公司于2007年12月18日签订协议，鉴于双方无法按判决要求相互返还股权和债权，约定东北电气公司向沈阳高开公司支付股权转让对价款，东北电气公司已于2007年12月20日（二审期间）向沈阳高开公司支付了17,046万元，并以2007年12月18日东北电气公司与沈阳高开公司签订的协议书、2007年12月20日中信银行沈阳分行铁西支行的三张银行进账单作为证据。说明二则称，2008年9月18日，东北电气公司与沈阳高开公司、新东北高开公司、恒宇机械公司签订四方协议，约定由新东北高开公司、恒宇机械公司代东北电气公司向沈阳高开公司返还了北富机械公司95%的股权、东利物流公司95%的股权。同日，东北电气公司与沈阳高开公司、阜新母线、辽宁新泰公司亦签订四方协议，约定由阜新母线代东北电气公司向沈阳高开公司返还新东北隔离公司74.4%的股权；2008年9月22日，各方按照上述协议交割了股权，并完成了股权变更工商登记。

对于其所称的履行究竟是返还上述股权还是以现金赔偿，东北电气公司前后的两个说明自相矛盾。第一，说明一表明，东北电气公司在二审期间已履行了支付股权对价款义务，而对于该支付行为，经过北京市高级人民法院调查，该款项经封闭循环，又返回到东北电气公司，属虚假给付。第二，在执行程序中，东北电气公司2009年4月16日提交说明一时，案涉股权的交割已经完成，但东北电气公司并未提及2008年9月18日东北电气公司与沈阳高开公司、新东北高开公司、恒宇机械公司签订的四方协议。第三，既然2007年12月20日东北电气公司与沈阳高开公司已就股权对价款进行了交付，那么2008年9月22日又通过四方协议，将案涉股权返还给沈阳高开公司，明显不符合常理。第四，东北电气公司的重大诉讼公告于2008年9月26日发布，其中提到接受本院判决结果，但并未提到其已经于9月22日履行了判决，且东北电气公司称其收到诉讼代理律师转交的本案判决书的日期是9月24日，现在又坚持其在9月22日履行了判决，难以自圆其说。由此只能判断其在执行过程中所谓履行最高人民法院判决的说法，可能是对过去不同时期已经发生了的某种与涉案股权相关的转让行为，自行解释为是对本案判决的履行行为。故对四方协议的真实性及东北电气公司在不同阶段的解释的可信度高度存疑。

2. 经东北电气公司协调无偿返还涉案股权的事实不能认定。工商管理机关有关登记备案的材料载明，2008年9月22日，恒宇机械公司持有的东利物流公司的股权、新东北高开公司持有的北富机械公司的股权、阜新母线持有的新东北隔离公司的股权已过户至沈阳高开公司名下。但登记资料显示，沈阳高开公司与新东北高开公司、沈阳高开公司与恒宇机械公司、沈阳高开公司与阜新母线签订的股权转让协议书中约定有沈阳高开公司应分别向三家公司支付相应的股权转让对价款。东北电气公司称，股权转让协议书系按照工商管理部门的要求而制作，实际上没有也无须支付股权转让对价款。对此，东北电气公司不能提供充分的证据予以证明，北京市高级人民法院到沈阳市有关工商管理部门调查，亦未发现足以证明提交股权转让协议书确系为了满足工商备案登记要求的证据。且北京市高级人民法院经查询案涉股权变更登记的工商登记档案，其中除了有股权转让协议书，还有主管部门同意股权转让的批复、相关公司同意转让、受让或接收股权的股东会决议、董事会决议等材料，这些材料均未提及作为本案执行依据的生效判决以及两份四方协议。在四方协议本身存在重大疑问的情况下，人民法院判断相关事实应当以经工商备案的资料为准，认定本案相关股权转让和变更登记是以备案的相关协议为基础的，即案涉股权于

2008年9月22日登记到沈阳高开公司名下，属于沈阳高开公司依据转让协议有偿取得，与四方协议无关。沈阳高开公司自取得案涉股权至今是否实际上未支付对价，以及东北电气公司在异议复议过程中所提出的恒宇机械公司已经注销的事实，新东北高开公司、阜新母线关于放弃向沈阳高开公司要求支付股权对价的承诺等，并不具有最终意义，因其不能排除新东北高开公司、恒宇机械公司、阜新母线的债权人依据经工商登记备案的有偿股权转让协议，向沈阳高开公司主张权利，故不能改变股权转让协议的有偿性质。因此，依据现有证据无法认定案涉股权曾经变更登记到沈阳高开公司名下系经东北电气公司协调履行四方协议的结果，无法认定系东北电气公司履行了生效判决确定的返还股权义务。

综上，东北电气公司关于已履行判决义务、将案涉股权无偿返还给东北电气公司的主张缺乏充分的证据证明，其复议理由不成立。

最高人民法院执行复议合议庭成员：黄金龙　杨　春　刘丽芳

（编写人：杨　春* 编辑：李　明）

---

* 杨春，女，法学硕士，中华人民共和国最高人民法院执行局，三级高级法官。

株洲海川实业有限责任公司
与
中国银行股份有限公司长沙市蔡锷支行、
湖南省德奕鸿金属材料有限公司
财产保全执行复议案

——保全执行中协助执行义务的确定

【裁判摘要】

1. 财产保全执行案件的保全标的物系非金钱动产且被他人保管，该保管人依人民法院通知应当协助执行。当保管合同或者租赁合同到期且未续签时，协助执行人无继续无偿保管的义务。

2. 保全标的物价值足以弥补保管费用的，可维持查封直至案件作出生效法律文书，执行保全标的物所得价款应优先支付保管人的保管费用。保全标的物价值不足以支付保管费用，申请保全人支付保管费用的，可以继续采取查封措施；申请保全人仅提供担保但不支付保管费用的，可以处置保全标的物并继续保全变价款。

【案件基本信息】

1. 诉讼当事人

复议申请人（利害关系人）：株洲海川实业有限责任公司（以下简称海川实业公司）

申请保全人：中国银行股份有限公司长沙市蔡锷支行（以下简称中行蔡锷支行）

被保全人：湖南省德奕鸿金属材料有限公司（以下简称德奕鸿金属材料公司）

2. 案件索引与裁判日期

执行异议：湖南省高级人民法院（2016）湘执异15号执行裁定（2016年11月23日）

执行复议：最高人民法院（2017）最高法执复2号执行裁定（2017年9月2日）

3. 案由

金融借款合同纠纷财产保全执行复议

【简要案情】

湖南省高级人民法院在审理中行蔡锷支行与德奕鸿金属材料公司、湖南省金沐实业有限公司、湖南金酉金属有限公司、劳某某、吴某某、黄某某、张某某、林某金融借款合同纠纷案中，依中行蔡锷支行申请，作出民事诉讼财产保全裁定，冻结德奕鸿金属材料公司银行存款4800万元，或查封、扣押其等值的其他财产。德奕鸿金属材料公司因生产经营租用海川实业公司厂房，租期至2015年3月1日，将该公司所有并质押给中行蔡锷支行的铅精矿存放于此。2015年6月4日，湖南省高级人民法院作出协助执行通知书及公告称，人民法院查封德奕鸿金属材料公司所有堆放于海川实业公司仓库的铅精矿期间，未经准许，任何单位和个人不得对上述被查封资产进行转移、隐匿、损毁、变卖、抵押、赠送等，否则，将依法追究其法律责任。2015年3月1日，德奕鸿金属材料公司与海川实业公司租赁合同期满后，德奕鸿金属材料公司既未续约，也没有向海川实业公司交还租用厂房，更没有交纳房租、水电费。海川实业公司遂以租赁合同纠纷为由，将德奕鸿金属材料公司诉至湖南省株洲市石峰区人民法院。后湖南省株洲市石峰区人民法院作出判决，判令案涉租赁合同解除，德奕鸿金属材料公司于该判决生效之日起15日内向海川实业公司返还租赁厂房，将囤放于租赁厂房内的货物搬走；德奕鸿金属材料公司于该判决生效之日起15日内支付欠缴租金及利息。海川实业公司根据判决，就德奕鸿金属材料公司清场问题申请强制执行。同时，海川实业公司作为利害关系人对湖南省高级人民法院作出的协助执行通知书及公告提出执行异议，并要求保全申请人中行蔡锷支行将上述铅精矿搬离仓库，并赔偿其租金损失。

2016年11月23日，湖南省高级人民法院作出（2016）湘执异15号执行裁定，驳回海川实业公司的异议。海川实业公司不服，向最高人民法院申请复议。

【案件焦点】

在查封财产存放场地业主与被保全人之间租赁合同已到期，生效民事判决要求被保全人将货物搬出，且查封物可能无价值的情况下，由协助执行人无条件以及无偿继续负担事实上保管查封财产的义务，是否适当。

【裁判结果】

最高人民法院经审查认为，湖南省高级人民法院在中行蔡锷支行与德奕鸿金属材料公司等借款合同纠纷诉讼财产保全裁定执行案中，依据该院相关民事裁定中“冻结德奕鸿金属材料公司银行存款4800万元，或查封、扣押其等值的其他财产”的内容，对德奕鸿金属材料公司所有的存放于海川实业公司仓库的铅精矿采取查封措施，并无不当。但在执行过程中，虽然不能否定海川实业公司对保全执行法院负有协助义务，但被保全人与场地业主之间的租赁合同已经到期未续租，且有生效法律文书责令被保全人将存放货物搬出的情况下，要求海川实业公司完全无条件负担事实上的协助义务并不合理。协助执行人海川实业公司的异议，实质上是主张在场地租赁到期的情况下，人民法院查封的财产继续占用场地，导致其产生相当于租金的损失难以得到补偿。湖南省高级人民法院在发现该情况后，不应回避实际保管人的租金损失或保管费用的问题，应进一步完善查封物的保管手续，明确相关权利义务关系。如果查封的质押物确有较高的足以弥补租金损失的价值，则可以维持查封直至生效判决作出后，并在执行程序中以处置查封物所得价款优先补偿保管人的租金损失。但海川实业公司委托质量监督检验机构所做的检验报告显示，案涉铅精矿系无价值的废渣，湖南省高级人民法院在执行中，亦应对此事实予以核实。如情况属实，则应采取适当方式处理查封物，不宜要求协助执行人继续无偿保管无价值财产。执行法院仅以对德奕鸿金属材料公司财产采取保全措施合法，海川实业公司与德奕鸿金属材料公司之间的租赁合同纠纷是另一法律关系为由，驳回海川实业公司的异议不当，应予纠正。

最高人民法院于2017年9月2日作出（2017）最高法执复2号执行裁定：（一）撤销湖南省高级人民法院（2016）湘执异15号执行裁定；（二）湖南省高级人民法院应查明案涉查封财产状况，依法确定查封财产保管人并明确其权利义务。

【裁判摘要评析】

从广义上说，民事保全制度包括财产保全、行为保全、证据保全等。从狭义上说，民事保全制度是保障权利人进行民事诉讼的结果能够得以实现的一种制度。民事诉讼法学界，尤其是大陆法系国家一般从狭义上研究民事保全制度。着重提出民事保全制度是一种应急性的临时救济制度，其目的在于保护利害关系人不致遭受无法弥补的损失。就其地位而言，民事保全制度是一个以保障判决执行为直接目的的体系性子程序，具有广泛的适用性。民事保全的价值主要有程序公正价值和效益价值。这一制度的基本原则包括和平原则、自愿原则、参与原则、可理解原则、诚实信用原则等。在民事保全制度的立法模式上，世界各国有三种主要类型：判例式立法、混合式立法和单行式立法，三种立法模式各有利弊。大陆法系国家的保全制度一般由两种制度构成，一是假扣押制度，二是假处分制度。在英美法系国家的保全制度中，禁令制度非常发达。在美国的民事诉讼中，保全制度的禁止令制度有预备禁止令和临时性禁令两种。美国法有三种临时裁决供债权人申请，它们被称为判决前的救济（prejudgment remedies）。通过对两大法系民事保全程序的比较研究可以得出民事保全的程序特质：民事保全程序的非讼性、保全程序的迅速性、保全程序的简易性、保全程序的事后保障与程序保障以及附属性等。

一、民事保全的程序规则

我国将财产保全、行为保全和暂时性稳定法律状态等多种民事保全措施统一于民事保全制度之中，形成体系性的民事保全制度。具体而言：第一，在现代，民事保全制度已广泛地适用于民事诉讼、仲裁、刑事附带民事诉讼等程序中，它的适用已远远突破了传统的民事诉讼的范围，成为一个跨法律部门的保障制度，从这个角度来讲，它属于民事程序下的一个子程序。第二，关于财产保全的范围，法院财产保全的数额应以当事人请求的范围为限。除标的物和与本案相关的财物可以保全外，被申请人的一般财产也可以成为保全的对象，特定情况下债务人到期的债权可以作为被保全的对象。第三，法院对财产保全的证据应当采用较低的证明标准。第四，我国民事保全立法应当将行为纳入保全的客体之中，以弥补财产保全的不足，使行为保全与财产保全发挥互补作用。

二、民事保全程序中的程序保障

民事保全程序中的程序保障受多种因素影响，包括法院和当事人各自在民事保全程序中的地位和作用如何；是单方参与审理结构还是对审结构；是否适用口头辩论和提供上诉救济等。在民事保全结构上，混合结构较简易结构和“本案化”审理结构更能适应程序保障的需要。一般来讲，法院应当根据当事人请求保全的性质、法院保全的措施决定所采用的程序。

民事保全制度的基本程序构成和程序保障的规则要求：第一，完善民事保全的审判组织，对重大的保全事项应组成合议庭审理并裁决。第二，立法上要为法院提供可供选择的审理方式体系，建立书面审理、口头辩论等适应不同案件需要的审理方式。第三，建构民事保全程序中的权利救济机制。第四，完善申请错误的解决程序。第五，建立有条件的保全裁定上诉制度。第六，规范民事保全裁定书的制作。

三、民事保全措施

各国对民事保全措施没有限制性的规定，可由申请人在提出申请保全时，提出具体的保全措施，由法院定之，或由法院酌情确定具体的保全措施。我国在这方面的特色则是对保全措施作列举式的立法规定，供申请人及法院选择确定，体现出保全措施法定的原则。具体的保全措施包括查封、扣押、冻结和变卖，其他保全措施包括对知识产权、股权凭证、投资权益、股权、对第三人的到期债权等保全措施。

四、民事保全裁定及其执行

民事保全的执行权能应当包括：保全的审查权、保全的实施权、保全的复查权、回避制度的适用和管理等。建议对我国现行的民事保全体制从以下两个方面着手改革：第一，在立法形式方面进行改革，为保全程序的单独立法提供理论基础。第二，在立法内容方面进行改进。应对程序的进行作出具体规定，强化赔偿制度，对保全程序审理人员的资格加以限制。执行竞合的形态包括终局执行之间的竞合、财产保全执行与终局执行之间的竞合、财产保全之间的竞合等。对保全执行之间竞合的解决方法有：对于保全执行根据之间竞合，原则上先行的保全执行排斥后行的保全执行。在不违背保全执行制度目的的前提下，可对同一保全财产施以重复查封、重复扣押等保全方法，即先行的保全执行和后行的保全执行可并存。对保全执行与终局执行之间的竞合：原则上采取执行优先原则。但在不违背保全执行目的的前提下，允许后行终局执行的权利人就同一保全的财产进行查封、扣押。对终局执行之间的竞合，有法定优先权的应先予执行。

五、民事保全错误的赔偿

关于民事保全错误的赔偿有两种情形，一是基于当事人申请民事保全导致错误的赔偿，二是基于法院依据职权采取民事保全导致错误的赔偿。《民事诉讼法》规定了承担损害赔偿责任需要具备的法律要件、我国民事保全赔偿程序存在的问题以及赔偿程序。《国家赔偿法》对民事诉讼、行政诉讼中的司法赔偿采取限制原则，即将其赔偿范围限制在法律明示列举的违法采取对妨害诉讼的强制措施、违法采取保全措施、对生效法律文书执行错误三个方面，排除了对民事诉讼、行政诉讼中其他错误，如错误判决、错误裁定等的赔偿。

六、民事保全中协助执行主体的权利和义务

民事保全制度是保障权利人进行民事诉讼的结果能够得以实现的一种应急性的临时救济制度，其目的在于保护利害关系人不致遭受无法弥补的损失。因此，相较于执行依据具有明确财产或者行为给付内容的终局执行，保全执行行为应体现强制性与协调性的统一，特别是责令保全财产由案外第三人保管时，该动产保管人负有协助执行义务，应无争议，但该义务并非无偿、当然之义务。执行法院办理财产保全案时，应注意保管人租金损失或保管费用的问题，保管人费用可从保全标的物变价款中优先支付。而且除《民事诉讼法司法解释》第 153 条规定的应及时处置的保全财产外，保全标的物无价值亦应是人民法院保全期间可以直接采取处置措施的情形。需要指出，协助执行作为人民法院执行工作的“一种辅助性制度”，是指由人民法院以外的单位和个人，依法协助执行发生法律效力的法律文书所确定内容的法律行为。该制度无论在寻找被执行人、查找被执行财产，还是控制可供执行财产等方面都发挥着巨大的作用。根据《民事诉讼法》第242条规定，被执行人未按执行通知履行法律文书确定的义务，人民法院有权根据不同情形扣押、冻结、划拨、变价被执行人的财产。人民法院决定扣押、冻结、划拨、变价财产，应当作出裁定，并发出协助执行通知书，有关单位必须办理。拒不履行协助执行义务的，人民法院可以根据《民事诉讼法》第114条和《民事诉讼法司法解释》第192条，采取罚款、拘留、发出司法建议等强制措施，督促其履行。但是，保全执行具有复杂性，一方面，保全财产的查控不仅需要公安税务、工商国土、金融机构、被执行人所在单位、持有被执行人财产的法人或自然人帮助查找和控制保全财产，还会需要协助执行人帮助维持矿石、煤炭、钢铁等仓储现场的秩序；另一方面，显然前述主体承担协调协助义务的能力存有较大差别。因此，保全执行除了应具有强制性的特点外，还应体现出协调性。不仅应保障诉讼财产保全裁定及时得到执行，还应体现善意执行理念，公平保护当事人及相关人员。协助执行主体作为执行工作中的重要一环，其在履行协助执行义务的同时，也享有一定的权利。执行法院发出协助执行通知书后，保管人有权要求执行法院工作人员出具相关手续、有权要求法院提供协助执行通知书，以确保协助执行申请的合法性。而其在协助执行过程中所产生的费用，协助执行主体有权要求受理执行案件的法院承担。

最高人民法院执行复议合议庭成员：刘少阳　黄金龙　马　岚

（编写人：刘少阳* 编辑：杨　奕）

---

* 刘少阳，男，法学硕士，中华人民共和国最高人民法院第一巡回法庭，二级高级法官。

青海金泰融资担保有限公司
与
上海金桥工程建设发展有限公司、
青海海西家禾酒店管理有限公司
建设工程合同纠纷执行复议案

——保证人在审理案件期间为被执行人提供保证的，在案件执行阶段的担保责任认定

【裁判摘要】

保证人在审理案件期间为被执行人提供保证，人民法院据此未对被执行人的财产采取保全措施或解除保全措施，该保证类似于担保法规定的一般保证责任。如果保证人承诺在被执行人无财产可供执行或其财产不足清偿债务时承担保证责任，应当适用一般保证的执行规则。在方便执行的财产执行完毕后债务仍未能清偿的，即可执行保证人在保证责任范围内的财产。

【案件基本信息】

1. 诉讼当事人

复议人（担保人）：青海金泰融资担保有限公司（以下简称金泰融资担保公司）

申请执行人：上海金桥工程建设发展有限公司（以下简称金桥工程建设公司）

被执行人：青海海西家禾酒店管理有限公司（后更名为青海三工置业有限公司，以下简称三工置业公司）

2. 案件索引与裁判日期

异议：青海省高级人民法院（2017）青执异12号执行裁定（2017年5月11日）

复议：最高人民法院（2017）最高法执复38号执行裁定（2017年12月21日）

3. 案由

建设工程合同纠纷执行复议

【简要案情】

青海省高级人民法院在审理金桥工程建设公司与三工置业公司建设工程施工合同纠纷一案期间，依原告申请采取保全措施，冻结三工置业公司账户存款1500万元（账户实有存款余额23万余元），并查封土地使用权一宗。之后，三工置业公司以需要办理银行贷款为由，申请解除对账户的冻结，并由担保人宋某某以银行存款1500万元提供担保。青海省高级人民法院冻结宋某某存款后，解除对三工置业公司账户的冻结。2014年5月22日，金泰融资担保公司向青海省高级人民法院提供担保书，承诺三工置业公司无力承担责任时，愿承担三工置业公司应承担的责任，担保最高限额1500万元，并申请解除对宋某某担保存款的冻结。青海省高级人民法院据此解除对宋某某1500万元担保存款的冻结。

案件进入执行程序后，青海省高级人民法院调查后发现，被执行人三工置业公司除已经抵押的土地使用权及在建工程外（在建工程价值4亿余元），无其他可供执行财产。保全阶段冻结的三工置业公司账户因提供担保而解除冻结后，进出款8900余万元。执行中，青海省高级人民法院作出（2016）青执10之一号执行裁定，要求金泰融资担保公司在3日内清偿金桥工程建设公司债务1500万元，并扣划担保人金泰融资担保公司银行存款820万元。金泰融资担保公司对此提出异议称，根据《人民法院执行工作规定》第85条的规定，人民法院只有在被执行人无财产可供执行或其财产不足清偿债务时，方可执行保证人在保证责任范围内的财产。被执行人三工置业公司尚有价值4亿余元的资产，法院径行执行保证人的财产违反司法解释规定。请求撤销青海省高级人民法院（2016）青执10之一号执行裁定，返还已扣划的资金820万元。为此，青海省高级人民法院作出（2017）青执异12号执行裁定，认定金泰融资担保公司异议理由不能成立，驳回其异议。

金泰融资担保公司不服，向最高人民法院提出复议申请，主要理由是：申请人作为担保人承担保证责任的条件不成就，被执行人有土地使用权及在建工程；青海省高级人民法院在确认被执行人有价值4亿余元在建工程的同时，认为本案“可视为被执行人目前尚无财产可供执行”，是对《人民法院执行工作规定》第85条的扩大解释，没有依据。

【案件焦点】

在被执行人有财产但不便于执行的情况下，能否执行保证人在保证责任范围内的财产。

【裁判结果】

最高人民法院于2017年12月21日作出（2017）最高法执复38号执行裁定，驳回金泰融资担保公司的复议请求，维持青海省高级人民法院（2017）青执异12号执行裁定。

【裁判摘要评析】

《人民法院执行工作规定》第85条规定：“人民法院在审理案件期间，保证人为被执行人提供保证，人民法院据此未对被执行人的财产采取保全措施或解除保全措施的，案件审结后如果被执行人无财产可供执行或其财产不足清偿债务时，即使生效法律文书中未确定保证人承担责任，人民法院有权裁定执行保证人在保证责任范围内的财产。”在具体适用上，如何把握“无财产可供执行或其财产不足清偿债务”的标准，能否适用《担保法》及其司法解释关于一般保证中“不能履行”“不能清偿”的认定规则，存在一定争议。

我国《担保法》将保证分为一般保证和连带责任保证：一般保证是指保证人仅对债务人不履行负补充责任的保证，连带责任保证是指保证人在债务人不履行债务时与债务人负连带责任的保证。《担保法》第17条第1款及第2款规定：“当事人在保证合同中约定，债务人不能履行债务时，由保证人承担保证责任的，为一般保证。一般保证的保证人在主合同纠纷未经审判或者仲裁，并就债务人财产依法强制执行仍不能履行债务前，对债权人可以拒绝承担保证责任。”在一般保证的情况下，保证人享有先诉抗辩权，在债权人未对债务人的财产依法强制执行之前，不得对保证人提出清偿债务的请求。这是一般保证之下对保证人的一种保护，而在连带责任保证之下的保证人则不享有此种权利，其在债务人到期无法清偿债务的情况下，债权人既可以要求债务人履行债务，也可以要求保证人在其保证范围内承担保证责任，而不论债权人是否就债务人的财产实行强制执行。

关于如何理解《担保法》第 17 条第 1 款中的“不能履行”。《担保法司法解释》第 131 条规定：“本解释所称‘不能清偿’指对债务人的存款、现金、有价证券、成品、半成品、原材料、交通工具等可以执行的动产和其他方便执行的财产执行完毕后，债务仍未能得到清偿的状态”，《担保法》第 17 条中的“不能履行”，应与此处的“不能清偿”的含义一致，即在一般保证情形下，债务人虽有财产，但其财产不方便执行时，即可以执行一般保证人的财产。

从《担保法》及其司法解释规定的精神看，即便保证人责任较轻的一般保证，其承担责任的前提也是“方便执行的财产执行完毕”，并非要求主债务人绝对的无财产可供执行或全部财产经执行无法清偿债务。针对案件审理阶段提供担保而解除查封的情形，从方便实现债权、保障债权人利益的角度看，保证人提供担保的效果不应低于查封的效果。在债权人利益和保证人利益产生冲突时，更应侧重保护债权人利益。因此，《人民法院执行工作规定》第 85 条规定的“被执行人无财产可供执行或其财产不足清偿债务”的判断标准，不应高于一般保证中对“不能清偿”的判断标准。

基于上述原因，该案例明确了在案件审理期间保证人为被执行人提供保证，承诺在被执行人无财产可供执行或者财产不足清偿债务时承担保证责任的，执行法院对保证人应当适用一般保证的执行规则。在被执行人虽有财产但严重不方便执行时，可以执行保证人在保证责任范围内的财产。该执行规则的确立，符合《担保法》及其司法解释的精神，恰当平衡了债权人和保证人的利益，有利于执行工作的顺利高效进行，对司法实践具有较强的指导意义。

最高人民法院执行复议合议庭成员：赵晋山　葛洪涛　邵长茂

（编写人：邵长茂* 编辑：李　明）

* 邵长茂，男，法学博士，中华人民共和国最高人民法院执行局综合室主任，三级高级法官。

陈某某
与
刘某某、广东省汕头渔业用品进出口公司等
执行监督案

——网络司法拍卖的法律适用

【裁判摘要】

人民法院司法拍卖有别于传统的拍卖，本质上属于司法行为，具有公法性质。人民法院在司法拍卖中应适用《中华人民共和国民事诉讼法》及有关司法解释关于强制执行的规定。网络司法拍卖是人民法院司法拍卖的一种优选方式，亦应适用《中华人民共和国民事诉讼法》及有关司法解释关于强制执行的规定。

【案件基本信息】

1. 诉讼当事人

申诉人（利害关系人）：陈某某

申请执行人：刘某某

被执行人：广东省汕头渔业用品进出口公司

被执行人：汕头渔业用品进出口公司商场

2. 案件索引与裁判日期

执行异议：广东省汕头市中级人民法院（2016）粤05执异38号执行裁定（2016年9月18日）

执行复议：广东省高级人民法院（2016）粤执复字243号执行裁定（2016年12月12日）

执行监督：最高人民法院（2017）最高法执监250号执行裁定（2017年9月2日）

3. 案由

利害关系人申请执行监督

【简要案情】

广东省汕头市中级人民法院在执行申请执行人刘某某与被执行人广东省汕头渔业用品进出口公司、汕头渔业用品进出口公司商场借款合同纠纷一案中，于2016年4月25日通过淘宝网司法拍卖网络平台拍卖被执行人汕头渔业用品进出口公司所有的位于汕头市升平区①永泰路145号13-1地号地块的土地使用权，申诉人陈某某先后出价5次，最后一次于2016年4月26日10时17分26秒出价5,282,360.00元确认成交，成交后陈某某未交拍卖款。

2016年8月3日，申诉人陈某某向汕头市中级人民法院提出执行异议，认为拍卖过程一些环节没有遵守传统拍卖相关法律规定，违法拍卖，请求撤销拍卖结果，退还保证金23万元。汕头市中级人民法院经审理，认为从拍卖整个过程和成交记录上看，拍卖过程公开、透明，公平、公正，不存在场面混乱、标的物恶性滚落在陈某某名下的情况，且公开拍卖也是在淘宝网司法拍卖网络平台上公告15日后才进行拍卖的，公告程序上也符合相关法律规定。因此，汕头市中级人民法院本次在淘宝网司法拍卖网络平台的拍卖行为并无不当，依法驳回陈某某的异议。

陈某某不服，向广东省高级人民法院申请复议。广东省高级人民法院经审查，作出（2016）粤执复字243号执行裁定，驳回陈某某的复议申请，维持汕头市中级人民法院（2016）粤05执异38号执行裁定。

申诉人陈某某不服，向最高人民法院申诉，请求撤销汕头市中级人民法院（2016）粤05执异38号执行裁定和广东省高级人民法院（2016）粤执复字243号执行裁定，归还保证金23万元。

【案件焦点】

1. 网络司法拍卖的法律调整问题；

2. 本项网络司法拍卖行为是否存在违法违规情形；

3. 本项拍卖是否应予撤销。

---

① 根据行政区划调整，汕头市撤并金园区、升平区，成立金平区。

【裁判结果】

最高人民法院于2017年8月25日作出（2017）最高法执监250号裁定，驳回陈某某的申诉。

【裁判摘要评析】

一、关于对网络司法拍卖的法律调整问题

根据《拍卖法》的规定，拍卖法适用于中华人民共和国境内拍卖企业进行的拍卖活动，调整的是拍卖人、委托人、竞买人、买受人等平等主体之间的权利义务关系。拍卖人接受委托人委托对拍卖标的进行拍卖，是拍卖人和委托人之间“合意”的结果，该委托拍卖系合同关系，属于私法范畴。人民法院司法拍卖是人民法院依法行使强制执行权，就查封、扣押、冻结的财产强制进行拍卖变价进而清偿债务的强制执行行为，其本质上属于司法行为，具有公法性质。该强制执行权并非来自当事人的授权，无须征得当事人的同意，也不以当事人的意志为转移，而是基于法律赋予的人民法院的强制执行权，即来源于《民事诉讼法》及相关司法解释的规定。即便是在传统的司法拍卖中，人民法院委托拍卖企业进行拍卖活动，该拍卖企业与人民法院之间也不是平等关系，该拍卖企业的拍卖活动只能在人民法院的授权范围内进行。因此，人民法院在司法拍卖中应适用《民事诉讼法》及相关司法解释对人民法院强制执行的规定。网络司法拍卖是人民法院司法拍卖的一种优选方式，亦应适用《民事诉讼法》及相关司法解释对人民法院强制执行的规定。

二、关于本项网络司法拍卖行为是否存在违法违规情形的问题

在网络司法拍卖中，竞价过程、竞买号、竞价时间、是否成交等均在交易平台展示，该展示具有一定的公示效力，对竞买人具有拘束力。该项内容从申诉人提供的竞买记录也可得到证实。且在本项网络司法拍卖时，《民事诉讼法》及相关司法解释均没有规定网络司法拍卖成交后必须签订成交确认书。因此，申诉人称未签订成交确认书、不能确定权利义务关系的主张不能得到支持。

我国的《民事诉讼法》和相关司法解释从未将国有资产排除在法院可强制执行财产之外，也没有必须要取得审批权的规定。故申诉人提出的该拍卖标的物属于国有资产，拍卖时未经过国有资产管理委员会审核，违反法律规定的理由亦不能成立。况且，申诉人也未就拍卖标的物是否属于国有资产提供相关证据。

三、关于申诉人提出的竞买号牌 A××××与 J××××号牌蓄谋潜入竞买场合恶意串通，该标的物从底价 230 万元抬至 530 万元，事后经过查证 A××××号牌竞买人是该标的物的委托拍卖人刘某某等问题

网络司法拍卖是人民法院依法通过互联网拍卖平台，以网络电子竞价方式公开处置财产，本质上属于人民法院“自主拍卖”，不存在委托拍卖人的问题。《民事执行拍卖变卖财产规定》第 15 条第 2 款明确规定申请执行人、被执行人可以参加竞买，作为申请执行人的刘某某只要满足网络司法拍卖的资格条件即可以参加竞买。在网络司法拍卖中，竞买人是否加价竞买、是否放弃竞买、何时加价竞买、何时放弃竞买完全取决于竞买人对拍卖标的物的价值认识。从申诉人提供的竞买记录看，申诉人在 2016 年 4 月 26 日 9 时 40 分 53 秒出价 2,377,360 元后，在竞买人叫价达到 5,182,360 元时，分别在 2016 年 4 月 26 日 10 时 01 分 16 秒、10 时 05 分 10 秒、10 时 08 分 29 秒、10 时 17 分 26 秒加价竞买，足以认定申诉人对于自身的加价竞买行为有清醒的判断。以竞买号牌 A××××与 J××××号牌连续多次加价竞买就认定该两位竞买人系蓄谋潜入竞买场合恶意串通理据不足，不予支持。

四、关于申诉人称该拍卖标的物无法办理产权转移登记，执行法院没有告知竞买人，也不作专项明确说明，存在瑕疵和失职问题

执行法院在拍卖前发布了拍卖公告、拍卖须知、标的物介绍、温馨提示等，且在拍卖公告中对“涉案土地使用权按现状拍卖，现被原承租人占用，执行法院不承担标的物产权转移、过户产生的风险”等事项进行了特别说明，还特别提醒有意者请亲自实地看样，未看样的竞买人视为对本标的实物现状的确认，责任自负。从上述内容可以看出，执行法院已经履行了告知提示义务。申诉人自愿报名参与竞买，无论其是否真正详细阅读了拍卖公告，均视为其已经了解了该拍卖标的物存在的潜在风险，并同意接受上述拍卖条件，其参与竞买的风险应自行承担。《民事执行拍卖变卖财产规定》第 23 条规定：“拍卖成交或者以流拍的财产抵债的，人民法院应当作出裁定，并于价款或者需要补交的差价全额交付后十日内，送达买受人或承受人。”第 24 条规定：“拍卖成交后，买受人应当在拍卖公告确定的期限或者人民法院指定的期限内将价款交付到人民法院或者汇入人民法院指定的账户。”第 29 条第 2 款规定：“不动产、有登记的特定动产或者其他财产权拍卖成交或者抵债后，该不动产、特定动产的所有权、其他财产权自拍卖成交或者抵债裁定送达买受人或者承受人时起转移。”根据上述规定，拍卖成交后，买受人在拍卖公告确定的期限或者人民法院指定的期限足额交付价款后，人民法院作出成交裁定并送达买受人，该标的物所有权转移给买受人。买受人可以自行到产权登记部门办理产权变更手续，或者请求人民法院协助办理产权变更登记。能否办理产权转移登记的前提是取得人民法院的拍卖成交裁定。在本案中，申诉人未按照拍卖公告确定的期限或者人民法院指定的期限足额支付价款，人民法院也就不能向其出具拍卖成交裁定，进而也不能确定产权登记能否变更问题。故申诉人称该拍卖标的物无法办理产权转移登记，人民法院未作专项说明，存在瑕疵和失职的理由不能成立。

五、关于本项拍卖是否可予以撤销问题

《执行异议复议规定》第 21 条第 1 款规定：“当事人、利害关系人提出异议请求撤销拍卖，符合下列情形之一的，人民法院应予支持：（一）竞买人之间、竞买人与拍卖机构之间恶意串通，损害当事人或其他竞买人利益的；（二）买受人不具备法律规定的竞买资格的；（三）违法限制竞买人参加竞买或者对不同的竞买人规定不同竞买条件的；（四）未按照法律、司法解释的规定对拍卖标的物进行公告的；（五）其他严重违反拍卖程序且损害当事人或者竞买人利益的情形。”对于符合上述情形之一，当事人、利害关系人提出异议请求撤销拍卖的，人民法院应予支持。经过审查，申诉人的申诉理由均与上述规定不符。因此，本项拍卖不应予撤销。

最高人民法院执行监督合议庭成员：赵晋山　万会峰　邵长茂

（编写人：万会峰* 编辑：杨　奕）

---

* 万会峰，男，法学硕士，中华人民共和国最高人民法院执行局，二级高级法官。

于某某
与
锡林郭勒盟隆兴矿业有限责任公司
采矿权纠纷执行监督案

——采矿权转让纠纷中申请执行人变更情形的判断

【裁判摘要】

1. 采矿权转让纠纷中，生效判决确定转让方按照转让合同的约定为受让方办理矿权转让手续的，通过执行程序并不意味着必然发生采矿权实际过户的法律后果。采矿权能否转移到胜诉方当事人名下，不能仅仅依据判项的字面意思理解，应当首先查明裁判理由中相关争议问题的阐释，并以相关法律法规对矿业权转让的有关精神为指引。

2. 在判决认为转让合同依法成立，但尚未生效的情况下，判决所称的转让方按照矿权转让合同的约定为受让方办理矿权转让手续，应理解为并非对矿业权归属的认定，而首先应是指履行促成合同生效的合同报批义务。合同经过审批管理机关批准后，才涉及办理矿权转让过户登记。执行法院在执行中向国土部门发出协助办理矿权转让手续的通知，只是相当于完成了受让方向主管机关申请办理矿权转让手续的行为，启动了行政机关审批的程序，要求国土部门依法履行转让合同审批的职能，而不能理解为要求行政机关必须完成矿业权的过户登记。

3. 未经行政审批的矿权转让合同的权利承受问题，与普通的民事裁判中的权利承受及债权转让问题有较大差别。矿业权转让纠纷案执行中，申请执行人的变更不同于普通民事案件申请执行主体的变更，不能简单套用变更执行主体的有关规定，仍需要尊重行政机关对矿业权受让主体的审查权。判决确定的权利主体能否最终成为采矿权受让人，或其为满足行政审批的条件成立的公司能否办理采矿权转让手续的问题，本质上仍属于采矿权受让人主体资格是否符合行政审批范围的法定条件，应由审批管理机关根据矿权管理的相关规定作出判断。

【案件基本信息】

1. 诉讼当事人

申诉人（申请执行人）：于某某

被执行人：锡林郭勒盟隆兴矿业有限责任公司（以下简称隆兴矿业公司）

2. 案件索引与裁判日期

执行异议：内蒙古自治区锡林郭勒盟中级人民法院（2014）锡中法执字第 11 号执行裁定（2016 年 12 月 14 日）

执行复议：内蒙古自治区高级人民法院（2017）内执复 4 号执行裁定（2017 年 3 月 15 日）

执行监督：最高人民法院（2017）最高法执监 136 号裁定（2017 年 12 月 26 日）

3. 案由

采矿权纠纷执行监督

【简要案情】

2008 年 8 月 1 日，隆兴矿业公司作为甲方与乙方于某某签订矿权转让合同，约定隆兴矿业公司将某采矿权有偿转让给于某某。于某某依约支付了采矿权转让费 150 万元，并在接收采矿区后对矿区进行了初步设计以及采矿工作。而隆兴矿业公司未按照矿权转让合同的约定，为于某某办理矿权转让手续。

2012 年 10 月双方当事人发生纠纷诉至内蒙古自治区锡林郭勒盟中级人民法院。锡林郭勒盟中级人民法院认为，隆兴矿业公司与于某某签订的矿权转让合同，系双方当事人真实意思表示，该合同已经依法成立，但根据相关法律规定，该合同系行政机关履行行政审批手续后生效的合同，对于矿权受让人的资格审查，属行政机关的审批权力，非法院职权范围，故隆兴矿业公司主张于某某不符合法律规定的采矿权人的申请条件，请求法院确认矿权转让合同无效并给付违约金的诉讼请求，该院不予支持。对于于某某反诉请求判令隆兴矿业公司继续履行办理采矿权转让的各种批准手续的请求，因双方在矿权转让合同中明确约定，矿权转让手续由隆兴矿业公司负责办理，故该院予以支持。对于于某某主张由隆兴矿业公司承担给付违约金的请求，因矿权转让合同虽然依法成立，但处于待审批尚未生效的状态，而违约责任以合同有效成立为前提，故不予支持。锡林郭勒盟中级人民法院作出（2012）锡中法民一初字第42号民事判决，主要内容为，隆兴矿业公司于判决生效后15日内，按照矿权转让合同的约定为于某某办理矿权转让手续。

隆兴矿业公司不服提起上诉。内蒙古自治区高级人民法院认为，矿权转让合同系隆兴矿业公司与于某某的真实意思表示，该合同自双方签字盖章时成立。根据《合同法》第44条规定，依法成立的合同，自成立时生效。法律、行政法规规定应当办理批准、登记等手续生效的，依照其规定。[①]《探矿权采矿权转让管理办法》第10条规定，申请转让探矿权、采矿权的，审批管理机关应当自收到转让申请之日起40日内，作出准予转让或者不准转让的决定，并通知转让人和受让人；批准转让的，转让合同自批准之日起生效；不准转让的，审批管理机关应当说明理由。《合同法司法解释（一）》第9条第1款规定，依照《合同法》第44条第5款的规定，法律、行政法规规定合同应当办理批准手续，或者办理批准、登记手续才生效，在一审法庭辩论终结前当事人仍未办理登记手续的，或者仍未办理批准、登记等手续的，人民法院应当认定该合同未生效。双方签订的矿权转让合同尚未办理批准、登记手续，故矿权转让合同依法成立，但未生效，该合同的效力属效力待定。于某某是否符合采矿权受让人条件，矿权转让合同能否经相关部门批准，并非法院审理范围。原审法院认定矿权转让合同成立，隆兴矿业公司应按照合同继续履行办理矿权转让手

① 本条现为《民法典》第502条："依法成立的合同，自成立时生效，但是法律另有规定或者当事人另有约定的除外。依照法律、行政法规的规定，合同应当办理批准等手续的，依照其规定。未办理批准等手续影响合同生效的，不影响合同中履行报批等义务条款以及相关条款的效力。应当办理申请批准等手续的当事人未履行义务的，对方可以请求其承担违反该义务的责任。依照法律、行政法规的规定，合同的变更、转让、解除等情形应当办理批准等手续的，适用前款规定。"本条以下同。

续并无不当。如矿权转让合同经审批管理机关不予批准，双方当事人可依据《合同法》的相关规定另行主张权利。内蒙古自治区高级人民法院作出（2013）内民一终字第281号民事判决，维持原判。

锡林郭勒盟中级人民法院根据于某某的申请，于2014年3月立案执行。该院向国土资源部门发出协助执行通知书，请其根据生效判决的内容，协助为本案申请执行人于某某按照矿权转让合同的约定办理矿权过户转让手续。国土部门答复称，隆兴矿业公司与于某某签订矿权转让合同后，未向其提交转让申请，且该合同是一个企业法人与自然人之间签订的矿权转让合同。依据法律、行政法规及地方法规的规定，对锡林郭勒盟中级人民法院要求其协助执行的内容，按实际情况属协助不能，无法完成该协助通知书中的内容。

于某某于2014年5月19日成立自然人独资的锡林郭勒盟辉澜萤石销售有限公司（以下简称辉澜萤石销售公司），并向锡林郭勒盟中级人民法院申请将申请执行人变更为该公司。锡林郭勒盟中级人民法院裁定驳回其申请。于某某不服，申请复议。内蒙古自治区高级人民法院作出（2017）内执复4号执行裁定，驳回其复议申请。

于某某不服内蒙古自治区高级人民法院复议裁定，向最高人民法院申诉称：根据生效判决确定的内容，为于某某办理矿权转让手续是隆兴矿业公司应当依法履行的法律义务。于某某在履行生效判决确定的权利义务过程中，成立个人独资的有限公司，是按照行政机关的行政管理性规定完善办理采矿权转让的相关手续，并非将矿权转让合同的权利向第三方转让，亦未损害国家利益和任何当事人的利益。于某某变更申请执行人的申请，完全符合《矿产资源法》、《矿业权出让转让管理暂行规定》、《矿产资源开采登记管理办法》以及内蒙古国土厅《关于规范探矿权采矿权管理有关问题的补充通知》等行政机关在自然人签署矿权转让合同情况下办理矿权转让手续的行政管理规定。

【案件焦点】

1. 生效判决认定采矿权转让合同依法成立但尚未生效，责令转让方按照合同约定办理采矿权转让手续的，是否能够通过执行程序实现采矿权实际过户的法律效果；

2. 采矿权转让纠纷案执行中，生效判决确定的权利主体将权利转让给其另行设立的公司的，是否能够通过申请执行主体变更程序解决受让人是否符合采矿权受让人法定条件的问题。

【裁判结果】

最高人民法院于2017年12月26日作出（2017）最高法执监136号执行裁定，驳回于某某的申诉。

【裁判摘要评析】

一、关于能否通过执行程序实现采矿权实际过户法律效果的问题

本案执行依据的判项为，隆兴矿业公司按照矿权转让合同的约定为于某某办理矿权转让手续。根据现行法律法规的规定，申请转让探矿权、采矿权的，须经审批管理机关审批，其批准转让的，转让合同自批准之日起生效。本案中，一审、二审法院均认为对于矿权受让人的资格审查，属行政机关的审批权力，于某某是否符合采矿权受让人条件、矿权转让合同能否经相关部门批准，并非法院审理范围，因该合同尚未经审批机关批准，因此认定该合同依法成立，但尚未生效。二审判决也认定，如该合同经审批管理机关不予批准，双方当事人对于合同的法律后果、权利义务，可另行主张权利。鉴于转让合同因未经批准而未生效的，不影响合同中关于履行报批义务的条款的效力，结合判决理由部分，本案生效判决所称的隆兴矿业公司按照矿权转让合同的约定为于某某办理矿权转让手续，并非对矿业权权属的认定，而首先应是指履行促成合同生效的合同报批义务，合同经过审批管理机关批准后，才涉及办理矿权转让过户登记。因此，锡林郭勒盟中级人民法院向锡林郭勒盟国土资源局发出协助办理矿权转让手续的通知，只是相当于完成了隆兴矿业公司向主管机关申请办理矿权转让手续的行为，启动了行政机关审批的程序，且在当前阶段，只能理解为要求锡林郭勒盟国土资源局依法履行转让合同审批的职能。

二、关于能否通过申请执行主体变更程序解决变让人是否符合采矿权变让人法定条件的问题

矿业权因涉及行政机关的审批和许可问题，不同于一般的民事权利，未经审批的矿权转让合同的权利承受问题，与普通的民事裁判中的权利承受及债权转让问题有较大差别，通过执行程序中的申请执行主体变更的方式，并不能最终解决。本案于某某主张以其所成立的辉澜萤石销售公司名义办理矿业权转让手续问题，本质上仍属于矿业权受让人主体资格是否符合行政审批范围的法定条件，应由行政机关根据矿权管理的相关规定作出判断。于某某认为，其在履行生效判决确定的权利义务过程中，成立辉澜萤石销售公司，是在按照行政机关的行政管理性规定完善办理矿权转让的相关手续，并非将矿权转让合同的权利向第三方转让，亦未损害国家利益和任何当事人的利益，其申请将采矿权转让手续办至辉澜萤石销售公司名下，完全符合《矿产资源法》、《矿业权出让转让管理暂行规定》、《矿产资源开采登记管理办法》以及内蒙古国土厅《关于规范探矿权采矿权管理有关问题的补充通知》等行政机关在自然人签署矿权转让合同情况下办理矿权转让手续的行政管理规定，此观点应向相关行政审批机关主张。锡林郭勒盟中级人民法院和内蒙古高级人民法院裁定驳回于某某变更主体的申请，符合本案生效判决就矿业权转让合同审批问题所表达的意见，亦不违反执行程序的相关法律和司法解释的规定。

根据《人民法院执行工作规定》第 18 条规定，申请人只要提交生效法律文书、承受权利的证明等，即具备申请执行人资格。该条第 1 款规定“人民法院受理执行案件应当符合下列条件……（2）申请执行人是生效法律文书规定的权利人或者继承人、权利继受人”。该条中的“权利继受人”，包含通过债权转让、受让、继承等方式承受债权的人。《关于民事执行中变更、追加当事人若干问题的规定》第 9 条：“申请执行人将生效法律文书确定的债权依法转让给第三人，且书面认可第三人取得该债权，该第三人申请变更、追加其为申请执行人的，人民法院应予支持。”本案审理中，于某某并未向法院提交任何有关辉澜萤石销售公司承受其权利的证据材料，因此也无法证明辉澜萤石销售公司已取得了于某某在本案生效判决中确认权利的主张。本案生效判决已确认矿权转让合同成立，虽然效力待定，转让合同未生效，但不影响当事人设定的履行报批义务条款的效力，该合同中有关履行报批义务的条款具有法律效力。生效法律文书确定的权利人是于某某，于某某应是本案的申请执行主体。本案中的行政审批机关根据《国土资源部[①]关于进一步完善采矿权登记管理有关问题的通知》（国土发〔2011〕14号）第13条“申请采矿权应具有独立企业法人资格”的规定，认为生效判决确认的权利人于某某为自然人，锡林郭勒盟中级人民法院要求协助执行的事项也是按照矿权转让合同约定为于某某办理矿权过户转让手续，而自然人不能成为采矿权的主体，故审批机关明确答复无法完成该协助事项。根据国土资源部《矿业权出让转让管理暂行规定》第19条第2款，“采矿权申请人应为企业法人，个体采矿的应依法设立个人独资企业”。尽管2014年5月19日于某某成立了个人独资企业辉澜萤石销售公司，并申请法院将本案的申请执行人变更为辉澜萤石销售公司。但是依据《合同法》第79条的规定，债权人可以将合同的权利全部或者部分转让给第三人，但有下列情形之一的除外：（1）根据合同性质不得转让；（2）按照当事人约定不得转让；（3）依照法律规定不得转让。本案双方当事人签订的矿权转让合同第8条明确约定“未经甲乙双方协商一致，任何一方不得单独对第三方转让该矿权，否则转让方除承担由此给另一方造成的全部经济损失外，另赔偿权利受损方人民币200万元，并承担相关的法律责任”，为此本案属于《合同法》第79条关于“按照当事人约定不得转让”的债权。基于上述内容，本案无法通过申请执行主体的变更程序实现受让人变更为辉澜萤石销售公司，因此于某某通过申请执行主体变更程序无法解决采矿权受让人符合法定条件的问题。

最高人民法院执行监督合议庭成员：黄金龙　刘少阳　朱　燕

（编写人：黄金龙[*]　编辑：杨　奕）

---

① 根据中央机构改革部署，原国土资源部相关职责已由自然资源部等行使。

* 黄金龙，男，法学硕士，中华人民共和国最高人民法院执行局，一级高级法官。

中国防卫科技学院
与
联合资源教育发展（燕郊）有限公司
合作办学合同纠纷执行监督案

——执行和解协议无法履行时的处理

【裁判摘要】

1. 执行和解协议的约定缺乏最终确定性，导致无法确定该协议的给付内容及违约责任承担，客观上已无法继续履行时，人民法院可继续执行原生效法律文书。

2. 执行和解协议中约定的原执行依据未涉及的内容，以及履行过程中产生争议的部分，相关当事人可以通过另行诉讼等其他程序解决。

【案件基本信息】

1. 诉讼当事人

申诉人（被执行人）：中国防卫科技学院（以下简称中防院）

申请执行人：联合资源教育发展（燕郊）有限公司（以下简称联合资源教育公司）

2. 案件索引与裁判日期

执行异议：三河市人民法院（2005）三执字第445号执行裁定（2016年5月30日）

执行复议：河北省廊坊市中级人民法院（2016）冀10执复46号执行裁定（2016年7月22日）

执行监督：河北省高级人民法院（2017）冀执监130号执行裁定（2017年3月21日）

执行监督：最高人民法院（2017）最高法执监 344 号执行裁定（2018 年 10 月 18 日）

3. 案由

合作办学合同纠纷执行监督

【简要案情】

联合资源教育公司与中防院合作办学合同纠纷案，经北京仲裁委员会审理，于 2004 年 7 月 29 日作出（2004）京仲裁字第 0492 号裁决（以下简称 0492 号裁决书），裁决：（一）终止本案合同；（二）被申请人（中防院）停止其燕郊校园内的一切施工活动；（三）被申请人（中防院）撤出燕郊校园；（四）驳回申请人（联合资源教育公司）其他仲裁请求和被申请人（中防院）仲裁反请求；（五）本案仲裁费 363,364.91 元，由申请人（联合资源教育公司）承担 50%，以上裁决第二项、第三项被申请人（中防院）的义务，应于本裁决书送达之日起 30 日内履行完毕。

在执行过程中，联合资源教育公司与中防院签订《联合资源教育发展（燕郊）有限公司申请执行中国防卫科技学院撤出校园和解执行协议》。协议序言部分载明："为履行裁决，在法院主持下经过调解，双方同意按下述方案执行。本执行方案由人民法院监督执行。"具体内容如下：

一、评估阶段

（一）资产的评估

联合资源教育公司资产部分：

1. 双方同意在人民法院主持下对联合资源教育公司资产进行评估。

2. 评估的内容包括联合资源教育公司所建房产、道路及设施等投入的整体评估，土地所有权的评估。

3. 评估由双方共同选定评估单位，评估价作为双方交易的基本参考价。

中防院资产部分：

1. 双方同意在人民法院主持下对中防院投入联合资源教育公司校园中的资产进行评估。

2. 评估的内容包括：（1）双方合作办学合同执行期间联合资源教育

公司同意中防院投资的固定资产；（2）双方合作办学合同执行期间联合资源教育公司未同意中防院投资的固定资产；（3）双方合作办学合同裁定终止后中防院投资的固定资产。具体情况由中防院和联合资源教育公司共同向人民法院提供相关证据。

（二）校园占用费由双方共同商定

（三）关于教学楼施工，鉴于在北京仲裁委员会仲裁时教学楼基础土方工作已完成，如不进行施工和填平，将会影响周边建筑及学生安全，同时为有利于中防院的招生，联合资源教育公司同意中防院继续施工

（四）违约损失费用评估

1. 鉴于中防卫技术服务中心1000万元的实际支付人是中防院，同时校园的实际使用人也是中防院，为此联合资源教育公司依据过去各方达成的意向协议，同意该1000万元在方案履行过程中进行考虑。

2. 由中防卫技术服务中心违约给联合资源教育公司造成的实际损失，应由中防卫技术服务中心承担。

3. 该部分费用双方协商解决，解决不成双方同意在法院主持下进行执行听证会，法院依听证结果进行裁决。

二、交割阶段

1. 联合资源教育公司同意在双方达成一致的情况下，转让其所有的房产和土地使用权，中防院收购上述财产。

2. 在中防院不同意收购联合资源教育公司资产情况下，联合资源教育公司收购中防院资产。

3. 当1、2均无法实现时，双方同意由人民法院委托拍卖。

4. 拍卖方案如下：（1）起拍价，按评估后全部资产价格总和为起拍价。（2）如出现流拍，则下次拍卖起拍价下浮15%，但流拍不超过两次。（3）如拍卖价高于首次起拍价，则按下列顺序清偿，首先清偿联合资源教育公司同意中防院投资的固定资产和联合资源教育公司原资产，不足清偿则按比例清偿。当不足以清偿时联合资源教育公司同意将教学楼所占土地部分（含周边土地部分）出让给中防院，其资产由中防院独立享有。拍卖过程中双方均有购买权。

上述协议签订后，执行法院委托华信资产评估公司对联合资源教育公司位于燕郊开发区地块及地面附属物进行价值评估，评估报告送达当事人后联合资源教育公司对评估报告提出异议，此后在执行法院的主持下，双方多次磋商，一直未能就如何履行上述和解协议达成一致。双方当事人分别对本案在执行过程中所达成的和解协议的效力问题，向执行法院提出书面意见，执行法院及河北省廊坊市中级人民法院审查认定：（一）申请执行人联合资源教育公司与被执行人中防院于2005年12月8日达成的和解协议有效；（二）申请执行人联合资源教育公司与被执行人中防院在校园内的资产应按双方于2005年12月8日达成的和解协议约定的方式处置。其后联合资源教育公司向河北省高级人民法院申诉，河北省高级人民法院作出（2017）冀执监130号执行裁定，认定应当继续执行0492号裁决书中的相关内容。被执行人中防院不服，向最高人民法院申诉。其主要理由是，仲裁裁决中关于撤出校园一项裁决已被和解协议约定的执行内容有效更改，以继续执行0492号裁决书的名义；变通支持违约一方提出的恢复执行原生效法律文书的请求，有违法律规定；和解协议一直在得到履行，之所以不能继续履行是由于联合资源教育公司违约。

【案件焦点】

本案应否继续执行0492号裁决书。

【裁判结果】

最高人民法院于2018年10月18日作出（2017）最高法执监344号执行裁定：（一）维持河北省高级人民法院（2017）冀执监130号执行裁定第一项、第三项。（二）变更河北省高级人民法院（2017）冀执监130号执行裁定第二项为继续执行北京仲裁委员会作出的（2004）京仲裁字第0492号裁决中的第三项内容，即“被申请人中国防卫科技学院撤出燕郊校园”。（三）驳回中防院的其他申诉请求。

【裁判摘要评析】

本案涉及执行和解协议与原裁判文书的关系，以及当执行和解协议客观履行不能时，执行程序应如何进行的问题。《执行和解规定》第9条规定：“被执行人一方不履行执行和解协议的，申请执行人可以申请恢复执行原生效法律文书，也可以就履行执行和解协议向执行法院提起诉讼。”根据上述司法解释，一般情况下，只有当被执行人一方不履行和解协议时，申请执行人才享有选择恢复执行原生效法律文书或者就履行执行和解协议另行诉讼的权利。然而在司法实践中，当事人订立的和解协议情况较为复杂，上述司法解释对于因和解协议约定的具体给付内容不确定，导致无法判断合同当事人承担的权利和义务，当事人法律地位不固定亦无法判断违约责任承担时，是否可根据申请执行人的申请恢复执行原生效法律文书并未予以明确。本案涉及的执行和解协议，正是由于其约定缺乏最终确定性，导致无法确定该协议的给付内容及违约责任承担，客观上已无法继续履行，通过这一案件的审查，第一次明确了当和解协议因其自身缺陷导致客观上无法履行时，人民法院可继续执行原生效法律文书。

第一，本案和解执行协议并不构成民法理论上的债的更改。所谓债的更改，即设定新债务以代替旧债务，并使旧债务归于消灭的民事法律行为。构成债的更改，应当以当事人之间有明确的以新债务的成立完全取代并消灭旧债务的意思表示。但在本案中，中防院与联合资源教育公司并未约定协议成立后0492号裁决书中的裁决内容即告消灭，而是明确约定双方当事人达成执行和解的目的，是为了履行0492号裁决书。该种约定实质上只是以成立新债务作为履行旧债务的手段，新债务未得到履行的，旧债务并不消灭。因此，本案和解执行协议并不构成债的更改。而按照一般执行和解与原执行依据之间关系的处理原则，只有通过和解协议的完全履行，才能使得原生效法律文书确定的债权债务关系得以消灭，执行程序得以终结。若和解协议约定的权利义务得不到履行，则原生效法律文书确定的债权仍然不能消灭。申请执行人仍然得以申请继续执行原生效法律文书。从本案的和解执行协议履行情况来看，该协议中关于资产处置部分的约定，由于未能完全履行，故其并未使原生效法律文书确定的债权债务关系消灭，即中防院撤出燕郊校园这一裁决内容仍需执行。

第二，涉案和解执行协议的部分内容约定缺乏最终确定性，导致无法确定该协议的给付内容及违约责任承担，客观上已无法继续履行。在执行程序中，双方当事人达成的执行和解具有合同的性质。由于合同是当事人享有权利承担义务的依据，这就要求权利义务的具体给付内容必须是确定的。本案和解执行协议约定了0492号裁决书未涵盖的双方资产处置的内容，在交割阶段，设置了三种方案：（1）联合资源教育公司在双方达成一致的情况下，转让其所有的房产所有权和土地使用权，由中防院收购。（2）中防院不同意收购联合资源教育公司资产的情况下，由联合资源教育公司收购中防院财产。（3）当方案（1）、（2）均无法实现时，双方同意由人民法院委托拍卖，并就拍卖方案、清偿范围和顺序、双方购买权进行了约定。上述方案是对未来资产若干处置方式的一种框架性安排，对双方的权利义务关系约定并不确定，联合资源教育公司和中防院并不存在固定的出售和购买的法律地位和权利义务，而是在特定条件成就时，双方的买卖关系及角色可以互换，这就导致特定当事人无法依据该协议请求一定给付。方案（1）设定了前提条件，即是在“双方达成一致的情况下”，联合资源教育公司才将所有房产所有权和土地使用权转让给中防院。在双方未能达成一致的情况下，联合资源教育公司并不负有在将来与中防院成立特定买卖关系的义务，即根据该条的约定，在双方无法协商一致的情况下，不能强制联合资源教育公司缔约，故实际上，方案（1）无法达到中防院所追求的效果。双方长达十余年未能协商一致的客观现实，也印证了这一点。并且，该协议亦未约定双方如不能缔结特定的某一买卖法律关系，则应由何方承担违约责任之内容。相反，该协议设置的方案是，方案（1）不可行时，如中防院不同意收购资产，则以方案（2）解决，如方案（1）、（2）均不可行，则按照方案（3）处置。但事实是，按照中防院的诉求，其一直主张按照方案（2）收购联合资源教育公司在燕郊校区的房产所有权和土地使用权，方案（2）自始并未进入实质磋商阶段。综上而言，不能因为联合资源教育公司不能与中防院协商一致将相关资产处置给中防院，就得出联合资源教育公司违反了整个和解协议约定的结论。

和解执行协议约定的方案（3）是交由法院拍卖相关资产。在一般执行案件中，这种约定属于当事人之间对执行措施的合意，人民法院可以按照合意处理，但前提必须是在法院采取措施前双方之间始终意见一致。但本案的实际情况是，0492 号裁决书对于资产处置并未作出裁决，双方当事人对所约定处置的资产最基础的评估范围都存在重大争议，在此情况下，由执行法院不经审判程序，直接在执行程序中对和解执行协议涉及的资产进行强制处置，无法律依据。故整体来看，涉案和解执行协议客观上已经不能履行。中防院将该和解协议理解为有强制执行效力的协议，并认为人民法院在执行中应当按照和解协议的约定落实，属于对法律的误解。

鉴于本案和解协议在实际履行中陷入僵局，双方各执己见，一直不能达成关于资产收购的一致意见，导致本案长达十几年不能执行完毕。如以存在和解执行协议约定为由无限期僵持下去，本案继续长期不能了结，将严重损害生效裁判文书债权人的合法权益，人民法院无理由无限期等待双方自行落实和解协议，而不采取强制执行措施。

第三，从整个案件进展情况看，双方实际上均未严格按照和解执行协议约定履行，执行法院也一直是在按照 0492 号裁决书的裁决推进案件执行。一方面，从 2006 年资产评估开始，联合资源教育公司即提出异议，要求继续执行，此后虽协商在一定价格基础上由中防院收购资产，但双方均未实际履行，并不存在中防院所述其一直严格遵守和解执行协议，联合资源教育公司不断违约的情况。此外双方还提出了政府置换地块安置方案等，上述这些内容，实际上均已超出原和解执行协议约定的内容，改变了原和解执行协议约定的内容和条件。不能得出和解执行协议一直在被严格履行的结论。另一方面，执行法院在执行过程中，自 2006 年双方在履行涉案和解协议发生分歧时，一直是以 0492 号裁决书为基础，采取各项执行措施，包括多次协调、组织双方调解、说服教育、现场调查、责令中防院保管财产、限期迁出等，上级人民法院亦持续督办此案，要求尽快执行。在执行程序中，执行法院组织双方当事人进行协商、促成双方落实和解协议等，只是实务中的一种工作方式，本质上仍属于对生效裁判的执行，不能被理解为对和解协议的强制执行。中防院认为执行法院的上述执行行为不属于执行 0492 号裁决书的申诉理由，没有法律依据且与事实不符。

此外，关于本案属于继续执行还是恢复执行的问题。从程序上看，在本案执行过程中，执行法院并未下发中止裁定，中止过对0492号裁决书的执行；从案件实际进程上看，根据前述分析和梳理，自双方对和解执行协议履行产生争议后，执行法院实际上也一直没有停止过对0492号裁决书的执行。因此，本案并不存在对此前已经中止执行的裁决书恢复执行的问题，而是对执行依据的继续执行。

第四，和解执行协议中约定的原执行依据未涉及的内容，以及履行过程中产生争议的部分，相关当事人可以通过另行诉讼等其他程序解决。首先，和解执行协议中允许中防院施工的部分，究竟只是对综合楼的基坑进行填平，还是允许中防院继续整体建成综合楼的问题，目前双方存在争议。中防院主张根据和解协议约定，建造综合楼已为双方同意，而联合资源教育公司则主张当时同意的仅为将施工基坑填平，而不是所谓继续建造综合楼。但是，不管争议建筑的建设究竟是否经过允许，都不影响中防院履行0492号裁决书中确定的整体撤出校园的义务，这一争议亦不能成为中防院继续占用燕郊校区的理由。再者，关于综合楼以及中防院在校内的不动产的处置及补偿问题，0492号裁决书未进行裁决，并不属于本案执行的内容。双方当事人达成的协议虽就相关问题约定了处置方案，但由于前述分析的原因，该和解协议并非本案执行依据，当其约定的处置方案无法实施时，人民法院并不能依据和解协议强制执行。目前联合资源教育公司要求中防院率先履行撤出校园这一裁决内容，嗣后再谈资产的协商回购问题。双方也发生多次冲突，法院多次协调，收效甚微。故从本案现状来看，继续在执行程序中强行评估、处置执行依据未涉及的财产，一方面于法无据，另一方面由于争议极大又无现实客观可能，非本案执行程序所能解决。

综上，从履行执行依据内容出发，本案明确执行内容即为中防院撤出燕郊校园，而非本案执行依据所包含的争议及纠纷，双方当事人可通过另行诉讼等其他法律途径解决。河北省高级人民法院（2017）冀执监130

号执行裁定亦向各方释明了此救济途径，此处理方式符合法律规定，亦较为妥当。

最高人民法院执行监督合议庭成员：黄金龙　刘少阳　朱　燕

（编写人：朱　燕* 编辑：杨　奕）

---

* 朱燕，女，法学硕士，中华人民共和国最高人民法院执行局，三级高级法官。

连云港振兴实业集团有限公司与江苏环宇交通工程有限公司、江苏海通建设工程有限公司等建设工程施工合同纠纷执行监督案

——判决生效后启动执行程序前，发包人向承包人的清偿不能免除其向有执行依据的实际施工人偿还债务的义务

【裁判摘要】

建设工程施工合同纠纷案件判决生效后、进入执行程序前，发包人向承包人清偿的行为不能对抗判决确定的实际施工人的执行申请。发包人自行向承包人清偿，属于履行对象错误，不能免除其向判决确定的实际施工人偿还债务的义务。

【案件基本信息】

1. 诉讼当事人

申诉人（被执行人）：连云港振兴实业集团有限公司（以下简称振兴实业公司）

申请执行人：江苏环宇交通工程有限公司（以下简称环宇交通工程公司）

被执行人：江苏海通建设工程有限公司（以下简称海通建设工程公司）

被执行人：连云港多力水处理设备有限公司（以下简称多力水处理设备公司）

被执行人：连云港恒言信贸易有限公司（以下简称恒言信贸易公司）

2. 案件索引与裁判日期

执行异议：江苏省连云港市中级人民法院（2016）苏07执异29号执行裁定（2016年12月29日）

执行复议：江苏省高级人民法院（2017）苏执复47号执行裁定（2017年4月19日）

执行监督：最高人民法院（2018）最高法执监478号执行裁定（2018年12月26日）

3. 案由

建设工程施工合同纠纷执行监督

【简要案情】

2012年11月，海通建设工程公司中标振兴实业公司发包的连云港市区部分道路市政出新工程（海宁东路：学院路—郁海广场—通灌路），双方签订建设工程施工合同，合同价款58,324,968元。

后海通建设工程公司与恒言信贸易公司签订工程分包合同，将其中标工程中的巨龙路—学院路（振兴绿园北门红灯至学院路红灯）改建工程分包给恒言信贸易公司，合同价款2000万元。

而后，恒言信贸易公司又将其分包的工程再次分包给多力水处理设备公司，多力水处理设备公司又将其分包的工程中的沥青混凝土拌和、运输、摊铺工程发包给环宇交通工程公司施工，双方签订工程施工合作协议书，约定：合同总价款为3,437,000元，开工日期2013年3月12日，竣工日期2013年3月20日。摊铺结束后4月30日前须付结算款的90%，2014年3月31日前付清全部工程款等。环宇交通工程公司施工结束后与多力水处理设备公司进行结算，因多力水处理设备公司未按时给付工程余款，环宇交通工程公司起诉到江苏省连云港市中级人民法院。

连云港市中级人民法院于2015年11月11日作出（2014）连民初字第0100号民事判决，判决内容为：（一）多力水处理设备公司于本判决生效之日起支付环宇交通工程公司工程款2,776,652元，并按中国人民银行同期贷款利率标准支付利息（自2014年4月19日起至实际支付之日止）；（二）恒言信贸易公司在未付多力水处理设备公司工程款范围内对上述工程欠款承担连带付款责任；（三）海通建设工程公司在未付恒言信贸易公司工程款范围内对上述工程款及利息承担连带责任；（四）振兴实业公司在未付海通建设工程公司工程款范围内对上述工程欠款承担连带付款责任。判决生效后，环宇交通工程公司于2016年5月13日申请执行。同年5月27日连云港市中级人民法院作出（2016）苏07执145号执行裁定，冻结振兴实业公司存款2,776,652元。

另外，2014年12月4日振兴实业公司与海通建设工程公司对工程审计结算。2016年1月5日，振兴实业公司支付完海通建设工程公司全部工程款。振兴实业公司、海通建设工程公司以及环宇交通工程公司均认可在判决生效后申请执行前，振兴实业公司与海通建设工程公司之间尚有3,626,575.72元未付工程款，所有未付工程款在申请执行之前已经支付完毕。

振兴实业公司不服（2016）苏07执145号执行裁定提出执行异议称，连云港市中级人民法院裁定冻结该公司存款的执行行为错误，振兴实业公司与海通建设工程公司关于海宁路改建工程的款项已全部按照最终审计价格为57,109,675.72元整付清，请求连云港市中级人民法院解除对资金的冻结。

连云港市中级人民法院认为，根据本案（2014）连民初字第0100号民事判决的第四判项的内容，即振兴实业公司在未付海通建设工程公司工程款范围内对上述工程欠款承担连带付款责任。根据振兴实业公司提供的与海通建设工程公司结算的证据，经审查双方工程款在环宇交通工程公司申请执行前已经结算完毕，海通建设工程公司也表示认可。因此振兴实业公司的异议理由成立，对其请求予以支持，该院作出的冻结划拨振兴实业公司存款的执行裁定不当，应予纠正，故裁定撤销该院（2016）苏07执145号执行裁定中对振兴实业公司存款2,776,652元的冻结、划拨。

环宇交通工程公司不服连云港市中级人民法院（2016）苏07执145号执行裁定向江苏省高级人民法院申请复议，请求撤销该裁定。主要理由是，本案原判决明确判定振兴实业公司在未付工程款范围内向环宇交通工程公司承担连带付款责任。振兴实业公司在收到判决书后没有上诉，则其应履行生效法律文书所确定的义务，其再向他人履行应属无效。

江苏省高级人民法院认为，民事判决主文第四项内容为“振兴实业公司在未付海通建设工程公司工程款范围内对上述工程欠款承担连带付款责任”，该项判决已经明确了振兴实业公司承担责任的对象和范围。振兴实业公司在判决生效后，就应该依照判决内容向环宇交通工程公司偿还判决生效之日起未付海通建设工程公司的 3,626,575.72 元工程款，不得再向原债权人履行。环宇交通工程公司是否申请法院强制执行，仅意味着其是否借助国家公权力实现债权，并不意味着振兴实业公司可以在判决生效后自行选择向原债权人偿还债务还是向判决确定的债权人偿还债务。故振兴实业公司自行向原债权人偿还债务的行为，不能免除其业经生效判决确定的履行义务，更不能成为其对抗法院强制执行生效法律文书的事由。江苏省高级人民法院作出（2017）苏执复 47 号执行裁定，撤销连云港市中级人民法院（2016）苏 07 执异 29 号执行裁定。

振兴实业公司不服江苏省高级人民法院（2017）苏执复 47 号执行裁定向最高人民法院申诉，请求撤销该裁定，督促执行法院返还错误扣划的振兴实业公司名下 2,776,652 元银行存款。主要理由是：江苏省高级人民法院审理执行异议的法官无权对生效判决中不明确的执行内容作出解释和认定。就《建设工程施工合同司法解释》第 26 条的立法本意来讲，该条司法解释突破了合同的相对性原则，但不能因为保障实际施工人利益而损害发包人、转包人的合法权益。本案执行依据的四个判项是层级递减的关系，责任的承担应逐渐递减。振兴实业公司实际承担连带责任的范围应限定在振兴实业公司未付海通建设工程公司的工程款数额和海通建设工程公司未付恒言信贸易公司的工程款数额中较小者的范围内。

【案件焦点】

发包人在执行依据作出后、进入执行程序前，向承包人履行义务后，是否可以对抗执行依据中确定的实际施工人的执行申请。

【裁判结果】

一、关于生效判决是否明确了振兴实业公司给付内容

本案的执行依据“本院认为”部分有如下表述：因海通建设工程公司自认，涉案工程尚未与发包人振兴实业公司结算，也未与分包人恒言信贸易公司结算，故对因层层违法分包而欠付实际施工人环宇交通工程公司的工程款和利息，被告恒言信贸易公司、海通建设工程公司均有过错，依法应在各自的付款范围内承担连带责任。发包人振兴实业公司将涉案工程发包给有施工资质的海通建设工程公司，其只在欠付工程款范围内对实际施工人环宇交通工程公司承担责任。该判决主文中第四项也明确振兴实业公司在未付海通建设工程公司工程款范围内对上述工程欠款承担连带付款责任。该判决中振兴实业公司的给付内容基本明确，即振兴实业公司应当在其未付海通建设工程公司工程款范围内，就欠付环宇交通工程公司工程款承担连带付款责任。从判决看，振兴实业公司责任限额应在多力水处理设备公司欠付工程款与振兴实业公司未付海通建设工程公司工程款的数额之间取较小值。多力水处理设备公司欠付环宇交通工程公司工程款的数额判决书已经予以了明确，振兴实业公司未付海通建设工程公司的工程款数额在判决主文中未予以明确，但江苏省高级人民法院在复议程序中查明，（2014）连民初字第0100号民事判决对振兴实业公司发生法律效力之时，振兴实业公司尚有3,626,575.72元工程款未支付，各方当事人对此均予以认可。在当事人就振兴实业公司未付海通建设工程公司的工程款数额没有争议的情形下，执行法院在没有争议的数额范围内予以执行并无不当。

二、振兴实业公司向海通建设工程公司履行义务后是否可以不履行对环宇交通工程公司的给付义务

虽然振兴实业公司的合同相对方为海通建设工程公司，但在环宇交通工程公司已经提起诉讼并且（2014）连民初字第0100号民事判决明确了振兴实业公司对环宇交通工程公司承担连带付款责任的情况下，振兴实业公司履行义务的对象得到了确定。即在环宇交通工程公司的债权得到实现之前，振兴实业公司主动履行或者被强制履行义务的对象应当是环宇交通工程公司，振兴实业公司不能自由选择履行对象。生效判决已经对振兴实业公司的权利进行了充分保护，即振兴实业公司只需要在未付海通建设工程公司工程款范围内承担责任，只要振兴实业公司严格依照判决确定的对象和范围履行义务，就不会加重其责任。如果因为振兴实业公司在判决生效后向其合同相对方即海通建设工程公司履行了合同义务而免除振兴实业公司对环宇交通工程公司的给付义务，则会加大环宇交通工程公司债权实现的风险，与生效判决确定由振兴实业公司承担连带付款责任以保障环宇交通工程公司债权实现的精神不一致。由于振兴实业公司履行义务对象错误，生效判决未得到履行，执行法院依据生效判决对振兴实业公司采取执行措施并无不当。

此外，振兴实业公司认为其实际承担连带责任的范围应限定在振兴实业公司未付海通建设工程公司的工程款数额和海通建设工程公司未付恒言信贸易公司的工程款数额中较小者的范围内。这种理解与生效判决主文精神不符。如果振兴实业公司认为生效判决错误，应当通过其他程序寻求救济。

综上，振兴实业公司的申诉请求不能成立，最高人民法院不予支持。裁定驳回振兴实业公司的申诉请求。

【裁判摘要评析】

一、关于执行依据的内容如何明确

执行依据是执行机构据以强制执行的依据，执行依据应当明确、具体、完整。《民事诉讼法司法解释》第463条规定："当事人申请人民法院执行的生效法律文书应当具备下列条件：（一）权利义务主体明确；（二）给付内容明确。法律文书确定继续履行合同的，应当明确继续履行的具体内容。"《人民法院执行工作规定》第18条规定："人民法院受理执行案件应当符合下列条件……（4）申请执行的法律文书有给付内容，且执行标的和被执行人明确。"《关于人民法院立案、审判与执行工作协调运行的意见》第11条规定："法律文书主文应当明确具体：(1) 给付金钱的，应当明确数额。需要计算利息、违约金数额的，应当有明确的计算基数、标准、起止时间等……"但实践中执行依据不明确确实造成了一部分案件难以执行，这也是司法实务中需要解决的问题。

为便于公正高效化解纠纷，执行机构在审查执行依据主文是否明确时，可以根据执行依据中查明的事实以及"本院认为"部分的论述等情况进行综合分析，对执行依据的内容进一步明确。尤其是"本院认为"

部分是人民法院就认定的案件事实和判决理由所做的叙述，虽然其本身并不构成判项的内容，不能作为执行依据，但可以作为确定执行内容的重要依据。如果执行机构依职权无法确定，当事人争议较大，则可以按照《关于人民法院立案、审判与执行工作协调运行的意见》第15条规定的“书面征询审判部门的意见”等方式来处理。如果通过上述方式均无法明确执行内容，则可以裁定驳回执行申请。

本案中，判决主文中第四项明确了“振兴实业公司在未付海通建设工程公司工程款范围内对上述工程欠款承担连带付款责任”，但振兴实业公司认为“判决没有对连带责任的责任大小及责任大小的界定标准加以明确，属于执行内容不明确”。最高人民法院在执行监督案件审查过程中，引用了执行依据（2014）连民初字第0100号民事判决书中“本院认为”部分的表述，对判决的内容进行进一步的分析，从而认定该判决中振兴实业公司的给付内容基本明确，振兴实业公司责任限额应在多力水处理设备公司欠付工程款与振兴实业公司未付海通建设工程公司工程款的数额之间取较小值。多力水处理设备公司欠付环宇交通工程公司工程款的数额判决书已经予以了明确，振兴实业公司未付海通建设工程公司的工程款数额虽在判决主文中未予以明确，但当事人就振兴实业公司未付海通建设工程公司的工程款数额没有争议，执行法院在没有争议的数额范围内予以执行并无不当。结合生效判决主文、事实认定及判决理由，根据当事人没有争议的事实确定执行范围，是明确执行内容的重要方法。

二、振兴实业公司在执行依据作出后、进入执行程序前向海通建设工程公司履行义务，不能对抗执行依据中确定的债权人环宇交通工程公司的执行申请

振兴实业公司向海通建设工程公司履行义务的行为属于履行对象错误，其向海通建设工程公司的履行行为不能视为履行本案判决的行为。民事强制执行程序是运用国家强制力实现债权人民事权利的行为。人民法院依法作出执行依据并对当事人生效后，当事人即应受到该生效法律文书确定的内容的约束，负有按照生效法律文书确定的内容依法履行的义务，而不得自行决定履行的对象、内容和方式。本案中判决生效后，振兴实业公司应受到该生效法律文书的约束，其应当向环宇交通工程公司偿还未付工程款，该义务并不能因为环宇交通工程公司是否申请法院强制执行而改变。振兴实业公司向海通建设工程公司履行义务的行为属于履行对象错误，不能视为履行本案判决的行为，执行法院依据生效判决对振兴实业公司采取执行措施并无不当。

本案生效判决判项内容体现了对实际施工人权益的保护，执行程序应当与生效判决精神保持一致。《建设工程施工合同司法解释》第 26 条规定：“实际施工人以转包人、违法分包人为被告起诉的，人民法院应当依法受理。实际施工人以发包人为被告主张权利的，人民法院可以追加转包人或者违法分包人为本案当事人。发包人只在欠付工程价款范围内对实际施工人承担责任。”该条是为保护农民工的合法权益作出的规定。因为大量的农民工在建筑业中存在，实际施工人利益的背后是广大农民工的权益，但由于建设工程的非法转包和违法分包，造成拖欠农民工工资的行为屡见不鲜。为了避免实际施工人投诉无门，切实保护农民工合法权益，该条规定在一定程度上突破了合同相对性原则，允许实际施工人以发包人为被告提起追索工程价款的诉讼，在实体上发包人对欠付工程价款承担责任有利于保护实际施工人权益，保护农民工合法权益。本案中，如果因为振兴实业公司在判决生效后向其合同相对方海通建设工程公司履行了合同义务而免除振兴实业公司对环宇交通工程公司的给付义务，则会加大实际施工人环宇交通工程公司债权实现的风险，与生效判决确定的由振兴实业公司承担连带付款责任以保障实际施工人环宇交通工程公司债权实现的精神不一致，故振兴实业公司向海通建设工程公司履行义务后，也不能免除其对环宇交通工程公司的给付义务。

最高人民法院执行监督合议庭成员：向国慧　毛宜全　朱　燕

（编写人：向国慧* 　黄丽娟** 　编辑：李　明）

* 向国慧，女，法学博士，中华人民共和国最高人民法院执行局，三级高级法官。

** 黄丽娟，女，法律硕士，中华人民共和国最高人民法院执行局财产刑及行政执行室，四级高级法官助理。

于某某
与
内蒙古润普钢铁有限公司、
宁城鑫马铸业有限公司等
执行监督案

——当事人约定的担保条款是否构成执行担保的认定

【裁判摘要】

执行担保强调的是当事人或第三人向人民法院提供担保。在第三人为被执行人债务提供保证时，必须向人民法院作出明确的意思表示才能认定为执行担保，而不能仅仅以和解协议中约定了保证条款，以及协议的签订地点在人民法院，就视为第三人向人民法院承诺接受强制执行。

【案件基本信息】

1. 诉讼当事人

申诉人（申请执行人）：于某某

被申诉人：内蒙古润普钢铁有限公司（以下简称润普钢铁公司）

被执行人：宁城鑫马铸业有限公司（以下简称鑫马铸业公司）

被执行人：李某甲

被执行人：李某乙

2. 案件索引与裁判日期

执行异议：河北省唐山市中级人民法院（2018）冀02执异612号执行裁定（2018年8月15日）

执行复议：河北省高级人民法院（2018）冀执复377号执行裁定（2018年9月17日）

执行监督：最高人民法院（2019）最高法执监77号执行裁定（2019年9月26日）

3. 案由

民间借贷纠纷执行监督

【简要案情】

于某某诉鑫马铸业公司、李某甲、李某乙民间借贷纠纷一案，唐山市中级人民法院作出（2014）唐民初字第365号民事调解书，主要内容是：（一）鑫马铸业公司偿还于某某借款1240万元及利息；（二）鑫马铸业公司偿还于某某借款3804.5万元及利息；（三）李某甲偿还于某某借款500万元及利息，鑫马铸业公司、李某乙对该笔债务承担连带偿还责任。

该案立案执行后，申请执行人于某某与被执行人鑫马铸业公司、李某甲、李某乙、保证人润普钢铁公司达成执行和解协议，内容为：（1）被执行人自本协议签字之日起12个月内，从2018年1月开始每个月10日前给付申请人执行款200万元，汇入唐山市中级人民法院账户，累计给付2400万元。执行费用及与本案相关的各种费用由申请人承担。（2）如果被执行人不能付款，由保证人承担连带给付责任。（3）被执行人付清款项后，申请人与被执行人之间关于（2014）唐民初字365号民事调解书执行完毕，申请人向法院申请解除对被执行人的保全措施。（4）如果被执行人未按上述约定给付执行款，申请人和被执行人恢复原生效法律文书的执行……

因上述执行和解协议未履行，于某某申请执行法院冻结润普钢铁公司名下银行存款5500万元及机器设备。润普钢铁公司不服，提出执行异议。

唐山市中级人民法院于2018年8月15日作出（2018）冀02执异612号执行裁定，撤销对润普钢铁公司的执行。河北省高级人民法院于2018年9月17日作出（2018）冀执复377号执行裁定，驳回复议请求，维持异议裁定。

于某某不服，向最高人民法院申诉，请求撤销异议、复议裁定，裁定由润普钢铁公司承担还款义务。

【案件焦点】

第三人在执行和解协议中约定的保证条款是否构成执行担保。

【裁判结果】

最高人民法院经审查认为，在执行中，被执行人或第三人可以向人民法院提供执行担保，也可以由第三人提供保证，第三人提供保证的，应当向执行法院出具保证书。第三人向执行法院提供执行担保或保证，是在生效法律文书确定的权利义务之外，自愿加入强制执行程序中，在第三人并非生效法律文书确定的当事人的情况下，其接受强制执行，必须向人民法院作出明确的意思表示。因此，执行担保强调的是向人民法院提供担保，而不仅仅是担保人向申请执行人提供担保。因此，裁定驳回于某某的申诉请求。

【裁判摘要评析】

本案裁判是对当事人签订的执行和解协议中约定由第三人对被执行人的义务提供保证，能否认定为执行担保的确认。对于实践中经常发生的各方当事人签订执行和解协议的地点在人民法院，第三人在和解协议中约定了保证条款，能否视为第三人向人民法院进行保证，进而承担被执行人应负债务的情形，以下从执行和解与生效裁判的关系、执行担保的法律属性和成立要件，以及执行和解担保中担保人的责任三个方面对裁判理由进一步说明。

一、执行和解与生效裁判的关系

执行和解是我国特有的执行制度，基于当事人是自身利益的最佳判断者，我国执行制度鼓励当事人通过自行协商并自动履行终结强制执行程序。执行和解强调的是自动履行，由于执行程序的首要职责是维护生效裁判的权威，在执行程序中，人民法院即使参与促成当事人之间达成和解，也不能够像在诉讼调解中那样，使执行和解协议具备调解书的强制执行效力，执行和解协议仍然是当事人自治达成，是否履行依靠当事人意愿，执行机构并不赋予执行和解协议更多的法律效力，更不能直接按照执行和解协议进行执行，否则将与生效裁判发生冲突，面临审判与执行分离的基本司法体制崩溃的危险。[1] 同时，由于执行和解是对生效裁判进行的实质性改变，对于执行程序的进行会产生重大影响，执行机构有权亦有义务对执行和解协议的合法性进行审查。因此，是否有执行人员参加，签订地点是否在法院，都不改变执行和解协议要以当事人意思自治为基础。

本案中，申诉人即申请执行人以执行和解协议签订地点在法院为由，认为人民法院应当直接依照和解协议的内容强制执行。这种理解违背了执行和解不产生强制执行效力的属性，其本质是将和解协议混同于生效裁判，将未经判决确认承担义务的第三人强行拉入执行程序。从执行机构的角度来说，如果将此种请求落实在执行程序中，则是在执行程序对原生效裁判进行了实质变更，显然违背立法本意。

二、执行担保的法律属性和成立要件

执行担保发生在执行程序中，而执行程序必然有公权力介入，因此相对于民事担保行为，执行担保更多体现保障生效裁判得以顺利执结，保障执行程序得以顺利完成。而执行担保又兼具民事担保之义务人以自身财产或他人财产、他人保证为将来可能发生的义务不履行提供保全的基本功能，因此执行担保既是案件当事人与第三人协商一致的结果，也是当事人、第三人向人民法院作出承诺后，经人民法院审查与认可的结果。

在一般民事担保中，决定担保人承担义务的根本是契约，但是在当事人对此发生争议时，未经生效裁判确认，执行程序也不得径行执行。而执行担保制度最为显著的特点是，法定的担保事由发生后，执行机构可直接裁定按照协议约定的方式和范围执行担保财产或者保证人财产。即执行担保人的责任可由执行机关依担保协议直接认定，无须另案处理，而直接通过执行程序实现债权人的权益。这一方面为人民法院的执行工作带来极大便利，提高了执行效率，节省了司法资源；另一方面在第三人加入原存债务关系中，承诺与被执行人共同承担债务而未经生效裁判确认的情况下，直接接受人民法院强制执行是对执行依据确定的义务主体的一项突

---

① 参见江必新主编：《执行规范理解与适用：最新民事诉讼法与民诉法解释保全、执行条文关联解读》，中国法制出版社 2015 年版，第 173 页。

破。基于审执分离原则，执行机构直接按照协议执行第三人财产要有严格的条件限制，即第三人具有向人民法院进行承诺的明确意思表示，也就是第三人明确表示在没有通过审判程序获得程序保障前提下接受强制执行，这是第三人对自己程序权利的处分。由于关系到第三人程序权利保障，这种程序权利的处分必须基于真实意愿并且不违反法律强制性规定。司法解释规定第三人必须向执行法院书面承诺，就是为了方便法院直接审查第三人承诺的真实性、合法性、明确性，避免损害当事人利益。因此，第三人表达自愿接受强制执行的意思表示必须是明确地以书面形式作出，且必须向人民法院作出，其他形式的意思表示均不能推断为向人民法院作出。

本案中，当事人签订的执行和解协议中约定了第三人提供保证的条款，可以认为第三人作出了债务加入的意思表示，但是第三人未向人民法院作出接受强制执行的承诺，也未向人民法院出具书面意见，因此不能认定第三人作出的保证属于执行担保。执行和解协议的签订地点在人民法院，各方当事人在人民法院“主持下”达成协议，以及协议约定了保证条款，均不能认定符合执行担保的成立条件。

三、执行和解担保中担保人的责任

执行和解担保，即执行和解协议中约定担保条款，其中比较极端的情形是，和解协议的担保条款被表述为向人民法院提供担保。执行担保的成立和其他生效裁判一样，具有强制执行的法律效力，那么执行和解担保中表述为向人民法院提供担保的情形，是否具有强制执行的法律效力，能否直接执行担保人，通说认为，执行和解协议属于“附生效条件”（履行完毕才生效）的特殊合同，在一方不履行或不适当履行或不完全履行时，申请执行人申请恢复执行的是原生效判决，和解协议本身不具有强制执行效力，当然也不能及于其中的担保条款直接执行担保人。①

2018年开始施行的《执行和解规定》第18条规定：“执行和解协议中约定担保条款，且担保人向人民法院承诺在被执行人不履行执行和解协

① 参见肖建国、赵晋山：《民事执行若干疑难问题探讨》，载《法律适用》2005年第6期。

议时自愿接受直接强制执行的，恢复执行原生效法律文书后，人民法院可以依申请执行人申请及担保条款的约定，直接裁定执行担保财产或者保证人的财产。”该条文对执行和解担保作出进一步明确，在严格符合一定条件的情况下，人民法院可以直接执行担保人的财产，其理论是出于对当事人意思自治的尊重。执行担保中虽然有公权力介入审查，但最终的执行范围以及担保人承担的责任，仍然源于当事人之间的契约，与民事担保责任并无明显差异。在担保人向人民法院明确表示在被执行人不履行执行和解协议时自愿接受直接强制执行的情况下，由于人民法院是对原生效裁判恢复执行，而不是强制执行和解协议，因此执行担保人财产范围不应超过原生效裁判确定的义务。一旦担保人向人民法院明确作出此类承诺，在申请执行人选择恢复执行的情况下，人民法院应当根据当事人的意思表示进行执行。在担保人作出承诺时，基于执行担保后果的严厉性考虑，人民法院应当向担保人明确说明其可能承担的担保责任。当然，也不排除第三人提供担保的意思既包括担保原生效法律文书执行，又包括担保和解协议履行两种情况，申请执行人可以选择放弃恢复执行原生效法律文书，而选择就履行和解协议提起诉讼，并要求第三人按照和解协议履行担保义务。申请执行人就履行执行和解协议提起诉讼，执行法院受理后，可以裁定终结原生效法律文书的执行。执行中的查封、扣押、冻结措施，自动转为诉讼中的保全措施。

最高人民法院执行监督合议庭成员：向国慧　于　明　毛宜全

（编写人：向国慧* 魏　丹** 编辑：杨　奕）

---

* 向国慧，女，法学博士，中华人民共和国最高人民法院执行局，三级高级法官。

** 魏丹，女，法学硕士，中华人民共和国最高人民法院执行局，三级高级法官助理。

莱芜钢铁集团莱芜矿业有限公司
与
山西京海实业有限公司、
丰镇市鑫鑫铁粉有限公司等
股权转让纠纷案

——矿山公司股权转让的认定

【裁判摘要】

矿山公司股权转让与作为公司法人财产的矿业权转让性质不同，在不变更矿业权主体、不发生矿业权权属变更的情况下，不宜一律将股权转让视同变相的矿业权转让。出让人曾催告受让人协助办理股权变更手续，受让人不予配合，致使股权变更约定未履行的，其不利后果应由受让人承担。在出让人不存在违约事实的情况下，出让人解除合同的通知不产生合同解除的法律效力。

【案件基本信息】

1. 诉讼当事人

上诉人（原审被告、反诉原告）：莱芜钢铁集团莱芜矿业有限公司（以下简称莱芜矿业公司）

被上诉人（原审原告、反诉被告）：山西京海实业有限公司（以下简称京海实业公司）

被上诉人（原审原告、反诉被告）：丰镇市鑫鑫铁粉有限公司（以下简称鑫鑫铁粉公司）

被上诉人（原审原告、反诉被告）：丰镇市丰盛矿业有限责任公司（以下简称丰盛矿业公司）

2. 案件索引与裁判日期

一审：内蒙古自治区高级人民法院（2014）内商初字第00013号民事判决（2016年4月5日）

二审：最高人民法院（2016）最高法民终590号民事判决（2017年12月5日）

3. 案由

股权转让纠纷

【简要案情】

2010年9月16日，京海实业公司、鑫鑫铁粉公司及丰盛矿业公司作为甲方与乙方莱芜矿业公司签订《内蒙古京海矿业有限公司股权转让合同（草签）》[以下简称股权转让合同（草签）]，约定转让标的为新设立的内蒙古京海矿业有限公司的全部股权及采矿权、探矿权。合同签订后3个月内，甲方按照当地政府的资源整合方案，办理所属约22平方公里范围的探矿权及部分采矿权。与乙方共同完成内蒙古京海矿业有限公司股东和法定代表人的工商登记变更。

2010年10月30日，京海实业公司、鑫鑫铁粉公司及丰盛矿业公司作为甲方，与乙方莱芜矿业公司签订《内蒙古自治区丰镇市“元山子赶牛沟—官屯堡桦树坡”矿业整合区矿业权和相关资产整合转让合同书》（以下简称转让合同），约定京海实业公司、鑫鑫铁粉公司及丰盛矿业公司共同提出约22平方公里的整合方案，呈丰镇市矿产资源整合工作领导小组待批。三家公司共同发起设立内蒙古京海矿业有限公司，由其作为完成整合后的唯一矿业权人。合同约定转让标的为完成工商注册登记和矿业权整合、持有前述区域矿业权的内蒙古京海矿业有限公司的全部资产。转让价款总额为人民币22,200万元整。合同签字生效后7日内，甲方就前述区域内的现有矿业实物资产，向乙方出具使用支配委托书，由乙方悉数接管，享有资产接管后的损益。乙方向甲方协商确定账户和双方设立的银行托管账户中汇入人民币11,100万元（包括预付的定金2000万元）。合同签字生效后，甲方按丰镇市人民政府资源整合方案要求在尽可能短的时间内完成矿业权整合，使内蒙古京海矿业有限公司领取约定区域的探矿权和采矿权证。领取经矿业权整合的探矿权和采矿权证之后30日内，双方共同完成内蒙古京海矿业有限公司的股东工商登记变更。随后7日内，乙方向甲方支付剩余合同价款计人民币11,100万元。为保证转让合同履行，同日，双方签订《内蒙古自治区丰镇市“元山子赶牛沟—官屯堡桦树坡”矿业整合区矿业权和相关资产整合转让合同价款支付协议》（以下简称支付协议）。2012年2月16日，莱芜矿业公司作为甲方，京海实业公司、鑫鑫铁粉公司及丰盛矿业公司作为乙方，中国农业银行股份有限公司莱芜市支行作为丙方，三方签署交易资金托管协议，莱芜矿业公司将7100万元人民币存入托管资金专用账户。

京海实业公司、鑫鑫铁粉公司及丰盛矿业公司于2010年11月19日将矿山和实物资产全部交予莱芜矿业公司使用。2010年11月24日，京海实业公司、鑫鑫铁粉公司及丰盛矿业公司出资1000万元注册成立新矿业权人丰镇京海公司，法定代表人登记为莱芜矿业公司指定人员何某某。2010年11月至2012年3月，京海实业公司、鑫鑫铁粉公司及丰盛矿业公司矿业权整合方案逐级上报相关自然资源及政府各部门审批。2013年5月20日，内蒙古自治区自然资源厅（原国土资源厅）批准整合方案。至2014年9月1日丰镇京海公司陆续取得22.883平方公里的矿业权。

2012年5月29日，莱芜矿业公司通过公证方式发出告知函，提出立即终止转让合同。此后双方进行函件往来就合同履行及解除问题进行协商。2014年4月11日，丰镇京海公司股东经过股权转让，公司股东登记为京海实业公司。2014年9月11日，京海实业公司向莱芜矿业公司发出通知函要求莱芜矿业公司共同办理丰镇京海公司的股权转让手续。

一审法院判决：（一）莱芜矿业公司继续履行与京海实业公司、鑫鑫铁粉公司及丰盛矿业公司2010年10月30日签订的转让合同及支付协议，于本判决生效后10日内，支付京海实业公司、鑫鑫铁粉公司及丰盛矿业公司剩余合同价款18,200万元，配合京海实业公司将丰镇京海公司的全部股权变更登记为莱芜矿业公司，解除对京海实业公司土地使用权的抵押；（二）驳回京海实业公司、鑫鑫铁粉公司及丰盛矿业公司的其他诉讼请求；（三）驳回莱芜矿业公司的反诉请求。

莱芜矿业公司不服一审判决，提起上诉。

【案件焦点】

1. 案涉转让合同的性质和效力应如何认定；

2. 案涉转让合同、支付协议是否已解除；

3. 案涉转让合同、支付协议是否应当继续履行。

【裁判结果】

最高人民法院二审认为：

第一，合同性质应根据合同约定的各方主要权利义务内容来确定。尽管矿业权可能作为公司的主要财产，但矿业权的转让和公司股权转让并不等同，在不变更矿业权主体、不发生采矿权和探矿权权属变更的情况下，不宜一律将股权转让行为视同变相的矿业权转让行为。在本案中，转让合同系自愿签订，是京海实业公司、鑫鑫铁粉公司、丰盛矿业公司与莱芜矿业公司的真实意思表示，合法有效。

第二，根据转让合同第 3 条第 3 项、第 5 条的约定，京海实业公司、鑫鑫铁粉公司、丰盛矿业公司完成矿业权整合，将矿业权转让至丰镇京海公司名下的时限并非一个明确的期限。京海实业公司、鑫鑫铁粉公司、丰盛矿业公司最终完成了合同约定的资源整合和矿业权转让手续，丰镇京海公司至 2014 年取得矿业权。在合同签订后，矿业权整合和转让一直处于办理过程之中，且莱芜矿业公司已经在 2010 年接管矿山，不存在符合《合同法》第 93 条[①]、第 94 条[②]规定的合同解除情况，莱芜矿业公司主张京海实业公司、鑫鑫铁粉公司、丰盛矿业公司构成违约的事实依据不足。莱芜矿业公司发出解除合同通知函后，双方曾就解除合同事宜进行协商，但未达成一致意见。莱芜矿业公司不具备约定合同解除权，其上诉主

---

① 本条现为《民法典》第 562 条：“当事人协商一致，可以解除合同。当事人可以约定一方解除合同的事由。解除合同的事由发生时，解除权人可以解除合同。”本条以下同。

② 本条现为《民法典》第 563 条：“有下列情形之一的，当事人可以解除合同：（一）因不可抗力致使不能实现合同目的；（二）在履行期限届满前，当事人一方明确表示或者以自己的行为表明不履行主要债务；（三）当事人一方迟延履行主要债务，经催告后在合理期限内仍未履行；（四）当事人一方迟延履行债务或者有其他违约行为致使不能实现合同目的；（五）法律规定的其他情形。以持续履行的债务为内容的不定期合同，当事人可以随时解除合同，但是应当在合理期限之前通知对方。”本条以下同。

张京海实业公司、鑫鑫铁粉公司、丰盛矿业公司未在合理期限内行使异议权、合同已经解除，缺乏事实和法律依据，不能成立。

第三，未履行股权变更义务，并非京海实业公司一方的原因，而是由于莱芜矿业公司不予配合所致，一审法院判决合同继续履行，莱芜矿业公司支付剩余价款，并无不当。

综上，最高人民法院作出（2016）最高法民终590号民事判决，驳回上诉，维持原判。

【裁判摘要评析】

一、矿山公司股权转让合同的性质和效力问题

合同性质应根据合同约定的各方主要权利义务内容来确定。根据本案已查明的事实，转让合同的签订主体为京海实业公司、鑫鑫铁粉公司、丰盛矿业公司和莱芜矿业公司，标的为内蒙古京海矿业有限公司（注册名称为丰镇京海公司，以下以丰镇京海公司指代）的全部资产，包括完成矿业权整合后约22平方公里范围的全部探矿权和采矿权，京海实业公司、鑫鑫铁粉公司、丰盛矿业公司在该区域内的全部实物资产、丰镇京海公司的全部股权。京海实业公司、鑫鑫铁粉公司、丰盛矿业公司的主要合同义务为设立丰镇京海公司，将丰镇市“元山子赶牛沟—官屯堡桦树坡”矿业整合区内已经持有的矿业权和实物资产交付给莱芜矿业公司，将完成整合后的矿业权划转到丰镇京海公司名下，将丰镇京海公司全部股权转让给莱芜矿业公司。莱芜矿业公司的主要义务为支付合同价款，推荐设立丰镇京海公司法定代表人选。合同内容中虽然包括了矿业权的整合和转让事宜，但办理探矿权、采矿权及转让到丰镇京海公司名下仅是京海实业公司、鑫鑫铁粉公司、丰盛矿业公司对莱芜矿业公司的合同义务。而案涉采矿权和探矿权的转让则发生在京海实业公司、鑫鑫铁粉公司、丰盛矿业公司和案外人丰镇京海公司之间，依法要办理转让审批手续。基于本案已查明的事实，相应的审批手续已经办理完毕，案涉采矿权和探矿权已登记在丰镇京海公司名下。至于京海实业公司、鑫鑫铁粉公司、丰盛矿业公司与莱芜矿业公司基于合同约定发生的是丰镇京海公司股权转让的法律关系，依法并不存在行政审批的问题。

矿业权登记在矿山法人企业名下，成为法人财产。虽然矿山法人股权转让可能会造成公司资产架构、实际控制人等方面的变动，最终会对矿业权的实际行使产生影响。但基于公司法人人格独立原则，公司股权转让与作为公司财产的矿业权转让是性质不同的两个问题，两者在交易主体、交易标的、审批程序、适用法律等方面均存在很大程度上的差别。尽管矿业权可能作为公司的主要财产，但矿业权的转让和公司股权转让并不等同，在不变更矿业权主体、不发生采矿权和探矿权权属变更的情况下，不宜一律将股权转让行为视同变相的矿业权转让行为。本案中，转让合同的签订是京海实业公司、鑫鑫铁粉公司、丰盛矿业公司与莱芜矿业公司的真实意思表示，合法有效。莱芜矿业公司上诉主张《转让协议》的性质实质上是矿业权转让，违反相关法律法规的禁止性规定，缺乏事实和法律依据，不能成立。

二、关于案涉转让合同、支付协议是否已解除的问题

《合同法》第 8 条规定："依法成立的合同，对当事人具有法律约束力。当事人应当按照约定履行自己的义务，不得擅自变更或者解除合同。"[①] 第 44 条规定："依法成立的合同，自成立时生效。"案涉转让合同合法有效，双方当事人非经协商一致或者符合法定情形的，不得擅自解除。

莱芜矿业公司主张应按照合同整体解释原则，丰镇京海公司取得矿业权证的时间应自转让合同签字生效之日起 3 个月内，或不应晚于抵押期限到期日，至迟不应晚于交易资金托管协议约定的到期日即 2012 年 5 月 16 日。根据案涉股权转让合同（草签）、转让合同、交易资金托管协议，股权转让合同（草签）所约定的 3 个月办证期限已经被转让合同文本所修改，应以转让合同文本内容为准，而交易资金托管协议是对该协议约定事项的期限及期限届满后的后果的约定，协议期限届满并不当然发生改变转让合同有关办证期限约定的效力。京海实业公司、鑫鑫铁粉公司、丰盛矿

---

① 本条现为《民法典》第 119 条、第 465 条。《民法典》第 119 条："依法成立的合同，对当事人具有法律约束力。"《民法典》第 465 条："依法成立的合同，受法律保护。依法成立的合同，仅对当事人具有法律约束力，但是法律另有规定的除外。"

业公司最终完成了合同约定的资源整合和矿业权转让手续，丰镇京海公司至2014年取得矿业权，而在合同签订至丰镇京海公司最终取得矿业权期间，有多份公文证实矿业权整合和办理工作一直在进行，合同签订后，矿业权整合和转让一直处于办理过程之中，且莱芜矿业公司已经在2010年接管矿山及资产，不存在符合《合同法》第93条、第94条规定的合同解除情况，莱芜矿业公司主张京海实业公司、鑫鑫铁粉公司、丰盛矿业公司构成违约的事实依据不足。

莱芜矿业公司发出解除合同通知函后，双方曾就解除合同事宜进行协商，但未达成一致意见。莱芜矿业公司主张，京海实业公司、鑫鑫铁粉公司、丰盛矿业公司未在法定期限3个月内提起异议之诉，解除合同通知发生效力。《合同法》第96条规定："当事人一方依照本法第九十三条第二款、第九十四条的规定主张解除合同的，应当通知对方。合同自通知到达对方时解除。对方有异议的，可以请求人民法院或者仲裁机构确认解除合同的效力。法律、行政法规规定解除合同应当办理批准、登记等手续的，依照其规定。"①《关于适用〈合同法〉问题的解释（二）》第24条规定："当事人对合同法第九十六条、第九十九条②规定的合同解除或者债务抵销虽有异议，但在约定的异议期限届满后才提出异议并向人民法院起诉的，人民法院不予支持；当事人没有约定异议期间，在解除合同或者债务抵销通知到达之日起三个月以后才向人民法院起诉的，人民法院不予支持。"这是对合同解除的异议期间及其法律后果的解释。合同的解除对当事人会产生重大影响，故而从平等保护合同各方当事人合法权益的目的

① 本条现为《民法典》第565条："当事人一方依法主张解除合同的，应当通知对方。合同自通知到达对方时解除；通知载明债务人在一定期限内不履行债务则合同自动解除，债务人在该期限内未履行债务的，合同自通知载明的期限届满时解除。对方对解除合同有异议的，任何一方当事人均可以请求人民法院或者仲裁机构确认解除行为的效力。当事人一方未通知对方，直接以提起诉讼或者申请仲裁的方式依法主张解除合同，人民法院或者仲裁机构确认该主张的，合同自起诉状副本或者仲裁申请书副本送达对方时解除。"

② 本条现为《民法典》第568条："当事人互负债务，该债务的标的物种类、品质相同的，任何一方可以将自己的债务与对方的到期债务抵销；但是，根据债务性质、按照当事人约定或者依照法律规定不得抵销的除外。当事人主张抵销的，应当通知对方。通知自到达对方时生效。抵销不得附条件或者附期限。"

出发，为防止合同解除权的滥用，其行使要符合合同解除的约定或法定条件，即解除权人应拥有约定解除权或者法定解除权。2013 年 6 月 4 日，最高人民法院研究室曾针对《关于适用〈合同法〉问题的解释（二）》第 24 条理解与适用的请示作出答复（法研〔2013〕79 号）："当事人根据合同法第九十六条的规定通知对方要求解除合同的，必须具备合同法第九十三条或者第九十四条规定的条件，才能发生解除合同的法律效力。"根据本案查明的事实，莱芜矿业公司发出解除合同通知函，主要是依据转让合同关于办证期限的约定。因合同约定的办证期限并非一个明确的期限，莱芜矿业公司不具备约定合同解除权。故莱芜矿业公司上诉主张京海实业公司、鑫鑫铁粉公司、丰盛矿业公司未在合理期限内行使异议权、合同已经解除，缺乏事实和法律依据，不能成立。

三、关于案涉转让合同、支付协议是否应当继续履行的问题

《关于审理矿业权纠纷案件适用法律问题的解释》第 7 条规定："矿业权转让合同依法成立后，在不具有法定无效情形下，受让人请求转让人履行报批义务或者转让人请求受让人履行协助报批义务的，人民法院应予支持，但法律上或者事实上不具备履行条件的除外。人民法院可以依据案件事实和受让人的请求，判决受让人代为办理报批手续，转让人应当履行协助义务，并承担由此产生的费用。"这是矿业权转让合同签订后关于报批义务和协助报批义务强制履行的规定。矿业权转让合同依法成立后，作为转让人的矿业权人依法应向自然资源主管部门申请矿业权转让审批。矿业权人签订矿业权转让合同后，向受让人交付申请办理矿业权转让审批所需的证照、印章、文件等所有相关资料，即便约定有受让人办理报批手续的情况下，转让人也不能免除配合协助义务。在矿业权纠纷案件的审判实践中，除矿业权人直接与受让人签订矿业权转让合同外，还有发生在矿山企业分立、合并、兼并重组以及矿山企业股份转让或矿山企业投资、财产转让等情形中。这些合同签订和履行过程中所涉及的矿业权主体发生变更不一定是向合同相对方变更，往往矿业权会向新设立的公司变更。这些合同在涉及矿业权主体变更的情况下，会被认定为矿业权转让合同或者包含矿业权转让条款内容的合同。此种合同无论从形式到内容均更为复杂，需要根据法律规定和合同约定，结合矿山及资产是否已经移交、是否需要另行签订转让合同、合同约定的转让标的为何，矿业权变更是否已经完成，以及实质履行条件是否具备，来综合判断合同是否应当继续履行。

本案中，转让合同和支付协议签订后，京海实业公司、鑫鑫铁粉公司、丰盛矿业公司已将矿山和实物资产交由莱芜矿业公司接管。丰镇京海公司已经注册成立，法定代表人登记为莱芜矿业公司指定人员何某某。自2010年11月始，案涉矿业权整合方案逐级上报国土资源主管部门和政府各部门审批，至2014年9月，丰镇京海公司最终取得22.883平方公里的矿业权，包括两个采矿权和一个探矿权。转让合同约定，领取经矿业权整合的探矿权和采矿权证之后30日内，双方共同完成丰镇京海公司的股东工商登记变更；随后7日内，莱芜矿业公司支付剩余合同价款。考虑到新矿业权变更到丰镇京海公司名下之后，京海实业公司曾经函告莱芜矿业公司催办丰镇京海公司的股权变更，莱芜矿业公司未予配合。由此，未履行股权变更义务并非京海实业公司一方的原因，而是由于莱芜矿业公司不予配合所致，一审法院判决合同继续履行，莱芜矿业公司支付剩余价款，并无不当。

最高人民法院二审合议庭成员：贾清林　武建华　杨　迪

（编写人：贾清林*　杨　迪**　编辑：韩德强）

---

* 贾清林，男，法学博士，中华人民共和国最高人民法院第三巡回法庭，二级高级法官

** 杨迪，女，法学硕士，中华人民共和国最高人民法院环境资源审判庭，三级高级法官。

知识产权

宜宾五粮液股份有限公司
与
甘肃滨河食品工业（集团）有限责任公司、
北京谭氏瑞丰商贸有限公司
侵害商标权纠纷案

——侵害商标权行为及赔偿责任的认定

【裁判摘要】

1. 认定被诉侵权行为是否构成对注册商标专用权的侵害，应当综合考虑被诉侵权标识的使用方式、被诉侵权行为人的主观恶意及注册商标的知名度等因素，判断被诉侵权标识的使用是否会造成相关公众的混淆误认。

2. 在被侵权人提交的证据不足以证明侵权人因侵权行为所获得利益的具体数额，但是能够证明侵权行为获利远远高于《中华人民共和国商标法》规定的法定赔偿最高限额的情况下，人民法院应当综合考虑被诉侵权行为的表现形式、被诉侵权商品的销售时间和销售范围、被诉侵权人的主观恶意，以及主张保护的注册商标的知名度、被侵权人为制止侵权行为支付的合理费用等因素，在法定赔偿最高限额以上酌情确定赔偿金数额。

【案件基本信息】

1. 诉讼当事人

再审申请人（一审原告、二审上诉人）：宜宾五粮液股份有限公司（以下简称五粮液公司）

被申请人（一审被告、二审上诉人）：甘肃滨河食品工业（集团）有限责任公司（以下简称滨河食品公司）

被申请人（一审被告、二审被上诉人）：北京谭氏瑞丰商贸有限公司（以下简称谭氏瑞丰商贸公司）

2. 案件索引与裁判日期

一审：北京市第一中级人民法院（2013）一中民初字第4718号民事判决（2014年1月20日）

二审：北京市高级人民法院（2014）高民终字第2462号民事判决（2016年5月26日）

再审：最高人民法院（2017）最高法民再234号民事判决（2019年5月28日）

3. 案由

侵害商标权纠纷

【简要案情】

五粮液公司是第1789638号“五粮液”商标、第160992号“WULIANGYE五粮液及图”商标、第3879499号“五粮液68”商标的独占许可使用人，经过长期使用，上述商标已经具有较高的知名度。2012年3月31日，五粮液公司购买了被诉侵权商品“53度九粮液”“45度九粮液”各一箱，并进行了公证，上述商品由滨河食品公司生产、谭氏瑞丰商贸公司销售。五粮液公司认为，被诉侵权商品上突出使用“九粮液”标识，侵害了其注册商标专用权，向一审法院提起诉讼，请求判令谭氏瑞丰商贸公司立即停止被诉侵权行为；滨河食品公司赔偿五粮液公司经济损失（包含律师费、证据保全费及其他合理费用）7000万元；谭氏瑞丰商贸公司和滨河食品公司在《中国知识产权报》《法制晚报》上登载声明，消除被诉侵权行为对五粮液公司造成的不良影响。

一审法院于2014年1月20日作出（2013）一中民初字第4718号民事判决，认为“商标近似”应以是否具有混淆可能性为判断标准，“五粮液”商标具有很高知名度，相关公众在看到被诉侵权标识时，虽然会联想到“五粮液”商标，却通常并不会认为二者具有特定联系，因此，不会造成相关公众的混淆误认，故判决驳回五粮液公司的诉讼请求。二审法院于2016年5月26日作出（2014）高民终字第2462号民事判决，驳回上诉，维持一审判决。

判决生效后，五粮液公司向最高人民法院申请再审，请求撤销一审、二审判决，支持五粮液公司的诉讼请求。

【案件焦点】

1. 滨河食品公司生产、销售被诉侵权商品的行为是否侵害五粮液公司的注册商标专用权；

2. 如果滨河食品公司的行为构成侵害商标权，那么应当如何承担责任。

【裁判结果】

最高人民法院经审理认为，被诉侵权商品上使用的标识是“九粮液”或者主要识别部分“九粮液”与五粮液公司注册商标的主要识别部分“五粮液”相比，仅一字之差，且区别为两个表示数字的文字，同时使用在酒类商品上，易使相关公众对商品的来源产生混淆误认或者认为二者之间存在关联关系。此外，根据已经查明的事实，自2002年7月起，滨河食品公司就开始在第33类白酒等商品上申请注册了“九粮液”“九粮春”“九粮醇”“九粮王”等商标，与五粮液公司旗下的“五粮液”“五粮春”“五粮醇”“五粮王”系列商标形式相同；滨河食品公司还在白酒类商品上申请注册并使用了“滨河九粮液”“滨河九粮春”“滨河九粮王”“滨河九粮醇”“滨河九粮神”等商标，并且在产品瓶体及外包装上突出使用“九粮液”“九粮春”等商标字样，特别是“液”“春”等字的书写方式与五粮液公司的产品较为近似，上述事实反映了滨河食品公司比较明显的借用他人商标商誉的主观意图。综上，滨河食品公司生产、销售被诉侵权商品的行为构成对五粮液公司注册商标专用权的侵害。

对于侵权赔偿数额，五粮液公司主张依据滨河食品公司在侵权期间因侵权所获得的利益进行确定，并提交了证明滨河食品公司因侵权所获得利益的相关证据，主要包括刊登关于滨河食品公司企业发展、商品销售情况及商标使用情况的杂志及网页打印件公证件，滨河食品公司商品电视广告视频及网络视频公证件，以及应五粮液股份公司申请，由一审法院向相关部门调取的证据等。在上述证据中，杂志和广告视频、网页打印件的公证件所涉及的内容均系滨河食品公司的宣传资料，大多包含滨河食品公司及其关联企业的总体发展情况及商品生产、销售情况，无法从中区分被诉侵权商品的生产量和销售量，且无相应合同、票据等证据予以佐证，不足以证明滨河食品公司在侵权期间因侵权行为所获得的利益。在一审法院向相关部门调取的证据中，中国酒类流通协会、甘肃省民乐县统计局及民乐县地方税务局均在给一审法院的复函中表示无法提供关于滨河食品公司在侵权期间销售被诉侵权商品及其获利的情况。民乐县地方税务局提供的滨河食品公司 2011 年度及 2012 年度的财务报告能够显示滨河食品公司 2011 年、2012 年的商品销售总利润，但是无法区分被诉侵权商品在其中所占的比例和具体利润，故仍无法清楚证明滨河食品公司因侵权所获得的利益。鉴于上述数据已经远远高于 2001 年修正的《中华人民共和国商标法》第 56 条规定的 50 万元的法定赔偿最高限额，综合考虑被诉侵权行为的表现形式、滨河食品公司被诉侵权期间商品的销售利润和销售范围、滨河食品公司的主观恶意，以及五粮液公司注册商标的知名度、为制止本案侵权行为支付的合理费用等因素，最高人民法院确定滨河食品公司向五粮液公司支付赔偿金人民币 500 万元。

【裁判摘要评析】

本案系侵害商标权纠纷案件，主要争议的问题是被诉侵权行为是否构成对注册商标专用权的侵害，以及在权利人主张依据侵权人因侵权行为所获得利益确定侵权赔偿数额但是未提交充足证据的情况下如何确定侵权赔偿数额。

一、侵害商标权行为的认定

根据《商标法》及其司法解释的相关规定，认定构成侵害商标权行为，不仅要判断被诉侵权标识与注册商标标识本身之间的近似性，而且要判断被诉侵权标识在实际使用中是否存在引起相关公众混淆误认的可能性。在司法实践中，判断是否存在混淆误认的可能性要以相关公众的一般注意力为标准；既要进行对商标的整体比对，又要对商标的主要部分进行比对，比对应当在比对对象隔离的状态下分别进行；考虑请求保护注册商标的显著性和知名度；此外，侵权人使用被诉侵权标识是否存在攀附故意也可作为考量因素。

本案中，被诉侵权商品包装上使用的是“滨河九粮液”或“九粮液”，其中“滨河九粮液”中的“滨河”二字较小、“九粮液”三字较为突出，两者呈现拆分的形式，因此滨河食品公司实际使用的标志与其在本案中主张获得注册商标专用权的商标标志“滨河九粮液”并不相同。在此情况下，需要审理的是滨河食品公司在被诉侵权商品上的使用方式是否构成对五粮液公司注册商标专用权的侵害。

通过比对，最高人民法院认为滨河食品公司具有比较明显的借用五粮液公司商标商誉的主观意图。因此，滨河食品公司生产、销售被诉侵权商品的行为构成对五粮液公司注册商标专用权的侵害，应当承担侵权责任。

二、侵权赔偿数额的确定

2001 年修正的《商标法》第 56 条规定：“侵犯商标专用权的赔偿数额，为侵权人在侵权期间因侵权所获得的利益，或者被侵权人在被侵权期间因被侵权所受到的损失，包括被侵权人为制止侵权行为所支付的合理开支。前款所称侵权人因侵权所得利益，或者被侵权人因被侵权所受损失难以确定的，由人民法院根据侵权行为的情节判决给予五十万元以下的赔偿。”《商标纠纷解释》第 13 条规定：“人民法院依据商标法第五十六条第一款的规定确定侵权人的赔偿责任时，可以根据权利人选择的计算方法计算赔偿数额。”

据此，权利人可以选择侵权赔偿数额的计算方法，人民法院在确定侵权赔偿金数额时应当首先按照当事人选择的计算方法计算。权利人选择赔偿数额计算方法的，应当提交相应证据，在权利人提交的证据不足以证明侵权人因侵权所得利益或者被侵权人因被侵权所受损失的情况下，人民法院可以根据案件具体情况在法律规定的最高限额以内确定赔偿数额。在司法实践中，受举证能力的限制，权利人往往很难证明侵权人因侵权所得利益或被侵权人因被侵权所受损失的具体数额，因此，适用法定赔偿规定来确定赔偿数额的方法成为人民法院确定赔偿数额的常用方法。但是，在现有证据能够证明侵权人因侵权所得利益或被侵权人因被侵权所受损失远远高于法定赔偿最高限额的情况下，如果仍然在法定赔偿最高限额以内确定赔偿数额就可能导致最终确定的赔偿数额过低，权利人的损失无法得到充分补偿的不公平结果产生。

本案中，五粮液公司主张依据滨河食品公司在侵权期间因侵权所获得的利益确定赔偿数额，上述主张具有法律依据，应当予以认可。滨河食品公司在侵权期间因侵权所获得的利益，应当指在被诉侵权期间，滨河食品公司因生产、销售被诉侵权商品而获得的利益，鉴于除被诉侵权商品外，滨河食品公司还从事诸多其他品牌商品的生产和销售业务，故在计算侵权获利时，应当扣除被诉侵权商品以外的生产、销售利润。

五粮液公司提交的证明滨河食品公司因侵权所获得利益的相关证据主要包括：刊登关于滨河食品公司企业发展、商品销售情况及商标使用情况的杂志及网页打印件公证件，滨河食品公司商品电视广告视频及网络视频公证件，以及应五粮液股份公司申请，由一审法院向相关部门调取的证据等。对于这些证据，杂志和广告视频、网页打印件的公证件所涉及的内容均系滨河食品公司的宣传资料，大多包含滨河食品公司及其关联企业的总体发展情况及商品生产、销售情况，无法从中区分被诉侵权商品的生产量和销售量，且无相应合同、票据等证据予以佐证，不足以证明滨河食品公司在侵权期间因侵权行为所获得的利益。在一审法院向相关部门调取的证据中，中国酒类流通协会、甘肃省民乐县统计局及民乐县地方税务局均在给一审法院的复函中表示无法提供关于滨河食品公司在侵权期间销售被诉侵权商品及其获利的情况。民乐县地方税务局提供滨河食品公司 2011 年度及 2012 年度的财务报告，鉴于该财务报告来源于地方税务主管机关，且由一审法院调取，对其真实性予以认可。该财务报告能够显示滨河食品公司 2011 年商品销售总利润累计为 9,451,600.36 元，当年净利润总额为-3,049,323.68 元；2012 年商品销售总利润累计为 8,273,493.28 元，当年净利润总额为-3,949,403.89 元，但是无法区分被诉侵权商品在其中所占的比例和具体利润，故仍无法清楚证明滨河食品公司因侵权所获得的利益。但是，从上述数据可以看出，滨河食品公司在 2011 年、2012

年的商品销售总利润远远高于《商标法》第56条规定的50万元的法定赔偿最高限额，如果依据法定赔偿最高限额确定赔偿额，明显是不合理的。综合考虑被诉侵权行为的表现形式、滨河食品公司被诉侵权期间商品的销售利润和销售范围、滨河食品公司的主观恶意，以及五粮液公司注册商标的知名度、为制止本案侵权行为支付的合理费用等因素，并结合上述证据中有关商品销售总利润的数据，最高人民法院最终确定滨河食品公司向五粮液公司支付赔偿金人民币500万元。

本案确定赔偿额的重要依据之一是税务机关提供的关于侵权人在被诉侵权行为发生期间的商品销售总利润数据，在缺乏其他直接证据的情况下，将上述证据作为确定侵权人因侵权所获得利益的参考依据，有助于提高确定赔偿数额的客观性。这种确定赔偿数额的方式有别于完全参考侵权情节等因素而适用的法定赔偿方式，可使赔偿数额更加接近于权利人的实际损失，使权利人因侵权所受到的损失得到最大限度的弥补，体现了加大知识产权保护力度的司法政策导向。

最高人民法院再审合议庭成员：夏君丽　郎贵梅　马秀荣

（编写人：曹佳音* 　编辑：李　明）

---

* 曹佳音，女，法学博士，中华人民共和国最高人民法院民事审判第三庭，法官助理。

安迪士公司
诉
国家工商行政管理总局商标评审委员会、[①]
宁波市北仑博发美发用品用具有限公司
商标异议复审行政纠纷案

——类似商品的认定

【裁判摘要】

人民法院审查判断相关商品是否类似，可以参考类似商品与服务区分表，但这不是判断的唯一标准。随着社会经济发展，市场交易状况不断发生变化，商品的类似关系也会相应发生变化。商标法领域中的“商品类似”概念，应与“商标近似”概念相结合，共同服务于商标标识商品来源的功能。

【案件基本信息】

1. 诉讼当事人

再审申请人（一审原告、二审上诉人）：安迪士公司

被申请人（一审被告、二审被上诉人）：国家工商行政管理总局商标评审委员会（以下简称商标评审委员会）

原审第三人：宁波市北仑博发美发用品用具有限公司（以下简称北仑博发美发公司）

① 根据中央机构改革部署，原国家工商行政管理总局商标局、商标评审委员会的相关职责已由国家知识产权局统一行使。

2. 案件索引与裁判日期

一审：北京市第一中级人民法院（2014）一中知行初字第5641号行政判决（2015年11月20日）

二审：北京市高级人民法院（2016）京行终2280号行政判决（2016年6月12日）

再审：最高人民法院（2018）最高法行再22号行政判决（2018年10月31日）

3. 案由

商标异议复审行政纠纷

【简要案情】

北仑博发美发公司于2009年6月24日向国家工商行政管理总局商标局申请注册第7494974号“安迪仕 andis”商标（被异议商标），指定使用商品为第7类的动物剪毛机、电动剪刀等。引证商标由大写字母“ANDIS”构成，是安迪士公司于1994年1月10日提出注册申请，1995年11月8日获准注册，核定使用商品为第8类的电动理发器、电动理发推子等。针对被异议商标，安迪士公司于2012年8月3日向商标评审委员会提出异议申请，主要理由为被异议商标与安迪士公司的引证商标构成使用在类似商品上的近似商标。商标评审委员会认定，被异议商标指定使用的“洗衣机”等商品与引证商标指定使用的“电动理发器”等商品在消费群体、商品功能用途等方面区别明显，不属于类似商品。遂裁定被异议商标予以核准注册。安迪士公司不服，提起行政诉讼。北京市第一中级人民法院一审认为，被异议商标指定使用的动物剪毛机是针对动物的电动清洁器和装置；电动剪刀是以电动机作为动力，通过传动机构驱动工作头进行剪切作业的手持式电工工具，广泛用于园林、果园、茶园及服装行业。引证商标核定使用的电动理发器、电动理发推子，均是修剪头发的一种工具。在类似商品与服务区分表中，两商标指定使用的商品分别处于不同的类似群组，亦不存在交叉检索的情况，且在功能用途、销售渠道、消费对象等方面均存在较大差别，未构成类似商品。故被异议商标未构成2001年修正的《商标法》第28条所指情形。据此判决驳回安迪士公司的诉讼请求。安迪士公司不服，提起上诉。北京市高级人民法院二审判决驳回上诉，维持原判。安迪士公司不服，向最高人民法院申请再审，请求撤销一审、二审判决和被诉裁定，商标评审委员会重新作出裁定。

【案件焦点】

被异议商标指定使用的动物剪毛机、电动剪刀，是否与引证商标核定使用的电动理发器、电动理发推子构成类似商品。

【裁判结果】

最高人民法院审理认为：类似商品与服务区分表是我国商标主管部门为了商标检索、审查、管理工作的需要，在总结多年实践工作经验的基础上，把某些存在特定联系、容易造成误认的商品或服务组合到一起，编制而成。一方面，类似商品与服务区分表并未穷尽现有的所有类似商品和服务项目；另一方面，随着社会经济发展，市场交易状况不断发生变化，商品或服务的类似关系也不会固定不变。因此，人民法院审查判断相关商品是否类似，可以参考类似商品与服务区分表，但这不是判断的唯一标准，更不是根本标准。商标法领域中的“商品类似”概念，应与“商标近似”概念相结合，共同服务于商标标识商品来源的功能。某些商品因功能、用途、所用原料、销售渠道、消费对象等方面具有一定的共同性，如果使用相同、近似的商标，易使相关公众误认为是同一企业生产的商品或认为存在特定联系。本案中，随着科学技术的发展，原本需要采用大型电动机以修剪动物毛发的动物剪毛机、电动剪刀，在实践中已经可以采用便携、轻便的电源装置，加之宠物已日渐成为人们日常生活的一部分，因此，被异议商标指定使用的动物剪毛机、电动剪刀商品，与引证商标核定使用的电动理发器、电动理发推子商品在功能用途、生产部门、销售渠道、消费群体等方面具有高度重合性，如果使用相同、近似的商标，易使相关公众误认为是同一企业生产的商品或认为存在特定联系。因此，被异议商标的申请注册违反了2001年《中华人民共和国商标法》第28条的规定，安迪士公司该项申请再审理由成立。

【裁判摘要评析】

本案是提审改判的案件。就法律适用而言，本案涉及在商标异议复审行政案件中，如何看待类似商品与服务区分表对类似商品的判断作用。类似商品与服务区分表是我国商标局为了商标检索、审查、管理工作的需要，根据世界知识产权组织提供的商标注册商品和服务国际分类以及我国自 1988 年 1 月起采用国际分类以来的使用实践，针对中国国情实际对商品和服务的类似群组及商品和服务的名称进行了翻译、调整，把某些存在特定联系、容易造成误认的商品或服务组合到一起，编制而成。一方面，类似商品与服务区分表并未穷尽现有的所有类似商品和服务项目，而且新的商品和服务也不断出现，在司法实践中需要作出类似性的判断；另一方面，随着社会经济发展，市场交易状况不断发生变化，商品或服务的类似关系也不会固定不变，有的类似关系越来越高，有的则会越走越远。因此，人民法院审查判断相关商品和服务是否类似，可以参考类似商品与服务区分表，将其作为主要依据和参考工具，但其不是判断的唯一性的法规性文件，不是唯一标准，更不是根本标准。对于某些商品和服务是否类似还要结合商品的功能、用途、交易方式和具体的服务行业、实施场所和对象等实际情况进行判断。

合议庭在讨论本案时认为，商标法领域中的“商品类似”概念，应与“商标近似”概念相结合，不能将两者截然分开，毕竟它们共同服务于商标标识商品来源的功能。某些商品因功能、用途、所用原料、销售渠道、消费对象等方面具有一定的共同性，如果使用相同、近似的商标，易使相关公众误认为是同一企业生产的商品或认为存在特定联系。就本案而言，原本需要采用大型电动机以修剪动物毛发的动物剪毛机、电动剪刀，由于科学技术的发展，在实践中已经可以采用便携、轻便的电源装置，大大改变了其体积和形状。这种改变，使得它们与供人们自身使用的电动理发器、电动理发推子越来越趋同，两者间的相似关系越来越高。另外考虑到，宠物已日渐成为人们日常生活的一部分，甚至在有些家庭已经成为不可或缺的重要成员，客观上也要求供其使用的剪毛机和电动剪刀更加精致，与供人使用的无大的区别。因此，综合考虑该商标标识和商品的实际情况，合议庭认为，被异议商标指定使用的动物剪毛机、电动剪刀商品，与引证商标核定使用的电动理发器、电动理发推子商品在功能用途、生产部门、销售渠道、消费群体等方面具有高度重合性，如果使用相同、近似的商标，易使相关公众误认为是同一企业生产的商品或认为存在特定联系。因此，被异议商标的申请注册违反了 2001 年《商标法》第 28 条的规定。

最高人民法院再审合议庭成员：朱　理　毛立华　佟　姝

（编写人：毛立华* 编辑：丁文严）

* 毛立华，男，法学博士，中华人民共和国最高人民法院民事审判第三庭，三级高级法官。

海事海商

新加坡星展银行 与 无锡湖美热能电力工程有限公司 信用证纠纷案

——严格相符原则下不符点的法律判断

【裁判摘要】

在受益人与开证行之间的信用证纠纷案件中，开证行以受益人提交的单据存在不符点为由拒付信用证项下款项是常见的抗辩理由。应正确理解和适用“严格相符”审单标准，原产地证书上关于“原产地标准”的有关记载足以表达该单据的功能，该单据上的相关数据能够与信用证要求的数据以及信用证要求的其他单据上的数据相互印证，在受益人交单相符的情况下，开证行应予付款。

【案件基本信息】

1. 诉讼当事人

上诉人（一审被告）：新加坡星展银行（DBS BANK LTD.，以下简称星展银行）

被上诉人（一审原告）：无锡湖美热能电力工程有限公司（以下简称湖美热电公司）

2. 案件索引与裁判日期

一审：江苏省高级人民法院（2014）苏商外初字第0004号民事判决（2016年9月2日）

二审：最高人民法院（2017）最高法民终 327 号民事判决（2017 年 7 月 26 日）

3. 案由

信用证纠纷

【简要案情】

2013 年 6 月 10 日，星展银行以湖美热电公司为受益人，开立了 553-01-×××××××号即期付款信用证。信用证 32B 规定信用证总金额为 8,938,290.98 美元；31D 规定信用证到期日为 2013 年 12 月 5 日；44C 规定最晚装船日期为 2013 年 11 月 20 日；46A 单据要求规定湖美热电公司交单时应当提交商业发票、原产地证明等单据；40E 规定适用最新版 UCP；44E 规定装货港为中国上海；44A 货物描述为合同 HWM12-002 下用于 PT DABI OLEO 2X90T/H+ 15MW 电站的一套电厂设备，CIF 印度尼西亚杜迈。此后，信用证关于最晚装船日期及信用证到期日分别修改为 2013 年 11 月 30 日和 2013 年 12 月 16 日。

2013 年 11 月 29 日，湖美热电公司经通知行中国建设银行无锡分行将信用证所要求的全套单据通过 DHL 快递寄送给星展银行。商业发票显示涉案交易的价格条件为 CIF 印度尼西亚杜迈，价值 8,938,290.98 美元。原产地证明第 7 栏包装件数及种类、产品名称（包括相应数量及进口方 HS 编码）除其他相关内容外，还填写有“合同 HWM12-002 下用于 PT DABI OLEO 2X90T/H+ 15MW 电站的电厂设备，CIF 印度尼西亚杜迈”；第 9 栏毛重或其他数量及价格（FOB）项下除其他相关内容外，还填写有“USD：8938290.98”。

2013 年 12 月 5 日，星展银行通过通知行中国建设银行无锡分行发出拒付通知称：“原产地证明第 9 栏所列 FOB 价格为 8,938,290.98 美元，而发票显示 CIF 价格与之相同，即 8,938,290.98 美元，构成了冲突。前述的不符点我行无法接受，故我行拒绝支付信用证下款项。”

湖美热电公司认为星展银行拒付理由不能成立，应当支付信用证下全部款项及相应利息，故向一审法院提起本案诉讼，请求判令星展银行支付本案信用证项下全部款项及其利息。

一审法院于 2016 年 9 月 2 日作出（2014）苏商外初字第 0004 号民事

判决，判令星展银行于判决生效之日起10日内支付湖美热电公司人民币55,448,732.79元及自2013年12月6日起至实际支付之日止按中国人民银行人民币同期贷款基准利率计算的逾期付款损失赔偿金。

星展银行不服一审判决，向最高人民法院提起上诉，请求撤销一审判决，改判驳回湖美热电公司的全部诉讼请求。

【案件焦点】

信用证项下单据是否存在不符点。

【裁判结果】

最高人民法院经审理认为，案涉信用证上明确约定适用“最新版UCP”，本案应适用UCP600的相关规定。根据UCP600第14条f款和d款的规定，UCP600关于审单标准虽然确立了“表面上”相符的严格相符标准，但并未要求丝毫不差，只要单据与信用证要求以及单据与单据之间并不矛盾，即应当认定交单相符，开证行即应予付款。本案中，只要受益人湖美热电公司向开证行星展银行提交的原产地证明书看似满足其功能，且其中的数据与信用证要求的数据以及信用证要求的其他单据的数据不矛盾，即应当认为构成相符交单。

案涉原产地证书系格式文本，当事人无法就其中的栏目名称进行修改，第9栏中的“（FOB）”是栏目名称自带的内容，其中“（FOB）”表述不应被理解为国际贸易术语项下货物的FOB价格，理由是：首先，该表述不符合国际贸易术语的基本格式；其次，国际贸易术语项下的FOB价格与CIF价格构成明显不同，无法简单套用某种公式或以其他形式相互转化。上述原产地证书格式表格服务于中国-东盟自由贸易区内的国际贸易，中国-东盟自由贸易区内的国际贸易不可能仅仅允许当事人使用FOB价格而排除其他价格。如果将表格第9栏中的“（FOB）”理解为国际贸易术语项下货物的FOB价格，明显不符合市场需求。因此，将上述原产地证书表格第9栏中的“（FOB）”理解为国际贸易术语项下的FOB价格，不符合常理。对该“（FOB）”的合理理解应当是指引性的，即指引当事人在此栏中填入相应的货物价格。

本案基础合同约定的货物价格是“CIF印度尼西亚杜迈”，信用证金额为8,938,290.98美元，受益人湖美热电公司为符合信用证要求，在原产地证书第9栏中直接填写了8,938,290.98美元。本案所涉原产地证明第7栏中已经填写有“合同HWM12-002下用于PT DABI OLEO 2X90T/H+15MW电站的一套电厂设备，CIF印度尼西亚杜迈”等信息，加上第9栏填写的“USD：8938290.98”，能够相互印证，且能够与信用证以及信用证要求的其他单据商业发票记载的货物价格相互印证。更重要的是，第8栏“原产地标准”填写有“WO”（指出口国完全生产的产品），足以表达该单据的功能。也就是说，尽管本案所涉原产地证书上第9栏数据与信用证及其单据要求的CIF价格数据一致，但单据之间并不矛盾，不会导致对该单据的理解产生歧义。因此，不应以此认定构成不符点。在湖美热电公司交单相符的情况下，星展银行应当向湖美热电公司付款，一审判决正确。二审判决驳回上诉，维持原判。

【裁判摘要评析】

信用证纠纷案件中，最常见的争议焦点就是信用证项下是否存在不符点。本案是关于信用证项下交单是否构成不符点的典型案例，最高人民法院通过二审判决阐明了信用证严格相符原则在司法实践中如何具体把握，因而具有重大意义。

一、关于信用证审单标准问题

信用证交易是国际贸易中的一种重要支付手段，是一种典型的单据化交易。通过在交易中使用信用证，卖方可以在买方确认收货前获得付款，而买方可以在付款时获得对货物有效的权利凭证。特别是，信用证作为第三方支付工具，以银行信用替代商业信用，大大降低了卖方获得付款的风险，其能否获得付款取决于一系列的单据化机制。通过将付款条件进行单据化设定，开证行可以运用其专业技能判断受益人提交的单据与信用证条款要求是否相符，进而做出是否付款的决定，而无须介入对基础交易履行情况的调查。因此，在信用证机制中，付款条件和受益人的付款请求都体现为单据形式，付款条件是否得到满足实际上就变成了单据是否相符的问题。适用何种单据审查标准、如何理解和把握该标准以及从单据相符原则发展出来的审单标准实务，对于信用证法律制度的商业活力具有十分重大的意义。

单据审核标准是所有单据化交易都必须面对的问题，此领域不仅有国际惯例，也有各国法院的判例，由此发展出了一系列审单标准理论，包括字面或镜像标准、严格相符标准、实质相符标准以及中间标准等。经过长期的商事交易实践以及司法实践，严格相符原则逐渐成为实务界以及无论普通法还是大陆法国家的法院所普遍接受的审单标准。“所谓严格相符原则，是指受益人向银行提交各种单据请求银行依信用证付款时，这些单据从表面上看必须严格符合信用证的要求，银行才予付款；银行有权拒收没有严格符合信用证条款的单据，哪怕只是细小的、微不足道的背离也不例外。”[①] UCP600 第 14 条 d 款规定：“单据中的数据，在与信用证、单据本身以及国际标准银行实务参照解读时，无须与该单据本身中的数据、其他要求的单据或信用证中的数据等同一致，但不得矛盾。”《信用证纠纷规定》第 6 条第 1 款规定：“人民法院在审理信用证纠纷案件中涉及单证审查的，应当根据当事人约定适用的相关国际惯例或者其他规定进行；当事人没有约定的，应当按照国际商会《跟单信用证统一惯例》以及国际商会确定的相关标准，认定单据与信用证条款、单据与单据之间是否在表面上相符。”第 2 款规定：“信用证项下单据与信用证条款之间、单据与单据之间在表面上不完全一致，但并不导致相互之间产生歧义的，不应认定为不符点。”该条规定与 UCP600 第 14 条规定就审单标准而言体现的精神是一致的，这意味着中国法院在信用证纠纷案件中关于审判标准适用的是严格相符原则。

二、关于严格相符原则下不符点的法律判断

严格相符原则是稳定性与灵活性的结合。银行在独立判断受益人提交的单据是否符合信用证的要求方面存在弹性。“严格相符”的边界似乎难以界定，从而造成对是否构成不符点存在较大争议，进而引发诸多纠纷。

从 UCP600 和《信用证纠纷规定》中可以看出，其关于审单标准虽然确立了“表面上”相符的严格相符标准，但并未要求丝毫不差，要为开证行通过常识来判断是否存在不符点留有余地。也就是说，严格相符原则并不要求受益人提交的单据所有的细节都完全准确一致或者各单据在有关

---

① *R. D. Harbottle (Mereantile) Ltd. v. National Westminister Bank Ltd.* (1978) QB 146, p. 269.

方面完全相同，亦不意味着盲目契合信用证条款，不是令人窒息的完美主义，[①] 而是强调单据与信用证要求以及单据与单据之间不存在矛盾、不相互冲突或抵触，从而在保障交易安全与降低信用证交易成本之间达到适当的平衡。

严格相符原则下识别单据相符的核心在于“不矛盾、不冲突、不抵触”，对此，要从以下四个方面把握：

第一，必须尊重信用证的规定，严格按照信用证的要求进行审查。信用证本身的条件或条款就是十分严格的检测标准，单据几乎相同或者差不多都构成不符交单。[②]

第二，在对信用证要求的单据进行审查后，通过对信用证项下单据与信用证条款之间、单据与单据之间的不一致之处进行谨慎的排查，可以实现意思上的唯一性或结论上的一致性，或者仅仅构成对银行实务和惯例的轻微背离，不会导致对单据理解的歧义或造成交易表面的混淆。本案中，虽然原产地证书上的“（FOB）”一栏的数据直观上与 CIF 价格数据一致，但发票和原产地证明均显示基础交易是以 CIF 价格条款成交，本案原产地证明以外的其他单据中均未出现 FOB 价格，如果将该“（FOB）”理解为国际贸易术语项下货物的 FOB 价格，既不符合市场需求，也不符合常理。一旦将其解释为指引性的，则不会对该单据的理解产生歧义，而该种判断并未超出审单人员的常识范围。

第三，要关注单据之间、单据与基础交易之间的联系。整体单据必须明确地与同一交易有关，如信用证号码、货物描述、货物型号、商业发票号码、货物数量都可起到在单据之间建立关联的作用。如果对受益人提交的单据进行全面的评估后，可以明显地看出单据之间、单据的信息之间存在联系，而非彼此矛盾或者与信用证条款不一致，且在它们之间反映了信用证所要求的全部内容，那么即应当认定交单相符，受益人有权获得付款。

第四，要基于每份单据的基本功能对信息或数据进行解读。UCP600

---

① Official Comment 1, reprinted in *McKinney's Cons Laws of NY*, Book 621/2, UCC 5-108, at 367.

② *Equitable Trust Company of New York v. Dawson Partners Ltd.* (1927) 27 Lloyd's L Rep 49 (HL).

第 14 条 f 款规定："如果信用证要求提示运输单据、保险单据和商业发票以外的单据，但未规定该单据由何人出具或单据的内容，如信用证对此未作规定，只要所提交单据的内容能够满足其功能需要且其他方面与第十四条 d 款相符，银行将对提示的单据予以接受。"当事人提交的每一份单据都有其所要满足的功能，目的在于表明单据数据或信息背后买卖双方的权利与义务，所谓不符点的存在应该对单据功能和买方利益构成不利影响。如同一单据存在的数据，虽然会造成一些理解上的混乱，但仍可以通过其他相关信息予以澄清，则不应认定为不符点。[①] 当然，该种澄清应当理解为单据的信息或数据之间对合理性的印证，而非对不一致之处的补救或强行解释。本案中，原产地证书中（"FOB"）的显示未造成其单据功能的丧失，单据中的信息之间能够相互印证，且能够与信用证以及信用证要求的其他单据中的内容相互印证，因此，不应认定构成不符点。

三、关于审单人员合理谨慎的审单义务

严格相符原则的例外和与严格相符原则对立的观点的发展，体现了司法界和学术界追求公正的理想，但这些都不能成为用以指导每天的具体审单实践的可操作的标准，单据是否相符的决定还是由具有实践经验的审单员做出的。严格相符原则仅是一项原则性的规定，单据审查仍然赋予审单银行一定的灵活自主空间，有时候甚至要求根据经验法则做出判断。"用于每日指导审单实践的原则必须明确对信用证项下的每份典型单据的最低要求，并明确怎样才构成审查提示的单据是否符合这些要求的应尽的合理注意。"[②] 因此，在考察 UCP600 以及其他相关法律规范的基础上，对开证行在审单中所涉及的严格相符问题的具体情况进行实证研究并进行经验总结从而形成有指导价值的审单规则十分必要。以科佐尔奇克（Kozolchyk）教授为代表的审单员标准学说，在理论界和实务界得到了较为广泛的认可。他认为，审单人员根据其行业的安全有效的实践经验判断不符点，法院的判断则基于该判断，法院将考虑"一个理性的审单员在这种情况下会作出怎样的决定"后，再作出判决。法院不应当充当审单员的角色，法院

---

① 参见林建煌：《品读 UCP600 跟单信用证统一惯例》，厦门大学出版社 2008 年版，第 210 页。

② Boris Kozolchyk, "Strict Compliance and the Reasonable Document Checker", *Brooklyn Law Review* (56), 1990, p. 48.

的决定应当是建立在最有资格评价单证是否相符的人——理性的审单员的判断基础上。①

一名理性的审单人员在判定是否构成相符交单时，要考虑到个案具体情形，结论依据实际情况而定，同时也要坚持一定的原则。

第一，信用证存在之价值在于服务贸易，促进商业发展，而非制造障碍。之所以开立信用证，银行首先要考虑的不应是所付款项的回收，而在于对信用证独立性原则和单据相符原则的尊重以及对银行商业信誉的维护。如果银行频繁且轻易地以存在不符点为由拒付，不但会严重伤害信用证这一机制本身，最终也将损害银行界和商业界的利益。

第二，单据审查是一门艺术，而不是科学。按照国际商会银行委员会的意见，银行不能像机器人那样行动，而应该运用他们的判断力，对每个案件作具体的分析。② 单据审查并非严厉、机械、直观地进行决断，而是一项技术性的工作，融合了审单人员适当的自由裁量与判断。审单人员应当对单据表面进行独立性审核，而不是凭审单经验对单单之间的要素进行主观臆断。

第三，单据审查的目的并非找到不符点进而有理由拒付。毕竟，信用证是付款的工具而非拒付的工具。真正有经验而又审慎负责的银行审单人员，不仅能够运用专业的审单技术提出不符点，得出可靠的结论或准确的判断，更重要的是可以有技巧地处理由此导致的问题，保障客户的利益，降低银行拒付的风险，确保信用证这一凝聚着商人们智慧的国际支付方式为全球化背景下国际贸易的发展发挥其独特的功能和价值。

最高人民法院二审合议庭成员：高晓力　梁　颖　王　朔

（编写人：张伯娜* 　编辑：李　明）

---

① 参见高晓力：《信用证审单标准问题研究》，载《人民司法》2002 年第 4 期，第 36 页。

② 参见徐冬根：《银行信用证审单标准的法哲学思考：精确性、模糊性还是原则性》，载《现代法学》2004 年第 5 期。

* 张伯娜，女，法学硕士，中华人民共和国最高人民法院民事审判第四庭，三级高级法官助理。

舟山市恩基船务发展有限公司、逸盛大化石化有限公司与韩某某申请设立海事赔偿责任限制基金纠纷案

——海事赔偿责任限制适用范围

【裁判摘要】

《中华人民共和国海商法》关于海事赔偿责任限制规定适用的船舶应当为本法第3条规定的海船。海事限额规定系基于本法的授权，其适用范围亦应局限于本法规定的海船。

【案件基本信息】

1. 诉讼当事人

再审申请人（一审异议人、二审上诉人）：舟山市恩基船务发展有限公司（以下简称恩基船务公司）

再审申请人（一审异议人、二审上诉人）：逸盛大化石化有限公司（以下简称逸盛石化公司）

被申请人（一审申请人、二审被上诉人）：韩某某

2. 案件索引与裁判日期

一审：厦门海事法院（2016）闽72民特90号民事裁定（2016年10月28日）

二审：福建省高级人民法院（2016）闽民终1587号民事裁定（2017年12月14日）

再审：最高人民法院（2018）最高法民再453号民事裁定（2018年12月29日）

3. 案由

申请设立海事赔偿责任限制基金纠纷

【简要案情】

“湘张家界货3003”轮于2012年1月20日建成，钢质普通货船，总吨2071，船舶所有人为韩某某，船舶经营人为张家界吉祥航运有限公司。该轮持有长江中下游及其支流省际普通货船运输许可证、内河船舶适航证书，准予航行A级航区，作自卸砂船用。该轮的船舶国籍证书、内河船舶适航证书等均在有效期内。2016年5月9日，“湘张家界货3003”轮在闽江口D9浮返航进港途中，“恩基1”轮与“湘张家界货3003”轮发生碰撞，造成“恩基1”轮及船载货物受损。韩某某遂向厦门海事法院申请设立非人身伤亡海事赔偿责任限制基金。

厦门海事法院认为发生涉案事故时，“湘张家界货3003”正航行于闽江口，属于国务院批准发布的限额规定第4条规定的船舶，韩某某可以申请限制海事赔偿责任。该法院作出（2016）闽72民特90号民事裁定：准许韩某某提出的设立海事赔偿责任限制基金的申请。一审判决后，恩基船务公司提出上诉。福建省高级人民法院认为案涉船舶“湘张家界货3003”轮虽为内河船舶，但其在沿海海域从事航行作业属于限额规定第4条所规定的从事沿海作业的船舶，依法可以申请设立海事赔偿责任限制基金。该法院作出（2016）闽民终1587号民事裁定：驳回上诉，维持原裁定。恩基船务公司不服二审判决，向最高人民法院申请再审。

【案件焦点】

内河船舶是否属于海事赔偿责任限制制度的调整范围。

【裁判结果】

最高人民法院经审理认为，《中华人民共和国海商法》第210条第2款规定，总吨位不满300吨的船舶，从事中华人民共和国港口之间的运输的船舶，以及从事沿海作业的船舶，其赔偿限额由国务院交通主管部门制定，报国务院批准后施行。交通部①据此发布《关于不满300总吨船舶及沿海运输、沿海作业船舶海事赔偿限额的规定》，其中第4条规定："从事中华人民共和国港口之间货物运输或者沿海作业的船舶，不满300总吨的，其海事赔偿限额依照本规定第三条规定的赔偿限额的50%计算；300总吨以上的，其海事赔偿限额依照《中华人民共和国海商法》第二百一十条第一款规定的赔偿限额的50%计算。"《中华人民共和国海商法》第3条规定："本法所称船舶，是指海船和其他海上移动式装置，但是用于军事的、政府公务的船舶和20总吨以下的小型船艇除外。"海商法关于海事赔偿责任限制规定适用的船舶应当为《中华人民共和国海商法》第3条规定的海船。根据一审、二审法院查明的事实，"湘张家界货3003"轮持有长江中下游及其支流省际普通货船运输许可证、内河船舶适航证书，准予航行A级航区，为内河船舶。涉案船舶碰撞事故发生在福建闽江口，并非"湘张家界货3003"轮准予航行的航区，但"湘张家界货3003"轮的船舶性质及准予航行航区不因该船实际航行区域而改变。"湘张家界货3003"轮作为内河船舶，不在《中华人民共和国海商法》的调整范围之内，亦不属于限额规定适用的船舶范围。

根据《最高人民法院关于适用〈中华人民共和国海事诉讼特别程序法〉若干问题的解释》第83条的规定，利害关系人对申请人设立海事赔偿责任限制基金提出异议的，海事法院应当对设立基金申请人的主体资格、事故所涉及的债权性质和申请设立基金的数额进行审查。其中申请人的主体资格中，包括申请人应当符合《中华人民共和国海事诉讼特别程序法》第101条规定的主体，发生事故的船舶亦应属于《中华人民共和国海商法》第3条规定的船舶。一审、二审法院认定内河船舶可以申请设立海事赔偿责任限制基金，缺乏法律依据。一审、二审法院准许韩某某设立海事赔偿责任限制基金的申请，适用法律错误，应予纠正。因此，裁定撤销一审、二审法院民事裁定，驳回韩某某设立海事赔偿责任限制基金的申请。

---

① 根据中央机构改革部署，原交通部的相关职责已由交通运输部行使。

【裁判摘要评析】

海事赔偿责任限制，是指对于船舶在营运过程中所造成的人身、货物、其他财产等各项损失，对责任人的总的赔偿责任限制在一定限额内的责任限制制度。该项制度在海事司法实践中得到广泛的运用，有利于鼓励海上救助，适应了海上保险业务发展的要求，对海上运输事业的稳步发展起到了积极的推动作用。海事赔偿责任限制，是海商法中特有的并区别于民法一般损害赔偿原则的一项特殊的损害赔偿法律制度。哪些船舶可以适用责任限制的法律，哪些责任人在何种情况下可据此限制自己的赔偿责任，以及可针对哪些债权、限制到何种程度等，完全取决于法律的规定。所以说海事赔偿责任限制是海商法赋予船舶所有人、经营人、承租人等的一个特权，是一种法定的特权。

关于海事赔偿责任限制的规定，进入20世纪后，在国际上先后出现了三个有关责任限制的国际公约。《关于统一海上船舶所有人责任限制若干规则的国际公约》未能得到广泛支持，至今未生效。《1957年船舶所有人责任限制国际公约》的出现及生效使“船舶所有人责任限制”作为一种法律制度，在国际上得到了初步的统一。《1976年海事赔偿责任限制公约》于1986年12月1日生效，我国虽至今未加入该公约，但我国《海商法》的有关内容是以该公约为蓝本制定的。① 我国《海商法》第11章专门规定了海事赔偿责任限制制度。海事赔偿责任限制制度的核心内容包括适用的船舶、责任主体、丧失限制责任权利的情形、限制性和非限制性债权、责任限额计算、责任基金的分配以及“海事赔偿责任限制”与“单位责任限制”的关系、相互索赔的冲抵、责任限制的程序等问题。本案所解决的即是海事赔偿责任限制制度适用的前提性问题——适用船舶的范围问题。

适用的船舶，是指因哪些船舶引起的海事赔偿，船舶所有人、经营人等可根据海事赔偿责任限制的法律限制自己的赔偿责任。我国《海商法》第11章所规定的海事赔偿责任限制的限额是以300总吨以上的船舶为起

---

① 参见司玉琢主编：《海商法》，法律出版社2012年版，第380页。

点的。同时，对于300总吨以下的船舶、从事沿海运输和沿海作业的船舶以及从事中华人民共和国港口之间海上旅客运输的船舶的责任限制的限额，《海商法》授权国务院交通主管部门另行规定。但在司法实践中，对于适用船舶的范畴仍然存在争议。有些人认为海事赔偿责任限制制度适用于海上及内河船舶。有些人认为海船适用《海商法》规定的海事赔偿责任限制，内河船舶可通过适用限额规定，享受相应的海事赔偿责任限制。

本案的重大意义在于明确了海事赔偿责任限制制度的适用范围，统一了该问题的裁判尺度。海事赔偿责任限制制度是《海商法》规定的制度，该制度适用船舶的范畴应当与《海商法》一致。《海商法》第3条规定："本法所称船舶，是指海船和其他海上移动式装置，但是用于军事的、政府公务的船舶和20总吨以下的小型船艇除外。"因此，《海商法》关于海事赔偿责任限制规定适用的船舶应当为《海商法》第3条规定的海船。此外，《海商法》第210条第2款规定，总吨位不满300吨的船舶，从事中华人民共和国港口之间的运输的船舶，以及从事沿海作业的船舶，其赔偿限额由国务院交通主管部门制定，报国务院批准后施行。对于总吨位不满300吨海船的海事赔偿责任限制事宜，《海商法》授权原交通部进行规范。交通部于1993年制定了《关于不满300总吨船舶及沿海运输、沿海作业船舶海事赔偿限额的规定》。该规定经国务院批准发布，系源于《海商法》的授权，故该规定适用的范围应当在《海商法》适用的范围之内。换言之，限额规定也仅适用于《海商法》第3条规定的海船，不适用内河船舶。

在《海商法》修订之际，也有不少学者提出海事赔偿责任限制应该扩大适用到与海相通的内陆可航水域港口之间，以及沿海和与海相通的内陆水域之间的客货运输，海商法关于海事赔偿责任限制船舶的范围也应扩大到在这些水域航行的船舶。这样比较符合立法的科学性和法治统一性原则。这些问题都可以做进一步探讨。但在《海商法》未就此作明确修改之前，海事赔偿责任限制制度适用的船舶仍应仅限于《海商法》第3条规定的船舶范畴，且考虑到国内水路运输与海上运输在船舶价值、运输特点及价值衡量方面均存在很大差异，即便适当扩大海事赔偿责任限制的适用范围，亦应有所区别对待。

最高人民法院再审合议庭成员：王淑梅　余晓汉　黄西武

（编写人：赵　珂* 编辑：李　明）

* 赵珂，女，法学硕士，中华人民共和国最高人民法院民事审判第四庭，三级高级法官助理。

长江岩土工程总公司（武汉）与中国建设银行股份有限公司温岭支行、中博建设工程集团有限公司独立保函纠纷案

——独立保函及独立保函欺诈的认定

【裁判摘要】

区分一份保函的性质是独立保函还是担保法中的保证，关键在于保函文本是否为开立人设定了相符交单情形下的独立付款义务。在保函记载了据以付款的单据和最高金额，开立人无须在单据之外确定基础交易是否履行的情况下，能够确定开立人付款义务的独立性和跟单性的，可认定为独立保函。在当事人提出保函欺诈抗辩时，人民法院有必要就独立保函的基础交易进行审查，审查的范围限于受益人是否明知基础合同的相对人并不存在基础合同项下的违约事实或者不存在其他导致独立保函付款的事实。

【案件基本信息】

1. 诉讼当事人

上诉人（一审原告）：长江岩土工程总公司（武汉）（以下简称长江岩土公司）

被上诉人（一审被告）：中国建设银行股份有限公司温岭支行（以下简称建行温岭支行）

第三人（一审第三人）：中博建设工程集团有限公司（以下简称中博建设工程公司）

2. 案件索引与裁判日期

一审：浙江省高级人民法院（2016）浙民初20号民事判决（2018年11月26日）

二审：最高人民法院（2019）最高法民终302号民事判决（2019年6月28日）

3. 案由

独立保函纠纷

【简要案情】

2009年7月29日，长江岩土公司（总包人）与中博建设工程公司（承包人）签订承包合同书，约定建设密苏拉塔地区塔沃嘉和瓦利德工程项目。中博建设工程公司为履行上述承包合同，向建行温岭支行申请开立保函。建行温岭支行于2009年至2010年以长江岩土公司为受益人开立了7份保函，保函均载明：如保函申请人中博建设工程公司未能履行上述承包合同书及其附件中规定的义务，包括双方就合同条款达成的变更、修改和补充义务，我行在收到你方提交的书面宣布申请人违反合同规定的正式通知及由你方法定代表人（负责人）或授权代理人签字并加盖公章，列明索赔金额的索赔通知后五个工作日内，支付相应的保证金；本保函的款项构成本银行无条件的、不可撤销的直接保障责任。

2011年3月25日，中博建设工程公司向建行温岭支行发送了《关于暂停支付预付款保函、履约保函保证金额的通知》，称在合同履行过程中，利比亚发生骚乱及战争，构成“不可抗力”。希望建行温岭支行对有效期届满的保函停止支付、有效期内的保函暂停支付。同日，建行温岭支行向长江岩土公司发送了《关于中博建设工程公司保函有关事项的通知》，称鉴于不可抗力的原因及中博建设工程公司的要求，履约保函中止支付、预付款保函项下的款项由中博建设工程公司与长江岩土公司清算后多退少补，并不再办理保函延期和重新开立工作。2011年3月28日，中博建设工程公司向长江岩土公司发送了《关于要求即行中止合同履行、停止办理保函延期的函》，要求即行中止合同履行、进行已完工工程结算，并保留解除合同的权利，同时停止办理保函延期工作。针对涉案7份保函，长江岩土公司均多次向建行温岭支行发出索赔通知，以中博建设工程公司违约为由，共向建行温岭支行索赔 7 亿元。2015 年 12 月 7 日，建行温岭支行向长江岩土公司发送要求退回保函正本的通知，称涉案保函有效期届满，要求长江岩土公司退还保函原件。

2016 年 3 月 7 日，温岭市人民法院裁定受理中博建设工程公司的重整申请。长江岩土公司于 2016 年 11 月 22 日向该法院起诉被告中博建设工程公司、第三人建行温岭支行普通破产债权确认纠纷一案，请求确认其对中博建设工程公司享有到期破产债权共 8 亿余元及利息。该院作出（2016）浙 1081 民初 13673 号民事判决，解除长江岩土公司与中博建设工程公司签订的承包合同书；驳回长江岩土公司的其他诉讼请求。长江岩土公司不服该判决提起上诉，浙江省台州市中级人民法院作出（2018）浙 10 民终 1355 号民事判决，驳回上诉，维持原判。长江岩土公司不服二审判决，向浙江省高级人民法院申请再审，浙江省高级人民法院裁定驳回长江岩土公司的再审申请。

一审法院认为，本案系独立保函纠纷，长江岩土公司与中博建设工程公司签订承包合同书后，建行温岭支行依据中博建设工程公司申请向长江岩土公司开立的涉案 5 份预付款保函及 2 份履约保函合法有效。生效判决书已经认定中博建设工程公司实际完成的工程量高于长江岩土公司支付的预付款，且涉案工程无法履行的原因在于工程所在国利比亚发生骚乱和战争，长江岩土公司对此应属明知，故其向建行温岭支行要求支付保函项下的款项的请求不能成立。建行温岭支行和中博建设工程公司关于长江岩土公司请求支付保函项下款项属于保函欺诈的答辩理由成立，一审法院予以支持。

长江岩土公司不服一审判决，向二审法院提出上诉，二审最高人民法院认为，一审判决认定涉案保函为独立保函正确。

【案件焦点】

保函是独立保函还是担保法中的保证。

【裁判结果】

最高人民法院经审理认为：

一、关于涉案保函的性质

《关于审理独立保函纠纷案件若干问题的规定》第1条规定："本规定所称的独立保函，是指银行或非银行金融机构作为开立人，以书面形式向受益人出具的，统一在受益人请求付款并提交符合保函要求的单据时，向其支付特定款项或在保函最高金额内付款的承诺。"区分一份保函的性质是独立保函还是担保法规定的保证，关键在于考察保函文本是否为开立人设定了相符交单情形下的独立付款义务，而不在于是否使用了保证责任的措辞。《关于审理独立保函纠纷案件若干问题的规定》第3条第1款规定了三类能够认定开立人具有提供独立保函意思表示的情形，其中第3项为根据保函文本内容，开立人的付款义务独立于基础交易关系及保函申请法律关系，其仅承担相符交单的付款责任。涉案保函第1条均约定了本保函项下开立人承担的保证责任的最高金额。第3条约定了"我行在收到你方提交的书面宣布申请人违反合同规定的正式通知及由你方法定代表人（负责人）或授权代理人签字并加盖公章，列明索赔金额的索赔通知后五个工作日内，支付相应的保证金。"涉案保函记载了据以付款的单据和最高金额，开立人无须在单据之外确定基础交易的履行情况，能够确定开立人付款义务的独立性和跟单性，一审判决认定涉案保函为独立保函正确。

二、关于长江岩土公司的付款请求权是否应予支持的问题

独立保函中，开立人向受益人承担附单据条件的付款义务，该项义务独立于基础交易和独立保函的申请关系，不受基础交易和独立保函申请法律关系相关情况的影响。相符交单付款固然是独立保函交易各方当事人自愿接受的风险分配安排，但是受益人欺诈的风险并不是当事人预期承担的风险。因此，独立保函司法解释确立了独立性原则的例外情形，认定具有实质性欺诈行为的受益人不受独立性原则的保护，开立人有权拒绝付款。《关于审理独立保函纠纷案件若干问题的规定》第18条规定："人民法院审理独立保函欺诈纠纷案件或处理止付申请，可以就当事人主张的本规定第十二条的具体情形，审查认定基础交易的相关事实。"本案中，建行温岭支行、中博建设工程公司提出了保函欺诈抗辩，故本院有必要就涉案独立保函的基础交易进行审查。考虑到独立保函见索即付的制度价值，本案对基础交易的审查应当坚持有限原则和必要原则。审查的范围限于受益人是否明知基础合同的相对人并不存在基础合同项下的违约事实或者不存在其他导致独立保函付款的事实，具体为《关于审理独立保函纠纷案件若干问题的规定》第 12 条规定的五种情形。

《关于审理独立保函纠纷案件若干问题的规定》第 12 条规定："具有下列情形之一的，人民法院应当认定构成独立保函欺诈：（一）受益人与保函申请人或其他人串通，虚构基础交易的；（二）受益人提交的第三方单据系伪造或内容虚假的；（三）法院判决或仲裁裁决认定基础交易债务人没有付款或赔偿责任的；（四）受益人确认基础交易债务已得到完全履行或者确认独立保函载明的付款到期事件并未发生的；（五）受益人明知其没有付款请求权仍滥用该权利的其他情形。"承包合同书第 34 条明确约定，如果因为不可抗力或发包人原因造成工程延期或其他责任，总包人和承包人双方免责，并共同采取措施减少损失。长江岩土公司对不可抗力导致各方当事人的风险分担是明知的。（2018）浙 10 民终 1355 号民事判决已经查明因利比亚国内发生战争，中博建设工程公司和长江岩土公司撤离涉案工程项目。中博建设工程公司系因不可抗力不能履行合同，并未违约。在此情况下，长江岩土公司对其不享有涉案保函索赔权是明确知晓的。长江岩土公司明知案涉工程因不可抗力无法继续的情况下，仍然坚持以中博建设工程公司违约为由，要求建行温岭支行支付履约保函项下款项，缺乏诚实信用，属于滥用索赔权。一审法院依据《关于审理独立保函纠纷案件若干问题的规定》第 12 条第 5 项之规定，未支持长江岩土公司索赔请求并无不当。与此同时，（2018）浙 10 民终 1355 号判决结合法院调取的证人证言及证人提供的证据材料、涉案工程建设过程中形成的会议纪要、长江岩土公司向商务部申报的营业额以及驻利比亚参赞处出具的意见等证据，认定能够查明的涉案工程量不低于 26.695 亿元，高于长江岩土公司给付的工程预付款金额，说明工程预付款已用于工程，中博建设工程公司并没有不当占有该工程款项，即中博建设工程公司对长江岩土公司没有交还预付款的义务。已生效的法院判决认定中博建设工程公司作为基础交易的债务人没有付款责任。涉案7份保函，虽然有5份名称为预付款保函，有2份名称为履约保函，但保函约定的权利义务关系基本一致，其性质均为独立保函。依据《关于审理独立保函纠纷案件若干问题的规定》第12条第3项、第5项之规定，一审判决未支持长江岩土公司的支付请求并无不当。因此，判决驳回上诉，维持原判。

【裁判摘要评析】

近年来，银行等金融机构对外开具独立保函的数量快速递增，其体量和规模已超过商业跟单信用证。随之而来的独立保函纠纷案件逐年增多，从独立保函的开立、修改、转让、付款到追偿等各个环节的纠纷都在司法实践中有所体现。本案属于受益人起诉开立人的付款纠纷，主要涉及对独立保函独立性原则及例外情形的认定、欺诈的认定标准等问题。

一、独立保函与保证的区分

独立保函由受益人凭形式化的单据从开立人处获得付款，其后由受益人和债务人另行就基础债权债务关系再作清结，这种债权保障机制又被称为“先付款、后争议”机制。根据《关于审理独立保函纠纷案件若干问题的规定》第1条的定义，独立保函应以书面的形式作出，在开立人和受益人之间成立单务合同关系，开立人向受益人承担附单据条件的付款义务，相符交单是开立人付款义务的充要条件。

独立保函与保证担保有根本性区别，独立保函独立于基础交易而保证从属于基础交易关系。独立保函开立人付款义务的单据性决定了独立保函的独立性，其独立于基础交易和独立保函申请关系。除法定情形外，开立人只能以受益人提交单据与独立保函文本的规定不符提出抗辩，而不能援引独立保函文本以外的基础交易关系和独立保函申请关系。开立人付款金额通过独立保函文本和单据加以确定，无须参考基础交易的情况。而保证担保则具有从属性，保证担保权利义务的产生，是以主债权的产生和存在为前提，保证义务的范围在主债权限定的范围之内。保证人享有基础合同的债务人对于基础交易债权人的抗辩权，其抗辩权来源于基础交易，以基础合同为基础。但实践中，有的保函既约定适用《见索即付保函统一规则》，又约定责任性质为连带责任保证，出现条款意思表示前后相互冲突的情形，对认定保函的性质产生困扰。

区分一份保函的性质是独立保函还是担保法规定的保证，关键在于考察保函文本是否为开立人设定了相符交单情形下的独立付款义务，而不在于是否使用了保证责任的措辞。保函开立人作为专业金融机构，其理应以条款清晰地表明保函的性质，故因保函条款理解而产生争议时，应做有利于受益人的解释。《关于审理独立保函纠纷案件若干问题的规定》第 3 条第 1 款规定了三类能够认定开立人具有提供独立保函意思表示的情形，分别为：载明见索即付；约定适用国际商会《见索即付保函统一规则》；根据文本内容能够确定开立人付款义务的独立性和跟单性。此外，独立保函必须记载两项要素：一是据以付款的单据；二是最高金额，上述两项要素的缺失意味着开立人要在单据之外确定基础交易的履行情况，独立保函的独立性和跟单性则无从谈起，此时应当认定保函性质为从属性保证。《关于审理独立保函纠纷案件若干问题的规定》第 3 条第 2 款进一步规定了独立保函记载对应的基础交易这一事实本身，并不足以改变开立人付款义务的独立性和跟单性，故不影响独立保函的性质判定。为避免实践中产生法律适用误区，该规定第 3 条第 3 款规定一旦保函的性质被认定为独立保函，则在法律适用方面应当适用独立保函的裁判规则，而不适用担保法关于保证的规定。[①] 本案中，涉案保函均记载了据以付款的单据和最高金额，开立人无须在单据之外确定基础交易的履行情况，能够确定开立人付款义务的独立性和跟单性，应认定涉案保函为独立保函。

二、独立保函欺诈认定的有限审查原则

独立保函一方面使得受益人能够直接快速地实现债权，避免卷入基础交易纠纷，另一方面也为受益人不当索赔提供了可乘之机。当受益人的索赔不符合独立保函文件及基础交易合同的约定和担保的目的时，其索赔是恶意的，目的在于非法获得利益。独立保函制度应在尊重独立保函作为现

① 参见张勇健、沈红雨：《〈关于审理独立保函纠纷案件若干问题的规定〉的理解和适用》，载《人民司法（应用）》2017 年第 1 期。

金保证替代品的这一信用功能，维护当事人“先付款、后争议”合同安排的同时，也要防范和抑制受益人欺诈和滥用权利的情形。因此，各国都将受益人欺诈性索款作为独立保函担保人承担第一位、无条件、见索即付付款责任的例外。《关于审理独立保函纠纷案件若干问题的规定》第18条规定：“人民法院审理独立保函欺诈纠纷案件或处理止付申请，可以就当事人主张的本规定第十二条的具体情形，审查认定基础交易的相关事实。”在欺诈例外的情况下，如果对基础关系的审查成为司法判断的前提，法院则需要通过审查基础交易关系以判断受益人是否具有初步证据证明其索赔请求的正当性。

在当事人提出保函欺诈抗辩的情况下，法院可以突破独立保函的独立性对基础合同进行一定的审查，但是这种审查不能简单否定独立保函的独立性，审查应该限定在必要的范围内。首先，不是所有的保函欺诈均需要审查基础交易关系。如对于伪造单据的欺诈，对单据本身进行表面审查即可认定是否构成保函欺诈的情况下，则无须进一步审查基础合同。只有在通过基础合同进行欺诈的情况下，才需要对基础交易进行审查。其次，有必要对基础合同进行审查的情况下，该审查也应限制在一定的范围内。审查应仅限于受益人是否明知基础交易债务人并不存在违约事实或其他付款到期事件，仍然恶意滥用索赔权进行欺诈性索赔。[①] 法院审查的方向应是受益人是否欺诈而非基础合同是否违约。其审查范围应严格限制于与欺诈有关的事项，不应超出欺诈范围对基础合同是否违约作出认定，否则将影响未来基础合同下纠纷的审理。最后，独立保函欺诈类型化处理起到了限制审查范围的作用。很多国家都对保函欺诈进行了类型化处理，包括受益人提呈的索赔文件不合格、基础交易合同违反公共秩序、明显不存在基础交易合同无效或债务人违约等情形。我国也对独立保函欺诈的情形进行了归类，具体见《关于审理独立保函纠纷案件若干问题的规定》第12条的规定：“具有下列情形之一的，人民法院应当认定构成独立保函欺诈：

---

① 参见刘贵祥、沈红雨、黄西武：《涉外商事海事审判若干疑难问题研究》，载《法律适用》2013年第4期。

（一）受益人与保函申请人或其他人串通，虚构基础交易的；（二）受益人提交的第三方单据系伪造或内容虚假的；（三）法院判决或仲裁裁决认定基础交易债务人没有付款或赔偿责任的；（四）受益人确认基础交易债务已得到完全履行或者确认独立保函载明的付款到期事件并未发生的；（五）受益人明知其没有付款请求权仍滥用该权利的其他情形。”在我国的独立保函欺诈案件中，对独立保函基础交易进行有限审查的有限性即应体现在法院只应就《关于审理独立保函纠纷案件若干问题的规定》第 12 条列举的五种情形进行审查。

三、独立保函欺诈的认定标准

本案中，建行温岭支行、中博建设工程公司提出了保函欺诈抗辩，故法院有必要就涉案独立保函的基础交易进行审查。考虑到独立保函见索即付的制度价值，本案对基础交易的审查应当坚持有限原则和必要原则，审查的范围具体限制在《关于审理独立保函纠纷案件若干问题的规定》第 12 条规定的五种情形，包括无真实交易、单据欺诈和明显滥用付款请求权三类情形。第一项受益人与保函申请人或其他人串通，虚构基础交易的，属无真实交易的情形。第二项受益人提交的第三方单据系伪造或内容虚假的，属单据欺诈的情形。该两种情形均较为容易判断。第三项和第四项属于明显滥用付款请求权的情形，也是独立保函欺诈最为常见的情形。受益人滥用付款请求权，是受益人明知其没有付款请求权，却故意隐瞒事实，仍出具并提交表面与保函条款相符的单据如付款请求书和违约声明，诱使开立人错误付款，故该种滥用付款请求权的行为构成欺诈。考虑到独立保函欺诈在实践中的复杂多样性，《关于审理独立保函纠纷案件若干问题的规定》第 12 条第 5 项对受益人明显滥用付款请求权的其他情形规定了概括性的兜底条款。但为了保障独立保函独立性的基础价值，兜底条款在司法实践中应当谨慎适用。

本案的情况即属于《关于审理独立保函纠纷案件若干问题的规定》第 12 条第 3 项和第 5 项规定的情形。涉案承包合同书第 34 条明确约定，如果因为不可抗力或发包人原因造成工程延期或其他责任，总包人和承包人双方免责，并共同采取措施减少损失。长江岩土公司对不可抗力导致各方当事人的风险分担是明知的。另案二审生效判决已经查明因利比亚国内发生战争，中博建设工程公司和长江岩土公司撤离涉案工程项目。中博建设工程公司系因不可抗力不能履行合同，并未违约。在此情况下，长江岩土公司对其不享有涉案保函索赔权是明确知晓的，其仍然坚持以中博建设工程公司违约为由，要求建行温岭支行支付履约保函项下款项，缺乏诚实信用，属于滥用索赔权。其后，另案生效判决认定能够查明的涉案工程量不低于26.695亿元，高于长江岩土公司给付的工程预付款金额，说明工程预付款已用于工程，中博建设工程公司并没有不当占有该工程款项，即中博建设工程公司对长江岩土公司没有交还预付款的义务。已生效的法院判决认定中博建设工程公司作为基础交易的债务人没有付款责任，符合第三项规定的情形。本案中，长江岩土公司的索赔构成滥用付款请求权，法院未支持长江岩土公司的支付请求正确。

对于《关于审理独立保函纠纷案件若干问题的规定》第12条第3项的适用存在一定争议。第一个问题是生效司法裁决、仲裁裁决作出时间点的问题。为维护独立保函便捷交易、信用功能的特点，在独立保函欺诈认定上要求受益人滥用付款请求权的情形必须达到非常明显的程度，因此《关于审理独立保函纠纷案件若干问题的规定》第12条第3项、第4项分别规定以司法判决、仲裁裁决、受益人自身确认没有付款请求权的证据来加以认定。但该规定第12条对于司法裁决和仲裁裁决作出的时间没有具体规定。受益人索赔时已经有生效的司法裁决和仲裁裁决认定基础交易债务人没有付款或赔偿责任的，较易认定其索赔权缺乏诚信基础。但受益人索赔之后，法院或仲裁机构才作出了此类生效司法裁决和仲裁裁决的情况下，可以认定受益人构成独立保函欺诈吗？对此，实践中仍然存在较大的争议。国外部分案例对裁决作出时间节点问题持宽松态度，只要认定基础交易债务人没有付款或赔偿责任的生效司法裁决和仲裁裁决是在银行付款之前作出的，法院都可据此支持银行止付，避免后续容易产生的不当得利追偿纠纷。但有些学者持严格观点，认为只要索赔时没有认定基础交易债务人没有付款或赔偿责任的生效司法和仲裁裁决，索赔权人主观上就没有欺诈恶意，从维护保函独立性原则出发，应该先赔付，后争议。本案中，另案生效判决的作出时间晚于长江岩土公司请求支付的时间，但法院也没有单纯依据《关于审理独立保函纠纷案件若干问题的规定》第12条第3项认定长江岩土公司的索赔构成滥用付款请求权，而是结合该条第3项、第5项共同对长江岩土公司滥用付款请求权的行为进行认定，也是考虑到以上争议，采取了更为稳妥的处理办法。

第二个问题是生效判决既判力的问题。为维护法院生效判决的统一，稳定当事人之间的民事实体权利义务关系，已经生效的民事判决具有既判力。但是否生效判决的所有表述均具有此种拘束力？通常情况下，生效判决的既判力限于判决主文确定的范围。但生效判决的裁判理由是建立在对主要法律事实和争议焦点问题判断的基础之上。承认裁判主文的既判力，必然也要赋予裁判理由中对案件争议焦点和主要法律事实的判断以一定程度的既判力。因此，生效判决所列争议焦点在经过当事人充分质证、辩论后，对争议焦点所作的实质性判断应该具有既判力，当事人和法院都应该受到该判决内容的拘束，当事人在以后的诉讼中主张与该判决认定的主要事实和主要结论相冲突的内容，应不被法院支持。本案中，中博建设工程公司已完成的涉案工程量是另案生效判决认定的主要事实，该主要争议事实在另案中经过当事人举证、质证并充分辩论后，另案判决对该争议事实所作的实质性判决具有既判力。长江岩土公司在本案中拟推翻另案判决认定的主要事实应不予支持。基于另案判决认定中博建设工程公司已完成的涉案工程量这一主要事实，一审判决认定中博建设工程公司没有不当占有涉案工程款项，对长江岩土公司没有交还预付款的义务，并无不当。

最高人民法院二审合议庭成员：王淑梅　马东旭　郭载宇

（编写人：赵　珂* 编辑：李　明）

---

* 赵珂，女，法学硕士，中华人民共和国最高人民法院民事审判第四庭，三级高级法官助理。

中国水利水电第四工程局有限公司
与
中工国际工程股份有限公司、
中国建设银行股份有限公司西宁铁路支行
独立保函欺诈纠纷案

——预付款保函下欺诈例外规则的适用

【裁判摘要】

1. 工程预付款具有预借性质，而非工程款的预先支付。预付款保函不仅担保预付款用于工程建设，也担保预付款的偿还。

2. 工程预付款尚未抵扣完毕，即使已经被全部或主要用于所属工程，在保函载明的付款到期事件发生时，受益人仍然有权索兑预付款保函。

3. 工程预付款已部分扣还，但预付款保函未规定减额条款，保函受益人按照预付款保函的要求全额索兑预付款保函的，不宜认定为独立保函项下的欺诈性索款。

【案件基本信息】

1. 诉讼当事人

上诉人：中国水利水电第四工程局有限公司（以下简称中水四局公司）

被上诉人：中工国际工程股份有限公司（以下简称中工国际公司）

原审第三人：中国建设银行股份有限公司西宁铁路支行（以下简称建行铁路支行）

2. 案件索引与裁判日期

一审：青海省高级人民法院（2015）青民二初字第88号民事判决（2018年12月24日）

二审：最高人民法院（2019）最高法民终 349 号民事判决（2019 年 8 月 28 日）

3. 案由

独立保函欺诈纠纷

【简要案情】

2013 年 10 月 2 日，中工国际公司与玻利维亚方面就蒙特罗—布洛布洛铁路Ⅰ标段工程签订编号为 MOPSV/VMT LPI. NO001/2013 的总承包合同，合同金额为 722,170,582.88 玻利维亚诺。

2014 年 4 月 4 日，中工国际公司（甲方）和中水四局公司（乙方）签订玻铁项目土建和设备安装工程分包合同（以下简称分包合同）。分包合同约定：中水四局公司的工作范围为土建和设备安装施工；开工日期为 2013 年 12 月 13 日，竣工日期为 24 个月；中水四局公司土建和设备安装工程天数为 730 日历天（与总承包合同相同）；工期计算以业主或其聘请的咨询工程师发出的开工通知书为准；合同总造价为 375,245,807 玻利维亚诺等。

2014 年 4 月 16 日，经中水四局公司申请，建行铁路支行向中工国际公司开具了一份预付款保函和一份履约保函。建行铁路支行在预付款保函中向中工国际公司承诺：我行保证，我行将在收到你方出具的申明乙方未能按照合同规定履行合同义务的书面索赔通知的 7 个工作日内，无条件偿还不超过人民币 66,315,000 元的全部款项。你方无须提交任何证明文件。本保函自开具之日生效，有效期至甲方扣完预付款之前。任何书面索赔务必于本保函有效期内送达我行柜台，或者以邮寄、电报等法定方式通知我行。保函到期后，请将正本保函退回我行注销。履约保函担保金额为人民币 23,210,247 元，有效期至乙方根据本分包合同完成施工和竣工并修补其中任何缺陷之前，其他内容与预付款保函相同。

2014 年 5 月 26 日，中工国际公司通过中国银行北京中银大厦支行向中水四局公司汇款人民币 45,210,046.14 元。中水四局公司、中工国际公司均认可剩余预付款以玻利维亚诺支付至中工国际公司在玻利维亚圣克鲁斯省以中工国际公司名义开立的分账户，由中水四局公司根据工程的需要支取。

2015年11月3日，玻利维亚方业主解除了与中工国际公司的总承包合同。

2015年11月5日，中工国际公司向建行铁路支行发出书面索赔通知书，索赔案涉保函。索赔通知载明："截至今年10月，中水四局公司施工进度已严重滞后且大面积停工并辞退工人，在既定工期仅剩1个月的现状下，已完全无法履行合同所规定的工作义务。"

2015年11月10日，建行铁路支行向中水四局公司发出催款通知书，载明：根据预付款保函及履约保函内容，我行在收到受益人的书面索赔通知后，无条件在7个工作日内偿还全部款项。为此，特向贵公司发送催款通知书，请贵公司在2015年11月17日之前，筹集款项，将款项及时存入贵公司在我行开立的账户中，以便按保函约定及时偿付索赔款项。

2015年11月18日，中水四局公司向一审法院提起诉讼。请求：（1）确认中工国际公司向建行铁路支行申请索兑预付款保函和履约保函的行为构成欺诈而无效；（2）判令建行铁路支行终止向中工国际公司支付预付款保函项下款项人民币66,315,000元；（3）判令建行铁路支行终止向中工国际公司支付履约保函项下款项人民币23,210,247元；（4）判令中工国际公司承担本案全部诉讼费、保全费以及中水四局公司支付的律师费。

2015年11月19日，中工国际公司向中水四局公司发出解除分包合同的通知。

2018年12月24日，一审法院作出（2015）青民二初字第88号民事判决，驳回中水四局公司的诉讼请求。

中水四局公司不服一审判决，向最高人民法院提起上诉。理由为：（1）中工国际公司拒绝审核第9～11期工程结算书，拒绝支付第9～11期工程款，导致中水四局公司未能完成7月、8月赶工计划并辞退工人。双方违约行为的发生具有因果关系且中工国际公司违约行为在先，其索兑案涉预付款保函和履约保函构成欺诈。（2）预付款保函担保中水四局公司将预付款用于工程建设，中水四局公司已将收到的全部预付款用于案涉工程，中工国际公司无权兑付预付款保函，其仍然兑付全额款项，属于“明知其没有付款请求权仍滥用该权利”之情形，构成保函欺诈。（3）根据双方确认的第1~8期工程结算书，中工国际公司认可预付款已经扣还人民币1800余万元，其索赔金额应仅限于已扣还金额之外的剩余部分，而无权全额索赔预付款保函项下款项，否则构成欺诈。中水四局公司请求撤销一审判决，改判支持中水四局公司的全部诉讼请求。

【案件焦点】

中工国际公司索赔案涉保函项下款项是否构成欺诈。

【裁判结果】

最高人民法院经审理认为，从分包合同的约定和实际履行来看，案涉预付款是中工国际公司为中水四局公司启动案涉工程提供的一笔融资，随工程进度由中水四局公司按比例偿还，而非仅是工程款的预先支付。在预付款尚未全部扣还的情况下，无论预付款是否已经全部用于案涉工程，均不影响中工国际公司行使索赔权。本案预付款保函没有约定减额条款，其金额不能因中水四局公司的履约情况自动调整。中工国际公司作为受益人，无须证明其索赔金额即是基础关系项下的应付金额，其全额索兑预付款保函的行为不宜被认定为滥用付款请求权。独立保函开立后，应视为保函申请人放弃了在基础关系项下对保函受益人违约的抗辩。本案基础合同项下是否有违约事实及其因果关系，并不影响中工国际公司行使保函权利。中工国际公司索兑案涉保函不构成独立保函项下的欺诈索款。判决驳回上诉，维持原判。

【裁判摘要评析】

工程承包合同签约后承包商通常已经就工程进行大规模的前期投入。国际工程具有建设周期长、合同金额大的特点，而预付款通常为合同金额的10%~30%，在开工后很快即全部或大部分用于工程前期建设。此后发生预付款保函载明的到期事件，保函受益人是否依然有权索兑预付款保函？在部分预付款扣还的情况下，保函受益人全额索兑预付款保函是否属于权利滥用进而构成欺诈性索款？对这些在司法实践中已经出现的法律问题有必要进行深入的分析和研究。工程预付款性质的准确认定对于上述问题的正确理解具有决定性影响。

一、工程预付款的性质

工程预付款是适应建设工程的特点和客观规律应运而生的一种计价、付款方式。工程合同中通常约定工程预付款的专门用途，当承包商未按约定使用预付款时业主有权收回。工程项目开工准备期间，承包商一般需要投入大量启动资金。为确保工程顺利开展，业主通常向承包商支付一定数额的预付款，以满足承包商在工程项目中对流动资金的需求。从业主的角度而言，在工程尚未开工建设和交付之前即支付巨额的预付款无疑存在巨大风险。一旦出现承包商违约、破产或由于不可抗力等原因导致工程项目达不到合同要求或者不能按照约定日期交付，业主此前的巨额投入将面临难以收回的风险。因此，业主通常会要求承包商在收到预付款之前提交一份金额、货币种类均与预付款一致的预付款保函。预付款保函通常由业主认可的金融机构开具，并符合业主认可的格式要求。为了保证自己的权益，业主通常在合同中明确预付款的偿还事项，要求在每次进度付款中偿还一定比例的预付款，直到全部预付款还清为止。而承包商则可以在工程预付款全部偿还之后，要求业主退还预付款银行保函。

在国际工程领域中，国际咨询工程师联合会（FIDIC）所制定的通用标准合同条件在国际上得到了广泛应用和普遍认可。其中 1999 年第 1 版《施工合同条件》第 14.2 条载明：“当承包商按照本款提交保函后，雇主应支付一笔预付款（advance payment），作为用于动员的无息贷款（interest-free loan）。”[①] 我国外资贷款项目均普遍采用 FIDIC 合同条件。FIDIC 合同条件对于预付款性质的解释在国际工程实践中具有一定的代表性。在个案当中，预付款的性质应当根据当事人的具体约定进行判断。本案中，分包合同第 20.1 条约定，中水四局公司应当在合同生效后 7 日内向中工国际公司开出中工国际公司认可的银行开具的合同金额 20%的预付款保函。分包合同第 20.2.2 条约定，中工国际公司在收到预付款保函并审核无误后

① 国际咨询工程师联合会、中国工程咨询协会编译：《施工合同条件》，机械工业出版社 2002 年版，第 95 页。

在7个工作日内支付同等金额的预付款。预付款起扣根据总承包合同同步进行，直至扣完为止。合同履行期间，根据双方第1~8期工程结算书，中水四局公司申请结算金额中的应支付金额也是根据申请结算产值扣除相应比例预付款后计算得出。从双方的约定和实际履行来看，案涉预付款是中工国际公司为中水四局公司启动案涉工程提供的一笔融资，随工程进度由中水四局公司按比例偿还，具有预借性质，而非工程款的预先支付。至此，判决将案涉预付款的性质认定为中工国际公司为中水四局公司启动案涉工程而提供的无息贷款。

二、预付款保函的担保范围

预付款保函涉及业主、承包商和担保银行的利益和风险。正确认定预付款保函的担保范围，有助于厘清预付款保函所涉各方当事人的权利和义务。

预付款保函是指担保人（银行）根据申请人（合同中的预收款人，通常情况下是出口商）的要求向受益人（合同中的预付款人，通常是进口商）开立的，保证一旦申请人未能履约，或者未能全部履约，将在收到受益人提出的索赔后向其返还该预付款的书面保证承诺。[①] 担保的债务人在未能按照合同条款交付货物、设备、工程或服务时，偿还已对任何为上述内容支付的预付款金额（可能连带利息）的责任。[②] 预付款保函的作用是确保一旦承包商未能履约或者未能全部履约，业主可以向承包商提出索赔并要求其返还预付款。在完全偿还预付款前，承包商需要保证预付款保函一直有效且可兑现，预付款保函担保的额度可以随预付款逐步偿还而减少。预付款保函可约束承包商在收到预付款后，按合同约定履行预付款偿还义务。

本案中，由于案涉预付款是中工国际公司为中水四局公司启动案涉工程提供的一笔融资，随工程进度由中水四局公司按比例偿还，具有预借性

① 参见刘应民、张亮：《独立担保制度研究——以见索即付保函与备用信用证为视角》，中国社会科学出版社2017年版，第35页。

② 参见［法］阿法齐、［英］高德：《国际商会见索即付保函统一规则（URDG758）指南》，中国国际商会/国际商会中国国家委员会组织翻译，中国民主法制出版社2012年版，第2页。

质，而非工程款的预先支付。因此，预付款保函担保的内容不仅包括预付款用于工程建设，也包括预付款的偿还。预付款尚未抵扣完毕，即使已经全部或主要用于所属工程，在保函载明的付款到期事件发生时，保函受益人仍然有权索兑预付款保函。

三、预付款保函下欺诈例外的认定

承包合同通常约定预付款按支付工程进度款的比例抵扣，在经受益人同意后，预付款保函的金额可以随着承包工程项目进度的完成而递减，承包商可以在后续工程实施过程中及时办理减额手续。因此，在预付款保函中，减额条款的设定必不可少。在国际工程中，如果预付款保函中写明减额条款，在预付款保函到期前，保函申请人的义务已经部分履行，预付款保函项下的风险会随之减少。但由于独立保函独立于基础交易，其金额不能因保函申请人在基础关系项下履约情况自动调整，所以只有在保函中规定了减额条款，才能触发保函金额的变动。同时，由于银行只对受益人提交的单据进行审查，除非银行可以根据自身记录确定相关阶段履约的完成，否则保函还必须规定满足减额条件的单据。当预付款保函未约定减额条款时，即使基础关系的债务人①已经部分扣还预付款，如果保函受益人按照保函要求索兑预付款保函，保函申请人仍然可能面临被全额索款的风险。

对于预付款保函未规定减额条款时，受益人全额索兑预付款保函是否构成欺诈，江苏省高级人民法院曾经在较早的案例中对这一问题进行过表述。该院在江苏太湖锅炉股份有限公司与卡拉卡托工程有限公司、中国银行股份有限公司无锡分行保函欺诈纠纷一案②中，认定太湖锅炉公司关于按比例扣减预付款保函项下的款项的主张并未写入预付款保函的索赔条件中，卡拉卡托公司按照预付款保函的要求，提出索赔全部金额的行为不构成欺诈。该案对减额条款的论述为此类问题的判断标准提供了有益的借鉴。

---

① 实务中绝大多数情况是申请人自己申请开立保函，在集团公司的情形下，有时由分公司在基础交易中与受益人签订合同，由于财务集中控制，或者在集团内部，金融控股公司负责所有银行信贷，只能由总公司申请开立保函。因此，指示开立保函的一方（instructing party）可能并不是基础合同中承担责任的一方（applicant）。

② 江苏省高级人民法院（2013）苏商外终字第0006号民事判决，来源：中国裁判文书网。

本案中，案涉预付款保函关于“有效期至中工国际公司扣完预付款之前”的约定不足以认定为减额条款，且没有规定减额应当据以提交的单据。因此，分包合同第20.2.2条虽然约定“预付款起扣根据主合同同步进行，直至扣完为止”，但该减额条款并未写入预付款保函的索赔条件中，银行担保的预付款总额并未因抵扣而自动调整。在预付款保函未约定减额条款的情况下，中工国际公司作为受益人没有义务证实其保函项下索赔金额即为其在基础关系项下应获支付的金额。因此，中水四局公司全额索兑预付款保函并不属于明知其没有付款请求权仍滥用该权利的情形，不构成独立保函项下的欺诈索款。

根据中工国际公司与中水四局公司确认的第1~8期工程结算书，中工国际公司认可预付款已经扣还人民币1800余万元，而根据本案二审裁判结果，中工国际公司仍有权向中水四局公司索兑预付款保函项下人民币66,315,000元的全部款项，该结果对于中水四局公司是否公平？中水四局公司亦主张中工国际公司索赔金额应仅限于已扣还金额之外的剩余部分，该理由是否成立？由于独立保函的基本运作原理是受益人凭借形式化的单据从保函开立人处获得付款，其后受益人和保函申请人/债务人另行就基础债权债务关系再作清结的先付款、后争议的债权保障机制。中水四局公司如果认为中工国际公司索赔不当，或者认为中工国际公司索赔金额超出其应当获得的金额，可以在保函赔付后，通过基础交易的争议解决方式在基础交易下向中工国际公司另行主张或追索。这正是独立保函“先付款、后争议”风险反转机制的要义所在。

四、是否对基础合同项下违约事件发生的因果关系进行认定，不影响受益人保函权利的实现

最高人民法院在指导案例第109号，即再审申请人安徽省外经建设（集团）有限公司与被申请人东方置业房地产有限公司（Inmobiliaria Palacio Oriental S. A），原审第三人哥斯达黎加银行（Banco de Costa Rica）、中国建设银行股份有限公司安徽省分行保函欺诈纠纷一案[①]中确立的原则

---

① 最高人民法院（2017）最高法民再134号民事判决，来源：中国裁判文书网。

是，受益人在基础合同项下的违约情形，并不必然影响其按照独立保函的规定提交单据并进行索款的权利。即使生效判决或者仲裁裁决认定受益人构成基础合同项下的违约，该违约事实的存在亦不必然成为构成保函欺诈的充分必要条件。虽然哥斯达黎加建筑师和工程师联合协会做出仲裁裁决，认定东方置业公司在履行合同过程中违约，但并未认定外经集团公司因对方违约行为的存在而免除付款或者赔偿责任。因此，不能依据上述仲裁裁决的内容认定东方置业公司构成《关于审理独立保函纠纷案件若干问题的规定》第 12 条第 3 项下的保函欺诈。

值得注意的是，在辽宁高科能源集团有限公司与生物质电力有限公司（Biomass Electricity Co. Ltd.）、中国建设银行股份有限公司辽宁省分行保函欺诈纠纷案[①]中，最高人民法院也表达了相同的观点。在上述案件中，最高人民法院认为是否对基础合同项下违约事件发生的因果关系进行认定不影响生物质电力有限公司保函权利的实现。辽宁高科能源集团有限公司主张生物质电力有限公司基础合同项下违约在先，并据此要求止付独立保函项下款项没有法律依据。上述案例均反映了最高人民法院在将受益人违约行为纳入保函欺诈的审查范围时的审慎态度。

本案中，中水四局公司主张中工国际公司拒绝审核第 9～11 期工程结算书，拒绝支付第 9～11 期工程款，导致现场施工人员、机械设备窝工，现场施工无法开展，恰恰与中水四局公司辞退工人存在逻辑上的因果关系。由于独立保函独立于基础合同，保函申请人和保函开立人不能主张基础合同内容的抗辩权，这些抗辩包括基础关系的终止或无效，以及受益人在基础关系项下对保函申请人的违约。并且仅当存在保函欺诈的情形，保函申请人才可以主张基础合同的抗辩要求担保银行止付，担保银行获得对抗受益人的权利。[②] 最高人民法院认为，独立保函开立后，应视为保函申请人放弃了在基础关系项下对保函受益人违约的抗辩。因此，本案

---

① 最高人民法院（2017）最高法民申 5067 号、5068 号、5069 号民事裁定，来源：中国裁判文书网。

② 参见高祥主编：《独立担保法律问题研究》，中国政法大学出版社 2015 年版，第 21 页。

基础合同项下是否有违约事实及其因果关系，并不影响中工国际公司行使保函权利。这是对独立保函“独立”特点的进一步重申。

最高人民法院二审合议庭成员：杨兴业　李桂顺　陈宏宇

（编写人：许英林*　编辑：郭载宇）

---

* 许英林，男，法律硕士，中华人民共和国最高人民法院民事审判第四庭，法官助理。

行政

汤某某等
诉
福建省福州市晋安区人民政府、福州市国土资源局晋安分局行政复议案

——行政复议机关作共同被告问题的判断

【裁判摘要】

1. 政府信息公开的答复期限是指行政机关收到政府信息公开申请至作出答复的法定期限，而非答复书邮寄送达的时间。

2. 复议机关以违反法定程序为由确认原行政行为违法，属于原行政机关和复议机关作为共同被告的情形。

【案件基本信息】

1. 诉讼当事人

再审申请人（一审原告、二审上诉人）：汤某某等 17 人

被申请人（一审被告、二审被上诉人）：福州市晋安区人民政府（以下简称晋安区政府）

被申请人（一审第三人、二审被上诉人）：福州市国土资源局晋安分局（以下简称晋安国土分局）

2. 案件索引与裁判日期

一审：福建省福州市中级人民法院（2016）闽 01 行初 302 号行政判决（2016 年 12 月 23 日）

二审：福建省高级人民法院（2017）闽行终 207 号行政判决（2017 年 4 月 25 日）

再审：最高人民法院（2019）最高法行申 2741 号行政裁定（2019 年 4 月 29 日）

3. 案由

行政复议

【简要案情】

汤某某等 17 人诉称，晋安国土分局向其提供的三张彩图、闽国土资文〔2009〕35 号文及闽政文〔2012〕289 号批复均不符合其申请的信息内容，并非其所需信息。晋安区政府仅确认晋安国土分局作出的政府信息公开告知违法错误，请求撤销被诉行政复议决定，责令晋安区国土局重新公开其申请的信息。

晋安区政府辩称，汤某某等 17 人以咨询方式申请公开政府信息属于咨询，不属于《政府信息公开条例》调整的范畴。晋安区国土局向汤某某等人公开了 4 份文件，并无不当。但在答复程序上超期，故被诉行政复议决定确认晋安区国土局作出的政府信息告知违法，请求驳回汤某某等 17 人的诉讼请求。

2015 年 11 月 6 日，汤某某等 17 人向晋安国土分局申请公开“1500 多亩的基本农田转变为建设用地的法律依据是什么？相关的文件有哪些(也含会议纪要、记录等)？请公开中央、福建省、福州市、晋安区、宦溪镇各人民政府、国土相关部门关于基本农田转变的法律依据、文件等”。同年 11 月 10 日，晋安国土分局作出政府信息公开申请受理回执，受理了汤某某等 17 人的政府信息公开申请。同年 11 月 24 日，晋安国土分局作出〔2015〕第 025 号政府信息公开告知书(以下简称“25 号告知书”)。2015 年 11 月 30 日，晋安国土分局将上述告知书以及《福建省国土资源厅关于进一步加强土地利用总体规划修编工作的通知》(闽国土资文〔2009〕35 号)、《福建省人民政府关于晋安区土地利用总体规划(2006—2020 年）的批复》(闽政文〔2012〕289 号)、《晋安区土地利用总体规划（2006—2020 年）局部》、《晋安区宦溪镇土地利用总体规划图

（2006—2020年）局部》等文件资料通过挂号方式邮寄给汤某某等17人。2016年1月18日，汤某某等17人向晋安区政府提出行政复议申请，请求撤销晋安国土分局作出的25号告知书，并责令晋安国土分局公开其申请的信息内容。2016年1月25日，晋安区政府向晋安国土分局送达榕晋行复答〔2016〕3号行政复议答复通知书。2016年2月4日，晋安国土分局作出行政复议答复书。2016年3月15日，晋安区政府作出榕晋政行复〔2016〕3号行政复议决定书，确认晋安国土分局作出25号告知书的程序违法，并邮寄送达汤某某等17人。汤某某等17人不服，以晋安国土分局、晋安区政府为共同被告，向福建省福州市台江区人民法院起诉。台江区法院认为应当以晋安区政府为被告，汤某某等17人经释明不撤诉，台江区法院遂裁定驳回汤某某等17人的起诉。2016年10月10日，汤某某等17人不服，提起本案行政诉讼。

一审法院于2016年12月23日作出（2016）闽01行初302号行政判决，驳回汤某某等17人的诉讼请求。二审法院于2017年4月25日作出（2017）闽行终207号行政判决，驳回上诉，维持一审判决。

判决生效后，汤某某等17人向最高人民法院申请再审，请求撤销一审、二审法院判决，请求判令撤销晋安区政府作出的行政复议决定，责令晋安国土分局重新公开其申请的信息。

【案件焦点】

1. 再审申请人提出的政府信息公开申请内容是否属于《政府信息公开条例》所调整的范畴；

2. 晋安国土分局作出的信息公开答复行为程序是否违法；

3. 原审法院将复议机关晋安区政府单独列为被告是否正确。

【裁判结果】

最高人民法院经审理认为，从再审申请人对申请公开信息的内容描述来看，其信息公开申请属于咨询性质，不属于《政府信息公开条例》[①] 调整的范围。原审第三人向再审申请人作出书面告知并提供其掌握的四份文

---

① 本案例引用《政府信息公开条例》为旧版本，因本案是在新版本生效前判决生效，故引用当时适用的旧版本，特别注明新版本的除外。

件，并不违反相关法律法规的规定。被申请人晋安区政府作出的被诉行政复议决定认定原审第三人作出的25号告知书内容适当，并无不当。原审第三人于2015年11月10日受理再审申请人的政府信息公开申请，于同月24日作出25号告知书，并于同月30日向其邮寄送达。因《政府信息公开条例》第24条第2款规定的答复期限是指行政机关收到申请人的政府信息公开申请至作出答复的法定期限，而非告知书的邮寄送达时间，故原审第三人作出25号告知书的行政程序符合《政府信息公开条例》关于答复期限的规定。被申请人认定原审第三人于2015年11月9日受理政府信息公开申请，于同月30日将告知书寄送给再审申请人超过了法定期限，据此复议确认原审第三人作出25号告知书程序违法，认定事实和适用法律均存在错误，一审、二审法院未予纠正亦有不当。此外，复议机关以违反法定程序为由确认原行政行为违法，不属于复议改变原行政行为的情形，原审仅将被申请人列为被告进行审理并裁判，审判程序亦存在不当，但未对本案公正审理造成实质影响，本院均予以指正。

需要说明的是，再审申请人以信息公开申请名义向行政机关提出咨询，并不属于《政府信息公开条例》调整的范围，行政机关答复或不予答复对申请人的权利义务均不会产生实际影响。原审第三人对再审申请人提出的咨询申请作出25号告知书，告知再审申请人其申请获取的政府信息属于公开范围，根据《政府信息公开条例》第26条规定以其指定的方式提供申请的政府信息，并提供其掌握的四份文件。相应地，被申请人针对再审申请人提出的行政复议申请作出被诉行政复议决定，确认原审第三人作出25号告知书的程序违法。无论是原审第三人作出的25号告知书，还是被申请人作出的被诉行政复议决定，行政处理结果均有利于再审申请人，再审申请人对涉案25号告知书和被诉行政复议决定提起诉讼，缺乏诉的利益和权利保护的必要性和实效性。因此，裁定驳回再审申请人汤某某等17人的再审申请。

【裁判摘要评析】

本案裁判结论实质上是对原行政机关作出的信息公开行为、复议机关对原行政行为的认定以及原审法院对该案件的处理中出现的不当行为作出的指正。本案的核心争议是再审申请人向作出原行政行为的晋安国土分局提出的政府信息公开申请内容是否属于《政府信息公开条例》所调整的范畴，晋安国土分局作出的信息公开答复行为是否存在程序违法的情形，以及原审法院将晋安区政府单独列为被告是否恰当。裁判结论均是根据现行法律适用规则结合案情得出，其中，新旧《政府信息公开条例》对“政府信息”的定义未作修改，因此信息公开申请人对行政机关提出的咨询性质的信息申请仍然区别于规范意义上的政府信息公开申请，在实践中应当具体情况具体分析。此外，《行政诉讼法解释》第22条第3款规定：“复议机关确认原行政行为违法，属于改变原行政行为，但复议机关以违反法定程序为由确认原行政行为违法的除外。”行政复议机关若以违反法定程序为由确认复议被申请人的信息公开答复程序违法，不属于复议机关改变原行政行为的情形，人民法院应当列作出原行政行为的行政机关和复议机关为共同被告并依法审理。”以下将从对该案件的事实和法律判断、行政复议机关作共同被告的情形及法理等方面，对裁判理由作进一步的说明。

一、政务咨询与信息公开申请之区分

《政府信息公开条例》第2条规定：“本条例所称政府信息，是指行政机关在履行职责过程中制作或者获取的，以一定形式记录、保存的信息。”第13条规定：“除本条例第九条、第十条、第十一条、第十二条规定的行政机关主动公开的政府信息外，公民、法人或者其他组织还可以根据自身生产、生活、科研等特殊需要，向国务院部门、地方各级人民政府及县级以上地方人民政府部门申请获取相关政府信息。”政府信息公开申请是指申请人根据自身特殊需要向行政机关申请获取相关政府信息的行为。政府信息公开申请必须指向特定的且以一定形式记录、保存下来的政府信息。咨询类申请是指申请人通过向行政机关提出政府信息公开申请，要求其就政策文件、法律规定、行为活动和特定事项等提供指导和解释的申请。[1] 咨询类申请可以以设问形式提出，也可不以设问形式提

---

① 参见肖卫兵：《咨询类政府信息公开申请探析》，载《法学论坛》2015年第5期。

二、政府信息公开答复合法期限之计算

政府信息公开制度的建构实质上应围绕着两个逻辑展开，即“主权逻辑”和“治理轮回”。其中“主权逻辑”通过公民权利的保障为制度设计提供正当性理论支撑，而“治理逻辑”则通过法律规范赋予政府具体权力，与公民产生权利义务关系，实现行政资源的优化配置，发挥对公众生产、生活、经济的服务作用。旨在保障公民知情权，促进阳光行政，裨益于服务型政府建设的政府信息公开制度设计应实现公民知情权保障与行政资源优化配置这二者之间的平衡。[①] 政府信息公开制度崇尚的高效便民原则对于答复的期限有着严格的限制，新《政府信息公开条例》第33条规定的20个工作日一般答复期限尽管相较于旧《政府信息公开条例》作出了相应的延长，但对于流转程序较为烦琐的行政机关而言确实是一种严峻的考验。首先，对于申请受理时间的把握，行政机关通常以受理通知书的形式确认受理日期，然而我国法律对于期间生效的日期通常是以送达为原则，比如以邮寄方式提交的申请，申请信函送达行政机关处的邮戳日即为送达日期，答复期限自次日起算，故行政机关受理阶段的审查流程应当一并计算在内。其次，对于补正方式的适用，实践中行政机关通常会采取向申请人制发补正告知书来延长时间（因为法定的答复期限中可以扣除补正的时间），根据新《政府信息公开条例》第30条的规定，在申请内容不明的前提下行政机关应当告知申请人进行更改、补充，对于适用补正的方式向申请人提出其他额外的要求，一旦申请人提起复议、诉讼，行政机关将面临巨大的法律风险。最后，对于延期答复的适用，除了《政府信息公开条例》规定的审批程序、延长期限、告知环节，实践中还应注意对于延期次数的控制，禁止多次、反复适用。

本案中，2015年11月6日，汤某某等17人向晋安国土分局提出信息公开申请，同年11月10日，晋安国土分局作出政府信息公开申请受理回执，受理了汤某某等17人的政府信息公开申请，因此晋安国土分局的信

① 参见王学栋、赵小静：《滥用政府信息公开申请权行为的法律规制——兼论国外实践对中国的启示》，载《中国石油大学学报》（社会科学版）2018年第1期。

出，实践过程中常见的咨询类申请是申请人要求行政机关就
作出选择性答复或要求行政机关提供解释。申请人以咨询的
信息公开申请，其申请的事项并不指向特定的、有一定载
息，而是就某个具体的事项向行政机关进行的询问和咨询，
求行政机关提供特定的政府信息，而是要求行政机关对其咨
体解答。[①] 所以，咨询类政府信息公开申请实质上属于咨询
信息公开申请，也不属于《政府信息公开条例》的调整范
对政府信息公开申请的答复方式进行处理。

本案中，汤某某等17人向晋安国土分局提出的信息公
“1500多亩的基本农田转变为建设用地的法律依据是什么
哪些（也含会议纪要、记录等）？请公开中央、福建省、
区、宦溪镇各人民政府、国土相关部门关于基本农田转变
件等。”从以上内容可以看出，申请人在以设问的形式要
关土地行政行为提供解释、说明。汤某某等人咨询的权利
和法律所赋予的公民、法人或其他组织所享有的监督权，
了获取特定的政府信息，并不涉及要求行政机关对政府信
真实性、合法性等判断，并且其咨询的内容不包括能够指
的文件名称、文号或者其他特征描述，而政府信息公开申
在于法定的知情权——公民接受、寻求和获取官方所掌握
由和权利。由于咨询与信息公开申请之间有着明确的界限
加重行政机关的义务，因此行政机关针对“咨询”的答
强制力，不会对申请人权利义务产生实际影响，此类答
政机关对信访的答复，是不可诉的。从实践角度看，倘
复是否对申请人权利义务产生实际影响采取低标准的审
而引发的争议将涌入法院，可能会导致行政资源与司
费，亦将起到错误引导作用，致使政府信息公开权利被

① 参见杨慧娟：《咨询类政府信息是否属于政府信息公开的调整范
年第3期。

② 参见李广宇：《政府信息公开司法解释读本》，法律出版社2011年

息公开行为法定期限的起算时点应当为作出受理回执之日，即 11 月 10 日。同年 11 月 24 日，晋安国土分局作出 25 号告知书。2015 年 11 月 30 日，晋安国土分局将上述告知书以及《福建省国土资源厅关于进一步加强土地利用总体规划修编工作的通知》（闽国土资文〔2009〕35 号）、《福建省人民政府关于晋安区土地利用总体规划（2006—2020 年）的批复》（闽政文〔2012〕289 号）、《晋安区土地利用总体规划（2006—2020 年）局部》《晋安区宧溪镇土地利用总体规划图（2006—2020 年）局部》等文件资料通过挂号方式邮寄给汤某某等 17 人，根据《政府信息公开条例》的规定，应当以告知书作出之日算作信息公开行为的完成之日，而非告知书的邮寄送达时间。由于文书在途时间不计算在内，晋安国土分局的信息公开行为并未超出法定期限，因此复议机关晋安区政府关于该信息公开行为程序违法的确认存在错误，法院应当予以指正。

三、行政复议机关作共同被告情形之判断

为了破解行政复议"维持会"的现实困境，充分发挥行政复议的监督功能，确保复议机关依法行使复议职责。2015 年修订的《行政诉讼法》第 26 条第 2 款改变了旧法关于复议机关维持原行政行为后被告的认定标准，规定"经复议的案件，复议机关决定维持原行政行为的，作出原行政行为的行政机关和复议机关是共同被告"。这款规定是立法机关侧重于考虑行政复议所具有的行政监督功能的行政性质，为监督其依法行使复议职责，而将复议机关决定维持原行政行为的被告设定为原行政机关和复议机关，即共同被告。作为一种新型的共同被告制度，它不同于传统诉讼理论中的两个以上行政机关共同作出一个行政行为的共同被告制度。虽然这里的共同被告分别作出了复议决定和原行政行为，但由于这两个行为之间具有极高的关联度，维持的复议决定是对原行政行为的强化，其效力又依附于原行政行为，因此是共同诉讼理论的新发展。

新《行政诉讼法》的颁布和实施，对经过复议，复议机关决定维持原行政行为的案件，建立了新型的共同被告制度。而与新《行政诉讼法》同步实施的《行政诉讼法解释》，在总结和反思旧法并借鉴国外大陆法系国家和我国台湾地区行政诉讼成熟经验的基础上，明确了复议机关"决定维持原行政行为”的判断标准：一是复议机关决定不改变原行政行为结果的；二是复议机关决定驳回复议请求的；三是其他视为复议维持的情形。本案中，2016年3月15日，晋安区政府作出榕晋政行复〔2016〕3号行政复议决定书，确认晋安国土分局作出25号告知书的程序违法，并邮寄送达汤某某等17人，即使晋安国土分局的信息公开行为超出法定期限，也应当属于《行政诉讼法解释》第22条规定的“复议机关确认原行政违法，属于改变原行政行为，但复议机关以违反法定程序为由确认原行政行为违法的除外”的情形。

最高人民法院再审合议庭成员：王　岩　蔚　强　何　君

（编写人：王　岩* 　陆　静** 　编辑：韩德强）

---

* 王岩，女，法学博士，中华人民共和国最高人民法院第三巡回法庭，二级高级法官。

** 陆静，女，法学硕士，东南大学宪法与行政法专业硕士研究生。

广西壮族自治区隆林各族自治县新州镇民强村民委员会江管农业经济合作社诉隆林各族自治县人民政府、百色市人民政府山林确权行政裁决及行政复议案

——审理行政裁决案件适用变更判决

【裁判摘要】

土地、林地等自然资源权属纠纷，法律规定应当由行政机关先行作出行政裁决，当事人不服行政裁决，可以依法提起行政诉讼。人民法院对行政裁决行为所处理的民事争议，享有完全的司法裁判权。为了在行政诉讼中实质化解争议，经审理认为被诉行政裁决行为违法、裁决结果错误，且根据现有证据能够确定争议权利的归属的，人民法院应当依照《中华人民共和国行政诉讼法》第77条的规定，依法作出变更判决，直接确定争议权利的归属，实质化解行政争议。

【案件基本信息】

1. 诉讼当事人

再审申请人（原审第三人）：广西壮族自治区隆林各族自治县新州镇民强村民委员会江管农业经济合作社（以下简称江管社）

被申请人（一审被告、二审被上诉人）：广西壮族自治区隆林各族自治县人民政府（以下简称隆林县政府）

被申请人（一审被告、二审被上诉人）：广西壮族自治区百色市人民

政府（以下简称百色市政府）

被申请人（一审原告、二审上诉人）：广西壮族自治区隆林各族自治县新州镇民强村民委员会六我农业经济合作社（以下简称六我社）

被申请人（原审第三人）：广西壮族自治区隆林各族自治县新州镇民强村民委员会南林农业经济合作社（以下简称南林社）

2. 案件索引与裁判日期

一审：百色市中级人民法院（2017）桂10行初123号行政判决（2017年12月30日）

二审：广西壮族自治区高级人民法院（2018）桂行终506号行政判决（2018年9月14日）

提审：最高人民法院（2019）最高法行申1486号行政裁定（2019年6月24日）

再审：最高人民法院（2019）最高法行再134号行政判决（2019年7月26日）

3. 案由

山林确权行政裁决及行政复议

【简要案情】

六我社与江管社的争议地名为“可六（陆）”，又称“坡南段（断）”“那娘”，面积43.5亩。南林社对争议地中的田边地、角地约7.95亩主张权属。

1954年2月25日，原桂西僮族自治区隆林各族联合自治区人民政府向六我社村民黄某某等人颁发土地证字第××55号、××61号、××62号、××68号、××70号土地房产所有证（以下简称××55号、××61号、××62号、××68号、××70号土地证）。1981年6月19日，原隆林各族自治县革命委员会向原者浪公社民强大队江管生产队（现江管社）颁发NO. 00×××5号林权证（以下简称00×××5号林权证）。1990年5月，广西壮族自治区人民政府分别向六我社村民班某甲、班某乙颁发隆土集建（1990）字第21-××36号、第21-××64号集体土地建设用地使用证，地址均为民强村六我屯，面积亦均为156.18平方米。此后，班某甲、班某乙在争议地内各建有一栋住宅楼。

2000年，六我社与江管社对争议地发生权属纠纷。2000年5月20日，隆林县新州镇民强村人民调解委员会作出民调字（2000）1号调解书，认为江管社提出“东香朵”“坡南段”山界权属归其所有，有00×××5林权证为依据，予以确认。2000年12月30日，新州镇政府作出处理意见，认为1981年县革委组织人力对争议地进行登记造册，给江管社核发证书、确认所有权，应予维持。2003年9月30日，原隆林县政府向六我社村民黄某某等人颁发2106×××04至2106×××08号、2106×××40至2106×××42号等八份土地承包经营权证，承包期从2003年10月1日至2033年9月30日。

2011年4月16日，新州镇政府组织各方当事人进行现场勘验，并制作现场勘验笔录和现场勘验图。笔录记载：六我社从土改、合作化、四固定，到1982年实行生产责任制至今，一直在争议地内耕种。江管社、六我社、南林社社长及群众代表，勘查人员均在现场勘验图上签字确认。

2012年3月31日，隆林县政府作出隆政处〔2012〕2号《关于新州镇民强村六我社、南林社与江管社就“南断”“可六”（地名）土地权属纠纷的处理决定》（以下简称2号处理决定），将31.38亩争议地及地面附作物确权归六我社所有。

2012年6月27日，隆林县政府作出隆政处〔2012〕3号《关于撤销隆政处〔2012〕2号文的决定》，认为2号处理决定存在争议地位置、四至范围未查清等问题，决定撤销该决定。

2013年8月23日，隆林县政府组织各方当事人对争议地进行现场勘验，并制作现场勘验笔录和示意图，经各方当事人现场指认，确认以下主要内容：（1）明确争议地的四至范围，认可2011年4月16日制作的现场勘验笔录中，争议地地面附作物的分布情况。（2）江管社提交的00×××5号林权证的四至范围涉及争议地范围。（3）六我社提交的××55号、××61号、××62号、××68号、××70号土地证的四至范围涉及争议地范围，××57号、××60号、××64号土地证的四至范围不涉及争议地范围；六我社提交的八份土地承包经营权证涉及争议地范围；六我社村民班某乙、班某甲所建两栋住宅楼在争议地范围内。（4）南林社对其持有的三份土地房产所有证存根，指认不出具体位置及四至范围。参与现场勘验的各方当事人社长和群众代表、基层组织代表、调处工作组工作人员，均在该现场勘验笔录和示意图上签字确认。

2012 年 6 月 3 日，江管社委托广西公明司法鉴定中心对上述八份土地承包经营权证上加盖的“隆林县政府”公章与样本，即隆林县政府在 2003—2011 年的九份文件上加盖的“隆林县政府”公章，是否属同一公章用印进行鉴定。

2012 年 6 月 7 日，广西公明司法鉴定中心作出桂公明司鉴文字〔2012〕第 080 号文书司法检验鉴定意见书，鉴定意见：八份土地承包经营权证内“隆林县政府”公章印文，与样本 2003—2007 年隆林县政府文件内同名印文不是同一印章所盖印，与样本 2008—2011 年隆林县政府文件内同名印文是同一印章所盖印。

2014 年 9 月 26 日，隆林县政府作出隆政处字〔2014〕1 号土地权属纠纷的处理决定（以下简称 1 号处理决定），决定争议地土地权属归江管社所有；争议地内已建住宅的土地使用权归班某乙、班某甲所有；八份土地承包经营权证中涉及地名为“那娘”或“可陆”的土地部分予以撤销并更正。六我社不服，申请行政复议。

2015 年 1 月 14 日，百色市政府作出百政复决字〔2015〕1 号行政复议决定，维持 1 号处理决定。六我社仍不服，提起行政诉讼。同年，隆林县人民法院作出（2015）隆行初字第 5 号行政判决，认为隆林县政府在确权过程中未查清 1981 年的山界划分情况，00×××5 号林权证要素不齐，不能作为确权依据，权属争议各方对争议地内建房事实并无异议，亦未申请调处，1 号处理决定将争议地内已建住宅的土地使用权归班某乙、班某甲所有，超越职权。遂判决撤销 1 号处理决定。江管社不服，提起上诉。

2015 年 8 月 6 日，百色市中级人民法院作出（2015）百中行终字第 78 号行政判决，认为隆林县政府根据 1981 年颁发给江管社的 00×××5 号林权证将争议地确权给该社，证据充分，应当支持。但 1 号处理决定同时撤销八份土地承包经营权证，未将持证人列为当事人，程序违法，遂判决撤销一审判决和 1 号处理决定，责令隆林县政府重新作出处理决定。

2016 年 10 月 28 日，隆林县政府作出隆政处〔2016〕4 号土地权属纠纷的处理决定（以下简称 4 号处理决定），主要内容：（1）00×××5 号林权证登记的“东香朵”中“坡南段”的土地，经现场指认位于争议地范围内，是本案确权依据；（2）八份土地承包经营权证经现场指认位于争议地范围内，但是该颁证是在土地权属纠纷后尚未确权的情况下作出的单方无效发证行为，不能作为确权依据；（3）××60 号、××64 号、××68 号土地证不在争议地范围内，××55 号、××57 号、××61 号、××62 号、××70 号土地证上记载的地名，与争议地地名相同，但没有其他证据佐证，不能认定在争议地范围内；（4）南林社提交的土地房产所有证不在争议地范围内。决定：（1）争议地土地所有权归江管社集体所有；（2）争议地内已建住宅 312.36 平方米土地使用权属六我社村民班某乙、班某甲所有，以其持有的集体土地建设用地使用证载明的面积为准。六我社不服，申请行政复议。2017 年 5 月 14 日，百色市政府作出百政复决字〔2017〕第 7 号行政复议决定（以下简称 7 号复议决定），维持 4 号处理决定。2017 年 6 月 19 日，六我社提起本案行政诉讼，请求撤销 4 号处理决定和 7 号复议决定，撤销 00×××5 号林权证，责令隆林县政府重新处理。

百色市中级人民法院〔2017〕桂 10 行初 123 号行政判决认为，六我社提交的八份土地房产所有证记载的地名，虽然涉及争议地，但已失去法律效力；八份土地承包经营权证的真实性存疑，且不具有合法性。隆林县政府于 1981 年向江管社颁发称 00×××5 号林权证重新确定争议地的权属，江管社以该证主张权属，有事实和法律依据。隆林县政府作出的 4 号处理决定，将争议地确权归江管社所有正确；百色市政府作出的 7 号复议决定，维持 4 号处理决定并无不当。依照《中华人民共和国行政诉讼法》第 69 条的规定，判决驳回六我社的诉讼请求。六我社不服，提起上诉。

广西壮族自治区高级人民法院（2018）桂行终 506 号行政判决认为，六我社持有的五份土地房产所有证存于隆林县档案局，争议各方对其真实性无异议，且涉及争议地，应当作为本案确权依据。江管社没有提供00×××5号林权证中登记的“东香朵”地块的权属来源依据，不能证明颁证程序合法。4号处理决定认定事实不清，适用法律不当，7号复议决定维持4号处理决定错误，一审判决驳回六我社的诉讼请求错误。依照《中华人民共和国行政诉讼法》第70条第1项和第2项、第89条第1款第2项的规定，判决撤销一审判决，撤销4号处理决定和7号复议决定，由隆林县政府重新作出处理决定。

江管社不服，向最高人民法院申请再审，请求撤销二审判决，维持一审判决，依法再审本案。本院于2019年6月24日作出（2019）最高法行申1486号行政裁定，以本院发现广西壮族自治区高级人民法院生效判决错误为由，依法提审本案。

【案件焦点】

山林权属行政裁决案件是否可以适用变更判决。

【裁判结果】

《土地权属争议调查处理办法》第3条规定，调查处理土地权属争议，应当以法律、法规和土地管理规章为依据。从实际出发，尊重历史，面对现实。《广西壮族自治区土地山林水利权属纠纷调解处理条例》第4条规定，调解、处理土地山林水利权属纠纷，实行有利于生产生活、有利于经营管理、有利于社会和谐稳定的原则。该条例第30条第1款第2项规定，权属纠纷当事人各方均有一定证据，但证据不足以支持权属主张的，市、县人民政府可以在兼顾各方利益的基础上作出确权处理决定。该条例第34条第1项和第6项规定，土地改革时期依法取得的土地房产所有权证，县级以上人民政府依法核发的土地、山林权属证书，可以作为土地山林水利权属纠纷确权处理的证据材料。本案中，隆林县政府于2013年8月23日制作的现场勘验笔录和示意图证明，六我社提交的××55号、××61号、××62号、××68号、××70土地证的四至范围均在争议地范围内。隆林县政府对江管社、六我社和南林社的村民进行调查形成的多份调查笔录也可以证明，争议发生前的多年时间里，六我社一直耕种、管理使用争议地。江管社以00×××5号林权证主张争议地权属，但该证缺乏土地权属来源依据，且江管社因离争议地较远，亦未提供长期管理使用争议地的证据。根据前述规定，争议地应当属于六我社农民集体所有。4号处理决定和7号复议决定将争议地确权归江管社所有，认定事实不清，主要证据不足。二审判决撤销4号处理决定和7号复议决定，事实清楚，证据充分，本院予以支持。

《中华人民共和国行政诉讼法》第1条规定，行政诉讼应当解决行政争议。第77条第1款规定，行政处罚明显不当，或者其他行政行为涉及对款额的确定、认定确有错误的，人民法院可以判决变更。山林权属行政裁决案件直接涉及争议山林面积的确认和权属的认定，属于涉及款额确定、认定的案件，人民法院依法享有变更判决权。同时，《中华人民共和国行政诉讼法》第61条第1款亦规定，在涉及行政机关对民事争议所作的裁决案件中，当事人申请一并解决相关民事争议的，人民法院可以一并审理。《最高人民法院关于适用〈中华人民共和国行政诉讼法〉的解释》第140条第2款还规定，人民法院审理行政机关对民事争议所作裁决的案件，一并审理民事争议的，不另行立案。山林权属行政裁决案件的基础争议是民事争议，对民事纠纷的处理，人民法院原本就享有包括变更权在内的完全司法裁判权。原告不服山林权属行政裁决行为提起行政诉讼，实质是对行政机关对民事争议作出的处理结果不服，实质已经包含其对民事争议的主张。因此，无须再另行对民事争议一并提起民事诉讼，人民法院应当在审理行政裁决争议的同时，一并对民事纠纷作出判决，定分止争。本案中，4号处理决定和7号复议决定是对民事争议作出的行政裁决，人民法院享有司法变更权，在对被诉4号处理决定和7号复议决定进行合法性审理、判决的同时，应当依法对相关山林权属民事争议一并作出判决。二审判决撤销4号处理决定和7号复议决定，并认为六我社持有的五份土地房产所有证应当作为本案确权依据，江管社提供的00×××5号林权证没有权属来源依据。此时，争议地应当确定为六我社所有的结论，已经跃然纸上。在此情形下，二审判决未对争议地权属直接作出判决，而是责令隆林县政府重新作出行政行为，违背行政诉讼法实质化解行政争议的立法目的，适用法律和判决方式不当，本院予以纠正。

再审判决撤销一审、二审行政判决，撤销7号复议决定，变更4号处理决定为，争议地属六我社农民集体所有。

【裁判摘要评析】

一、行政裁决基础民事争议原本属于司法裁判权范围

行政裁决是指法定的行政机关依照法律、法规的授权，居间裁判当事人之间发生的与行政管理活动密切相关的民事争议的一种准行政司法活动。行政裁决的起因是存在民事争议，因民事争议的行政介入而引发。解决平等主体间的民事权益活动，本是司法权领域的一项司法职能，随着行政管理范围的不断扩大，由于部分争议涉及较强的技术性和专业性，行政机关拥有较强的专业技术知识和行政管理经验，行政机关处理具有程序简便、方法灵活、救济迅速的特点，且全部由司法机关处理争议难度较大。因此，部分平等主体间的民事权益纠纷，法律、法规规定由行政机关先行处理。换言之，采用行政裁决方式，处理与行政管理密切相关的、专业性强的平等主体之间的民事权益纠纷，如《土地管理法》第14条、《森林法》第17条、《草原法》第16条等。

行政裁决的基础法律关系还是民事关系，只是因行政机关的介入产生行政裁决的结果。因此，行政裁决引发的行政诉讼具有不同于其他行政案件的特点，即具有民事性、居间性与准司法性的特征。当事人针对行政裁决提起行政诉讼时，其诉讼请求实质包括其作为民事诉讼原告的民事请求，当事人的民事权益请求已包含于并转化为一种行政诉讼请求。行政裁决案件的审理中，既有行政法律关系，又有民事法律关系；既有行政争议，又有民事争议。行政裁决与其所涉民事争议密不可分，行政争议、民事争议中的事实认定、证据采信以及裁判理由和结果必然相互影响。如果只解决行政争议，而不审理相关民事争议，案件的实体处理缺乏完整性。根据行政诉讼法全面审查被诉行政行为合法性原则以及实质解决行政争议的诉讼目的，人民法院在对行政行为合法性作出判决的同时，应当对相关民事争议一并作出处理。

二、行政裁决行为属于变更判决的适用范围

《行政诉讼法》第77条第1款规定，行政处罚明显不当或者其他行政

行为涉及对款额的确定、认定确有错误的，人民法院可以判决变更。所谓“涉及对款额的确定、认定确有错误”，通常是指被诉行政行为涉及的钱款的具体数字确定，或者与款额相关联的权利归属的认定出现错误，主要包括两种情形：一是在行政补偿、行政赔偿案件中，涉及赔偿、补偿具体数额的计算确有错误的；二是在土地、山林、草原确权行政裁决案件中，涉及争议地中各方权利归属具体面积数额的确定确有错误的。同时，《行政诉讼法》第61条第1款明确，人民法院在对行政机关就民事争议所作的裁决案件中，可以一并审理相关民事争议。《行政诉讼法解释》第140条第2款进一步确定，审理行政机关对民事争议所作裁决的案件，一并审理民事争议的，无须将民事争议另行立案，可以一并以审理行民事争议的方式化解行政裁决引发的争议。本案中，争议山林的权利归属问题是争议的核心问题。4号处理决定将争议地43.5亩山林权属确权归江管社集体所有。二审审理后认为，4号处理决定将争议地43.5亩山林认定归江管社所有确有错误，争议地43.5亩山林应当属于六我社所有，案件属于行政行为涉及对款额的认定确有错误的情形，二审本应依照《行政诉讼法》第77条规定，依法作出变更判决，实质化解争议，但是，却作出撤销重作判决。该判决适用法律和判决方式错误，依法应予再审改判。

三、适用变更判决符合实质化解行政争议的立法目的

《行政诉讼法》第1条规定，行政诉讼法的立法目的之一是要解决行政争议。人民法院作出行政判决，选择适用行政诉讼法规定的判决方式，也必须服从并服务于实质化解行政争议的立法目的。变更判决与撤销重作判决，均属于行政诉讼法规定的法定判决方式。但是，与撤销重作判决相比较，变更判决直接确定争议事项的处理结果，无须被告另行作出行政行为，更有利于行政争议的实质化解。因此，在符合变更判决法定适用条件的情形下，人民法院选择适用撤销重作判决，违背行政诉讼法关于解决行政争议的立法目的，适用法律和判决方式错误，依法应予改判。

土地、山林确权案件，属于典型的行政裁决案件。实践中，由于对变更判决适用范围的理解不到位，存在大量以撤销重作判决代替变更判决的案例，引发大量循环诉讼案件。往往是法院撤销政府作出的确权决定后，当事人对政府重新作出的处理决定不服，再次申请行政复议，对复议决定不服再次提起行政诉讼。案件经过复议、一审、二审、撤销重作后，又一次循环往复。有的案件经过三、四轮撤销重作，实质纠纷的土地、山林权利归属问题依然不能解决。本案亦经过政府两次确权、法院两次撤销重作，本应适用变更判决实质解决行政争议的案件，适用撤销重作判决，极大地降低了行政和司法效率，浪费行政、司法资源和民事争议当事人双方的人力和财力，严重损害司法公信力和司法权威。争议的山林、土地等自然资源因纠纷无法解决而被长期搁置，社会财富得不到及时、有效的开发利用。甚至因纠纷长期不能解决，引发严重的群体性事件，一些当事人长期申诉上访，影响社会和谐稳定。相对于撤销并责令重作，适用变更判决，直接对民事争议作出判决，符合行政诉讼法实质解决行政争议的立法目的，避免了当事人因为行政机关拖延重作或者乱重作而遭受的“二次伤害”，有利于社会关系尽早稳定，可以最大限度地节约司法和行政资源，提高诉讼效率，减少当事人诉累，起到事半功倍的效果。

最高人民法院再审合议庭成员：郭修江　杨志华　刘艾涛

（编写人：郭修江* 张巧云** 编辑：韩德强）

* 郭修江，男，法学博士，中华人民共和国最高人民法院行政审判庭，二级高级法官。

** 张巧云，女，法律硕士，中华人民共和国最高人民法院第一巡回法庭，四级高级法官助理。

刘某
诉
安徽省阜阳市颍州区人民政府、
安徽省阜阳市颍州区城乡管理行政执法局等
行政强制拆除案

——违法建筑实际居住使用人的正当权利应予保护

【裁判摘要】

行政机关在处理与违法建筑有关的法律关系中，应当针对不同情况进行相应的处置，主要分为两种情况：一是对于正在进行建设的违法建筑，可对违法建设者予以处罚；二是对于违法建筑已经建成多年并已出售的情况，由于行政机关实施强制拆除时已经产生了新的权利人，即除了违法建筑的建设者外还有违法建筑的实际居住、使用人。因此，行政机关对于违法建筑采取强制拆除的处理方式实际上直接影响的是购买该违法建筑并居住使用的利害关系人，对违法建筑原建设者的影响可能已经微乎其微了。在此情况下，行政机关在作出对违法建筑的处理时，必须考虑到直接受到该行政处理行为实际影响的利害关系人的正当权益。在涉及对违法建筑的处理时，即使当事人没有实际取得案涉房屋的房屋所有权证，但其作为房屋的实际居住、使用人，应当享有对涉及该房屋相关处理决定的知情权、陈述权和申辩权，这是行政法赋予利害关系人的正当程序权利。行政机关不能仅以对违法建设者的处罚及强制执行程序义务的履行来代替对强制拆除行为涉及的利害关系人的相应程序义务的履行。

【案件基本信息】

1. 诉讼当事人

再审申请人（一审原告、二审上诉人）：刘某

被申请人（一审被告、二审被上诉人）：安徽省阜阳市颍州区人民政府（以下简称颍州区政府）

被申请人（一审被告、二审被上诉人）：安徽省阜阳市颍州区城乡管理行政执法局（以下简称颍州区城管局）

被申请人（一审被告、二审被上诉人）：安徽省阜阳市颍州区文峰街道办事处（以下简称文峰街道办）

一审第三人、二审被上诉人：罗某某

2. 案件索引与裁判日期

一审：安徽省阜阳市中级人民法院（2016）皖12行初190号行政判决（2017年3月6日）

二审：安徽省高级人民法院（2017）皖行终696号行政判决（2017年12月19日）

申请再审：最高人民法院（2018）最高法行申2376号行政裁定（2018年11月20日）

3. 案由

行政强制拆除

【简要案情】

2006年年底，第三人罗某某在颍州区文峰街道办××社区××队建房3栋。2008年，刘某出资购买了涉案房屋并居住。2016年6月21日，颍州区文峰街道办申请颍州区城建指挥部对罗某某违法建房进行查处。颍州区城管局经过立案询问、现场勘验检查，并请阜阳市颍州区住房和城乡建设局、阜阳市城乡规划局协助调查，认定罗某某于2006年在文峰街道办××队建设的房屋没有办理建设工程规划许可证，属于违法建设。在履行告知听证、处罚前告知后，颍州区城管局于2016年7月20日向罗某某下达州城管罚决字〔2016〕第156号处罚决定书，限其5日内自行拆除完毕，罗某某逾期没有履行。在履行了公告、催告程序后，颍州区城管局于

8月5日下达强制拆除决定书。2016年9月12日，颍州区城管局对涉案房屋实施了拆除。刘某认为其购买了涉案房屋，系该房屋的所有权人，强拆行为侵犯了其合法权益，遂诉至法院。

一审法院于2017年3月6日作出（2016）皖12行初190号行政判决，驳回刘某的诉讼请求。二审法院于2017年12月19日作出（2017）皖行终696号行政判决，驳回上诉，维持一审判决。判决生效后，刘某向最高人民法院申请再审，请求撤销一审、二审行政判决，改判支持其一审诉讼请求。

【案件焦点】

违法建筑的实际居住、使用人与强拆房屋行为之间是否具有行政法上的利害关系。

【裁判结果】

最高人民法院经审查认为，被诉强拆行为针对的是刘某实际居住使用的房屋，强拆房屋的后果导致刘某丧失了居住和使用利益，因此，刘某与被诉强拆行为之间具有法律上的利害关系。行政机关在对已经建成多年并已出售的违法建筑进行处理时，必须考虑到直接受到该行政处理行为实际影响的利害关系人的正当权益。刘某作为房屋的实际居住使用人，应当享有对涉及该房屋相关处理决定的知情权、陈述权和申辩权，这是行政法赋予利害关系人的正当程序权利。颍州区城管局等在没有履行对刘某的告知、催告等程序义务的情况下，强制拆除刘某实际居住使用的房屋，侵犯了刘某的知情权和陈述申辩权，构成程序违法。一审、二审法院以行政机关已经按照《中华人民共和国行政强制法》的相关规定对违法建筑建设者第三人罗某某进行了告知、催告等，即认为行政机关实施强制拆除行为符合法律规定，属于适用法律错误。

因此，最高人民法院裁定指令安徽省高级人民法院再审本案。

【裁判摘要评析】

由于历史成因与现实形态较为复杂，违法建筑的处理一直是行政执法部门的工作难点。一方面，违法建筑未取得规划许可或者不按照规划许可进行，严重影响了城市面貌和人民群众的日常生活，甚至威胁公共安全；

另一方面，《城乡规划法》《行政处罚法》《行政强制法》等法律虽然对违法建筑的处理进行了规定，但不可能覆盖所有方面、全部环节。实践中存在各种复杂情形，由此引发的行政诉讼案件也是行政审判中的难点。

第一，刘某作为房屋的实际居住、使用人，对被诉行政强制行为是否具有原告资格的问题。案涉房屋没有办理建设工程规划许可证，经城乡规划部门认定为违法建设。房屋建于2006年，根据当时有效的《中华人民共和国城市规划法》① 第40条规定，在城市规划区内，未取得建设工程规划许可证件或者违反建设工程规划许可证件的规定进行建设，严重影响城市规划的，由县级以上地方人民政府城市规划行政主管部门责令停止建设，限期拆除或者没收违法建筑物、构筑物或者其他设施；影响城市规划，尚可采取改正措施的，由县级以上地方人民政府城市规划行政主管部门责令限期改正，并处罚款。因此，有观点认为，刘某并非违法建筑的建设者，不是违法建筑的处罚对象，同时因房屋系违法建设，故刘某亦未取得房屋所有权证。所以，认为刘某并非强制拆除房屋行政行为的相对人。根据《行政诉讼法》第25条第1款的规定，行政行为的相对人以及其他与行政行为有利害关系的公民、法人或者其他组织，有权提起诉讼。是否具有利害关系决定当事人能否作为原告提起行政诉讼。行政诉讼法上的利害关系最直接的表现为，当事人的权利义务因被诉行政行为的实施发生了改变，受到了实际的影响。本案中，刘某提交的证据材料能够证明其出资购买了涉案被强拆房屋，强拆房屋的后果导致刘某丧失了对该房屋的居住和使用利益，应当认定刘某与被诉强拆行为之间具有利害关系。

第二，被诉强拆房屋行为是否存在违法之处。从形式上看，行政机关根据《城乡规划法》《行政强制法》等相关规定，履行了听证告知、行政处罚事先告知、作出行政处罚决定、催告、公告、作出强制执行决定等程序，但这一系列的程序都是针对违法建设者罗某某作出。案涉房屋已经建成多年，行政机关在前期调查程序中已经了解房屋实际居住使用人的情况下，所作出的针对涉案房屋的告知、催告及强制拆除决定和强制拆除行为

---

① 该法自1990年4月1日起施行，2008年1月1日废止。

的相对人就不能再仅仅局限于涉案房屋的原建设者，而忽略了利益明显受到影响的实际居住、使用人。行政机关未将案涉房屋的相关决定告知房屋的实际居住、使用人，侵犯了刘某的知情权和陈述申辩权，导致其丧失主张自身合法权益的机会，不仅有悖正当程序原则，也不符合实质法治精神。在处理违法建筑的法律关系中，行政机关应当区分不同情况妥善处置，不能机械执法，要在维护社会公共利益的同时，确保行政相对人及利害关系人的合法权益不受到损害。

第三，关于室内财产损失是否属于房屋行政强制案件审理范围的问题。有观点认为，房屋行政强制案件的审查对象是针对房屋的强制拆除行为，室内财产损失超过该类案件的审查范围。尽管相关行政处罚决定、行政强制执行决定等直接针对的是房屋，但通常情况下不可避免地会影响到房屋内的财物。事实上，若行政机关在实施强制拆除行为前没有对室内物品进行登记并妥善搬出保存即直接予以拆除，势必会导致财产损失。因此，对被强拆房屋内财产是否存在损失的事实认定直接关系到对被诉强制拆除行为是否合法的判定。当事人提出强制拆除行为造成室内财产损失，人民法院应当在同案中进行审查认定。

最高人民法院再审合议庭成员：仝　蕾　阎　巍　张志刚

（编写人：仝　蕾* 　徐小玉** 　编辑：韩德强）

* 仝蕾，女，法学博士，中华人民共和国最高人民法院行政审判庭、第四巡回法庭，三级高级法官。

** 徐小玉，女，法学学士，中华人民共和国最高人民法院第四巡回法庭，法官助理。

欧阳某某
诉
广东省广州市番禺区人民政府
拆除房屋行政强制执行案

——承租人原告资格的认定

【裁判摘要】

《中华人民共和国行政诉讼法》关于原告资格要求的“有利害关系”，是指被诉行政行为有可能对起诉人的权利义务造成区别于其他人的特别损害或者不利影响。房屋征收案件中，若承租人在被征收的房屋上有不可分割的添附或依法独立在其承租房屋开展经营活动，强制拆除房屋行为就有可能对承租人在房屋上的添附、承租人屋内物品或其正当行使的经营权造成不同于其他人的特别损害或不利影响，在这种情况下，应当认为承租人与该行政行为有利害关系，具有原告资格。

【案件基本信息】

1. 诉讼当事人

再审申请人（一审原告、二审上诉人）：欧阳某某

被申请人（一审被告、二审被上诉人）：广东省广州市番禺区人民政府（以下简称番禺区政府）

2. 案件索引与裁判日期

一审：广州铁路运输中级法院（2017）粤71行初440号行政裁定（2017年12月29日）

二审：广东省高级人民法院（2018）粤行终751号行政裁定（2018年7月24日）

再审：最高人民法院（2019）最高法行再159号行政裁定（2019年7月30日）

3. 案由

拆除房屋行政强制执行

【简要案情】

2014年8月12日，欧阳某某与转租人张某某签订商铺租赁合同，约定张某某将涉案房屋出租给欧阳某某作商业经营使用，租赁期限为2014年9月1日至2019年9月1日。2016年10月31日，广东省广州市番禺区新造镇人民政府（以下简称新造镇政府）与房屋所有权人胡某某签订《新造镇曾边村房屋征收补偿安置协议》，就其所有的涉案房屋达成补偿安置协议。2017年1月12日，新造镇政府与胡某某签订房屋交接协议，约定胡某某将上述《新造镇曾边村房屋征收补偿安置协议》项下的被征收房屋移交给新造镇政府处置。广东省人民政府粤国土资（建）字〔2017〕58号文批准同意将新造镇曾边村、南约村的集体土地收为国有土地。2017年3月6日，广州市人民政府发布穗府征〔2017〕27号、28号、29号征收土地公告，公告征收土地方案、征地补偿安置方案。2017年3月30日，思科（广州）智慧城征地拆迁建设指挥部征地拆迁组第6小组向被征收房屋的承租人欧阳某某发出通知，称根据《新造镇曾边村房屋征收补偿安置协议》约定，业主交屋期限已到，新造镇政府将收回房屋，特通知欧阳某某限期腾空房屋。涉案房屋所在区域在2017年6月完成拆除。欧阳某某认为该拆除房屋的行为违法，向广州铁路运输中级法院提起本案行政诉讼，请求确认番禺区政府拆除该房屋行为违法。

一审法院于2017年12月29日作出（2017）粤71行初440号行政裁定，认为欧阳某某所诉租赁房屋的拆除行为，其相对人应为集体土地房屋的所有权人。欧阳某某作为承租人，不能对拆除涉案房屋的行为提起行政诉讼，裁定驳回欧阳某某的起诉。欧阳某某不服，提起上诉。

二审法院于2018年7月24日作出（2018）粤行终751号行政裁定，认为新造镇政府与涉案房屋所有权人就征收补偿事宜已经达成协议，涉案房屋的所有权已经发生转移。欧阳某某作为承租人与拆除房屋的行为没有法律上的利害关系。思科（广州）智慧城征地拆迁建设指挥部向欧阳某某发出的通知，系告知涉案房屋所有权发生转移、受原业主委托通知承租方限期搬离行为，并未对欧阳某某设定新的权利义务，不足以证明欧阳某某与被诉拆除房屋行为有利害关系。欧阳某某与房屋原业主因房屋租赁合同发生的争议，可依法通过民事途径解决。裁定驳回上诉，维持原裁定。

欧阳某某申请再审称：被诉拆除房屋行为造成承租人欧阳某某房屋装修损失和屋内物品损失，欧阳某某与被诉拆除房屋行为具有利害关系，依法有权提起本案行政诉讼。请求撤销一审、二审裁定，指令广州铁路运输中级法院继续审理本案。

【案件焦点】

1. 欧阳某某作为承租人与房屋强制拆除行为是否有利害关系，其是否具有原告资格；

2. 对裁定驳回起诉案件指令继续审理，应当以审查确认其符合法定起诉条件为前提。

【裁判结果】

最高人民法院审理认为，《中华人民共和国行政诉讼法》第25条第1款规定，行政行为的相对人以及其他与行政行为有利害关系的公民、法人或者其他组织，有权提起诉讼。也就是说，只要与被诉行政行为有利害关系，就应当具有原告资格。所谓“有利害关系”，是指被诉行政行为有可能对起诉人的权利义务造成区别于其他人的特别损害或者不利影响。在房屋征收案件中，若承租人在被征收的房屋上有不可分割的添附或依法独立在其承租房屋开展经营活动，强制拆除房屋行为就有可能对承租人在房屋上的添附、承租人屋内物品或其正当行使的经营权造成不同于其他人的特别损害或不利影响，应当认为承租人与该行政行为有利害关系，具有原告资格。本案中，欧阳某某提起行政诉讼，请求确认拆除其租赁房屋的行为违法，并提供了承租房屋进行装修、用于经营活动的初步证据材料，证明番禺区政府实施的强制拆除租用房屋行为可能侵犯其合法财产权益，欧阳某某与被诉的拆除行为有利害关系，具有本案原告资格。

此外，《中华人民共和国行政诉讼法》第49条规定，提起诉讼应当符合法定条件，欧阳某某具有本案原告资格只是其中之一，是否符合其他法定起诉条件，仍应一并审查。本案中，欧阳某某起诉并未超过起诉期限，番禺区政府设立的临时机构思科（广州）智慧城征地拆迁建设指挥部征地拆迁组第6小组对该区域的拆除活动发出通知要求承租户限期腾空房屋，其作出的行政行为效力由番禺区政府承担，番禺区政府是本案的适格被告，本案由广州铁路运输中级法院集中管辖合法，欧阳某某的起诉符合法定条件。综上，最高人民法院于2019年7月30日作出（2019）最高法行再159号行政裁定，撤销原一审、二审裁定并指令广州铁路运输中级法院继续审理本案。

【裁判摘要评析】

本案一审、二审及再审的核心争议都是承租人是否与其承租的房屋被强制拆除行为具有利害关系。本案裁判实质上指出欧阳某某作为承租人，在承租房屋上进行了不可分割的添附，并依法独立在其承租房屋内开展经营活动，那么强制拆除其承租房屋行为会涉及对其添附财产的处置以及经营活动必须设施的处置、经营被迫中止的补偿。因此，对该房屋执行行政强制拆除行为与其就具有利害关系，承租人应当具有原告资格。除此之外，在案件进入实体审理之前，应当对起诉是否符合法定起诉条件进行全面审查，确认法定起诉条件都没有问题之后，才能作出指令继续审理的裁定。

一、符合条件的房屋承租人在房屋征收案件中具有原告资格

《行政诉讼法》第25条第1款规定，行政行为的相对人以及其他与行政行为有利害关系的公民、法人或者其他组织，有权提起诉讼。也就是说，只要与被诉行政行为有利害关系，就应当具有原告资格。所谓“有利害关系”，是指被诉行政行为有可能对起诉人的权利义务造成区别于其他人的特别损害或者不利影响。在房屋征收案件中，若承租人在被征收的房屋上有不可分割的添附或依法独立在其承租房屋开展经营活动，强制拆除房屋行为就有可能对承租人在房屋上的添附、承租人屋内物品或其正当行使的经营权造成不同于所有权人等其他人的特别损害或不利影响，应当认为承租人与该行政行为有利害关系，具有原告资格。

在房屋征收案件审判实践中，部分法院机械适用法律，仅以承租人不具有房屋所有权就认为其不是被征收人，在房屋征收涉及的所有行政案件中都不具有原告资格，仅程序性驳回行政相对人的起诉。这种做法不仅未区分是否真正影响当事人的利益，堵塞了有重大添附、经营行为的房屋承租人在房屋征收案件中保障自身合法权益的法律救济途径，严重侵犯了行政相对人的诉权，也是对法律的错误适用，背离了行政诉讼法实质性化解行政争议的立法目的，反而加剧了矛盾。本案的再审裁定书通过明确承租人在何种条件下与房屋拆除行为有利害关系，具有原告资格，为后续法院审理类似案件厘清分界，指引法院更好地保障符合条件的承租人在房屋征收案件中的诉权。

二、提起诉讼应当符合法定条件，进行实体审理前应当对起诉是否符合法定条件进行审查

行政诉讼的法定起诉条件，指的是《行政诉讼法》第 46 条规定的“公民、法人或者其他组织直接向人民法院提起诉讼的，应当自知道或者应当知道作出行政行为之日起六个月内提出。法律另有规定的除外。因不动产提起诉讼的案件自行政行为作出之日起超过二十年，其他案件自行政行为作出之日起超过五年提起诉讼的，人民法院不予受理”，以及第 49 条规定的“提起诉讼应当符合下列条件：（一）原告是符合本法第二十五条规定的公民、法人或者其他组织；（二）有明确的被告；（三）有具体的诉讼请求和事实根据；（四）属于人民法院受案范围和受诉人民法院管辖。”

本案的再审裁定书中对于欧阳某某的起诉是否超过法定 6 个月的起诉期限，番禺区政府是否系本案的适格被告以及本案是否属于受案及管辖范围等情况分别进行了论述，并据此最终确认欧阳某某的起诉符合法定起诉条件。这既是进一步确认了人民法院对符合起诉条件的行政案件应当进行立案审理的原则，也是通过释明起诉条件的审查模式，更好地指引相对人依法寻求救济。

再审合议庭成员：宋楚潇　杨志华　田心则

（编写人：宋楚潇* 黄宁晖** 编辑：韩德强）

---

* 宋楚潇，女，法学硕士，中华人民共和国最高人民法院第一巡回法庭，二级高级法官。

** 黄宁晖，女，法学硕士，中华人民共和国最高人民法院第一巡回法庭，法官助理。

浙江方爵进出口有限公司
诉
中华人民共和国镇江海关
及一审第三人安徽海螺集团有限责任公司
海关行政处罚案

——出口货物知识产权的司法识别与管辖

【裁判摘要】

在出口商品的产品包装显著位置上标注与其他企业注册商标高度近似的标识，已经起到识别商品来源的作用，不论涉嫌侵权货物是否全部销往国外，均属于《中华人民共和国商标法》规定的商标使用行为。在涉嫌侵权货物出口过程中被查获的，海关可依法实施知识产权海关保护行为。

【案件基本信息】

1. 诉讼当事人

再审申请人（一审原告、二审上诉人）：浙江方爵进出口有限公司（以下简称方爵进出口公司）

被申请人（一审被告、二审被上诉人）：中华人民共和国镇江海关（以下简称镇江海关）

一审第三人（二审被上诉人）：安徽海螺集团有限责任公司（以下简称海螺公司）

2. 案件索引与裁判日期

一审：江苏省镇江市中级人民法院（2016）苏11行初48号行政判决（2016年9月27日）

二审：江苏省高级人民法院（2017）苏行终157号行政判决（2017年12月31日）

再审：最高人民法院（2019）最高法行申925号行政裁定（2019年3月31日）

3. 案由

海关行政处罚

【简要案情】

镇江海关于2015年9月17日作出镇关知罚字〔2015〕01号行政处罚决定书（以下简称1号行政处罚决定），主要内容为：方爵进出口公司于2015年6月26日分三票向镇江海关申报出口至加蓬共和国的水泥（共计15,000吨，申报总价765,000美元）使用了与海螺公司在海关总署备案的“CONCH”商标（海关总署备案号：T2015-40232）构成近似的“CGNAH”商标标识，容易导致混淆，且事先未经商标注册人的许可，根据《商标法》第57条第2项的规定，上述水泥属于侵犯他人注册商标专用权的货物，方爵进出口公司出口上述水泥的行为已构成出口侵犯他人注册商标专用权货物的行为，故决定对方爵进出口公司作出如下行政处罚：（一）没收上述15,000吨侵权水泥；（二）科处罚款人民币400,000元。方爵进出口公司不服，提起行政诉讼。

一审法院于2016年9月27日作出（2016）苏11行初48号行政判决，驳回方爵进出口公司的诉讼请求。二审法院于2017年12月31日作出（2017）苏行终157号行政判决，驳回上诉，维持一审判决。

判决生效后，方爵进出口公司向最高人民法院申请再审，请求撤销一审、二审法院判决，撤销被诉处罚决定。

【案件焦点】

1. 方爵进出口公司使用的标识是否侵犯海螺公司的注册商标专用权；

2. 案涉行政处罚决定是否合法。

【裁判结果】

最高人民法院审理认为，针对第一个争议焦点：第一，海螺公司合法拥有“CONCH”注册商标专用权，并且该商标被认定为驰名商标并保持着较高的市场知名度；第二，方爵进出口公司案涉货物使用“CGNAH”标识属于明显侵犯海螺公司“CONCH”注册商标专用权的行为，且有明显的主观故意；第三，方爵进出口公司使用“CGNAH”的标识构成商标法意义上的使用行为。

针对第二个争议焦点：第一，镇江海关对本案具有管辖权；第二，镇江海关依法独立行使职权；第三，镇江海关行政执法程序合法。一审判决驳回方爵进出口公司的诉讼请求，二审判决驳回上诉，维持原判，并无不当。因此，裁定驳回方爵进出口公司的再审申请。

【裁判摘要评析】

本案涉及知识产权特别是商标权的地域保护和管辖问题。商标权具有地域性保护的特点，同时存在一些特殊形态和模糊地带，在理论与实践中存在争议，需要不断研究探讨。

一、关于本案是否适用涉外定牌加工商标侵权判定相关问题

一般而言，涉外定牌加工本身并不是一个法律概念，而是国际加工贸易业务的一种形态。通常意义上的涉外定牌加工，是指国内生产加工企业直接接收境外定作人的委托，生产加工的贴牌产品全部销往境外而不在中国境内销售的行为。对于涉外定牌加工所涉商标侵权问题，即国内生产加工企业在相同或类似商品上贴附与国内注册商标专用权人相同或近似商标的行为，是否认定构成侵犯注册商标专用权，在理论与实践中存在争议。本案中，方爵进出口公司一审提交并请求参考适用认定不构成商标侵权的典型案例，包括：再审申请人浦江亚环锁业有限公司与被申请人莱斯防盗产品国际有限公司侵害商标权纠纷案［最高人民法院（2014）民提字第38号民事判决］、申请再审人株式会社良品计画与国家工商行政管理总局商标评审委员会、北京棉田纺织品有限公司商标异议复审行政纠纷案［最高人民法院（2012）行提字第2号行政判决］等。而镇江海关一审则提交并请求参考适用认定构成商标侵权的典型案例，即上诉人上海柴油机股份有限公司与被上诉人江苏常佳金峰动力机械有限公司侵害商标权纠纷案［江苏省高级人民法院（2015）苏知民终字第00036号民事判决］。在二审中海螺公司亦提交请求参考适用认定构成商标侵权的典型案例，即再审申请人浙江容大商贸有限公司与被申请人于某某侵害商标权纠纷案［浙江省高级人民法院（2016）浙民再121号民事判决］。

第一，《商标法》（2013年修订）第57条第1项和第2项规定，未经商标注册人的许可，在同一种商品上使用与其注册商标相同的商标的；未经商标注册人的许可，在同一种商品上使用与其注册商标近似的商标，或者在类似商品上使用与其注册商标相同或者近似的商标，容易导致混淆的，均属于侵犯注册商标专用权的行为。至于何为商标使用，第48条规定："本法所称商标的使用，是指将商标用于商品、商品包装或者容器以及商品交易文书上，或者将商标用于广告宣传、展览以及其他商业活动中，用于识别商品来源的行为。"而对于与进出口货物有关并受我国法律法规保护的知识产权，《海关法》和《知识产权海关保护条例》赋予海关实施知识产权海关保护的权力。

第二，在司法实践中，考虑到现阶段涉外定牌加工仍是我国对外加工贸易的重要组成部分，因而目前各级法院对涉外定牌加工所涉商标侵权案件均采取个案判定原则。一般认为，涉外定牌加工所涉商标侵权案件的裁判尺度应当是：（1）仅对接受境外委托人订单的国内加工企业在一定限度内认定不构成商标侵权，但不能无限扩大到其他从事出口贸易的国内企业，因为这些国内企业组织加工企业生产加工货物再出口，其组织生产并在商品上贴附商标的过程，首先已经形成了国内商品的生产和流通，属于注册商标专用权所控制的商标使用行为；（2）对国内加工企业实行一定限度内认定不构成商标侵权，首先要求其基于善意，即国内加工企业对境外委托人提供的境外商标已尽到必要审查注意义务；（3）由于存在境内外商标恶意抢注和恶意仿冒现象，国内加工企业在接受境外订单时，基于诚实信用原则及尊重他人知识产权，对于国内有一定影响力的商标尤其是驰名商标应当予以合理避让。需要明确的是，给予驰名商标尤其是我国自主品牌的驰名商标与其商誉程度相当的保护强度，制止恶意侵权，始终是我国《商标法》及司法政策坚持的基本方向，也是当前我国实施创新驱动战略、促进经济转型升级、严格知识产权保护的基本要求。正是基于以上认识，当前在涉外定牌加工商标侵权案件中存在认定侵权或者不侵权的两种裁判，这符合当前我国经济发展的阶段性要求，是满足我国对外加工贸易发展需求的特殊司法政策体现，而人民法院近年来在审理涉外定牌加工商标侵权案件中亦是区分不同情形分别作出认定侵权或者不侵权的裁判。本案中，方爵进出口公司委托国内加工企业生产涉案水泥出口至加蓬共和国，属于国内企业组织生产加工货物并出口的行为，并不符合适用涉外定牌加工特殊司法政策的前提条件。

二、关于涉嫌侵权物品全部销往国外侵权认定相关问题

《民法通则》第 146 条第 1 款规定："侵权行为的损害赔偿，适用侵权行为地法律。当事人双方国籍相同或者在同一国家有住所的，也可以适用当事人本国法律或者住所地法律。"① 《涉外民事关系法律适用法》第 48 条规定："知识产权的归属和内容，适用被请求保护地法律。" 第 50 条规定："知识产权的侵权责任，适用被请求保护地法律……" 根据上述法律规定，在中华人民共和国境内发生侵权行为，适用侵权行为地法律以及被请求保护地法律，也就是应当适用中华人民共和国法律。本案中，方爵进出口公司主张其涉案水泥全部销往国外，不在国内销售，不属于商标性使用，对海螺公司的注册商标并未造成实质损害。但是，海螺公司从 2010 年起使用 "CONCH" 商标的水泥出口至加蓬共和国，且市场占有率较高。2015 年 5 月 27 日，方爵进出口公司与案外人签订购销合同订购 15，000 吨水泥并要求印制 "CGNAH" 标识，案外人工作人员曾提出质疑，认为与海螺公司的 "CONCH" 商标近似，尤其是 "N" 中间的红色斜杠，但方爵进出口公司坚持认为不相同并要求生产，可见方爵进出口公司未予合理避让并坚持使用涉嫌侵权标识的主观故意明显，该行为亦将明显损害海螺公司在加蓬共和国的出口销售利益。方爵进出口公司案涉货物使用的 "CGNAH" 的标识与海螺公司的注册商标 "CONCH" 构成实质近似，依法属于商标法意义上的使用行为，且在我国境内生产，即使全部销往国外，亦明显属于侵犯海螺公司 "CONCH" 注册商标专用权的

① 本条在《民法典》中无对应条文。

行为。

三、海关行政处罚决定是否合法问题

（一）镇江海关具有行政管辖权

根据《海关法》第44条第1款的规定，海关依照法律、行政法规的规定，对与进出境货物有关的知识产权实施保护。《知识产权海关保护条例》第2条规定，本条例所称知识产权海关保护，是指海关对与进出口货物有关并受中华人民共和国法律、行政法规保护的商标专用权、著作权和与著作权有关的权利、专利权实施的保护。海关具有对与进出口货物有关并受法律保护的知识产权实施保护的职权。《海关法》第23条规定，出口货物自向海关申报起到出境止，应当接受海关监管。《海关行政处罚实施条例》第3条规定，海关行政处罚由发现违法行为的海关管辖，也可以由违法行为发生地海关管辖，两个以上海关都有管辖权的案件，由最先发现违法行为的海关管辖。

本案中，首先，涉案水泥系由方爵进出口公司于2015年6月26日向镇江海关申报出口并在镇江港装船发运，涉案货物即使已运抵张家港，但在出境前仍处于镇江海关的监管之下。其次，2015年7月14日，镇江海关向方爵进出口公司代理报关单位发出海关查验通知单，并于次日对涉案货物实施查验，认为方爵进出口公司涉嫌侵犯海螺公司的注册商标专用权，后依法进行调查处理并作出调查结论。因此，涉案货物是方爵进出口公司向镇江海关申报，并在镇江海关报关装运，也是由镇江海关获知方爵进出口公司可能存在侵权行为的线索，依法实施查验检查并发现涉嫌侵害海螺公司注册商标专用权的情况，所以，镇江海关作为发现违法行为的海关，对涉案行政违法行为具有管辖权。

（二）镇江海关依法独立行使管理职权

镇江海关向上级南京海关就案件相关问题进行请示，并由南京海关通知知识产权权利人进行确权，对方爵进出口公司的权利义务并不产生实质影响。对方爵进出口公司权利义务产生直接影响的是镇江海关作出的行政处罚决定，以及作出处罚决定过程中的实施查验并扣留案涉货物、组织进行相关证据开示从而认定违法事实、组织双方听证保障其陈述申辩权利以

会议通过，1986 年 3 月 19 日中华人民共和国主席令第三十六号公布，根据
8 月 29 日第八届全国人民代表大会常务委员会第二十一次会议《关于修改
民共和国矿产资源法〉的决定》第一次修正，根据 2009 年 8 月 27 日第十一
人民代表大会常务委员会第十次会议《关于修改部分法律的决定》第二次

《中华人民共和国土地管理法》
称《土地管理法》，1986 年 6 月 25 日第六届全国人民代表大会常务委员会第
会议通过，根据 1988 年 12 月 29 日第七届全国人民代表大会常务委员会第五
《关于修改〈中华人民共和国土地管理法〉的决定》第一次修正，1998 年 8
日第九届全国人民代表大会常务委员会第四次会议修订，根据 2004 年 8 月 28
届全国人民代表大会常务委员会第十一次会议《关于修改〈中华人民共和国
管理法〉的决定》第二次修正，根据 2019 年 8 月 26 日第十三届全国人民代表大
委员会第十二次会议《关于修改〈中华人民共和国土地管理法〉、〈中华人民
国城市房地产管理法〉的决定》第三次修正。
.《中华人民共和国海关法》
简称《海关法》，1987 年 1 月 22 日第六届全国人民代表大会常务委员会第十九
议通过，根据 2000 年 7 月 8 日第九届全国人民代表大会常务委员会第十六次会
关于修改〈中华人民共和国海关法〉的决定》第一次修正，根据 2013 年 6 月 29
十二届全国人民代表大会常务委员会第三次会议《关于修改〈中华人民共和国
保护法〉等十二部法律的决定》第二次修正，根据 2013 年 12 月 28 日第十二届
人民代表大会常务委员会第六次会议《关于修改〈中华人民共和国海洋环境保
〉等七部法律的决定》第三次修正，根据 2016 年 11 月 7 日第十二届全国人民代
会常务委员会第二十四次会议《关于修改〈中华人民共和国对外贸易法〉等十
法律的决定》第四次修正，根据 2017 年 11 月 4 日第十二届全国人民代表大会常
员会第三十次会议《关于修改〈中华人民共和国会计法〉等十一部法律的决定》
次修正。
7.《中华人民共和国国家赔偿法》
简称《国家赔偿法》，1994 年 5 月 12 日第八届全国人民代表大会常务委员会第
次会议通过，根据 2010 年 4 月 29 日第十一届全国人民代表大会常务委员会第十四
会议《关于修改〈中华人民共和国国家赔偿法〉的决定》第一次修正，根据 2012
10 月 26 日第十一届全国人民代表大会常务委员会第二十九次会议《关于修改

及最终的法律适用。上述行为均由镇江海关依法独立进行，故镇江海关依法独立行使管理职权。

（三）镇江海关行政执法程序合法

《知识产权海关保护条例》第 16 条规定，海关发现进出口货物有侵犯备案知识产权嫌疑的，应当立即书面通知知识产权权利人。权利人认为有关货物侵犯其在海关总署备案的知识产权并要求海关予以扣留的，向海关提出书面申请并按规定提供担保。权利人提出扣留申请并提供担保的，海关应当扣留侵权嫌疑货物并进行调查处理。本案中，海螺公司的“CONCH”商标于 2015 年 7 月 14 日在海关总署重新取得备案，镇江海关于当日向方爵进出口公司的代理报关单位发出查验通知并在次日实施查验后，发现方爵进出口公司涉案货物可能侵犯海螺公司在海关总署备案的注册商标专用权，并向知识产权人发出书面通知后依职权进行调查处理，符合相关规定。根据《关于〈知识产权海关保护条例〉的实施办法》第 23 条的规定，在海关依职权调查处理方式下，权利人请求海关扣留侵权嫌疑货物的，货物价值超过人民币 20 万元的，应当向海关提供 10 万元的担保。本案中，镇江海关根据方爵进出口公司分三票申报案涉货物，依法要求每票货物分别缴纳 10 万元担保金，并无不当。

四、结语

随着我国社会的发展进步，国家正在大力推动实施知识产权战略，加强知识产权保护，知识产权的创新、运用和保护越来越受到人们的重视，全社会正在形成尊重知识产权、假冒伪劣可耻的良好社会氛围。特别是国家推动实施“一带一路”倡议以来，我国企业更加积极走出国门，与世界的融合发展的趋势更加明显。与此同时，加大打击出口商品的侵权假冒行为，强化维护当事人的知识产权，不断提升“中国制造”的良好国际形象，既是我国法律法规规定的义务，也是我国向国际社会作出的庄严承诺。本案中，镇江海关依照相关法律法规实施的知识产权海关保护，依法处罚违法行为人，维护知识产权人的合法权益，理应予以支持。最高人民法院在审判涉及对民营企业知识产权合法权益保护、促进营商环

境治理以及涉“一带一路”倡议案件时，在监督行政机关依法行使职权的同时，也支持行政机关依法打击违法行为，维护当事人的合法权益。

最高人民法院再审合议庭成员：蔚　强　何　君　李绍华

（编写人：蔚　强*　林清兴**　编辑：韩德强）

* 蔚强，男，法学学士，中华人民共和国最高人民法院第三巡回法庭，二级高级法官。

** 林清兴，男，法学硕士，中华人民共和国最高人民法院第三巡回法庭，法官助理。

法律、法规、司法解释及其他
简称索引

一、行政法类

1.《中华人民共和国水污染防治法》

简称《水污染防治法》，1984 年 5 月 11 日第六届全国
第五次会议通过，根据 1996 年 5 月 15 日第八届全国人民
次会议《关于修改〈中华人民共和国水污染防治法〉的决
2 月 28 日第十届全国人民代表大会常务委员会第三十二次
月 27 日第十二届全国人民代表大会常务委员会第二十八次
民共和国水污染防治法〉的决定》第二次修正。

2.《中华人民共和国森林法》

简称《森林法》，1984 年 9 月 20 日第六届全国人民代表
会议通过，根据 1998 年 4 月 29 日第九届全国人民代表大会
《关于修改〈中华人民共和国森林法〉的决定》第一次修正，
第十一届全国人民代表大会常务委员会第十次会议《关于修改
次修正，2019 年 12 月 28 日第十三届全国人民代表大会常务委

3.《中华人民共和国草原法》

简称《草原法》，1985 年 6 月 18 日第六届全国人民代表
次会议通过，2002 年 12 月 28 日第九届全国人民代表大会常务
议修订，根据 2009 年 8 月 27 日第十一届全国人民代表大会常
《关于修改部分法律的决定》第一次修正，根据 2013 年 6 月 29
代表大会常务委员会第三次会议《关于修改〈中华人民共和国
部法律的决定》第二次修正。

4.《中华人民共和国矿产资源法》

简称《矿产资源法》，1986 年 3 月 19 日第六届全国人民代

十五次
1996 年
〈中华人
届全国
修正。
5.
简
十六次
次会议
月 29
日第十
土地管
会常务
共和国
6
次会
议《
日第
文物
全国
护法
表大
二部
务委
第五
七
次
年

〈中华人民共和国国家赔偿法〉的决定》第二次修正。

8.《中华人民共和国电力法》

简称《电力法》，1995年12月28日第八届全国人民代表大会常务委员会第十七次会议通过，根据2009年8月27日第十一届全国人民代表大会常务委员会第十次会议《关于修改部分法律的决定》第一次修正，根据2015年4月24日第十二届全国人民代表大会常务委员会第十四次会议《关于修改〈中华人民共和国电力法〉等六部法律的决定》第二次修正，根据2018年12月29日第十三届全国人民代表大会常务委员会第七次会议《关于修改〈中华人民共和国电力法〉等四部法律的决定》第三次修正。

9.《中华人民共和国行政处罚法》

简称《行政处罚法》，1996年3月17日第八届全国人民代表大会第四次会议通过，根据2009年8月27日第十一届全国人民代表大会常务委员会第十次会议《关于修改部分法律的决定》第一次修正，根据2017年9月1日第十二届全国人民代表大会常务委员会第二十九次会议《关于修改〈中华人民共和国法官法〉等八部法律的决定》第二次修正。

10.《中华人民共和国城乡规划法》

简称《城乡规划法》，2007年10月28日第十届全国人民代表大会常务委员会第三十次会议通过，根据2015年4月24日第十二届全国人民代表大会常务委员会第十四次会议《关于修改〈中华人民共和国港口法〉等七部法律的决定》第一次修正，根据2019年4月23日第十三届全国人民代表大会常务委员会第十次会议《关于修改〈中华人民共和国建筑法〉等八部法律的决定》第二次修正。

11.《中华人民共和国行政强制法》

简称《行政强制法》，2011年6月30日第十一届全国人民代表大会常务委员会第二十一次会议通过，2011年6月30日公布，自2012年1月1日起施行。

二、刑法类

12.《中华人民共和国刑法》

简称《刑法》，1979年7月1日第五届全国人民代表大会第二次会议通过，1979年7月6日全国人民代表大会常务委员会委员长令第五号公布，自1980年1月1日起施行。1997年3月14日第八届全国人民代表大会第五次会议修订。根据1999年12月25日《中华人民共和国刑法修正案》（简称《刑法修正案》）、2001年8月31日《中华人民共和国刑法修正案（二）》（简称《刑法修正案（二）》）、2001年

12月29日《中华人民共和国刑法修正案（三）》（简称《刑法修正案（三）》）、2002年12月28日《中华人民共和国刑法修正案（四）》（简称《刑法修正案（四）》）、2005年2月28日《中华人民共和国刑法修正案（五）》（简称《刑法修正案（五）》）、2006年6月29日《中华人民共和国刑法修正案（六）》（简称《刑法修正案（六）》）、2009年2月28日《中华人民共和国刑法修正案（七）》（简称《刑法修正案（七）》）、2011年2月25日《中华人民共和国刑法修正案（八）》（简称《刑法修正案（八）》）、2015年8月29日《中华人民共和国刑法修正案（九）》（简称《刑法修正案（九）》）、2017年11月4日《中华人民共和国刑法修正案（十）》（简称《刑法修正案（十）》）修正。

三、民商法类

13.《中华人民共和国民法通则》

简称《民法通则》，1986年4月12日第六届全国人民代表大会第四次会议通过，中华人民共和国主席令第三十七号公布，自1987年1月1日起施行。根据2009年8月27日第十一届全国人民代表大会常务委员会第十次会议《关于修改部分法律的决定》修正，2020年5月28日十三届全国人大三次会议表决通过了《中华人民共和国民法典》，自2021年1月1日起施行，《中华人民共和国民法通则》同时废止。

14.《中华人民共和国商标法》

简称《商标法》，1982年8月23日第五届全国人民代表大会常务委员会第二十四次会议通过，第五届全国人民代表大会常务委员会令第十号公布，自1983年3月1日起施行。根据1993年2月22日第七届全国人民代表大会常务委员会第三十次会议《关于修改〈中华人民共和国商标法〉的决定》第一次修正。根据2001年10月27日第九届全国人民代表大会常务委员会第二十四次会议《关于修改〈中华人民共和国商标法〉的决定》第二次修正。根据2013年8月30日第十二届全国人民代表大会常务委员会第四次会议《关于修改〈中华人民共和国商标法〉的决定》第三次修正，根据2019年4月23日第十三届全国人民代表大会常务委员会第十次会议《关于修改〈中华人民共和国建筑法〉等八部法律的决定》第四次修正。

15.《中华人民共和国海商法》

简称《海商法》，1992年11月7日第七届全国人民代表大会常务委员会第二十八次会议通过，1992年11月7日公布，自1993年7月1日起施行。

16.《中华人民共和国公司法》

简称《公司法》，1993年12月29日第八届全国人民代表大会常务委员会第五次会议通过，中华人民共和国主席令第十六号公布，自 1994 年 7 月 1 日起施行。根据 1999 年 12 月 25 日第九届全国人民代表大会常务委员会第十三次会议《关于修改〈中华人民共和国公司法〉的决定》第一次修正，根据 2004 年 8 月 28 日第十届全国人民代表大会常务委员会第十一次会议《关于修改〈中华人民共和国公司法〉的决定》第二次修正，2005 年 10 月 27 日第十届全国人民代表大会常务委员会第十八次会议修订，根据 2013 年 12 月 28 日第十二届全国人民代表大会常务委员会第六次会议《关于修改〈中华人民共和国海洋环境保护法〉等七部法律的决定》第三次修正，根据 2018 年 10 月 26 日第十三届全国人民代表大会常务委员会第六次会议《关于修改〈中华人民共和国公司法〉的决定》第四次修正。

17.《中华人民共和国担保法》

简称《担保法》，1995 年 6 月 30 日第八届全国人民代表大会常务委员会第十四次会议通过，中华人民共和国主席令第五十号公布，自 1995 年 10 月 1 日起施行。2020 年 5 月 28 日，十三届全国人大三次会议表决通过了《中华人民共和国民法典》，自 2021 年 1 月 1 日起施行，《中华人民共和国担保法》同时废止。

18.《中华人民共和国拍卖法》

简称《拍卖法》，1996 年 7 月 5 日第八届全国人民代表大会常务委员会第二十次会议通过，主席令第七十号发布，根据 2004 年 8 月 28 日第十届全国人民代表大会常务委员会第十一次会议《关于修改〈中华人民共和国拍卖法〉的决定》修正，根据《全国人民代表大会常务委员会关于修改〈中华人民共和国电力法〉等六部法律的决定》修改。

19.《中华人民共和国合同法》

简称《合同法》，1999 年 3 月 15 日第九届全国人民代表大会第二次会议通过，中华人民共和国主席令第十五号公布，自 1999 年 10 月 1 日起施行。2020 年 5 月 28 日，十三届全国人大三次会议表决通过了《中华人民共和国民法典》，自 2021 年 1 月 1 日起施行，《中华人民共和国合同法》同时废止。

20.《中华人民共和国企业破产法》

简称《企业破产法》，2006 年 8 月 27 日第十届全国人民代表大会常务委员会第二十三次会议通过，中华人民共和国主席令第五十四号公布，自 2007 年 6 月 1 日起施行。

21.《中华人民共和国物权法》

简称《物权法》，2007 年 3 月 16 日第十届全国人民代表大会第五次会议通过，中华人民共和国主席令第六十二号公布，自2007年10月1日起施行。2020年5月28日，十三届全国人大三次会议表决通过了《中华人民共和国民法典》，自2021年1月1日起施行，《中华人民共和国物权法》同时废止。

22.《中华人民共和国侵权责任法》

简称《侵权责任法》，2009年12月26日第十一届全国人民代表大会常务委员会第十二次会议通过，中华人民共和国主席令第二十一号公布，自2010年7月1日起施行。2020年5月28日，十三届全国人大三次会议表决通过了《中华人民共和国民法典》，自2021年1月1日起施行，《中华人民共和国侵权责任法》同时废止。

23.《中华人民共和国民法总则》

简称《民法总则》，2017年3月15日第十二届全国人民代表大会第五次会议通过，中华人民共和国主席令第六十六号公布，自2017年10月1日起施行。2020年5月28日，十三届全国人大三次会议表决通过了《中华人民共和国民法典》，自2021年1月1日起施行，《中华人民共和国民法总则》同时废止。

四、经济法类

24.《中华人民共和国消费者权益保护法》

简称《消费者权益保护法》，1993年10月31日第八届全国人民代表大会常务委员会第四次会议通过，1993年10月31日中华人民共和国主席令第十一号公布，根据2009年8月27日第十一届全国人民代表大会常务委员会第十次会议《关于修改部分法律的决定》修正，根据全国人民代表大会常务委员会关于修改《中华人民共和国消费者权益保护法》的决定修改。

五、程序法类

25.《中华人民共和国刑事诉讼法》

简称《刑事诉讼法》，1979年7月1日第五届全国人民代表大会第二次会议通过，中华人民共和国主席令第十号公布，根据1996年3月17日第八届全国人民代表大会第四次会议《关于修改〈中华人民共和国刑事诉讼法〉的决定》第一次修正，根据2012年3月14日第十一届全国人民代表大会第五次会议《关于修改〈中华人民共和国刑事诉讼法〉的决定》第二次修正，根据2018年10月26日第十三届全国人民代表大会常务委员会第六次会议《关于修改〈中华人民共和国刑事诉讼法〉的决定》第三次修正。

26.《中华人民共和国行政诉讼法》

简称《行政诉讼法》，1989年4月4日第七届全国人民代表大会第二次会议通过，中华人民共和国主席令第十六号公布，自 1990 年 10 月 1 日起施行。根据 2014 年 11 月 1 日第十二届全国人民代表大会常务委员会第十一次会议《关于修改〈中华人民共和国行政诉讼法〉的决定》第一次修正。根据 2017 年 6 月 27 日第十二届全国人民代表大会常务委员会第二十八次会议《关于修改〈中华人民共和国民事诉讼法〉和〈中华人民共和国行政诉讼法〉的决定》第二次修正。

27.《中华人民共和国民事诉讼法》

简称《民事诉讼法》，1991 年 4 月 9 日第七届全国人民代表大会第四次会议通过，中华人民共和国主席令第四十四号公布，根据 2007 年 10 月 28 日第十届全国人民代表大会常务委员会第三十次会议《关于修改〈中华人民共和国民事诉讼法〉的决定》第一次修正，根据 2012 年 8 月 31 日第十一届全国人民代表大会常务委员会第二十八次会议《关于修改〈中华人民共和国民事诉讼法〉的决定》第二次修正。根据 2017 年 6 月 27 日第十二届全国人民代表大会常务委员会第二十八次会议《关于修改〈中华人民共和国民事诉讼法〉和〈中华人民共和国行政诉讼法〉的决定》第三次修正。

28.《中华人民共和国仲裁法》

简称《仲裁法》，1994 年 8 月 31 日第八届全国人民代表大会常务委员会第九次会议通过，根据 2009 年 8 月 27 日第十一届全国人民代表大会常务委员会第十次会议《关于修改部分法律的决定》第一次修正，根据 2017 年 9 月 1 日第十二届全国人民代表大会常务委员会第二十九次会议《关于修改〈中华人民共和国法官法〉等八部法律的决定》第二次修正。

29.《中华人民共和国海事诉讼特别程序法》

简称《海事诉讼特别程序法》，1999 年 12 月 25 日中华人民共和国第九届全国人民代表大会常务委员会第十三次会议通过，中华人民共和国主席令第二十八号公布，自 2000 年 7 月 1 日起施行。

30.《中华人民共和国公证法》

简称《公证法》，2005 年 8 月 28 日第十届全国人民代表大会常务委员会第十七次会议通过，中华人民共和国主席令第七十六号公布，根据 2015 年 4 月 24 日第十二届全国人民代表大会常务委员会第十四次会议《关于修改〈中华人民共和国义务教育法〉等五部法律的决定》第一次修正，根据 2017 年 9 月 1 日第十二届全国人民代表大会常务委员会第二十九次会议《关于修改〈中华人民共和国法官法〉等八部法律的决定》第二次修正。

31.《中华人民共和国涉外民事关系法律适用法》

简称《涉外民事关系法律适用法》，2010年10月28日中华人民共和国第十一届全国人民代表大会常务委员会第十七次会议通过，中华人民共和国主席令第三十六号公布，自2011年4月1日起施行。

六、行政法规

32.《矿产资源开采登记管理办法》

1998年2月12日中华人民共和国国务院令第241号发布，根据2014年7月29日《国务院关于修改部分行政法规的决定》修订。

33.《探矿权采矿权转让管理办法》

1998年2月12日中华人民共和国国务院令第242号发布，根据2014年7月29日《国务院关于修改部分行政法规的决定》修订。

34.《中华人民共和国海关行政处罚实施条例》

简称《海关行政处罚实施条例》，2004年9月1日国务院第62次常务会议通过，中华人民共和国国务院令第420号发布，自2004年11月1日起施行。

35.《诉讼费用交纳办法》

2006年12月8日国务院第159次常务会议通过，中华人民共和国国务院令第481号发布，自2007年4月1日起施行。

36.《中华人民共和国政府信息公开条例》

简称《政府信息公开条例》，2007年1月17日国务院第165次常务会议通过，中华人民共和国国务院令第492号公布，2019年4月13日中华人民共和国国务院令第711号修订。

37.《中华人民共和国知识产权海关保护条例》

简称《知识产权海关保护条例》，2003年12月2日中华人民共和国国务院令第395号公布，根据2010年3月24日《国务院关于修改〈中华人民共和国知识产权海关保护条例〉的决定》第一次修订，根据2018年3月19日《国务院关于修改和废止部分行政法规的决定》第二次修订。

七、司法解释及其他规范性文件

（一）行政法类

38.《最高人民法院关于审理政府信息公开行政案件若干问题的规定》（法释〔2011〕17号）

简称《审理政府信息公开行政案件规定》，2010年12月13日由最高人民法院审判委员会第1505次会议通过，2011年7月29日公布，自2011年8月13日起施行。

39.《最高人民法院关于适用中华人民共和国国家赔偿法若干问题的解释（一）》（法释〔2011〕4号）

简称《国家赔偿法司法解释（一）》，2011年2月14日由最高人民法院审判委员会第1511次会议通过，2011年2月28日公布，自2011年3月18日施行。

40.《最高人民法院关于审理商标授权确权行政案件若干问题的规定》（法释〔2017〕2号）

简称《商标授权确权规定》，2016年12月12日由最高人民法院审判委员会第1703次会议通过，2017年1月10日公布，自2017年3月1日起施行。

（二）刑法类

41.《最高人民法院关于审理挪用公款案件具体应用法律若干问题的解释》（法释〔1998〕9号）

简称《挪用公款案件解释》，1998年4月6日由最高人民法院审判委员会第972次会议通过，1998年4月29日公布，自1998年5月9日起施行。

42.《最高人民法院关于刑事再审案件开庭审理程序的具体规定（试行）》（法释〔2001〕31号）

简称《刑事再审案件开庭审理程序具体规定》，2001年10月18日由最高人民法院审判委员会1196次会议通过，2001年12月26日公布，自2002年1月1日起施行。

43.《最高人民法院、最高人民检察院关于执行〈中华人民共和国刑法〉确定罪名的补充规定（三）》（法释〔2007〕16号）

简称《执行〈刑法〉确定罪名的补充规定（三）》，2007年8月27日最高人民法院审判委员会第1436次会议、2007年9月7日最高人民检察院第十届检察委员会第八十二次会议通过，2007年10月25日公布，自2007年11月6日起施行。

44.《最高人民法院关于贯彻宽严相济刑事政策的若干意见》（法发〔2010〕9号）

简称《关于贯彻宽严相济刑事政策的若干意见》，自2010年2月8日起施行。

45.《最高人民法院、最高人民检察院、公安部、司法部关于依法惩治性侵害未成年人犯罪的意见》（法发〔2013〕12号）

简称《关于依法惩治性侵害未成年人犯罪的意见》，2013年10月23日由最高人民法院、最高人民检察院、公安部、司法部发布。

46.《最高人民法院、最高人民检察院关于办理组织、利用邪教组织破坏法律实施等刑事案件适用法律若干问题的解释》（法释〔2017〕3号）

简称《办理组织、利用邪教组织破坏法律实施等刑事案件的解释》，2017年1月4日由最高人民法院审判委员会第1706次会议、2016年12月8日由最高人民检察院第十二届检察委员会第五十八次会议通过，2017年1月25日公布，自2017年2月1日起施行。

47.《最高人民法院、最高人民检察院关于办理虚假诉讼刑事案件适用法律若干问题的解释》（法释〔2018〕17号）

简称《关于办理虚假诉讼刑事案件适用法律问题的解释》，于2018年1月25日由最高人民法院审判委员会第1732次会议、2018年6月13日由最高人民检察院第十三届检察委员会第二次会议通过，自2018年10月1日起施行。

（三）民商法类

48.《最高人民法院关于适用〈中华人民共和国合同法〉若干问题的解释（一）》（法释〔1999〕19号）

简称《合同法司法解释（一）》，1999年12月1日最高人民法院审判委员会第1090次会议通过，1999年12月19日公布，自1999年12月29日起施行。

49.《最高人民法院关于适用〈中华人民共和国担保法〉若干问题的解释》（法释〔2000〕44号）

简称《担保法司法解释》，2000年9月29日最高人民法院审判委员会第1133次会议通过，2000年12月8日公布，自2000年12月13日起施行。

50.《最高人民法院关于审理商标民事纠纷案件适用法律若干问题的解释》（法释〔2002〕32号）

简称《商标纠纷解释》，2001年10月12日由最高人民法院审判委员会第1246次会议通过，2002年10月12日公布，自2002年10月16日起施行。

51.《最高人民法院关于适用〈中华人民共和国婚姻法〉若干问题的解释（一）》（法释〔2001〕30号）

简称《婚姻法司法解释（一）》2001年12月24日由最高人民法院审判委员会第1202次会议通过，2001年12月25日公布，自2001年12月27日起施行。

52.《最高人民法院关于建设工程价款优先受偿权问题的批复》（法释〔2002〕16号）

简称《建设工程价款优先受偿权问题的批复》，2002年6月11日由最高人民法院审判委员会第 1225 次会议通过，2002 年 6 月 20 日公布，自 2002 年 6 月 27 日起施行。

53.《最高人民法院关于审理建设工程施工合同纠纷案件适用法律问题的解释》（法释〔2004〕14 号）

简称《建设工程施工合同司法解释》，2004 年 9 月 29 日由最高人民法院审判委员会第 1327 次会议通过，2004 年 10 月 25 日公布，自 2005 年 1 月 1 日起施行。

54.《最高人民法院关于审理信用证纠纷案件若干问题的规定》（法释〔2005〕13 号）

简称《信用证纠纷规定》，2005 年 10 月 24 日由最高人民法院审判委员会第 1368 次会议通过，2005 年 11 月 14 日公布，自 2006 年 1 月 1 日起施行。

55.《最高人民法院关于人民法院执行设定抵押的房屋的规定》（法释〔2005〕14 号）

简称《关于执行设定抵押的房屋的规定》，2005 年 11 月 14 日由最高人民法院审判委员会第 1371 次会议通过，2005 年 12 月 14 日公布，自 2005 年 12 月 21 日起施行。

56.《最高人民法院关于适用〈中华人民共和国公司法〉若干问题的规定（一）》（法释〔2006〕3 号）

简称《公司法规定（一）》，2006 年 3 月 27 日由最高人民法院审判委员会第 1382 次会议通过，根据 2014 年 2 月 17 日最高人民法院审判委员会第 1607 次会议《关于修改适用〈中华人民共和国公司法〉若干问题的规定的决定》修正。

57.《最高人民法院关于适用〈中华人民共和国公司法〉若干问题的规定（二）》（法释〔2008〕6 号）

简称《公司法规定（二）》，2008 年 5 月 5 日由最高人民法院审判委员会第 1447 次会议通过，根据 2014 年 2 月 17 日最高人民法院审判委员会第 1607 次会议《关于修改关于适用〈中华人民共和国公司法〉若干问题的规定的决定》修正。

58.《最高人民法院关于适用〈中华人民共和国合同法〉若干问题的解释（二）》（法释〔2009〕5 号）

简称《关于适用〈合同法〉问题的解释（二）》，2009 年 2 月 9 日由最高人民法院审判委员会第 1462 次会议通过，2009 年 4 月 24 日公布，自 2009 年 5 月 13 日起施行。

59.《最高人民法院关于审理城镇房屋租赁合同纠纷案件具体应用法律若干问题的解释》（法释〔2009〕11 号）

简称《关于审理城镇房屋租赁合同纠纷案件应用法律问题的解释》，2009 年 6 月 22 日由最高人民法院审判委员会第 1469 次会议通过，2009 年 7 月 30 日公布，自 2009 年 9 月 1 日起施行。

60.《最高人民法院关于审理环境侵权责任纠纷案件适用法律若干问题的解释》（法释〔2015〕12号）

简称《关于审理环境侵权责任纠纷案件适用法律问题的解释》，已于2015年2月9日由最高人民法院审判委员会第1644次会议通过，2015年6月1日公布，自2015年6月3日起施行。

61.《最高人民法院关于审理民间借贷案件适用法律若干问题的规定》（法释〔2015〕18号）

简称《关于审理民间借贷案件适用法律问题的规定》，2015年6月23日由最高人民法院审判委员会第1655次会议通过，2015年8月6日公布，自2015年9月1日起施行。

62.《最高人民法院关于审理独立保函纠纷案件若干问题的规定》（法释〔2016〕24号）

简称《关于审理独立保函纠纷案件若干问题的规定》，2016年7月11日最高人民法院审判委员会第1688次会议通过，2016年11月18日公布，自2016年12月1日起施行。

63.《最高人民法院关于审理矿业权纠纷案件适用法律若干问题的解释》（法释〔2017〕12号）

简称《关于审理矿业权纠纷案件适用法律问题的解释》，2017年2月20日由最高人民法院审判委员会第1710次会议通过，2017年6月24日公布，自2017年7月27日起施行。

（四）程序法类

64.《最高人民法院关于人民法院执行工作若干问题的规定（试行）》（法释〔1998〕15号）

简称《人民法院执行工作规定》，1998年6月11日最高人民法院审判委员会第992次会议通过，1998年7月8日公布，自1998年7月8日起施行。根据2008年12月16日发布的《最高人民法院关于调整司法解释等文件中引用〈中华人民共和国民事诉讼法〉条文序号的决定》调整。

65.《最高人民法院关于民事诉讼证据的若干规定》（法释〔2001〕33号）

简称《民事诉讼证据规定》，2001年12月6日由最高人民法院审判委员会第1201次会议通过，根据2019年10月14日最高人民法院审判委员会第1777次会议《关于修改〈关于民事诉讼证据的若干规定〉的决定》修正。

66.《最高人民法院关于适用〈中华人民共和国海事诉讼特别程序法〉若干问题的解释》（法释〔2003〕3号）

简称《海事诉讼特别程序法司法解释》，2002年12月3日最高人民法院审判委员会第1259次会议通过，2003年1月6日公布，自2003年2月1日起施行。

67.《最高人民法院关于人民法院民事执行中查封、扣押、冻结财产的规定》（法释〔2004〕15号）

简称《关于民事执行中查封、扣押、冻结财产的规定》，2004年10月26日由最高人民法院审判委员会第1330次会议通过，2004年11月4日公布，自2005年1月1日起施行。

68.《最高人民法院关于人民法院民事执行中拍卖、变卖财产的规定》（法释〔2004〕16号）

简称《民事执行拍卖变卖财产规定》，2004年10月26日由最高人民法院审判委员会第1330次会议通过，2004年11月15日公布，自2005年1月1日起施行。

69.《最高人民法院关于民事执行中变更、追加当事人若干问题的规定》（法释〔2016〕21号）

简称《关于民事执行中变更、追加当事人若干问题的规定》，2016年8月29日由最高人民法院审判委员会第1691次会议通过，2016年11月7日公布，自2016年12月1日起施行。

70.《最高人民法院关于适用〈中华人民共和国仲裁法〉若干问题的解释》（法释〔2016〕7号）

简称《仲裁法司法解释》，2005年12月26日由最高人民法院审判委员会第1375次会议通过，2006年8月23日公布，自2006年9月8日起施行。

71.《最高人民法院关于适用〈中华人民共和国民事诉讼法〉执行程序若干问题的解释》（法释〔2008〕13号）

简称《民事诉讼法执行程序若干问题的解释》，2008年9月8日由最高人民法院审判委员会第1452次会议通过，2008年11月3日公布，自2009年1月1日起施行。

72.《最高人民法院关于适用〈中华人民共和国刑事诉讼法〉的解释》（法释〔2012〕21号）

简称《刑事诉讼法司法解释》，2012年11月5日由最高人民法院审判委员会第1559次会议通过，2012年12月20日公布，自2013年1月1日起施行。

73.《最高人民法院关于适用〈中华人民共和国民事诉讼法〉的解释》（法释

〔2015〕5号）

简称《民事诉讼法司法解释》，2014年12月18日由最高人民法院审判委员会第1636次会议通过，2015年1月30日公布，自2015年2月4日起施行。

74.《最高人民法院关于人民法院办理执行异议和复议案件若干问题的规定》（法释〔2015〕10号）

简称《执行异议复议规定》，2014年12月29日由最高人民法院审判委员会第1638次会议通过，2015年5月5日公布，自2015年5月5日起施行。

75.《最高人民法院关于适用〈中华人民共和国行政诉讼法〉的解释》（法释〔2018〕1号）

简称《行政诉讼法解释》，2017年11月13日由最高人民法院审判委员会第1726次会议通过，2018年2月6日公布，自2018年2月8日起施行。

76.《最高人民法院关于执行和解若干问题的规定》（法释〔2018〕3号）

简称《执行和解规定》，2017年11月6日由最高人民法院审判委员会第1725次会议通过，2018年2月22日发布，自2018年3月1日起施行。

77.《最高人民法院关于公证债权文书执行若干问题的规定》（法释〔2018〕18号）

简称《公证债权文书执行规定》，2018年6月25日由最高人民法院审判委员会第1743次会议通过，2018年9月30日公布，自2018年10月1日起施行。

78.《最高人民法院关于人民法院立案、审判与执行工作协调运行的意见》（法发〔2018〕9号）

简称《关于人民法院立案、审判与执行工作协调运行的意见》，自2018年5月28日公布实施。

八、其他类型文件

79.《关于不满300总吨船舶及沿海运输、沿海作业船舶海事赔偿限额的规定》

1993年11月15日中华人民共和国交通部第5号令发布，自1994年1月1日起施行。

80.《矿业权出让转让管理暂行规定》

2000年10月31日国土资源部发布，自2000年10月31日起施行，根据国土资源部关于停止执行《关于印发〈矿业权出让转让管理暂行规定〉的通知》第五十五条规定的通知修改。

81.《国有资产评估管理若干问题的规定》

经财政部部务会议审议通过，2001年12月31日公布，自2002年1月1日起施行。

82.《土地权属争议调查处理办法》

2003年1月3日国土资源部令第17号公布，根据2010年11月30日《国土资源部关于修改部分规章的决定》修正。

83.《企业国有资产评估管理暂行办法》

国务院国有资产监督管理委员会第31次主任办公会议审议通过，2005年8月25日公布，自2005年9月1日起施行。

84.《最高人民法院关于审理公司强制清算案件工作座谈会纪要》（法发〔2009〕52号）

简称《关于审理公司强制清算案件工作座谈会纪要》，自2009年11月4日起施行。

85.《中华人民共和国海关关于〈中华人民共和国知识产权海关保护条例〉的实施办法》

简称《关于〈知识产权海关保护条例〉的实施办法》，2009年2月17日经海关总署署务会议审议通过，2009年3月3日公布，自2009年7月1日起施行。2004年5月25日海关总署令第114号公布的《中华人民共和国海关关于〈中华人民共和国知识产权海关保护条例〉的实施办法》同时废止。

86.《全国人民代表大会常务委员会关于司法鉴定管理问题的决定》

简称《司法鉴定管理问题决定》，2005年2月28日第十届全国人民代表大会常务委员会第十四次会议通过，自2005年10月1日起施行。根据2015年4月24日由第十二届全国人民代表大会常务委员会第十四次会议全国人民代表大会常务委员会《关于修改〈中华人民共和国义务教育法〉等五部法律的决定》修正。